U0681546

领你走进西藏

一部学术探险与拓荒的经典

亚欧丛书　EurAsia Series

1

梵天佛地

第四卷

江孜及其寺院

第二册　题　记

[意] 图齐　著
魏正中　萨尔吉　主编

上海－罗马　SHANGHAI-ROMA
上海古籍出版　地中海与东方学国际研究协会
SHANGHAI CLASSICS PUBLISHING HOUSE　ISMEO - INTERNATIONAL ASSOCIATION OF MEDITERRANEAN AND ORIENTAL STUDIES

凡　例*

图齐将江孜十万佛塔题记译为意大利文的目的是“为方便无法顺畅阅读藏文的人”，同时也因为十万佛塔题记是“我们所知甚少的藏地题记的典范”，因此，完整、忠实地转录和翻译十万佛塔的所有题记是图齐发表题记的初衷。本着这一目的，译者前往西藏江孜实地考察原始题记，对每间佛殿的题记进行了仔细核对、修订和补充。经核对，图齐未录的题记约占整个题记的三分之一，共涉及十一间佛殿，其位置如下：

第一层：第六间大殿殿门入口两侧题记；第十六间大殿殿门入口两侧及壁画下面题记；第十九间佛殿。

第二层：第十四间佛殿。

第三层：第一、六、十一间大殿殿门入口两侧题记；第十九间佛殿正对殿门壁面（北壁东段）题记。

第四层：第二间佛殿殿门右侧题记；第四间佛殿壁画下面题记。

八山底层：内侧北壁题记。

此外，对照原著录文，今日所见部分题记已经漫漶不清，但尚能辨认，部分题记则完全消失，因此对原著所录、今不可见的题记以方括号[ ]标明；对原著未录，题记不清楚，译者所补的字句则以大括号{ }标明。

原始题记中大部分施主、塑画师姓名，以及提请注意的文字均以红色写成，这在原著录文中没有得到体现，而且，在题记的偈颂部分，往往以嵌字诗的形式来间接说明赞颂对象及表达主题，如果没有红色文字指引，很难领会其中含义。因此，题记中的红色文字在

---

* 总凡例见第一卷。

本册中均以灰色阴影标明。

原著给出的是藏文原文,译本则增加了藏文转写。

题记的汉译根据藏文直译,同时参考了原著译文,对于原著译文与藏文不一致之处,以藏文为准。为了体现藏文行文的风貌,藏文的偈颂部分汉译用偈颂体翻译,字数亦与藏文的音节数一致。为求文意顺畅,原文中没有而汉译所加的字句以圆括号(　)标明。

对于原著译本所加的注释,其中关于题记藏文的修订,译者将其置于藏文原文及转写的脚注中,并根据实地考察予以取舍。涉及题记内容的注释则置于相应的汉译脚注中,同时也以译者注的形式补充一些注释。

为方便读者,藏文题记尽量依据所描述的壁画方位予以分段,汉译则依据文意分段。

说　明

本册收录了《梵天佛地》第四卷第一册中我研究的佛寺的题记。关于这些题记的重要性我已有述及，借助它们，我们不仅得以进入佛寺壁面所绘曼荼罗的堂奥，而且也获得了绘制壁画的众多画师和供养人的名录。我忠实地记录了这些题记，对其中的异写和不规则的正字法均未予以修改，仅在注中给出正确的拼写。众所周知，这些异写和不规则的正字法在藏文抄本中相当频见，但题记中则少得多。

我建议读者将本册江孜十万佛塔的题记与我前一册对各间佛殿的描述对照着读，因为部分佛殿题记对殿中塑绘内容描述极为详细、准确，使我对佛殿的描述无法再倾注过多笔墨。

目　　录

第一部分

藏　　文

萨　玛　达

སྭ་སྟི། བདེར་གཤེགས་བསྟན་འཛིན་སྐྱང[1]·བཙུན་ཞེ་སྔའི[2]·མཚན།

དང་པོ་ཆོས་ལ་བར་གྱི་ཚིག།

མྱི་མངོན་བློ་གྲོས་བརྒྱན་པ་འིས[3]།

གཡས་རུ་མདོག་ཀྱི་ཕྱི་འབྲུངས་སུ།

འགོན་པོ་འཇམ་དབྱངས་ཁྲུ་བཞི་ཚད།

འོད་མདངས་འཛོམ་པ་བཞེངས[4]·གྱུརད་ཀྱང་།

〔1〕 སྐྱང或རྐྱང,上加字ས与ར在书写中常常互换。因此,此处的རྐྱང或སྐྱང指的是རྐྱང་ཞུ,即ས་མ་མདའ。

〔2〕 字典中没有ཞེ་སྔ——应该参考ཞེ་ས。ཞེ་སྔ亦见于第三颂,此处其意义十分清楚。托玛斯编辑的文书中出现了ཞེ་སྔ,但他没有翻译,可能将其当作地名,但说(其)“是一个通常表述,意思是‘面前’”。F.W. Thomas, “Tibetan Documents Concerning Chinese Turkestan. II: The Sa-cu Region”, *The Journal of the Royal Asiatic Society of Great Britain and Ireland*, 1928, p. 65. ཞེ་སྔ这种表达不能与ཞལ་སྔ相分离。

〔3〕 清楚提到名字是法智慧(ཆོས་བློ་གྲོས),在ཆོས和བློ་གྲོས之间缺少属格助词:ཀྱི,འིས指的是ཡིས。

〔4〕 བཞེངས不仅意味着亲自或让人做法事、塑像、建寺或绘画,也意味着发心。

ཕྱོགས་འདིར་བསྟན་པ་གནས་ཕྱིར་དང་།
དང་པོའི་བླ་མ་སྐུར་གྱུར་ད་པ། ། ༢
ཞི་སྟ་བཀྲ་ཤིས་འགོན་པོ[1]་དང་།
ཪོ་རྗེའི་སློན་གྲོགས་རྣལ་འབྱོར་ད་པ།
བསོད་ནམས་མྱིང་ལ་རྒྱ་མཚོ་འིས།
སླས་པ་གཉིས་ཀྱི་བསོད་ནམས་སུ། ། ༣
བདག་ཀྱིས་འབད་པ་དྲག་པོ[2]་འིས།
འཇམ་དབྱངས་བཞེངས་པའི་དགེ་བ་འདིས།
བསྟན་པ་རིང་དུ་གནས་པ་དང་།
འགྲོ་བས་གཉིས་མེད་དོན་མཐོང་ཤོག། ། ༤

ཡོངས་ཀྱི་དོན་དུ་བཞེས་གཉེན་མཆོག།
བསྙེན་ལས་བདུད་རྩི་ར་ལྡན་དགེ་བའི།
བཞེས་གྱུར་དམ་པ་རྣམས་ཀྱིས་བདུད།
མཐོན་དམན་ཀུན་གྱི་གཉེན་གྱུར་ཅིང་། ། ༡
ཆོས་ཕྱིར་རྣད་པ་ཁྲེད་གསོད[3]་པ།
ཚུལ་ཁྲིམས་ཀྱི་ནི་རྒྱན་དང་ལྡན།
བདུད་རྩི་ཁ་འབྱེད་བློ་གྲོས་ཀྱི།
ཞལ་སྟ་ནས་ཀྱི་ཐུགས་དམ་མཛད། ། ༢
དུས་གསུំ་རྒྱལ་བ་མ་ལུས་པའི།
སྐུ་གསུང་ཐུགས་ཀྱི་རྣམ་སྤྲུལ་པ།
རིགས་གསུམ་བཞེངས་པའི་དགེ་བ་ཡིས།
སྲིད་གསུམ་འགྲོ་བ་མ་ལུས་ཀུན། ། ༣

〔1〕 འགོན་པོ་应读作མགོན་པོ་，前加字འ和མ的互换很常见，例如མགོ་和འགོ་，等等。

〔2〕 དྲག་པོ་应读作དྲག་པ。

〔3〕 此处杀（གསོད）的意思是蔑视（བརྙས）；རྣད应读作རྙེད。

སྙིང་རྗེ་ས་གཞི་ལ་བརྟེན་ནས།
ཤེས་རབ་ལོ་ཏོག་བདུད་རྩི་ཡི།
མཐུ་ཡིས་ཉོན་མོངས་དུག་འཛོམས་ཤིང་།
ཡེ་ཤེས་བདུད་རྩི་འཐུང་བར་ཤོག། | ༤

ཡོངས་ཀྱི་བླ་མར་གྱུར་པ་སྐྱོང་བཙུན་ཐུགས་དམ་འདི།
དབུས་གཙང་ཀུན་ཏུ་སྣད་ཡི[1]་མྱི་མཐུན་པ།
འདོད་པའི་དབང་གྱིས་སྐྱུ་མཁན་མང་འོངས་ཀྱང་།
ཐུགས་མཉེས་བྱ་ཕྱིར་གཞོན་ནུ་འོད་སོགས་ཀྱིས། | ༡
མཁས་པ་ཆེན་པོ་བྲམ་ཟེའི་རིགས།
པན་ཙོ་རར་སྐྱེས་མ་ཏི་ལ།
དཀའ་བས་གཉེར་ཅིང་མགུ་བྱས་པས།
ན་ཚོད་འདས་ཤིང་ཡན་ལག་ཀྱོང་གྱུར་ཀྱང་། | ༢
གསང་བའི་དབང་གིས་འདི་ལས་ལྷག་པ་མྱེད།
དེ་ཡང་ཉིད་གཞན་བྱང་ཆུབ་ཐོབ་ཕྱིར་ལས།
ཚེ་འདིར་གྲགས་པ་བཞེད་ཕྱིར་ཚིག་ཙམ་མྱེད།། | ༣

艾　旺　寺

中殿

སྭ་སྟི།　ཀྱཻ།　གླིང་བཞི་གླིང[2]་མཆོག་ལྷོ་ཡི་འཛམ[3]་བུ་གླིང་།

---

〔1〕　应读作ཡིག。

〔2〕　译者注：原书漏写གླིང。

〔3〕　译者注：原书写作ཛམ。

གླིང་ལས་ཁྱད་པར་འཕགས་པ་བཞུགས་ཡུལ་རྒྱང་རོ་ཙྭ

ཡོན་བདག་ཁྱད་པར་འཕགས་པ་ཀུན་རིག་བཟའ་མི་ཡིས།

སངས་རྒྱས་ཁྱད་པར་འཕགས་པ་རྒྱལ་བ་བྱམས་པའི་སྐུས།

བསོད་ནམས་ཁྱད་པར་འཕགས་པ་བླ་མེད་བྱང་ཆུབ་ཐོབ།།

རྒྱུ་སྦྱོར་ཡོན་བདག་འཁོར་བཅས་དང་།

བདག་དང་མཐའ་ཡས་སེམས་ཅན་རྣམས།

བླ་སྨེད〔1〕་བྱང་ཆུབ་ཐོབ་པར་ཤོག།

ན་མོ་བུདྡྷ〔2〕་ཡ།

རི་མོ་སྨུམ་འཆེར་རྒྱ་གར་ལུགས།

ཁོ་བོ་འབྲི་ཕྱུག་རྒྱལ་མཚན་གྲགས།།

无量寿佛佛殿

བདེ་བར་གཤེགས་འབྲི་བ་ལི་ལུགས་

མི་མཐུན་

ལོ་ཆུང་དབང་བང་འདུགས〔3〕།

……………………………………

ས་འཅའ〔4〕་གཟིགས་

……………………………………………………………

〔1〕 译者注：原书写作སྨེད。

〔2〕 译者注：原书写作བུ་དྡྷ。

〔3〕 拼写存疑。

〔4〕 原文如此，可能是འཛ་ས?（蒙语的 jasak）。B. Laufer, "Loan-words in Tibetan", *T'oung Pao*, 17, 1916, pp. 493－494, n. 174.
译者注：赵衍荪译，《藏语中的借词》，北京：中国社会科学院民族研究所少数民族语言研究室编印，1981 年。

གཙང་ཁང་ནང་གི་རི་མོ་འཕས〔1〕་པ་འཇམས་དཔལ་

江孜白居寺大殿

ཤར་ཕྱོགས་ཀྱི་སྐལ〔2〕་བཟང་བརྒྱ་དང་ཉི་ཤུ་རྩ་ལྔའི་ཞིང་ཁམས་འདི། དད་པའི་སྟོབས་འཆང་·····བསོད་ནམས་ཀྱིས་སྒྲིབ་གཉིས་སྦྱང་ཕྱིར། དགོས་ཀྱི་སྦྱིན་བདག་ཆོས་རྒྱལ་དཔལ་བཟང་གིས་བསྒྲུབས། རི་མོ་མཁས་པ་དཔོན་གང་བཟང་གིས་བྲིས། དགེ་བ་འདི་ཡིས་ཕ་མས་གཙོ་བྱས་པའི་མཁའི〔3〕་དང་མཉམ་པའི་སེམས་ཅན་མ་ལུས་པས་གཟུགས་སྐུ་རྣམ་གཉིས་ཐོབ་པའི་རྒྱུར་གྱུར་ཅིག། བླ་མ་ལྷར་བཅས་དེ་སྟར〔4〕་འགྲུབ་པར་མཛོད〔5〕།།

ལྷོ་ཕྱོགས་ཀྱི་སྐལ〔6〕་བཟང་བརྒྱ་དང་ཉི་ཤུ་རྩ་ལྔའི་ཞིང་ཁམས་འདིའི་དགོས་ཀྱི་སྦྱིན་བདག་དཔའ་བའི་འབྲུར་ཁྱེར་རྩེ་སྤྱི་དགེ་སློང་ཞེས་བྱས་བགྱིས། རི་མོ་མཁས་པ་སླེ་མོ་བཟང་རི·····གིས་བྲིས།

བདག་གི་དགེ་བ་འདིས་མཚོན་འགྲོ་རྣམས་ཀྱིས།
དུས་གསུམ་དགེ་བ་ཇི་སྙེད་ཡོད་པ་ཀུན།
གཅིག་ཏུ་བསྡུས་ཏེ་བྱང་ཆུབ་ཆེན་པོར་བསྔོ།
སྐྱབས་མཆོག་གསུམ་གྱི་བདེན་པས་འགྲུབ་གྱུར་ཅིག།།

江孜十万佛塔

第一层

第一层、第三间佛殿

༄༅། །ན་མོ་བཛྲ་པཱ་ན་ཡེ།

---

〔1〕 འཕས应为འཕགས的误写。

〔2〕 应读作བསྐལ。

〔3〕 应读作མཁའ。

〔4〕 应读作ལྟར。

〔5〕 参见布顿，夏鲁寺(zha lu)目录，tsa 函，第 12 叶背面。

〔6〕 应读作བསྐལ。

ཕྱག་ན་རྡོ་རྗེ་འབྱུང་པོ་འདུལ་བྱེད་ཀྱི་ལྷ་ཁང་འདིའི་[ལྷོ་]ཕྱོགས་ཀྱི་ངོས་ལ། ཕྱག་ན་རྡོ་རྗེ་འབྱུང་པོ་འདུལ་བྱེད་ལྷ་སུམ་ཅུ་རྩ་བཞིའི་བདག་ཉིད་ཅན་གྱི་ལྷ་ཚོགས་ཀྱི་བཀོད་པ། དཔུང་ཟུར་གཡས་གཡོན་ན་རྡོ་རྗེ་འཆང་དང་། བླ་ཆེན་གྱི་སྐུ་འདྲ་དང་བཅས་པའི་ཞིང་[ཁ]མ[ས་འདིའི]་དགོས་ཀྱི་སྦྱིན་བདག་[རྡོ་རྗེ]་འཛིན་པ་ཆེན་པོ། བླ་མ་མ་ལུང་པ་དཔོན་སློབ་ཀྱིས་བསམ་སྦྱོར་དད་པས་བསྒྲུབས།། ༈ །།

ནུབ་ཕྱོགས་ཀྱི་ངོས་ལ་ཕྱག་ན་རྡོ་རྗེ་ཨུ་ཙ་རྒྱ་སྤྲུལ་པའི་ཁྲོ་བོའི་ཚོགས་དང་བཅས་པ། སྟེང་གི་དཔུང་ཟུར་ན་བླ་མའི་སྐུ་འདྲ་གཉིས་དང་། བཅས་པ་འདིའི་དགོས་ཀྱི་སྦྱིན་བདག་རྒྱང་རོ་ས་ལུ་བ་འགར་བཙུན་གྱིས་བགྱིས།། །།

བྱང་ཕྱོགས་[ཀྱི་ངོས་ལ]་བྱ་བའི་རྒྱུད་ལས་གསུངས་པའི། གར་མཁན་མཆོག་གི་བརྟག་པ་ལས་འབྱུང་བ[འི]། དབུས་ན་ཕྱག་ན་རྡོ་རྗེ་གར་མཁན་མཆོག། སྐུ་མདོག་སྔོན་པོ་ཞལ་བ{ཞི}་[ཕྱ]ག་བཅུ་དྲུག་པ། རོལ་པའི་གར་སྟབ[ས]……།། འབྱུ{ང་བ}འི་ཕྱག་ན་རྡོ་རྗེ་ལྷ་བཅུ་བདུན་མ་དང་། གནོད་སྦྱིན་གར་མཁན་མཆོག་གཙོ་འཁོར་གསུམ། གཡོན་ཕྱོགས་ན་རྡོ་རྗེ་ས་འོག་ནས་གསུ[ང]ས་པའི་ཕྱག་ན་རྡོ་རྗེ་ས་འོག་གཙོ་འཁོར་བདུན་དང་། སྟོད་ཚར་ལ་འབྱུང་པོ་འདུལ་བྱེད་ཀྱི་བླ་མ་བརྒྱུད་རིམ་དང་། དེ་རྣམས་ཀྱི་འོག་ན། ཕྱག་རྡོར་གར་མཁན་མཆོག་གི་འཁོར། [རྒྱལ]་ཆེན་རྣམ་ཐོས་སྲས། གནོད་སྦྱིན་རྟ་བདག་བརྒྱད། སེ་དཔོན། སྟོབས་ཆེན། ལྗོངས་ཆེན་དང་། ཡུལ་འཁོར་སྐྱོང་བ། འཕྲོག་མ། མ་མོ། སྲིན་མོ་རྣམས་ཀྱིས་ཡོངས་སུ་བསྐོར་བ་འདི་རྣམས་ཀྱི་དགོས་ཀྱི་སྦྱིན་བདག……གཉིས་ཀྱིས་བགྱིས། རི་མོ་མཁས་པ་དཔོན་མོ་ཆེ་རྒྱ་ཀུན་དགའ་བ་དཔོན་སློབ་ཀྱིས་བཟབས།། །།

དེའི་དགེ་བས་ཡོན་མཆོད་འཁོར་བཅས་རྣམས།
གནས་སྐབས་མི་མཐུན་ཕྱོགས་ཀུན་ཞི་བ་དང་།
མཐར་ཐུག་རྡོ་འཆང་གི་གོ་འཕངས་ཉིད།
མྱུར་བ་ཉིད་དུ་གེགས་མེད་འགྲུབ་པར་ཤོག

第一层、第四间佛殿

༄༅། །ན་མོ་བཛྲ་བིདྡྷ་ར་ཎ་ཡེ།

སྨེ་རྩེགས་ཀྱི་ལྷ་ཁང་འདིའི་དབུས་ན།　ཆོས་རྗེ་ས་སྐྱ་པཎ་ཊི་ཏ་མཛད་པའི་ཁྲོ་བོ་སྨེ་རྩེགས། སྐུ་མདོག་དུད་ཁ་ཞལ་གསུམ་ཕྱག་དྲུག་པ་མེ་རིའི་དབུས་ན་བཞུགས་པའི། གཡས་ན་མཁའ་འགྲོ་སྨེ་རྩེགས་སྔོན་མོ་ཕྱག་གཉིས་མ། གཡོན་ན་ཁྲོ་མོ་སྨེ་རྩེགས་སྐུ་མདོག་ནག་མོ་གཏེར་མ་ལུགས་རྣམས་ལྗེ་སྐར་བཞུགས་པའི·········

·········[དོན་ལྡིའི་བདག་ཉིད། སྙིང་གི་དཔུང་ཟུར་ལ་ས་འབིར་ཞལ་སྦྱོར། ས་པཎ་ཁྲུ་དབོན།] འོག་ཚར་ལ་{སྙེག}·········བརྒྱད་དང་། འདོད་ཡོན་ལྡིའི་ལྷ་མོ་དང་།

ལྷོ་ཕྱོགས་ཀྱི་ངོས·········ལ་ཁྲོ་{བོ}་[གཤིན་རྗེ]་གཤེད་ཞལ་གསུམ་ཕྱག་དྲུག་པ་དང་། ཁྲོ་བོ་བགེགས་མཐར་བྱེད་སྐུ་མདོག་སྔོན་པོ་[ཞལ་བཞི]་ཕྱག་བརྒྱད་པ། སྟོད་ཚར་ལ་རི་ཁྲོད་ལོ་མ་གྱོན་མ། གདུགས་དཀར་ཅན། ལྷ་མོ་འོད་ཟེར་ཅན་དང་། སྨད་ཚར་ལ་གུར་མགོན་ལྕམ་དྲལ། ཞུམ་བཟངས་དཔགས་བསམ་ཤིང་དང་བཅས་པ་དང་།

རི་མོ་ཁས་པ། ཤངས་པ། དཔོན་ཤེས་{ར}བ་དཔལ་བཟངས་དཔོན་སློབ་ཀྱི་བྲིས།།[1]

ནུབ་ཕྱོགས་ཀྱི་ངོས་ལ་མདོ་ནས་གསུངས་པའི་ཁྲོ་བོ་སྨེ་རྩེགས་སྐུ་མདོག་ལྗང་ནག་ཞལ་གསུམ་ཕྱག་དྲུག་པ། སྨེ་རྩེགས་རིགས་བཞིས་བསྐོར་བ། སྟོད་ཚར་ལ་རྣམ་འཇོམས་ཀྱི་རྒྱུད་རིས་སྨད་ཚར་ལ་ཉེར་སྦྱོད་ཀྱི་ལྷ་མོ།

སྒོ་གོང་ལ་རྡོ་རྗེ་ཕྲེང་བ་ནས་གསུང[ས་པའི]་གཟུངས·······{ལྷ}་མོ་ལྔ་དང་བཅས་པ་བཀོད་པ་འདི་རྣམས་ཀྱི་ལྗེ་སྐུ་གཙོ་འཁོར་གྱི་སྦྱིན་བདག་རྒྱང་ལཔར་ཐང་དཔེ་བས[2]་བགྱིས།། རི་མོ་ཞིང་ཁམས་གཉིས་ཀྱི་སྦྱིན་བདག་བླ་མ་སངས་རྒྱས་རྒྱལ་མཚན་དང་། མཁའ་སྦྱོད་པས་བྱས། ལྷ་བཟོ་མཁས་པ་དཔོན་བརྩོན་པ་ཡབ་སྲས་དང་། རི་མོ་མཁས་པ་དཔོན་དགེ་སྐྱོང་ཤེས་རབ་དཔལ་བཟངས་པ་དཔོན་སློབ་ཀྱིས་ལེགས་པར་བཟབས།།

དགེ་ལེགས་འཕེལ།།

---

〔1〕 译者注：此为东壁南段第二行题记，我猜测其可能指的是该小壁及门后壁画的画师。

〔2〕 དཔེ་བས应读作དཔེ་པས。

第一层、第五间佛殿

༄༅། །ན་མོ་ཨུ་ཥྞཱི་ཥ་སི་ཏཱ་བ་ཏྲཱི་ཡ།

གཞན་གྱིས་མི་ཐུབ་མ་གདུགས་དཀར་མོ་ཅན་གྱི་ལྷ་ཁང་འདིའི་དབུས་ན། དེ་བཞིན་གཤེགས་པའི་ཡུམ་གྱི་སྐོར་[ལྷ]མོ་གདུགས་དཀར་མོ་ཅན་གཟའ་ཐམས་ཅད་འཇོམས་པར་བྱེད་པ། སྐུ་མདོག་དཀར་མོ་ཞལ་གསུམ་ཕྱག་དྲུག་མ་ལྔེ་སྐུ་གཙོ་འཁོར་ལྔ། རྒྱན་པགིས་གི་དབུས་ན་བཞུགས་པ་དང་།

ཤར་ཕྱོགས་ཀྱི་ངོས་ལ་ལྷ་མོ་གདུགས་དཀར་མོ་ཅན་སྐུ་མདོག་དཀར་མོ་ཞལ་གསུམ་ཕྱག་བརྒྱད་མ། ལྷ་མོ་གཞན་གྱིས་མི་ཐུབ་མ་ལས་སོགས་པའི་ལྷ་མོ་རི་ཁྲོད་མ་ཕྱག་རྒྱའི་ཚོགས་ཀྱིས་བསྐོར་བ་དང་།

ལྷོ་ཕྱོགས་ཀྱི་ངོས་ལ་ལྷ་མོ་གདུགས་དཀར་ཅན་སྐུ་མདོག་དཀར་མོ་ཞལ་ལྔ་ཕྱག་བརྒྱད་མ་ཕྱོགས་སྐྱོང་བཅུས་བསྐོར་བ། དཔུང་ཟུར་ན་པཧ་ཁྲུ་དབོན། འོག་ཚར་ལ་རྣམ་སྲས་འཛམ་སེར་ནག། དཔལ་ཆེན་རྣམས་ཀྱིས་བསྐོར་བ་དང་།

ནུབ་ཕྱོགས་ཀྱི་ངོས་ལ་ལྷ་མོ་གདུགས་དཀར་ཅན་སྐུ་མདོག་དཀར་མོ་ཞལ་གསུམ་ཕྱ[ག་དྲུག་མ་རྣམ་]བསྐྱིངས་རྡོ་རྗེ་མ་ལས་སོགས་པའི་ལྷ་མོ་བཅུ་དང་། སྟེང་ན་ཁྲོ་བོའི་ཚོགས་དང་། འོག་ན་ནོར་རྒྱུན་མ་དང་དཔལ་ཆེན་མོ་རྣམས་ཀྱིས་བསྐོར་བ་དང་།

སྒོ་གོང་ན་[གུར་མགོན་ལྕམ་]མ་དྲལ་ལེགས་ལྡན་མཆེད་གསུམ་རྣམས་ཀྱིས་བསྐོར་བ་འདི་རྣམས་ཀྱི། ལྔེ་སྐུ་གཙོ་འཁོར་རྣམས་ཀྱི་སྦྱིན་བདག། རི{གས}་རུས་ཚོ་འབྲང་གིས་མ""། ཆོས་རྒྱལ་ཆེན་པོའི་ནང་བློན་གཉེར་ཆེན་རྗེ་བཙུན་པས་ལྷག་བསམ་རྣམ་དག་གི་སྒོ་ནས་བསྐྲུབས། ལྷ་བཟོ་མཁས་པ་མཁར་ཁ་པ་དཔོན་མོ་ཆེ"""མ་ཏ་ས་བཟངས། རི་མོ་ཞིང་ཁམས་གཉིས་པོའི་དགོས་ཀྱི་སྦྱིན་བདག། སྡེ་པའི་གཞིས་གཉེར། དཔོན་བསོ། དཔོན་ཤེས་རྡོར། ཉེ་གནས་མགོན་རིན། རྒྱལ་བ་ཉི་མ། དཔལ་ཆེན། ནམམཁའ་དཔལ་བཟངས། ཨ་ལེགས། བསོད་ནམས་དཔལ། འགྱུ་རུ་རྒྱལ་པོ་དར། དཔོན་བཀྲས། རིནྡེ་རྒྱལ་མཚན། རིནྡེ་དཔལ། ཨོལ་དར། ཨ་ནམ"""། ཨ་གྲིན། ཨ་ཁྲུ་བཀྲ་ཤིས་བཟང་པོ་རྣམས་ཀྱིས་བསམ་སྦྱོར་དད་པས་བསྒྲུབས། རི་མོ་མཁས་པ་ལྷ་

རྗེ་བ་དཔོན་མོ་ཆེ་ཐར་པ་བ་དཔོན་སློབ་དང་། དཔོན་དགེ་སློང་སངས་རྒྱས་བཟང་པོ་བ་གྲོགས་མཆེད་ཀྱིས་བཟབ།

དེ་ལྟའི་དགེ་བའི་མཐུ་སྟོབས་ཆེན་པོ་ཡིས།།
རྒྱལ་བའི་བསྟན་པ་ཕྱོགས་བཅུར་རྒྱས་པ་དང་།།
བསྟན་འཛིན་སྐྱེས་བུ་ཆོས་སྤྱོད་འཕེལ་བ་དང་།།
ཆོས་རྒྱལ་ཆེན་པོའི་སྐུ་ཚེ་བརྟན་པ་དང་།།
ཡངས་པའི་རྒྱལ་ཁམས་བདེ་ཞིང་རབ་རྒྱས་ཏེ།
འགྲོ་ཀུན་བླ་མེད་བྱང་ཆུབ་མྱུར་ཐོབ་ཤོག། །།

མཾགལཾ་བྷ་ཝ་ཏུ།།

第一层、第六间大殿

殿门入口处题记

…………ཆོས…………………………
…………བྱའི་འཛིན…………………
…………འཛིན…………………………
…………ཆུ་གཏེར་ཆེ་ལས………
…………ལྷུན་གྲུབ་ཐེའུ……………
…………མཚན་དཔེའི……ཕྱུག།
སྐལ་ལྡ{ན}………………འདུད།།
ལྷག་པར………དཔལ་འཛིན་གང་།
……………………པ་ཚུངས་མེད་གཅིག།
གཅིག……མྱུར་བའི་ཐུགས་ཀྱིས་རྒྱུ།།
རྒྱུ་དང་མི་རྒྱུའི………ཚེ་དཔག་མེད་མགོན་མཆོད།།

གངས་ཅན་ཁྲོད་འ········མཆིས་མོད་དེ་ལྟ་ནའང༌།།

མི་དབང་རབ་ཏུ་བརྟན་པ···ཏུ·······པའི་མཚན་ཅན་གྱིས།།

སྟོན་{པ}་མགོན་མེད་ཟས་སྦྱིན་ཉིད་ཀྱི་གསལ···བྱུང་པ་ཇི་བཞིན་འདིར།།

ལྷ་སོགས་སྐྱེ་དགུའི་དཔལ་དུ་བྱོན་འདི་ཨེ···ངོ་མཚར་དཔལ་གྱིས་བརྗིད།།

རབ་མཛེས་བཀྲ་ཤིས་སྒོ་མངས་མཆོད་རྟེན་འཕོང་གྲོལ་ཆེན་མོ་ནི།།

རབ་མཛེས་གཉིས་འཕྲུང་རྟ་མཆོག་རྨ་བྱ་ཤར་ཤར་སྟོད་ལྷ་པས་བརྟེག་པའི།།

རབ་མཛེས་ཁྲི་གདན་རྨང་ནི་དགེ་བཅུའི་རང་བཞིན་ཆེས་ཆེར་བརྟན།།

རབ་མཛེས་བང་རིམ་བཞི་ནི་ཚོགས་ལམ་བཞི་གསུམ་བཅུ་གཉིས་དབང་པོ་ལྔ།།

རབ་མཛེས་བུམ་རྟེན་འགྱུར་ཆུ་སྟོབས་ལྔའི་རང་བཞིན་མིག་གི་བདུད་རྩི་ར་ཆེ།།

རབ་མཛེས་བུམ་པ་བྱང་ཆུབ་ཡན་ལག་བདུན་གྱིས་རབ་ཏུ་བརྗིད་པའི་སྙེང་།

རབ་མཛེས་བྲེ་ནི་འཕགས་ལམ་ཡན་ལག་བརྒྱད་ཀྱི་དཔལ་དང་ལྡན།།

རབ་མཛེས་སྒོ་ནི་བཅུ་ཕྲག་བརྒྱད་དང་ཟུང་བཞིས་ཆོས་སྒོ་དུ་མ་མཚོན།།

རབ་མཛེས་གདུགས་བཅུ་སྟོབས་བཅུའི་རང་བཞིན་ལྷག་མ་དྲན་པ་ཉེར་བཞག་གསུམ།།

རབ་མཛེས་ཆར་ཁབ་ཐུགས་རྗེ་ཆེན་པོའི་རང་བཞིན་རྣམ་པར་དག།

རབ་མཛེས་སྲོག་ཤིང་ཤེས་པ་བཅུ་དང་ཏོག་ནི་ཆོས་སྐུའི་རང་བཞིན་ཉིད།།

རབ་མཛེས་གཟི་འོད་དཔལ་འབར་བྱིན་རླབས་རྟེན་མཆོག་གཅིག་པུ་རྒྱལ།།

འཇིགས་བཅས་འགྲོ་བ་འཇིགས་མེད་བྱ་ཕྱིར་རྡོ་རིང་རྣམས་ནི་ཀུན་ནས་བརྗིད།།

བསྲུང་མེད་བཞིའི་ཐེམ་སྐས་རིམ་པས་ཕྱོགས་སུ་མཛེས་པར་ཡང་དག་སྤྱད།།

བདུད་བཞིའི་གཡུལ་ལས་རྒྱལ་ཕྱིར་ཆུ་སྲིན་རྒྱལ་མཚན་མཛེས་པའི་ཟུར་གད་གཡོ།།

ཚུལ་ཁྲིམས་ཀྱིས་བསྐྲུན་མཚན་དཔེ་མཚོན་ཕྱིར་མེ་ཏོག་ཕྲེང་བའི་ཟར་བུ་ཅན།།

འགྲོ་བཞིར་ཕན་འདོགས་འཇིག་རྟེ་བསྐྱོང་བས་བདེན་པ་བཞི་ལྡན་བཀྲ་ཤིས་བྱེད།།

ཚངས་པའི་གསུང་དབྱངས་ཡན་ལག་དྲུག་ཅུ་མཚོན་བྱེད་དྲིལ་བུ་སྐད་སྙན་འབྱིན།།

བླ་མེད་བྱང་སེམས་ཆེན་པོའི་སྣང་བྱེད་བླ་ཆོས་ཕྲེང་བའི་དོ་ཤལ་ཅན།།
ཉོན་མོངས་གདུངས་པ་མ་ལུས་བསྐྱིབ་བྱེད་དབྱིབས་མཛེས་གདུགས་ཀྱིས་ཀུན་ནས་ཕྱུབ།།
མངོན་ཤེས་དྲུག་ལྡན་མཛེས་པའི་ཏོག་ནི་འོད་ཟེར་བརྒྱ་པ་ཟིལ་གྱིས་མནོན།།
ཡེ་ཤེས་བཞི་མཚོན་ངོས་འཛམ་དྲི་བྲལ་མདངས་གསལ་མེ་ལོང་ཀུན་ནས་མཛེས།།
བླ་མེད་བྱང་ཆུབ་ཅོད་པན་དབང་པོའི་གཞུ་ལྟར་བཀྲ་བའི་རྒྱན་གྱིས་བརྒྱན།།
ཆོས་ཀྱི་སྙན་གྲགས་རྒྱ་ཆེར་དཔེལ་ཕྱིར་བ་དན་འདད{ར}གྱིས་རྣམ་པར་བརྟེན།།
འདི་ནི་རིན་ཆེན་ཁམས་ལས་ལེགས་གྲུབ་ནམ་མཁའ་ཉི་ཟླའི་གོས་བཟང་གྱོན།།
བང་རིམ་བཞི་དང་འཆོས་སྒྲིན་མཛེས་པའི་སྣ་རགས་བཅིངས་ཕྱིར་ལྷུན་པོར་མཚུངས།།
འོན་ཀྱང་བྲེ་དང་ཆོས་འཁོར་ཆར་ཁེབས་ཏོག་གིས་མངོན་བར་མཐོ་བ་དང་།།
བློ་ལྡན་ཕྱག་དང་མཆོད་པ་བགྱིད་སླད་མཚུངས་པར་རང་ཡང་མ་ལགས་སོ།།
ནང་གི་ལྷ་ཁང་བཅུ་ཕྲག་མང་པོའི་སྐྱིད་ཚལ་ཡངས་པ་དེར།།
རིན་ཆེན་རྩེ་སྙན་འདུམ་བུར་ལུགས་དང་ལྡེ་སྐུ་རི་མོ་ཕུལ་སྐྱོགས་ཀྱི།།
རྒྱལ་བ་སྲས་བཅས་སྐུ་གཟུགས་པད་མོ་བཟོ་སྦྱངས་རྐྱེན་གྱིས་སྐྱེས་པ་རྣམས།།
ཐུགས་འཆང་ཉིན་བྱེད་ཟེར་གྱིས་ཕྱེ་བས་བྱིན་རླབས་སྦྲང་རྩི་པ་མཐའ་ཡས།།
ཐུབ་སྟན་ཆེད་དུ་བཏང་བར་དཀའ་བའི་སྐུ་ཡང་གཏོང་ཕོད་མི་དབང་གིས།།
གང་ལ་ཆོག་ཙམ་བརྟད་ནའང་བློའི་ཡུལ་དུ་ཤིན་ཏུ་དཔག་པར་དཀའ་བ་ཡི།།
རླབས་ཆེན་སྤོབས་ཀྱིས་མཆོད་རྟེན་ཕུན་ཚོགས་ལྷའི་བཀོད་པ་རྨད་བྱུང་འདི།།
ལྷག་བསམ་དག་པའི་མཐུ་ཡིས་བར་ཆད་མེད།
ཁྱད་པར་བློ་འབྱུར་ནུབ་ཕྱོགས་བདེ་བ་ཅན་གྱི་ཞིང་མཚུངས་པའི།།
དབུས་སུ་ཆུ་སྐྱེས་སར་པ་འདབ་སྟོང་རྣམ་རྒྱས་གེ་སར་གཡོ་བ་ལ།།
ར་གའི་མདངས་ལྡན་ཞལ་གཅིག་ཕྱག་གཉིས་བུམ་པ་རྣམས་མཛད་ཆེ་དཔག་མེད།།
ཁྱེལ་གྱིས་བཞུགས་ཤིང་རིགས་ཀྱི་བུ་ཁྱོད་ལེགས་ཞེས་དབུགས་འབྱིན་མཛད་པ་སྙམ།།

སྲས་ཀྱི་ཐུ་བོ་སྤྱན་རས་གཟིགས་དབང་ཟུང་གཅིག་མགོན་པོའི་གཡས་ཕྱོགས་ཀྱི།།

ངོས་ནས་ཟུར་གྱིས་གཟིགས་ཤིང་འགྲོ་ལ་བརྩེ་བས་སྙིང་རྗེའི་གླིང་བ་བསླིང་།།

བྱང་སེམས་མཐུ་ཆེན་ཐོབ་དང་སའི་སྙིང་པོ་གཡོན་གྱི་ཟུར་ནས་ཉེར་བཏུད་ནས།།

བཞེད་པ་ཅི་ལགས་མྱུར་དུ་བསྒྲུབ་ཅེས་ཞུ་བ་ནན་གྱིས་འཕུལ་བ་འདྲ།།

ཡོགས་ལ་བདེ་གཤེགས་བཅུ་ཕྲག་གསུམ་དང་ཟུང་གཉིས་ལྷག་གཅིག་སྲས་བཅས་རྣམས།།

གདུལ་བྱའི་དོན་སླད་འགྲོན་དུ་བོས་བཞིན[1]……………………………………………

……………………………………………………………………།།

གཞན་ཡང་ལས་རྒྱབ་ཞལ་བཀོད་ལསོགས་མཐུན་རྐྱེན་དགོས་དགུ་རྣམས།།

བློ་ལྡན་དེས་པའི་ངང་ཚུལ་འཛིན་པ་དཔོན་བཙུན་བྲམ་སྐྱབས་ཀྱིས་སྒྲུབས།

གང་ཐུགས་བྱ་ལམ་རང་བཞིན་རྣམ་དག་བློ་ཕུར་དྲི་མ་སྤྲིན་གྱིས་་་དབེན་བར།།

མཁྱེན་པའི་དཀྱིལ་འཁོར་ཆ་ཤས་ཡོངསུ་རྫོགས་པའི་དྲི་གཞོན་ཤུགས་ཀྱི་རྒྱུ།།

སྤངས་རྟོགས་ནུས་མཐུའི་ཚ་ཟེར་ཕྲེང་བས་ཕན་བདེའི་པད་ཚལ་རྒྱས་མཛད་པའི།།

རྡོ་རྗེ་སློབ་དཔོན་མཚན་ཉིད་ཡོངས་རྫོགས་ཉིན་བྱེད་མང་པོ་ཡོངས་ལྷགས་ནས།།

ས་འཛིན་རྩེ་ལྷ་ལྷོངས་དང་བཅས་པ་ཁོ་ར་ཁོར་ཡུག་མུ་ཁྱུད་ནི།།

མཛེས་པས་ཡོངས་བསྐོར་རྟ་བབས་ཀྱིས་བརྒྱན་སྒོ་མང་ཕྱོགསུ་དོད།།

འབབ་ཆུ་ལྷུང་ལྷུང་སྒྲ་འབྱིན་འཚར་དུ་དངར་བའི་ལྗོན་ཤིང་གཡུར་ཟ་ཞིང་།།

འཕོང་བས་ཡིད་འཕྲོག་འདུག་ན་བློ་ཕབས་དཔལ་འཁོར་སྡེ་ཆེན་འདིར།།

རབ་ཏུ་གནས་པའི་ཡོ་བྱད་ཀུན་ཚོགས་འགྲོ་མངས་དགའ་བས་ལྷགས་པ་དང་།།

རྒྱུད་ལས་བྱུང་བཞིན་ཆོ་ག་མཐའ་ཕྱིན་སླར་ཡང་ཤིས་པ་བརྗོད་པ་དང་།།

མི་ཧྟོག་ཆར་ཆེན་བབས་པ་འདི་གསུམ་མཉམ་དུ་བྱུང་བ་ཨེ་མ་མཚར།།

སར་གནས་སེམས་དཔའ་ཆེན་པོའི་མཛད་འཕྲིན་ཕྱུལ་ཕྱིན་འདིའི་མིག་རྐྱེན་གྱིས།།

---

〔1〕 译者注：殿门右侧题记于此结束，殿门左侧题记开始处近三分之一的壁面经修补后，题记不见。

གངས་རིའི་ཕྲེང་བ་ཡོངས་སུ་བསྐོར་བའི་ས་ཆེན་འདིར་ཡང་འཕགས་ཡུལ་བཞིན།།

རྒྱ་ཆེན་ཆོས་ཀྱི་སྒྲོལ་བཟངས་འཛིན་ལ་འབད་པ་མེད་པར་ངང་གིས་འཇུག།

དེ་སྐད་གང་གི་གྲགས་པའི་རྟ་ཆེན་རྒྱ་མཚོའི་ཕ་མཐར་སོན་པར་གྱུར།།

རྨད་བྱུང་མཛད་པ་ནོར་བུའི་ཕྲེང་མཛེས་བདེ[1]་སྒྲོར་གསེར་གྱི་སྙུད་པ་ལ།།

བརྒྱུས་ཏེ་སྐལ་ལྡན་མགྲིན་པའི་བརྒྱན་དང་དགེ་བའི་མིག་རྒྱན་ཆེད་དུ་འདིར།།

མཚན་མོའི་མཁའི་ལ་རྒྱུ་སྐར་ཇི་བཞིན་བཀྲ་བའི་ཡི་གེ་ཕུལ་ཕྱིན་འདི།།

ཉི་མ་འོད་ཟེར་གྱིས་བྲིས་ཚོག་གི་བདེ[2]་སྒྲོར་གཡུ་ལུང་པ་ཡིས་བགྱིས།།

འདིར་འབད་དགེ་བ་ཉི་མོའི་དབང་ཕྱུག་འོད་སྟོང་དྲ་བ་གང་དེ་ཡིས།།

རྩུར་རོལ་བསྟན་པའི་པད་ཚལ་ཕྱེ་ནས་སྐལ་ལྡན་བུང་བ་ཉེར་འཚོ་ཞིང་།།

ཕ་རོལ་ལོག་བསྒྲུབ་བཅོམ་ནས་འགྲོ་བའི་བློ་མུན་སེལ་བྱེད་པའི།།

ཀུན་མཁྱེན་སྣང་བ་ས་སྐྱོང་ཆེན་པོས་མངོན་དུ་གྱུར་ནས་འགྲོ་ཕན་ཤོག།

མྱུར་མགྱོགས་ཐོགས་མེད་རྫུ་འཕྲུལ་ཤུགས་ལྡན་ཚར་གཅོད་རྗེས་འཛིན་ཐུགས་རྗེ་དང་།།

ལེགས་ཉེས་འབྱེད་པའི་སྤྱན་མངའ་བཀའ་སྐྱོང་ཕྲིན་ལས་གཡེལ་བར་མ་གྱུར་ཅིག།

དོན་དམ་ཆོས་དབྱིངས་རྣམ་པར་དག་ཅིང་ཀུན་རྫོབ་རྟེན་འབྲེལ་མི་བསླུ་བའི།།

བདེན་པ་གང་དེས་འདིར་བརྗོད་སྨོན་ལམ་མཐའ་དག་འགྲུབ་པའི་བཀྲ་ཤིས་ཤོག།

མཾགླལ།།

壁画下面题记

༄། །ན་མོ་ཤཱཀྱ་མུ་ན་ཡེ།

འདི་ཡི་ཁྱམ་སྟོད་དབུ་ཁང་དང་བཅས་པ་ལ། ཕུང་པོ་གསུམ་པའི་མདོ་ལས་འབྱུང་བའི་དེ་བཞིན་གཤེགས་པ་སུམ་ཅུ་རྩ་ལྔའི་སྐུ་གཟུགས་རི་མོར་བཀོད་པ་བཞུགས་པའི་གཡོན་ཕྱོགས་ཀྱི་ཞིང་

〔1〕 译者注：应读为སྡེབ。

〔2〕 译者注：应读为སྡེབ。

ཁམས་ཆེ་བ་གཉིས་ཀྱི་དགོས་ཀྱི་སྦྱིན་བདག་སོ་ཁད་པ། གཉེར་ཆེན་དཔོན་པོ་དཔའ་བཟངས་པ་དང་། དགོན་སྟག་རི་བ་དང་། ཉིང་རོ་བ་རྒྱ་དཔོན་ར་ཁྲི་རྒྱལ་རྣམས་ཀྱིས་ལྷག་བསམ་རྣམ་དག་གི་སྒོ་ནས་ལགས་པར་བསྒྲུབས།། ༈ །།རི་མོ་མཁས་པ་ལྷ་རྟེ་བ། དཔོན་མོ་ཆེ་ཐར་པ་བ་དཔོན་སློབ་རྣམས་ཀྱིས་ལེགས་པར་བཟབས།། །།

༄༅༅། །ན་མོ་ཨ་མི་ཏ་བྷཱ་ཡ།

བསྐལ་པ་གྲངས་མེད[1]་དུ་མའི་སྔོན་རོལ་དུ།།
འདྲེན་པ་གསེར་འོད་སེང་གེ་རྣམ་རོལ་གྱི།།
སློབ་མའི་མཆོག་གྱུར་བརྟུལ་ཞུགས་བཟང་པོ་ཅན།།
དགེ་སློང་ཆོས་ཀྱི་འབྱུང་གནས་ཉིད་གྱུར་ཚེ།།
བསམ་ཡས་སྟོབས་ཆེན་སྨོན་ལམ་བཏབ་པ་བཞིན།།
བདེན་ཚིག་མངོན་གྱུར་བདེ་ལྡན་ཞིང་གི་དཔལ།།
བདེ་གཤེགས་འོད་དཔག་མེད་ལ་ཕྱག་འཚལ་ལོ།།
དཔག་ཡས་བསྐལ་པ་མང་པོ་འདས་པའི་དུས།།
[བ]དེ་གཤེགས་རིན་ཆེན་སྙིང་པོའི་བསྟན་པ་ལ།།
གླིང་བཞིའི་དབང་ཕྱུག་ལྷ་བྲས་ཡུལ་འཁོར་སྐྱོང་།།
རྒྱལ་སྲས་མང་པོའི་ཡབ་དུ་གྱུར་པའི་ཚེ།།
དག་པའི་ཞིང་བཟུང་རྒྱ་ཆེན་སྨོན་ལམ་བཏབ།།
དགོངས་པ་མཐར་ཕྱིན་ཁྱེད་ལ་ཕྱག་འཚལ་ལོ།།
བསྐལ་པ་མང་པོར་དག་པའི་སྣང་བ་ལ།།
ལེགས་པར་སྦྱངས་པའི་རྒྱ་ཆེན་བསོད་ནམས་ཚོགས།།
མཐར་ཕྱིན་འཕགས་མཆོག་གཟིགས་པ་དག་པའི་ཡུལ།།

---

〔1〕 此处的གྲངས་མེད是其数不能被计量(asaṃkhyeya)的一种说法。

བདེ་ལྡན་དག་པའི་ཞིང་ལ་ཕྱག་འཚལ་ལོ།།

འདི་ལྟར། ཁམས་སྣང་གི་ཕྱོགས་གསུམ་ལ། བཅོམ་ལྡན་འདྷ་འོད་དཔག་ཏུ་མེད་པའི་ཞིང་ཁམས་བདེ་བ་ཅན་གྱི་བཀོད་པ་ཞལ་དུ་ཕྱིན་པར་བཞུགས་པ་འདི་རྣམས་ཀྱི། ཞིང་ཁམས་ཆེ་བ་གསུམ་གྱི་དགོས་ཀྱི་སྦྱིན་བའི་བདག་པོ་དཔོན་ལེགས་རིན་གྱིས་མགོ་བྱས། བྲུམ་ཟེ་བ་རྣམས་དང་། རྒྱང་རོ་ཡུལ་སྟོད་བཙུ་དཔོན་ཡོན་ཏན་དཔལ། དཔལ་བཀྲས། བློ་གྲོས། འོམ་ཐང་པ་བླ་མ་རྟོགས་ལྡན། དོན་བཟང་། དགེ་ཤེས[1]·འཇམ་དཔལ། མགར་བ་དཔོན་གཞོན་རྣམས་ཀྱིས་བསམ་འགྲོར་དད་གུས་ཀྱི་སྒོ་ནས་བསྒྲུབས། རི་མོ་མཁས་པ་ལྷ་རྩེ་བ་པ······པ་དཔོན་དཔོན་སློབ་ཀྱིས་བྲིས།། །།

དེའི་དགེ་བ་ཡེ་ཤེས་རྡོ་རྗེ་ཡིས།།

འཆི་བདག་བདུད་ཀྱི་སྡེ་རྣམས་རབ་བཅོམ་ཏེ།།

འཆི་མེད་རྡོ་རྗེ་ཚེ་དང་རབ་ལྡན་པའི།།

མགོན་པོ་ཚེ་དཔག་མེད་མགོན་འགྲུབ་པར་ཤོག། ། །།

མཾགལ།།

······། འདིའི་ཁྲ·········ཀྱིས་ལྷག་བསམ་རྣམ་དག་གིས་སྒྲུབས།། །།རི་མོ་མཁས་པ་ལྷ་རྩེ་བ་དཔོན་ཐར་པ་དཔོན་སློབ་ཀྱིས་ལེགས་པར་བཟབས།།།

དེའི་དགེ་བས་མཐའ་ཡས་སེམས་ཅན་རྣམས།།

འོད་དཔག་མེད་པའི་ཞིང་དུ་སྐྱེ་བར་ཤོག།

མཾགལ་བྷ་ཝ་ནྟུ། ཤུ་བྷཾ།། ཏེ་ཏེ་ཏེ་ཏེ།།

第一层、第七间佛殿

༄༅། ན་མོ་བཛྲ་པཏྨ་ཤྭ་རི་ཡེ།

ལྷ་ཁང་འདིའི་དབུས་ན། བསྒྲུབ[2]·ཐབས་རྒྱ་མཚོ་ལས་འབྱུང་བའི་རི་ཁྲོད་ལོ་མ་གྱོན་མའ་སྒྲུ་

[1] དགེ་ཤེས应读作དགེ་བཤེས。

[2] 应读作སྒྲུབ。

མདོག་སེར་མོ་ཞལ་གསུམ་ཕྱག་དྲུག་པ་གཙོ་འཁོར་གསུམ་ཁྲི་རྒྱབ་ཡོལ་དང་བཅས་པའི་སྐུ་གཟུགས་འབུར་དུ་གཏོད་པ་བཞུགས།

དེའི་གཡས་ཤར་ཕྱོགས་ཀྱི་ངོས་ལ། ས་ལུགས་ཀྱི་རི་ཁྲོད་ལོ་མ་གྱོན་མ་སྐུ་མདོག་སེར་མོ་ཞལ་གསུམ་ཕྱག་དྲུག་མ། དེའི་གཡས་ཚར་གྱི་མགོ་ན་ཕྱིར་ཟློག་མ་ཆེན་མོ་སྐུ་མདོག་སྔོན་མོ་ཕྱག་དྲུག་པ་དེའི་གཡས་ན་ཁྲོ་གཉེར་ཅན་ཞལ་ཅིག་ཕྱག་བཞི། དེའི་གཡས་ན་གཞན་གྱིས་མི་ཐུབ་མ་སེར་མོ་ཞལ་ཅིག་ཕྱག་གཉིས་མ། དེའི་འོག་ན་རི་ཁྲོད་ལོ་མ་གྱོན་མ་དམར་མོ་ཕྱག་གཉིས་མ། དེའི་གཡས་ན་ལྷ་མོ་རལ་ཅིག་མ་ནག་མོ་ཞལ་བཅུ་གཉིས་མ་ཕྱག་ཉི་ཤུ་རྩ་བཞི་མ། དེའི་གཡས་ན་རལ་ཅིག་མ་ནག་མོ་ཞལ་ཅིག་ཕྱག་བཞི་མ། དེའི་འོག་ན་རལ་ཅིག་མ་ནག་མོ་ཞལ་ཅིག་ཕྱག་བརྒྱད་མ། དེའི་གཡས་ན་རལ་ཅིག་མ་ནག་མོ་ཞལ་ཅིག་མ་ནག་མོ་ཞལ་གཅིག་ཕྱག་བཞི་མ། གཡོན་ཚར་གྱི་མགོ་ན་ཙར་ཙྱི་ཀ་དམར་མོ་ཕྱག་དྲུག་མ། དེ{འི}་འོག་ན་རི་ཁྲོད་མ་ནག་མོ་ཕྱག་བཞི་མ། ……

第一层、第八间佛殿

༄༅། །ན་མོ་བཛྲ་ཀྲོ་དྷ་ཧྱ་གྲི་བ་ཡ[1]།

རྟ་མགྲིན་ལྷ་ཁང་འདིའི་དབུས་ན། སྒྲུབ་ཐབས་རྒྱ་མཚོ་ལས་འབྱུང་བའི། རྟ་མགྲིན་སྐུ་མདོག་དམར་པོ་ཞལ་ཅིག་ཕྱག་གཉིས་པ་གཙོ་འཁོར་གསུམ་ཁྲི་རྒྱབ་ཡོལ་དང་བཅས་པའི་སྐུ་གཟུགས་འབུར་དུ་གཏོད་པ་བཞུགས།

དེའི་གཡས་ཤར་ཕྱོགས་ཀྱི་ངོས་ལ། རྣལ་འབྱོར་རྒྱུད་ལས་གསུངས་པའི་རྟ་མགྲིན་སྐུ་མདོག་དམར་པོ་ཞལ་གསུམ་ཕྱག་བརྒྱད་པ། དེའི་གཡས་ཀྱི་མགོ་ན་རྒྱུ་འཕྲུལ[2]་དྲ་བའི་རིམ་པའི་སྤྱན་རས་གཟིགས། དེའི་གཡས་རས་གཟིགས་ཏ་ལ་ཏ་ལ། དེའི་གཡས་ན་སྤྱན་རས་དོན་ཡོད་ཞགས་པ་དཀར་པོ་ཕྱག་དྲུག་པ། དེའི་འོག་གི་དབུས་ན་དོན་ཡོད་ཞགས་པ་ཕྱག་བཅུ་གཉིས་པ།དེའི་གཡས་དོན་ཡོད་ལྕགས་ཀྱུ་ཕྱག་བཞི་པ། དེའི་གཡོན་ན་ཁྲོ་གཉེར་ཅན་སེར་མོ་ཕྱག་བཞི་པ། དེའི་འོག་གི་

〔1〕 题记将梵文ཧ་ཡ་གྲི་བྷ་ཡ误写为ཧྱ་གྲི་བ་ཡ。

〔2〕 རྒྱུ་འཕྲུལ应读作སྒྱུ་འཕྲུལ。

དབུས་ན་དོན་ཞགས་ཕྱག་བཅུ་བ། དེའི་གཡས་ན་ཧ་མགྲིན་མེ་དང་ཉི་མ་འབར་བ། གཡོན་ཧ་མགྲིན་དམར་པོ། དེའི་འོག་གི་དབུས་ན་དོན་ཞགས་ཕྱག་བཞི་པ། དེའི་གཡས〔1〕་ན་རལ་ཅིག་མ། དེའི་གཡས་ན་སྤྱན་རས་གཟིགས་དམར་པོ།

བྱང་གི་གདོང་ཆུང་ལ་ཧ་མཆོག་ཡེ་ཤེས་རྡོ་རྗེ། དེའི་འོག་གི་དབུས་ན་དོན་ཡོད་པདྨ་གཙུག་ཏོར། དེའི་གཡས་ན་ཧ་མགྲིན་དམར་པོ་ཕྱག་བཞི་པ། གཡོན་ན་ཕྱག་རྡོར།

གཡོན་ཚར་གྱི་མགོ་ན་སྤྱན་རས་གཟིགས་གསེར་མདོག་ཅན། དེའི་འོག་ན་སྒྲོལ་མ། རིག་པའི་ལྷ་མོ། ནོར་རྒྱུན་མ་རྣམས་སོ།

སྒོ་རྒྱབ་ན་ཧ་མགྲིན་དམར་པོ་གཉིས། རལ་གཅིག་མ། བྱ་རྒྱུད་པད་དྲ་ལས་འབྱུང་བའི་རྒྱལ་ཆེན་བཞི་རྣམས་དང་།

ནུབ་ཕྱོགས་ཀྱི་ངོས་ལ་ཧ་མགྲིན་སྐྱ་རྐང་ལུགས་སྐུ་མདོག་དམར་པོ་ཞལ་གསུམ་ཕྱག་དྲུག་ཞབས་བརྒྱད་པ་བཞུགས་པའི་གཡས་ཚར་ལ། རྣམ་སྣང་། ཐུབ་པ། ཚེ་དཔག་མེད་རྣ〔2〕་བཞུགས། གཡོན་ཚར་ལ་མི་གཡོ་བ་དཀར་པོ། དབྱུག་སྔོན་ཅན་རྣམས་དང་། དཔུང་ཟུར་གཉིས་ལ། ཆོས་རྗེ་ལོ་རས་དང་། ལྷ་སྒོམ་པ་གཉིས།

ཤར་གྱི་དཔུང་ཟུར་གཉིས་ལ། ཆོས་རྗེ་ནམ་སྟོན་པ་དང་། ཆོས་རྗེ་བློ་ལྡན་པ་གཉིས་བཞུགས།

སྒོ་གོང་ལ་ཕྱག་ན་རྡོ་རྗེ་མདོ་ལུགས་ལྷ་དགུ་རྣམས་དང་།

འོག་ཚར་ལ་བཀྲ་ཤིས་རྟགས་བརྒྱད། སྣེག་སོགས་བརྒྱད། རིན་ཆེན་སྣ་བདུན། གུར་མགོན་ལྕམ་དྲལ་རྣམས་བཞུགས་སོ།

འདི་རྣམས་ཀྱི་དགོས་ཀྱི་སྦྱིན་བདག་དགོན་པ་ཆུ་བཟངས་པ་དཔོན་སློབ་རྣམས་ཀྱིས་ལྷག་བསམ་རྣམ་དག་གི་སྒོ་ནས་བསྒྲུབས།། ||ལྷ་བཟོ་མཁས་པ་དཔོན་ཚན་པ་ཡབ་སྲས་དང་། |རི་མོ་མཁས་པ་དཔོན་ཤེས་རབ་དཔལ་དཔོན་སློབ······ཀྱིས་ལེགས་པར་བཟབས་ནས་བྲིས།། ||

〔1〕 译者注：གཡས应读作གཡོན。

〔2〕 题记将རྣམས写作རྣ。

དེ་ཡི་དགེ་བ་འགྲོ་བ་ཀུན།།

སྤྱན་རས་གཟིགས་ཀྱི་ས་ཐོབ་ཤོག། །།

མཾགལ།། ཧེ་ཧེ།

第一层、第九间佛殿

༄༅། །ན་མོ་ཨ་རྻ་ཨ་ཙ་ལ་ཡ།

མི་གཡོ་བའི་ལྷ་ཁང་འདིའི་དབུས་ན། སྐྱབས་ཐབས་རྒྱ་མཚོ་ལས་འབྱུང་བའི་མི་གཡོ་བ་སྔོན་པོ་ཞལ་གཅིག་ཕྱག་གཉིས་པ་མེ་རིའི་དབུས་ན་བཞུགས་པ། ལྷེ་སྐུ་གཙོ་འཁོར་གསུམ་དང་།

བྱང་ཕྱོགས་ཀྱི་ངོས་ལ། བྱ་བའི་རྒྱུད་ལས་གསུངས་པའི། དེ་བཞིན་གཤེགས་པའི་རིགས་ཀྱི། བཀའ་ཉན[1]་དུ་རྟོགས་པ་མི་གཡོ་བའི་གཟུངས་ལས་འབྱུང་བའི། མི་གཡོ་བ་སྐུ་མདོག་སྔོན་པོ་ཞལ་གཅིག་ཕྱག་གཉིས་པ། ལྷ་བཅུ་བདུན་གྱི་བདག་ཉིད། སྙིང་གི་དཔུང་ཟུར་ན་ཇོ་བོ་རྗེ་ཡབ་སྲས།

ལྷོ་ཕྱོགས་ཀྱི་ངོས་ལ། སྤྱོད་པའི་རྒྱུད་ལས་གསུངས་པའི། དེ་བཞིན་གཤེགས་པའི་རིགས་སུ་གཏོགས་པའི། བཀའ་ཉན[2]་མི་གཡོ་བ་བརྟུལ[3]་ཕོད་པའི་རྒྱུད་[ལས་འབྱུང]་བའི། མི་གཡོ་བའི་ལྷ་ཚོགས། དབུས་ན་མི་གཡོ་བ་སྔོན་པོ་ཞལ་གཅིག་ཕྱག་བཞི་པ་ལ། གཙོ་བོ་ཤཱཀྱ་མགོན་པོ། བྱམས་པ། འཇམ་དབྱངས། ཀུན་བཟངས། ཕྱག་ན་རྡོ་རྗེ། གནས་ཀྱི་དབང་ཕྱུག། སྤྱན་རས་གཟིགས། མི་གཡོ་བ། ཡུམ་ཆེན་མོ། བྱང་སེམས་གཡུལ་ལས་རྣམ་རྒྱལ། པད་མའི་ཡན་ལག། ལ་སོགས་པ་ལྷ་སུམ་ཅུ་རྩ་བརྒྱད། སྙིང་གི་དཔུང་ཟུར་ན། བུ་སྟོན་ཡབ་སྲས། འོག་ན་འཛམ་སེར། རྣམས་ཀྱིས་བསྐོར་བ་དང་།

ནུབ་ཕྱོགས་ཀྱི་ངོས་ལ། མི་གཡོ་བ་དཀར་པོ་ལ། མི་གཡོ་བ་རིགས་བཞི། རྣམ་སྲས་ཞི་དྲག། འཛམ་ནག། དཔལ་ཆེན་མོ་རྣམས་ཀྱིས་ཡོངས་བསྐོར་བའི་རི་མོ་ཞིང་ཁམས། ·········[4]

---

〔1〕 译者注：图齐认为题记中的བཀའ་ཉན应读作བཀའ་གཉན。

〔2〕 译者注：图齐认为题记中的བཀའ་ཉན应读作བཀའ་གཉན。

〔3〕 应读作རྟུལ。

〔4〕 译者注：以下约33.5厘米空白。

……[1]ལྷ་བཟོ་མཁས་པ་ལྷ་རྩེ་བ་དཔོན་བསོད་ནམས་རྒྱལ་མཚན་དང་། རི་མོ་མཁས་པ་དོན་རི་སྟོན་པ་དཔོན་སློབ་དང་། ལྷ་རྩེ་བ་དཔོན་དགེ་སློང་གཉིས་ཀྱིས་བཟབས།། །།

དེ་ལྟའི་དགེ་བའི་ཡེ་ཤེས་མེས།།
འགྲོ་བའི་མ་རིག་མུན་པ་ཡི།།
ལྟ་ངན་ཚང་ཚིང་རབ་བསྲེགས་ཏེ།།
ཡེ་ཤེས་ཁྲི་རྒྱལ་མི་འཁྲུགས་ཀྱི།།
གོ་འཕང་མྱུར་དུ་ཐོབ་པར་ཤོག།། །།

第一层、第十间佛殿

༄༅། །ན་མོ་བུདྡྷཱ་ཡ།

འདི་ནི་དེ་བཞིན་གཤེགས་པའི་རིགས་ཀྱི་འཇིག་རྟེན་པའི་དཀྱིལ་འཁོར་ལས་གཟའ་ཐམས་ཅད་ཀྱི་ཡུམ་རིག་པ་ཆེན་མོ་སྐུ་མདོག་དཀར་མོ་ཞལ་གསུམ་ཕྱག་དྲུག་མ། སྟོ[ད]་ཀྱི་དཔུང་ཟུར་ན་ཐུབ་པ། ཨ་ཀྵ་ཡ་ཀ་ར།པཙ་ཊི་ཏ་རིགས་ཀྱིས་ཁྱིན། འགྲོ་མགོན་འཕགས་པ་རྣམས་དང་། སངས་རྒྱས། ཕྱག་རྡོར། འཇིག་རྟེན་དབང་ཕྱུག། འཇམ་དབྱངས། གཟའ་ཆེན་པོ་དགུ། རྒྱལ་པོ་ཆེན་པོ་བཞི། འོག་ཚང་ལ་མཆོད་པའི་ལྷ་མོ་རྣམས་ཀྱིས་ཡོངས་སུ་བསྐོར་བ་དང་།། །།

ནུབ་ཕྱོགས་ཀྱི་ངོས་ལ། དེ་བཞིན་གཤེགས་པའི་རིགས་ཀྱི་ཡུམ་གཙུག་ཏོར་གྱི[2]་སྐོར་ལས། བསྲུང་བར་བྱེད་པའི་ལྷ་མོ་གཞན་གྱིས་མི་ཐུབ་མ་སྐུ་མདོག་ནག་མོ་ཞལ་གཅིག་ཕྱག་གཉིས་མ་ལ། ལྷ་མོ་གཏུམ་པ་ཆེན་མོ་ལས་སོགས་པ་བཅུ་དྲུག་གིས་ལེགས་[པ]ར་བསྐོར་བའི་ལོགས་བྲིས་ཞིང་ཁམས་གཉིས་པོའི་དགོས་ཀྱི་སྦྱིན་བདག། འབྲི་འཚམས་གླང་ཕྱུག་པ། བྲང་ལུང་དབུ་རྩེ་བ་གཉིས་ཀྱིས་མ་ཆེ་བ་བྱས། ཞུ་ཤོངས་པ……དབང་། མོན་བདེ་བ་བླ་མ་ཡེ་མགོན་རྣམས་ཀྱིས……འདེགས་

[1] 译者注：此为西壁起始，约48.5厘米空白。

[2] 应读作ཀྱིས。

སྐྱགས[1]·རེ·བྱས་ནས་དད་པས་བསྒྲུབས། རི་མོ་མཁས་པ་ལྷ་རྩེ་བ་དཔོན་མོ་ཆེ་དོན་རི་སྟོན་པ་དོན་གྲུབ་བཟང་པོ་དང་། དཔོན་མོ་ཆེ་བཀྲ་ཤིས་བཟང་པོ་གྲོགས་མཆེད་ཀྱིས་ལེགས་པར་བཟབས།།

དེའི་དགེ་བའི་མཐུ་སྟོབས་རྡོ་རྗེ་ཡིས།།
ཕ་རོལ་མི་མཐུན་ཕྱོགས་རྣམས་རབ་བཅོམ་ཏེ།།
ཚོགས་གཉིས་ལྷའི་དཔལ་ལ་ལོངས་སྤྱོད་པའི།།
ཐུབ་དབང་ཆོས་ཀྱི་རྒྱལ་པོ་ཐོབ་པར་ཤོག།

མཾ་ག་ལ་བྷ་ཝཾ་ཏུ།། ཤུ་བྷཾ།། སྭསྟྱཿ།། །།

第一层、第十二间佛殿

……དྲུག་མ། དེ་བཞིན་གཤེགས་པ་རྡོ་རྗེ་འཛིན་པ་རྒྱ་མཚོ་ངེས་པར་སྒྲོགས་པ་ལས་སོགས་པ་ལྷ་བཅོ་བརྒྱད་ཀྱིས་ཡོངས་སུ་བསྐོར་བ་དང་། དེའི་གཡས་ན་ཁྲོ་བོ་རྡོ་རྗེ་ཧཱུྃ་མཛད་སྔོན་པོ་ཕྱག་བཞི་པ། དེའི་འོག་ན་ས་ལུ[གས་ཀྱི]་ཚོགས་བདག་དམར་ཆེན། [དེའི་འོག་ན་ཚོགས]་བདག་ཆགས་པ་རྡོ་རྗེ་དམ་ཚིག་དཀར་[པོ]། དེའི་གཡས་ཚར་ལ་ཚོགས་ཀྱི་བདག་པོ་རིགས་བཞི་འཁོར་དང་བཅས་པའོ།། །།

ཤར་ཕྱོགས་ཀྱི་ངོས་ལ་སྒྲུབ་ཐབ་རྒྱ་མཚོ་ནས་འབྱུང་བའི་ནོར་རྒྱུན……{ས}་བསྐོར་བ་དང་།
སྒོ་རྒྱབ་ན་གནོད་སྦྱིན་ཡོ་བརྒྱད་དང་།། །།

བྱང་ཕྱོགས་ཀྱི་ངོས་ལ་སྒྲུབ་ཐབས་རྒྱ་མཚོ་ནས་འབྱུང་བའི་འཛམ་བྷ་ལ་སེར་པོ་ཞལ་གསུམ་ཕྱག་དྲུ[ག་པ]……གཡོན[2]·ན་རྗེ་བཙུན་ཆེན་པོ་དང་། ས་པཎ་ཞལ་སྔྲོད། གཡོན་ཚར་ལ་འཛམ་བྷ་དཀར་པོ། །འཛམ་ལྷ་[སེར་པོ]……དཔོན་མོ་ཆེ་ཤེས་རབ་རྒྱ་མཚོ་སྐུ་མཆེད་ཀྱི་བཟབས་

དེའི་དགེ་བས་ཡོན་མཆོད་སྐུ་འཁོར་རྣམས།

[1] འདེགས་སྐྱགས (སྐྱག) = ཞལ་འདེབས，捐助、贡献。

[2] 译者注：གཡོན应改为དཔུང་ཟུར。

བླ་མེད་བྱང་ཆུབ་མཆོག་ལ་མྱུར་འགོད་ཤོག།

第一层、第十三间佛殿[1]

第一层、第十四间佛殿

༄༅། །ན་མོ་བཛྲ་ཀྲོ་དྷ་མ་ཧཱ་བ་ལ[2]་ཡ།།

མཆོད་རྟེན་ཆེན་མོ་བཀྲ་ཤིས་སྒོ་མངས་ཀྱི་བང་རིམ་དང་པོའི་བྱང་ཤར་གྱི་སྟོབས་པོ་ཆེའི་ལྷ་ཁང་འདིའི། གཙོ་བོ་རྒྱུད་ལས་གསུངས་པའི་སྟོབས་པོ་ཆེ་སྐུ་མདོག་སྔོན་པོ་ཞལ་གཅིག་ཕྱག་བཞི་པ་གཙོ་འཁོར་གསུམ་ལྟེ་སྐར་བཞེངས་པ་དང་། འཁོར་གྱི་ལྷ་རྣམས་གཡས་གཡོན་གྱི་ཚར་ལ་རི་མོར་བཀོད་པ་དང་།

ཤར་གྱི་ངོས་ལ་སྒྲུབ་ཐབས་རྒྱ་མཚོ་ནས་འབྱུང་བའི་ཁྲོ་བོ་སྟོབས་པོ་ཆེ་སྐུ་མདོག་དམར་པོ་ཞལ་གཅིག་ཕྱག་བཞི་པ་གཙོ་བོར་བཀོད་པའི་གཡས་ཚར་ལ། ཁྲོ་བོ་སྟོབས་ཆེན། རྡོ་རྗེ་བེ་ཅོན། དབྱུག་སྔོན་ཅན། སྒོ་གོང་ན་ཁྲོ་བོ་མི་གཡོ་བ། སྒོ་བསྲུངས་གདུལ་དཀའ་ནག་པོ་མདོན་ཕྱོགས་དམར་པོ། ཁམས་གསུམ་རྣམ་རྒྱལ་སྔོན་པོ། གཡོན་ཚར་ཁྲོ་བོ་བདུད་རྩི་ཐལ་སྦྱོར། ནཱ་མ་ཀཱི། རྟ་མགྲིན། གཙུག་ཏོར་འབར་བ། འོག་ཚར་ལ་ཕྱོགས་སྐྱོང་ཚངས་པ། ཉི་མ། ཟླ་བ། ཁྱབ་འཇུག། དབང་པོ། གཤིན་རྗེ། ཆུ་ལྷ། གནོད་སྦྱིན། མེ་ལྷ། སྲིན་པོ་རྣམས་ཀྱིས་བསྐོར་བ་དང་།

ནུབ་ཕྱོགས་ཀྱི་ངོས་ལ་གཙོ་བོ་སྒྲུབ་ཐབས་རྒྱ་མཚོ་ནས་འབྱུང་བའི་ཁྲོ་བོ་འཇིག་རྟེན་གསུམ་ལས་རྣམ་པར་རྒྱལ་བ། སྐུ་མདོག་སྔོན་པོ་ཞལ་བཞི་ཕྱག་བརྒྱད་པ། དེའི་གཡས་ཚར་གྱི་མགོ་ན་ཀླུ་སྒྲུབ་ཡབ་སྲས། དེའི་འོག་ན་ཁྲོ་བོ་གནོད་མཛེས་དང་། རྡོ་རྗེ་ལྕགས་ཀྱུ། དེའི་འོག་ན་གོས་དཀར་མོ། སྒྲོལ་མ། དེའི་འོག་ན་ཁྲོ་གཉེར་ཅན། གཡོན་ཚར་གྱི་མགོ་ན་ས་ཆེན་དང་རྗེ་བཙུན་ཆེན་པོ་ཞལ་སློབ། དེའི་གཡོན་ན་ས་སྐྱ་པཎ་ཌི་ཏ་དང་འགྲོ་མགོན་འཕགས་པ་ཞལ་སློབ། དེའི་འོག་ཚར་ལ་ཁྲོ་བོ་རྡོ་རྗེ་མེ་དང་ཉི་མ་འབར་བ། དེའི་གཡོན་ན་ཁྲོ་བོའི་རྒྱལ་[པོ་དང་སྡེ]ག་པ་སྔོན་པོ། རྟ་མགྲིན་སྐུ་

[1] 译者注：原有题记几近剥落，无法识读。

[2] 应读作ལཱ。

མདོག་དམར་པོ། འཇིག་རྟེན་གསུམ་རྒྱལ་སྐུ་མདོག་སྔོན་པོ། དེའི་འོག་ཚར་ལ་ཁྲོ་[བོ་ཀ]་ལ་ཀ་ལ་ཡ་སྐུ་མདོག་སྔོན་པོ། དེའི་གཡོན་དུ་མི་གཡོ་བ་སྐུ་མདོག་ལྗང་ཁུ། ༄ །།དེའི་གཡོན་དུ་ཁྲོ་བོ་རྡོ་རྗེ་ཧཱུྃ་མཛད་སྐུ་མདོག་སྔོན་པོ། དེའི་གཡོན་དུ་ཁྲོ་བོ་དབྱུག་པ་སྔོན་པོ་སྐུ་མདོག་སྔོན་པོ། དེའི་འོག་ཚར་ལ་ཁྲོ་བོ་གཟེགས་མ་སྐུ་མདོག་སྔོན་པོ། དེའི་གཡོན་དུ་ཁྲོ་བོ་གཤིན་རྗེ་གཤེད་སྐུ་མདོག་ནག་པོ་ཞལ་དྲུག་ཕྱག་དྲུག་ཞབས་དྲུག་པ་རྣམས། རྣམ་སྣང་མངོན་བྱང་། དོན་ཞགས་ཅོ་ག་ཞིབ་མོ། འཇམ་དཔལ་རྩ་རྒྱུད་རྣམས་ནས་འབྱུང་བ་བཀོད་པ་དང་། གུར་གྱི་མགོན་པོ་ལྕམ་དྲལ། འོག་ཚར་ལ་མཆོད་པའི་ལྷ་མོ་སྒེག་སོགས་བརྒྱད་དང་། རིན་ཆེན་སྣ་བདུན་སྤེལ་མར་བཀོད་པའོ།།

བྱང་གི་ངོས་ལ་སྐྱབ་ཐབས་རྒྱ་མཚོ་ནས་འབྱུང་བའི་སྟོབས་པོ་ཆེ་སྐུ་མདོག་སྔུག་ནག་ཞལ་གསུམ་ཕྱག་དྲུག་པ། དཔུང་བཟར་ན་སྐུ་འདྲ་གཉིས། འོག་ཚར་ལ་རྒྱལ་ཆེན་བཞི། རྟ་ང་ལྷ། དབར་ལྡན། འཛམ་ལྷ་སེར་པོ་དང་བཅས་པ་ལེགས་པར་བཀོད་པ་འདི་རྣམས་ཀྱི། དགོས་ཀྱི་སྦྱིན་བདག་དགོན་པ་གོ་ཁྲུ་པ། དཔོན་སློབ་རྣམས་ཀྱིས་དད་པའི་སྒོ་ནས་བསྐྲུབས། [ལྷེ]་སྐྱ་བ་མཁས་པ་དཔོན་མོ་ཆེ་ལྷའི་རྒྱལ་མཚན་[དང་།] དཔོན་{བསོད}……གིས་བགྱིས། རི་མོ་མཁས་པ་དོན་རི་སྟོན་པ་དོན་གྲུབ་བཟང་པོ་གྲོགས་མཆེད་ཀྱིས་བཟབས།།

> དེའི་དགེ་བ་རྣམ་དག་ཚ་ཟེར་གྱིས།།
> འགྲོ་རྣམས་རྨོངས་པའི་མ་རིག་མུན་བསལ་ཏེ།།
> ངན་འགྲོའི་སྡུག་བསྔལ་ཆུ་སྲིན་གདུག་པའི་གནས།།
> སྲིད་པའི་རྒྱ་མཚོ་མྱུར་དུ་སྐེམས་པར་ཤོག།

མཾ་ག་ལཾ། བྷ་ཝཾ[1]་ཏུ།།

第一层、第十五间佛殿

……ཀྱི་ངོས་ལ། འཇམ་དཔལ་རྩ་རྒྱུད་ནས་གསུངས་པའི་ཁྲོ་མོ་{རལ་ག}ཅིག་མ་ཕྱག་བཞི་མ་ལ་བྱ་རྒྱུད་པད་མ་དྲ་བ་ནས་འབྱུང་བའི། ཁྲོ་བོ་མོ་དང་། ས་པཎ་ཁུ་དབོན་རྣམས་ཀྱིས་བསྐོར་བ་དང་།

---

〔1〕 应读作ཧ。

ནུབ་ཕྱོགས་ཀྱི་ངོས་ལ་དོན་ཞགས་ཆོག་ཞིབ་མོ་ལས་བྱུང་བའི། [ལྷ་མོ]་ཕྱག་བརྒྱད་མ་ལ། པད་མ་དྲ་བ་ནས་འབྱུང་བའི་ཁྲོ་བོ་ཁྲོ་མོ་རྣམས་དང་། དཔུང་ཟུར་ན་ས་ཆེན་ཡབ་སྲས། བུ་སྟོན་ཡབ་སྲས་རྣམས་དང་།

ནུབ་ཀྱི་ངོས་བྱང་མ་ལ་སྒྲུབ་ཐབས་རྒྱ་མཚོ་ལས་འབྱུང་བའི། ལྷ་མོ་ཙར་ཙི་ཀ་དམར་མོ་ཕྱག་དྲུག་མ། སྟེང་ན་གཞོན་ནུ་རྡོ་རྗེ་སྟེ། གཙུག་འཕྲུང་། ལག་བཟངས་རྣམས་དང་།

བྱང་ཕྱོགས་ཀྱི་ངོས་ལ་སྒྲུབ་ཐབས་རྒྱ་མཚོ་ལས་འབྱུང་བའི་རྒྱལ་མཚན་རྩེ་མོའི་དཔུང་བརྒྱན། ཁྲོ་མོ་སྐྲ་མདོག་སེར་མོ། ཞལ་བཞི་ཕྱག་བཞི་མ། དཔུང་ཟུར་ན་ཇོ་བོ་ཡབ་སྲས་དང་།

སྒོའི་གོང་དང་རྒྱབ་ལ་བྱ་རྒྱུད་ལས་འབྱུང་བའི། ཡོ་ཤ་མོ་བདུན་རྡོ་རྗེ་ཁྲོ་བོ་དང་བཅས་པ་དང་།

འོག་ཆར་ལ། པད་མ་དྲ་བ་ལས་གསུངས་པའི། ཕྱོགས་སྐྱོང་བཅུ། རྒྱལ་ཆེན་བཞི། གུར་མགོན་ལྕམ་དྲལ། རྣམ་སྲས། མཆོད་པའི་ལྷ་མོ་ད[ང་བཅ]ས་པ་ལེགས་པར་བཀོད་པའི་ལྷ་ཁང་འདིའི་དགོས་ཀྱི་སྦྱིན་བདག། འབྲི་འཚམས་ཁྲུད་པོ་ཆེ་པ་དཔོན་པོ་ཉི་ཟླ་དཔལ་བས་བགྱིས། ལྷ་བཟོ་མཁས་པ་དཔོན་དགེ་ཤེས་རྒྱལ་ཤེ་དང་། རི་མོ་མཁས་པ་ལྷ་རྩེ་བཤག་ཚལ་བ། དཔོན་བཀྲས་དཔོན་སློབ་ཀྱིས་བཟབས།།

དགེ་བས་འགྲོ་ཀུན་སངས་རྒྱས་མྱུར་ཐོབ་ཤོག།

第一层、第十六间大殿

殿门入口处题记

…………………………〔1〕པའི……{ཆོ}ར……གིས་བསྒྲུབས……ཆོས།།

རྒྱལ……བོ་གསུང་སྐྱེས……འི་ཚོགས་བཅས……འདི་སྲིད་བཞིའི་རྒྱུད……པས་ཕྱག་འཚལ་ལོ།

……པའི་ཐུགས་ཀྱིས་རྣམ……{དང}།།

རྗོད་མེད་ཞིང་རྟུལ་གྲངས……{མ}ཉམ་པའི་ཚད་མེད་ཡོན་ཏན་འགྱུར་པ་འཛིན

〔1〕 译者注：殿门左侧写有题记的壁面从开始处约有一半重新粉刷，覆盖原有题记。

ཕན་བདེའི་ལོ་ཐོག་རྒྱུན་བསྐྲུན་བྱེད་མི་ཟད་སྙིང་རྗེའི་ཆུ་གཏེར་ཆེ།།
རྒྱལ་སྲས་ཐུ་བོ་མི་ཕམ་མགོན་པོ་བདག་གི་ཡིད་ལ་གནས་པར་མཛོད།།
རིན་ཆེན་ལི་ཁྲིའི་ལྷུན་པོ་ངོས་བཞི་ནས།།
རྣམ་མང་རྒྱན་སྤྲས་ཚེ་དཔག་མེད་གཉིས་དང་།།
རབ་དཀར་སའི་སྙིང་པོ་ཕྱག་གཡས་ན།།
རྡོ་རྗེ་འཛིན་སྟོན་རྒྱལ་དང་སྲས་ལ་འདུད།།
དབུས་ཁང་གཡས་གཡོན་ཐུབ་མཆོག་མར་མེ་མཛད།།
ཐོགས་མེད་པཎ་ཆེན་ཞལ་གཟིགས་བྱམས་པ་གཉིས།།
ཞལ་གསུམ་ཞལ་གཅིག་རིན་ཆེན་རྒྱན་མངས་མཛེས།།
དུས་གསུམ་སངས་རྒྱས་ཞབས་ལ་ཕྱག་འཚལ་ལོ།།
ཕྱིཾས་སྟོད་གཡས་ན་འཇིག་རྟེན་དབང་ཕྱུག་དང་།།
དོན་ཞགས་ལྷ་ལྷ‴{དང}དཔལ་མོའི་ལུགས།།
བཅུ་གཅིགས་ཞལ་གཉིས་སྤྱན་གཟིགས་སྒྲོལ་མ་དང་།།
ཕྱིཾས་སྨད་བྱམས་པའི་འབྲུངས་རབས་ངོ་མཚར་ཅན།།
ལྟ་བས་མི་ངོམས་མིག་གི་བདུད་རྩི་སྟེ།།
རྣམ་མང་སྐྲུ་ཡི་གཏེར་ལ་ལྷག་པར་དད།།
གཉིས་སུ་མེད་གསུང་གསུང་རབ་མ་ལུས་ཅིག་ཏུ་བསྡུས་མཛད་འཕགས་རྣམས་དག།
བཀའ་དང་དགོངས་འགྲེལ་འགྲེལ་བཤད་དྲི་མེད་རིགས་ལམ་ནས་དྲངས་བསྟན[1]

……………………………………………………………………………

……བསོད་ནམས་གཏེར་གྱི་ནེའུ་ལེ་ཡོངས་སུ……

……མཚན་སྒྲིངས།།

---

〔1〕 译者注：殿门左侧题记结束于此，殿门右侧写有题记的壁面开始处亦有修补粉刷。

ཁྲིམས་གཉིས་ཉི་ཟླའི་གཟི······དཔེའི་ཆ་ཤས་ཡོངས་སུ་རྫོགས་གྱུར་པ།།

{ཆ}······ས་ཆེན་ཐིག་ལེ་ཀུན་བཟངས་འཕགས་ཀྱིས་བརྒྱ{ན}······སྐྱོངས།། །།

དེ་ཡང་འདི་ལྟར། དཔལ་ལྡན······ཀྱི་མཆོད་རྟེན་དང་ཀུན་ནས་མཚུངས་པའི། དཔལ་ལྡན་{བཀྲ}་ཤིས་སྒོ་མངས་མཐོང་གྲོལ་ཆེན་པོའི་བང་རིམ་དང་པོ་{ཤར}་ཕྱོགས་ཀྱི་དབུས་ཀྱི་འབུར་ཆེན། བྱམས་པ་ལྷ་ཁང་གི······ཀྱི་བྱམས་ཆེན་གྱི་སྐུ་གཙོ་འཁོར་ལྷ་ཁྲི་རྒྱབ་ཡོལ་དང་བཅས་པ་འབུར་ཏུ་གཏོད་པ་འདི།།

རྒྱལ་དང་རྒྱལ་བའི་རིག{ས}་ལུགས་འཛིན་པ་ལ།།
མི་ཕྱེད་དད་པའི་དཔལ་འབྱོར་རབ་རྒྱས་ཤིང་།།
ཆོས་རྒྱལ་བཀའ་ལུང་ཅོད་པན་དུ་བྱེད་{པ}འི།།
ཐུགས་སྲས་ནང་གི་བློན་ཆེན་ཀུན་གྱི་མཆོག།
བསོད་ནམས་དཔལ་འབྱོར་ལྷག་བསམ་དག་པས་བསྒྲུབས།།
ཕུལ་ཕྱིན་ཡོན་ཏན་རིན་ཆེན་དཔལ་མངའ་བས།།
ཆོས་ཀྱི་རྒྱལ་པོའི་དགོངས་པ་གྲུབ་པའི་བཞེས།།
དེའི་གསུང་བཞིན་སྤྲུལ་པའི་ལྷ་བཟོ་བ།།
ལྷའི་རྒྱལ་མཚན་ཞེས་བྱས་ལེགས་པར་གཟབས།།
རྟེན་འདིའི་ལང་ཚོ་རྒྱན་གྱི་དཔལ་འཐོང་བས།།
དགའ་ལྡན་པ་རྣམས་རྗེ་བཙུན་འདིར་བཞུགས་སྐམ།།
ལྷའི་མེ་ཏོག་སྤྲོས་དང་རོལ་མོ་སོགས།།
མཆོད་པའི་ཁྱད་པར་མི་ལས་འདས་པ་ཡིས།།
རྒྱུན་ཏུ་མཆོད་པའི་ངོ་འཚར་ཧི་སྐྱིད་པ།།
སྐྱེ་བོ་ཕལ་མོས་ཆེས་འཐོང་ཀུན་དགར་བྱས།།

དེ་ཡང་རིན་པོ་ཆེ་སྣ་ལྔའི་ཚོན་འབབ་ཞིག་ལས་བསྒྲུབས་པའི་ལོགས་བྲིས་རྣམས་ཀྱི་སྦྱིན་བདག་

ནི། ཀུན་ནས་དགའ་བའི་ཐུགས་མངའ་བ། ཕྱི་ནང་གི་རྒྱུད་སྡེའི་དུ་མའི་མངའ་བདག། རིགས་པ་འཛིན་པ་ཆེན་པོ་བླ་མ་མགོན་རྒྱལ་བ་དཔོན་སློབ་རྣམས་དང་། བག་རྩེ······ཉིད་རོ་བ་དཔོན་ལེགས་པ་རྣམས་ཀྱིས་གུས་པས་བསྒྲུབས{།}

རབ་གསལ་རྣམ་དཀྱོད་མེ་ལོང་དངས་པ་ལ།།
ཤེས་བྱའི་གནས་ལ་རི་མོ་ཀུན་གསལ་བ།།
དཔལ་ལྡན་མཁས་པ···ཀྱི་གཙུག་གི་བརྒྱན།།
རིན་ཆེན་དཔལ་འབྱོར་ཞེས་བྱ་ཡབ་སྲས་དང་།།
རྒྱལ་མཚན་ཞེས་བྱ་དཔོན་སློབ་རྣམས་ཀྱིས་བཟབས།།
དེ་ལྟའི་དགེ་བ་ཕུན་ཚོགས་ཀུན་བསྡུས་ནས།།
མ་གྱུར་འགྲོ་བ་མཁའ་མཉམ་ཐམས་ཅད་ཀྱིས།།
མི་ཕམ་གོ[1]·མགོན་པོའི་གོ་འཕང་ཐོབ་བྱའི་ཕྱིར།།
འཁོར་གསུམ་དག་པས་རབ་ཏུ་བསྔོ་བར་བགྱི།།
མི་དབང་བྱམས་ཆེན་སྤྲུལ་པའི་རྗེས་ཞུགས་ནས།།
ཟག་བཅས་ནོར་ལ་སྙིང་པོ་བླང་བའི་བློས།།
དམིགས་མེད་དགེ་ཚོགས་རྒྱ་ཆེན་སྒྲུབ་པ་ལ།།
ངོམས་པ་མེད་པའི་བསོ་པ་བརྟན་གྱུར་ཅིག།
ས་སྐྱོད་ལྷའི་གླང་པོའི་དགོངས་པ་བཞིན།།
འདིར་འབད་འཆི་མེད་སྐྱེ་བོའི་དགེ་བའི་མཐུས།།
གནས་སྐབས་མི་འཐུན་ཉེར་འཚེའི་ལྷ་མིན་བཅོམ།།
མཐར་ཐུབ་དགའ་ལྡན་ཆོས་ཀྱི་རྒྱལ་པོར་ཤོག།
སྐུ་གསུམ་དབྱེར་མེད་རྒྱལ་བ་མར་མེ་མཛད།།

〔1〕 译者注：应为衍文。

བུ་རམ་ཤིང་པ་རྒྱལ་ཚབ་མི་ཕམ་མགོན།།
དུས་གསུམ་སངས་རྒྱས་སྲས་དང་བཅས་པ་ཡི།།
སྐུ་གསུང་ཐུགས་ཀྱི་བཀྲ་ཤིས་ཕུན་ཚོགས་ཤོག།
རྒྱལ་བའི་བསྟན་པ་དར་ཞིང་རྒྱས་པའི་བཀྲ་ཤིས་དང་།།
བསྟན་འཛིན་གང་ཟག་ཆོས་སྤྱོད་འཕེལ་བའི་བཀྲ་ཤིས་དང་།།
དེ་མཐུས་འགྲོ་ཀུན་བདེ་ཞིང་སྐྱིད་པའི་བཀྲ་ཤིས་ཏེ།།
བཀྲ་ཤིས་དེ་གསུམ་ཕྱོགས་བཅུར་དར་བའི་བཀྲ་ཤིས་ཤོག།

壁画下面题记

༄༅། །ན་མོ་ཨ་ཪྻ་མཻ་ཏྲི་ཡ།

ཤར་ཕྱོགས་ཀྱི་ངོས་ལ། ཇོ་བཙུན་བྱམས་མགོན་གྱི་སྐུ་ཞལ་གསུམ་ཕྱག་དྲུག་པ་ལ། བྱམས་པའི་སྐྱེས་རབས་ཀྱི་བཀོད་པའི་གླིང་དྲུག་གིས་བསྐོར་བ་དང་།

……ཕྱོགས་ཀྱི་ངོས་ལ་བྱམས་པ་སྤྲུལ་སྐུ་ཁྲིལ་བཞུགས་ལ་སྐྱེས་རབས་ཀྱི་གླིང་བཞིས་བསྐོར་བ་དང་།

ཤར་གཟིགས་ཀྱི་ངོས་ཆུང་ལ་བྱམས་པ་གྲོང་ཁྱེར་མ་ལ་སྐྱེས་རབས་ཀྱི་གླིང་གཉིས་ཀྱིས་བསྐོར་བ་དང་།

སྒོ་གོང་ལ་སྐྱེས་རབས་ཀྱི་གླིང་གཉིས་དང་།

སྒོའི་ལྷོ་ཕྱོགས་ལ་བྱམས་ཆེན་སྤྲུལ་པའི་སྐུ་གཟུགས་ལ་བྱམས་པའི་མཛད་པ་བརྒྱད་ཀྱིས་བསྐོར་བ་དང་།

ལྷོ་ཕྱོགས་ཀྱི་ངོས་ལ་བྱམས་པ་ལོངས་སྐུ་ཁྲིལ་བཞུགས།

ཤར་གཟིགས་ངོས་ཆུང་ལ་བྱམས་པ་བཞེངས་སྐུ་ལ་སྐྱེས་རབས་ཀྱི་གླིང་རྣམས་ཀྱིས་བསྐོར་བ་བཞུགས་སོ།། །།

འདིར་རྣམས་ཀྱི་ཞིང་ཁམས་གཅིག་སྦྱིན་བདག་བག་རྩེ་ནས་མཛད། །ཞིང་ཁཾས་གཅིག་སྦྱིན་

བདག་ཉིད་རོ་བ་དཔོན་ལགས་ཀྱིས་མཛད།། །།རི་མོ་མཁས་པ་གནས་སྙིང་པ་དཔོན་མོ་ཆེ་དཔལ་འབྱོར་བ་ཡབ་སྲས་ཀྱི་ལེགས་པར་གཟབས།།

དགེ་བས་སངས་རྒྱས་མྱུར་ཐོབ་ཤོག།། །

………………ཆེ་པཊ་ཆ………སྙིང་པོ་རྒྱན……གྱུར……དེའི་འོག་ན་བཅུ་གཅིག་རྒྱལ་པོ་ལུགས། དེའི་གཡོན་ན་སྤྱན་གཟིགས་པདྨ་གར་གྱི་དབང་ཕྱུགས་གཙོ་འཁོར་རྣམས་བཞུགས།………

………མེད་ཀྱིས་ཞལ་གཟིགས་ཀྱི་བྱམས་པ་ཞལ་གསུམ་ཕྱག་བཞི་པ། དེའི་གཡོན་ན་རྡོ་རྗེ་སྙིང་པོ་བརྒྱན་གྱི་རྒྱུ{ད་ལས}འབྱུང་བའི་སྤྱན་རས་གཟིགས་ཞལ་བཞི་ཕྱག་བཞི་རྣམས་བཞུགས། དེའི་འོག་ན་བཅུ་ཅིག་ཞལ་དཔལ་མོ………{འཁོར}ལྔ། དེའི་གཡོན་ན་སྤྱན་རས་གཟིགས་ཁསར་ས་པ་ཊི་ལྷ་ལྔ། དེའི་འོག་ན་སྒྲོལ་མ…ལས་སྣ་ཚོགས་ཀྱི་རྒྱུད་ལས་འབྱུང་བའི་སྒྲོལ་མ་གཙོ་འཁོར་དགུ། ཕྱག་རྡོར་གྱི་གཡས་གཡོན་ན་བྱང་ཆུབ་སེམས་དཔའ་བརྒྱད་རྣམས་བཞུགས་སོ།།

འདི་རྣམས་ཀྱི་དགོས་ཀྱི་སྦྱིན་བ{དག}………………

第一层、第十七间佛殿

༄༅། །ན་མོ་བཻ་ཤྲ་བ་ཊ་ཡེ[1]།

རྣམ་ཐོས་སྲས་ཀྱི་ལྷ་ཁང་འདོད་[དགུའི་ཆར]འབེབས་ཀྱི་དབུས་ན། གཙོ་བོ་རྒྱལ་ཆེན་རྣམ་ཐོས་སྲས་སེར་ཆེན་ཞི་བ་བདེ་བྱེད། ཡབ་དྲུང་སྲོང་རྣམ་མང་ཐོས་པ། ཡུམ་ལྷ་མོ་དཔལ་ཆེན་མོ་དང་བཅས་པ་གཙོ་འཁོར་གསུམ་ཁྲི་རྒྱབ་ཡོལ་གྱི་དབུས་ན་བཞུགས་པའི་སྐུ་གཟུགས་འབུར་དུ་བརྟོད་པ་བཞུགས་པའི་སྐུ་གཟུགས་འབུར་དུ་བརྟོད་པ་བཞུགས།

ནུབ་ཕྱོགས་ཀྱི་ལོགས་ལ། རྒྱལ་ཆེན་རྣམ་ཐོས་ཀྱི་ཕོ་བྲང་ལྕང་ལོ་ཅན་གྱི་བཀོད་[པའོ།།ད]བུས་ཕོ་བྲང་སུམ་རྩེག་འཁོར་ས་རི་པ་གསུམ་དང་ལྡན་པ། སྟོད་ཀྱི་ཆ་ལ་བླ་མ་བརྒྱད་[པ་དང་བ]ཅས་པ་བཞུགས།

ཤར་ཕྱོགས་ཀྱི་ངོས་ལ་རྣམ་སྲས་རྒྱ་ནག་ལུགས། ཧ་བདག་བརྒྱད་དང་། ཕྱག་རྡོར་གཉིས་རྣམ་

[1] ཊ་ཡེ应读作ཊྭ་ཡ。

སྲས་དམར་པོ་གསང་སྒྲུབ་མདུང་དམར་ཅན། སྲས་གར་མཁན་མཆོག་རྣམས་ཀྱི་བསྐོར་བ་དང་།

ལྷོ་ཕྱོགས་ཀྱི་ངོས་ལ། རྣམ་སྲས་དྲག་བྱེད་ཀླུ་བརྒྱད་ཀྱིས་[བ]སྐོར་བ་ཆ་གཉིས་[གར་མཁན་མཆོག།]

……བར་གསང་སྒྲུབ་ཡབ་ཡུམ། ནང་མ་མོ་ལྷར་{སྒྲུ}བ་པ། གསུང་བ་བཞིན་རྗེ་ལྷར་སྒྲུབ་པ།

སྒོ་གོང་ན། སྲས་ཀྱི་ཚོགས་རྣམ་དང་།

སྒོ་རྒྱབ་ན་དཔལ་{ལྷ}ན་རྡོ་རྗེ་རབ་{བརྟ}ན་མ་དང་། {རི}་ཕྱུག་མ་གཉིས་ཀྱི་སྐུ་བཞུགས་སོ།

འདིའི་དབུས་ཀྱི་ལྷེ་སྐར་ག……དང་། ལྷོ་ཕྱོགས……རྡོ་རྗེ་རབ་བརྟན་མ། རྡོ་རྗེ་རི་ཕྱུག་མ། འཕགས་སྐྱེས་པོ་[མ]། ཡུལ་འཁོར་སྲུང་[མ།] བདུད་མོ་ལག་རིངས་མ། བདུད་མོ་མགོ་དགུ་མ། བདུད་མོ་ཕུང་ཁྲོལ་མ། བདུད་མོ་ལག་རྒྱ་མ། མིག་མི་བཟང་རྣམ་ཐོས་སྲས……ན་བརྒྱད……དྲག་བྱེད་ལ་སོགས་གཙོ་བོ་བདུན། སྒོ་གོང་ན……དང་བཅས་པ་རྣམ་སྲས་ཀྱི་དགོས་ཀྱི་སྦྱིན་བདག། སྟག་རྩེ་རྫོང་དཔོན་དཔོན་དྲུང་རྒྱ་མེ་བ་ཡབ་སྲས་ཀྱིས་མཛད། །ཤར་ནུབ་ཀྱི་ཕོ་བྲང་མ་དང་། སྦྱིན་གསེབ་མ……{གཅིག}་ཏུ་བྱས་པའི་སྦྱིན……{སྐུ}་གཙོར་གྱི་བགྱིས། །རི་མོ་མཁས་པ་གནས……དཔོན་བཙུན་དཔལ་འཕེལ་བ་སྐུ་མཆེད་ཀྱིས་བཟབས།

第一层、第十九间佛殿

༄༅།……མགོན་ཁང་བདུག་པ་ཚར་གཅོད་འདིའི་ཨེ་ཀ་ཛ་ཊི……གཡོ{ན་ན་འ}དོད་{ཁམ}ས་དབང་ཕྱུག་མ་{མེར་འབར་བའི}་དབུས་ན་བཞུགས……གཙོ་འཁོར་གསུམ་བཞུགས། འདིའི་དགོས་ཀྱི་སྦྱིན་བདག་ནང་སོ་ཆེན་མོ་ནས་མཛད། ལྷེ་སྐུ་མཁས་པ་དཔོན་མོ་ཆེ་ལྷའི་རྒྱལ་མཚན་པ་ཡབ་སྲས་ཀྱིས་བཟབས།

མཾཀླ་ལ་

༄༅། མགོན་ཁང་གི་ལྷོ་ཕྱོགས་གི་སྟོད་ན་ཕྱག་ན་རྡོ་རྗེ་འབྱུང་པོ་འདུལ་བྱེད་དེའི་འོག་ན།

ཆོས་སྐྱོང་ཆུང་བ་བྲམ་ཟེའི་སྐུ་གཙོ་འཁོར་ལྔ།

བྱང་ཕྱོགས་ཀྱི་ངོས་ལ་ཆོས་སྐྱོང་གྲི་གུག་མ་སྔོ་མ་ཆེན་མོ་བཞི། ཕྱུ་ཧྲ་ཡབ་ཡུམ་སྲས་འཁོར་ལྔ་དྲུ་ཁྲོད་ཀྱི་བདག་པོ་ཞིང་སྐྱོང་ཕོ་མོ་གཉིས། དཀར་མོ་ཉི་ཟླ།། འ།དུད་རྒྱལ་ཐོད་འཕྲེང་ཅན། སྲོག་བདུད་ཤན་པ་ནག་པོ། རུ་འདྲེན་གྱི་ཚོགས་དང་ཕྱོགས་སྐྱོང་བཅུ་དུ་ཁྲོད་ཆེན་པོ་བརྒྱད་ཀྱིས་བསྐོར་བ་དང་། དེ་རྣམས་ཀྱི་སྟེང་གི་ཕྱོགས་རྣམས་སུ་རྒྱུད་པའི་བླ་མ་རྣམས་ཀྱིས་བསྐོར་བ་དང་བཅས་པ་བཞུགསོ།།

འདི་རྣམ……ས་ཀྱི་དགོས་ཀྱི་སྦྱིན་བ……བརྩོན་སེ་སྟོད་འཛིན་པ་འགྲོ་བ་མང་པོ་འདྲེན་པ་ཐེག……པོ་བླ་མ་ཡོ……སེང་པའི་དྲུང་གྱིས་སྒོ་བླངས་མ་ཐུས་པ་རྣམས་ནང་སོ་ཆེན་མོ་ནས་མཛད་དེ་ལེགས་པར་བསྒྲུབས་སོ། {རི་མོ}……པ་དཔོན་མོ་ཆེ་དཀོན་མཆོག་བཟང་པོ……མཆེད་དཔོན་སློབ……{བཟབས}།

དེའི་དགེ་བའི་མཐུ་སྟོབས་ཆེན་པོ་ཡིས།།
གཏན་དང་བསྟན་པ་འཛིན་"པའི་གང་ཟག་ལ།།
གནོད་ཅིང་འཚེ་པ……………………མས།།
རྡུལ་ཕྲེ{ན}………………{ས}ང་མེད་པར་ཚར།།
……………………………………………བཅད་ནས།།
འགྲོ་ཀུན་བྱང་ཆུབ་ལམ་ལ་འགོད་པ་ཤོག།

མཾགླ།།

第一层、第二十间佛殿

༄། །ན་མོ་ཨཱུཥྞི་ཥ་བི་ཛ་ཡ།

འདི་ནི་དེ་བཞིན་གཤེགས་པའི་རིགས་ཀྱི་ཡུམ་[གཙུག་ཏོར་གྱི་སྐོར་ལས།] རྟོག་པ་ལས་འབྱུང་བའི་གཙུག་ཏོར་[རྣམ་པ]ར་རྒྱལ་མ་ལྷ་དགུའི་ལྷ་ཚོགས་ལ། ཀྲི་ཡ་ས་མུ་ཙ་ལས་འབྱུང་བའི་རྣམ་རྒྱལ། དེ་བཞིན་གཤེགས་པའི་རང་བཞིན་རྣམ་པར་རྒྱལ་བའི་གཙུག་ཏོར་ལས་སོགས་པའི་ལྷ་སུམ་ཅུ་རྩ་

གསུམ་གྱིས་བསྐོར་བའི་རི་མོའོ།། །།

ལྷོ་ཕྱོགས་ཀྱི་ངོས་ལ་སྒྲུབ་ཐབས་རྒྱ་མཚོ་ནས་འབྱུང་བའི། སྒྲོལ་མ་ནོར་སྦྱིན་མ་སྐུ་མདོག་[ལྗང་གུ།]………

བྱང་ཕྱོགས་ཀྱི་ངོས་ལ་སྒྲུབ་ཐབས་རྒྱ་མཚོ་ནས་འབྱུང་བའི་སྒྲོལ་མ་སྐུ་མདོག་སེར་མོ་ཞལ་བཞི་ཕྱག་བརྒྱད་མ། གཡས་གཡོན་གྱི་ཚར་ལ་མེ་ཏོག་སྒྲོལ་མ་སོགས་ལྷ་མོ་བཅུ་དང་། སྙིང་ཁི་དཔུང་བྲུར་ལ་བུ་སྟོན་ཡབ་སྲས་དང་། འོག་ཚར་གཡས་གཡོན་གུར་མགོན་ལྕམ་དྲལ་རྣམས་ཀྱིས་ཡོངས་སུ་བསྐོར་བའི་རི་མོ་ཞིང་[ཁམས་གཉིས་པོའི]་དགོས་ཀྱི་སྦྱིན་བདག། འབྲི་འཚམས་དགོན་པ་བདེ་ཆེན་པ་དཔོན་སློབ་རྣམས་ཀྱིས་བགྱིས། རི་མོ་མཁས་པ་གནས་རྙིང་པ་དཔོན་ཆེ་རྒྱལ་མཚན་པ་དཔོན་སློབ་ཀྱིས་ལེགས་པར་བཟབས།

[འོག་ཚར་ལ]………གཅིག་ཕྱག་བཞི་མ་རྡོ་རྗེ་སྒྲོལ་མ་སོགས་{ལྷ་མོ}་བཅུ་གཉིས་ཀྱིས་བསྐོར་བ{ར་སྐྱ་བགོ}་དཔུང་བྲུར་ལ། ས་སྐྱ་པཎ་ཏི་ཏ་དང་། འགྲོ་མགོན་འཕགས་པ་ཞལ་སྒྲོད། དེའི་འོག་ན་ཐུབ་པའི་དབང་པོ་དང་། ཚོད་བག………[ཉེ]ར་སྐྱོད་ཀྱི་མཆོད་པའི་ལྷ་མོ་བཞིས་ཡོངས་སུ་བསྐོར་བ་དང་།

སྔོ་གོང་ན་རིགས་ཀྱི་བདག་པོ། རྣམ་སྣང〔1〕་། མི་བསྐྱོད་པ། འོད་དཔག་མེད། རྣམས་རང་རང་གི་ཁྲི་ལ་བཞུགས་པ་དང་།………

[དེའི་དགེ་བ་རྣམ་དག་ནམ་མཁའ་ལས།
ཚོགས་གཉིས་ཆུ་འཛིན་རབ་ཏུ་འཁྲིགས་གྱུར་ཏེ།
འགྲོ་རྣམས་དམ་ཆོས་ཆར་གྱིས་ཚིམ་པ་དང་།
རྣམ་པར་རྒྱལ་མའི་གོ་འཕང་ཐོབ་པར་ཤོག།]

第二层

第二层、第一间佛殿

༄། །ན་[མོ]་ཨ་མི་ཏ་བྷ་ཡ〔2〕།

〔1〕 རྣམ་སྣང是རྣམ་པར་སྣང་མཛད的缩写。

〔2〕 ཏ་བྷ་ཡ应读作ཏཱ་བྷཱ་ཡ。

ཚེ་དཔག་མེད་ཀྱི་ལྷ་ཁང་འདིའི། དབུས་ན། སློབ་དཔོན་ཛྙེ་ཏ་རིའི་ལུགས་ཀྱི་ཚེ་དཔག་མེད། འཆི་མེད་རྔ་སྒྲའི་གཙོ་བོ་རིགས་ལ། ཁྲི་རྒྱབ་ཡོལ་གྱི་དབུས་ལ་བཞུགས་པའི་{ལྕེ་སྐྱུ}་གཙོ་འཁོར་{ལྔ}འི་དགོས་ཀྱི་སྦྱིན་བདག་འཇལ་བྲག་དམར་བ། བླ་མ་བཀའ་བཅུ་པ་དགེ······ལ་བ་དཔོན་སློབ་ཀྱིས་དང་པས་བགྱིས། ལྷ་བཟོ་མཁས་པ་དཔོན་མོ་ཆེ། དཔོན་ཙན་པ་དཔོན་སློབ་ཀྱིས་ལེགས་པར་བཟབས།། ||

འདིའི་ཕྱོགས་བཞིའི་ངོས་ལ། ཚེ་དཔག་མེད་འཆི་མེད་རྔ་སྒྲའི་འཚམས་ཀྱི་ལྷ། ཀུན་གཟིགས་ཚེ་དཔག་[མེད།] ཡོན་ཏན་ཚེ་དཔག་མེད། ཡེ་ཤེས་ཚེ་དཔག་མེད། མི་གཡོ་ཚེ་དཔག་མེད་[རྣམ]ས་དང་།

ཞལ་ལྕོར་ག[ཟིགས]་ཀྱི་ངོས་རྒྱང་ལ་འོད་དཔག་མེད་ཀྱི་སྐུའི་བཀོད་པ་དང་། དེ་རྣམས་ཀྱི་སྟེང་གི་ཚར་ལ། པཎྜི་ཏ་ཛྙེ་ཏ་རི། ཚེ་དཔག་མེད་གྲུབ་རྒྱལ་མའི[1]། དེ་བཞིན་གཤེགས་པ་རིགས་ལྔ། ཡུམ་ལྔ། རིགས་ཀྱི་སེམས་དཔའ་བཅུ་དྲུག། མཆོད་པའི་ལྷ་མོ་བཞི། སྒོ་མ་བཞི་རྣམས་ཀྱིས་ཡོངས་སུ་བསྐོར་བ་འདི་རྣམས་ཀྱི་དགོས་ཀྱི་སྦྱིན་བདག། བླ་མ་སྒོ་མོ་བ་དཔོན་སློབ་རྣམས་ཀྱིས་མཛད། རི་མོ་མཁས་པ་ལྷ་རྩེ་བདེ་ཆེན་པ་དཔོན་ནམ་མཁའ་འོད་ཟེར་སྐུ་མཆེད་ཀྱིས་བཟབས།། ||

དེའི་དགེ་བས་མཐའ་ཡས་སྐྱེ་དགུའི་ཚོགས།།
དུས་མིན་འཆི་བའི་དགྲ་ལས་རྣམ་རྒྱལ་ཏེ།།
ཚེ་དང་ཡེ་ཤེས་དཔལ་ལ་མངའ་འབྱོར་ཕྱི།།
ཀུན་མཁྱེན་ཚེ་དཔག་མེད་སྐུ་འགྲུབ་པར་ཤོག།

第二层、第二间佛殿

༄༅། །ན་མོ་ཨ་ཏྲ་ཏ་ར་ཡེ།

སྒྲོལ་མའི་ལྷ་ཁང་འདིའི་དབུས་ན། རྗེ་བཙུན་མ་སེང་ལྡེང་ནགས་ཀྱི་སྒྲོལ་མ་གཙོ་འཁོར་གསུམ་

〔1〕 应读作མོའི。

ཁྲི་རྒྱབ་ཡོལ་དང་བཅས་པ་ལྔེ་སྐུར་བཞེངས་པ།

འདིའི་དགོས་ཀྱི་སྦྱིན་བདག། ཆོས་རྒྱལ་ཆེན་པོའི་ནང་བློན། གཉེར་ཆེན་མགོན་པོ་སྐྱབས་པས་མཛད། ལྷ་བཟོ་མཁས་པ་དཔོན་ལྷའི་རྒྱལ་མཚན་གྱིས་བཟབས།། །།

འདིའི་བྱང་ཕྱོགས་ཀྱི་ངོས་ལ་ངན་སོང་ལས་སྒྲོལ་བའི་སྒྲོལ་མ་གཙོ་འཁོར་གསུམ་ལ་རྣམ་དག་གཙུག་ནོར་གྱི་ལྷ་མོ་ཉི་ཤུ་རྩ་གཅིག་དང་། དཔུང་བཟུར་གཡས་གཡོན་ན་པདྨ་ཉི་མ་སྣས་པ། སྒྲོལ་དཀར་ཕྱག་དྲུག་མ། མི་འཁྲུགས་པ། འོག་གི་ཁྲི་ཟུར་ན་མགོན་པོ་ཕྱག་དྲུག་པ་ལྕམ་དྲལ་རྣམས་ཀྱིས་བསྐོར་བ་དང་།

ནུབ་ཕྱོགས་ཀྱི་ངོས་ལ་སྒྲུབ་ཐབས་རྒྱ་མཚོ་ལས་འབྱུང་བའི་མཆོག་སྦྱིན་[སྒྲོལ་མ]……ཟེར་ཅན། རལ་གཅིག་མ། རྨ་བྱ་ཆེན་མོ། དུག་སེལ་མ། སྟེ་ལྷ་མོ་བཞིས་བསྐོར་བ་དང་།

ལྷོ་ཕྱོགས་ཀྱི་ངོས་ལ་སྒྲུབ་ཐབས་རྒྱ་མཚོ་ལས་འབྱུང་བའི་དོན་ཐམས་ཅད་གྲུབ་པ་རབ་ཏུ་སྦྱིན་པའི་སྒྲོལ་མ། ཁྲོ་མོ་སྐུ་མདོག་སེར་མོ་ཞལ་བརྒྱད། ཕྱག་བཅུ་དྲུག་པ་ལ། འཇིགས་པ་བརྒྱད་སྐྱོབ། ཚེ་དཔག་མེད། རྡོ་རྗེ་སྒྲོལ་མ། སྤྱན་རས་གཟིགས། ཇོ་བོ་ཡབ་སྲས། ཧ་མགྲིན། སྒྲོལ་མ་ནོར་སྦྱིན་མ། སྒྲོལ་མ་ཆེན་མོ། {སྒྲོལ་མ་དཀར་མོ། རྒྱ་ནག་}རིམ་པའི་སྒྲོལ་མ། འོག་ན་རྣམ་སྲས། འཛམ་ནག་རྣམས་ཀྱིས་ཡོངས་སུ་བསྐོར་བའི་རི་མོ་ཞིང་ཁམས་གཉིས་ཀྱི། དགོས་ཀྱི་སྦྱིན་བདག་ཀྱང་གཉེར་ཆེན་མགོན་པོ་སྐྱབས་པ་ཡབ་སྲས་ཀྱིས་ལྷག་བསམ་དག་པས་སྒྲུབས།། །།རི་མོ་མཁས་པ་ལྷ་རྩེ་བདེ་ཆེན་པ་དཔོན་དགེ་བ་སྐུ་མཆེད་ཀྱིས་བཟབས།།

དགེ་བས་སྒྲོལ་མའི་གོ་འཕང་མྱུར་ཐོབ་ཤོག།

第二层、第三间佛殿

༄༅། །ན་མོ་ལོ་ཀི་ཤྭ་ར་ཡ།

འདིའི་ཤར་ཕྱོགས་ཀྱི་ངོས་ལ་བྱ་བའི་རྒྱུད་ལས་གསུངས་པའི། པདྨའི་རིགས་དོན་ཡོད་ཞགས་པ[འི]ཆོག་ཞིབ་མོ་ལས་བྱུང་བའི་དཀྱིལ་འཁོར་ལས། དོན་ཡོད་ཞགས་པའི་སྙིང་པོ{འི་ཆོག་ཞིབ་}མོའི་དཀྱིལ་འཁོར་གྱི་ལྷ་ཚོགས་རྣམས་ཀྱི་བཀོད་པ་བཞུགས།།

ལྷོ་ཕྱོགས་[ས]······ང་ལ་སྤྱན་རས་གཟིགས་དབང་ཕྱུག་པདྨ་གར་གྱི་དབང་ཕྱུག······། སྙིང་ན་འཇིག་རྟེན་དབང་ཕྱུག་སེང་གེ་སྒྲ་རིགས་གཉིས། འཇིག་རྟེན་དབང་ཕྱུག་དམར་པོ། ཧ་རི་ཧ་རི་ཧ་རི་ལ་ཞོན་པར་གྱུར་པའི་འཕགས་པ་སྤྱན་རས་གཟིགས·········

·········ཐུགས་ཀྱི་དགོངས་པ་ཡོངས་སུ་རྫོགས་པར་བྱ་བའི་ཕྱིར་དུ། དཔོན་དགེ་ཤེས་ཚོས་སྐྱོང་རིན་ཆེན་པ། ཕ་ཇོ་གཡུ་རུང་དཔ···། ཕ་ཇོ་བློ་གྲོས། དཔོན་འཛམ་ཇོར། དཔོན་རྒྱ་མི། དཔོན་རྒྱལ་ལྱ། །གཞོན་པ་རྣམས་ཀྱིས་དགེ་བསྐུལ་དང་དོ་དམ་མཛད་ནས། རྗོང་ཕྱི་ནང་གི་མོ་དབྱེན་[རྣམས]ཀྱིས་ལྷག་བསམ་རྣམ་དག་གི་སྒོ་ནས་སྒྲུབས། །[རི]་མོ་མཁས་པ་སྟུགས་འཆང་རིག་པ་འཛིན་པ་ཆེན་པོ་ཕ་ཇོའི་ཇོ་སྲས་བློས་སློས་དགེ་མ་བ་ཡབ་སྲས་ཀྱིས་གཟབས་ནས་བྲིས།། །།

དེའི་དགེ་བའི་རྩ་བ་རྒྱ་ཆེན་འདིས།།

{མཐའ}··················{ཚོགས}·········།

{སྤྱན་རས}་གཟིགས་ཀྱི་གོ·······{མྱུར}·······

[འཕགས་པ་ལོ་ཀེ]་ཤྭ་ར་[ཡ་འདིའི་སྒོ་རྒྱབ་ཀྱི་ལོགས་ཆུང]་གཉིས་[དང་།] ནུབ་ཕྱོགས་ཀྱི་ངོས་ལ། བྱ་བའི་རྒྱུད་ལས་གསུངས་པའི་གསུང་གི་རིགས་ཀྱི། རྩ་བའི་རྒྱུད་པད་མ་དྲ་བ། རྒྱས་པའི་དཀྱིལ་འཁོར་གྱི་ལྷ་ཚོགས། སྤྱན་རས་གཟིགས། བཅུ་གཅིག་ཞལ་པད་མ་དྲ་བའི་དཀྱིལ་འཁོར་རྒྱས་པའི། གཙོ་བོ་བསྡུས་པའི་ལྷ་ཚོགས་རྣམས་དང་། རིགས་ཆུང་སོ་སོའི་གཙོ་བོ་དྲུག་དང་གུར་མགོན་ལྕམ་དྲལ། ཀླུ་རྒྱལ་ཧྣ་རུ་ཊ་དང་བཅས་པའི་རི་མོའོ།

འདིའི་དགོས་ཀྱི་སྦྱིན་བདག་ནང་སོ་ཆེན་མོ་ནས་མཛད། རི་མོ་མཁས་པ་ལྷ་རྗེ་བ་དཔོན་དགེ་སྙེན་སྐྱ་མཆེད་ཀྱིས་བྲིས།།

དགེ་བས་སྤྱན་རས་གཟིགས་དབང་མྱུར་ཐོབ་ཤོག

第二层、第四间佛殿

༄༅། །ན་མོ་ཨཱརྻ་ལོ་ཀི་ཤྭ་ར་ཡ།

དོན་ཞགས་ལྷ་ཁང་འདིའི་དབུས་ན། རྗེ་བཙུན་སྤྱན་རས་གཟིགས་དབང་[ཕྱུག་དོན་ཡོད་ཞགས་

པ]་ལྷ་ལྔའི་སྐུ་གཟུགས་འབུར་དུ་གཏོད་པ་ཁྲི་རྒྱབ་ཡོལ་དང་བཅས་པར་བཞུགས་པ།

འདིའི་དགོས་ཀྱི་སྦྱིན་བདག། དྲུང་སློབ་དཔོན་ཀུན་དགའ་རྒྱལ་མཚན་དཔལ་བཟང་པོ་བའི་ཐུགས་ཀྱི་དགོངས་པ་ཡོངས་སུ་རྫོགས་པར་བྱ་བའི་ཕྱིར། དགེ་ཤེས་[ཤཱ་ཀྱ་ཡེ་ཤེས་ལྷག་བསམ]་རྣམ་དག་གིས་སྒྲུབས། ལྷ་བཟོ་མཁས་པ་དཔོན་[མོ་ཆེ།] ལྷའི་རྒྱལ་མཚན་པ་དཔོན་སློབ་[ཀྱིས]་བཟབས།

ལོགས་བྲིས་ཕྱོགས་གསུམ་ལ་སྤྱོད་པའི་རྒྱུད། རྣམ་པར་སྣང་མཛད་མངོན་བར་བྱང་ཆུབ་པའི་རྒྱུད་ལས་འབྱུ[ང་བའི་ད]ཀྱིལ་[འཁོ]ར་གསུམ་ལས། སྐུ་མི་ཟད་པའི་བཀོད་པ་བྱིན་གྱིས་བརླབ་པ་སྙིང་རྗེ་ཆེན་པོ་ཅན་གྱི་དཀྱིལ་འཁོར་གྱི་ལྷ་ཚོགས་རྣམས་ཚང་བར་བཞུགས། སྟོད་ཚར་ལ་རྣམ་སྣང་མངོན་བྱང་གི་ད{བ}''''[བླ་མ་བ]རྒྱུད་པ་དང་།

སྒོ་གོང་ལ་ཁ་ཆེ་པཎ་ཆེན་གྱི་ཐུགས་དམ་དོན་ཞགས་ལྷ་ལྔ་དང་།

ལྷོ་ཕྱོགས་ཀྱི་འོག་ཚར་ལ། ཆོས་སྐྱོང་གུར་མགོན་ལྕམ་དྲལ་དང་། རྒྱལ་པོ་ཆེན་པོ་རྣམ་ཐོས་སྲས་རྣམས་བཞུགས་པ[འི་རི]་མོ་ཞིང་ཁམས་གཉིས་ཀྱི་དགོས་ཀྱི་སྦྱིན་བདག་ནང་སོ་ཆེན་མོ་ནས་མཛད། རི་མོ་མཁས་པ་ཛོ་ནང་པ་དཔོན་བཙུན་དཀོན་མཆོག་བཟང་པོ་དཔོན་སློབ་དང་། ལྕགས་ཐང་པ་བ[སོ]མ་གཏན་བཟང་པོ་རྣམས་ཀྱིས་ལེགས་པར་བཟབས།།

དགེ་བས་འགྲོ་ཀུན་བླ་མེད་བྱང་ཆུབ་མྱུར་ཐོབ་ཤོག།

第二层、第五间佛殿

༄༅། །ཨོཾ་སྭ་སྟི།

ཏ་མགྲིན་ནག་པོའི་ལྷ་ཁང་གི་ཤར་གྱི་འདེབས་ཆེན་གྱི་དབུས་ན་སྒྲུབ་ཐབས་རྒྱ་མཚོ་ནས་འབྱུང་བ། རྒྱུད་ཐམས་ཅད་ཀྱི་སྙིང་པོ་ཕྱི་མའི་ཏ་མགྲིན་སྐུ་མདོག་དམར་པོ་ཞལ་གསུམ་ཕྱག་བརྒྱད་པ་ལྷ་མོ་གདོང་མ་བཞིས་བསྐོར་བ། དེའི་གཡས་ཚར་ལ་ཏ་མཆོག་ཡེ་ཤེས་རོལ་པ། སྤྱན་རས་གཟིགས་ཏ་ལ་ཏ་ལ[1]། དེའི་འོག་ཚར་ལ་གཙུག་ཏོར་འབར་བ། ཕྱག་ན་རྡོ་རྗེ། འཇིག་རྟེན་གསུམ་དབང་དུ་བྱེད་པའི་འཇིག་རྟེན་དབང་ཕྱུག། དེའི་འོག་ན་ཕྱག་བཞི་པ་ལྕམ་དྲལ། ཕྱག་དྲུག་པ་ལྕམ་དྲལ། གཡོན་ན་

〔1〕 译者注：ཏ་ལ་ཏ་ལ应读作ཏྭ་ལ་ཏྭ་ལ。

རྟ་མགྲིན། རྣམ་སྲས་རྣམས་ཀྱིས་བསྐོར་བ་དང་།

ནུབ་ཀྱི་འདེབས་ལ་སྒྲུབ་ཐབས་རྒྱ་མཚོ་ནས་འབྱུང་བའི་རྟ་མཆོག་སྐུ་མདོག་དམར་པོ། ཞལ་བཞི་ཕྱག་བརྒྱད་པ། ཞབས་བཞི་པའོ།

བྱང་གི་ངོས་ལ་དཔལ་མོ་ལུགས་ཀྱི་རྟ་མགྲིན་སྐུ་མདོག་དམར་པོ་ཞལ་གསུམ་ཕྱག་དྲུག་ཞབས་དྲུག།

དེ་རྣམས་ཀྱི་སྟོད་ཚར་ལ་རྟ་མགྲིན་ནག་པོའི་བླ་མ་བརྒྱུད་པའི་རིམ་པ་དང་། སྒོ་གོང་ན་གཟུངས་གྲྭའི་"ལྷ་མོ་ལྷ་དང་། སྒོའི་རྒྱབ་ན། རྒྱལ་པོ་ཆེན་པོ་བཞི། ཀླུའི་རྒྱལ་པོ་བ་སུ་ཀི། ལྷ་མོ་དཔལ་ཆེན་མོ་རྣམས་དང་།

འོག་ཚར་ལ་མཆོད་པའི་ལྷ་མོ་སྒེག་སོགས་བརྒྱད་དང་། རིན་ཆེན་སྣ་བདུན་ལ་སོག[ས་པ་རྒྱལ་སྲིད་བདུན]་ལེགས་པར་བཀོད་པའི། ལོགས་ཕྲིས་ཞིང་ཁམས་གཉིས་པོའི་དགོས་ཀྱི་སྦྱིན་བདག། རྒྱང་རོའི་དགོན་པ་དགའ་ལྡན་པ། དཔེན་ལོགས་པ། ཟ་ཁྱུད་པ། རྣམས་ཀྱིས་རྣམ་དཀར་དགེ་བའི་སེ[མས]་ཀྱིས་བསྒྲུབས། རི་མོའི་འདུ་བྱེད་མཁས་པ་རྒྱལ་ཁང་པ། དཔོན་མོ་ཆེ་དགེ་སྦྱོང་ཤེས་རབ་དཔལ་བཟངས་པ་དཔོན་སློབ་ཀྱིས་ལེགས་པར་བཟབས།

དེའི་དགེ་བའི་མཐུ་སྟོབ[ས་ནུས]་པ་ཡིས།།
སངས་རྒྱས་བསྟན་པ་ཕྱོགས་བཅུར་དར་བ་དང་།།
བསྟན་འཛིན་གང་ཟག་ཆོས་སྤྱོད་འཕེལ་བ་དང་།།
མི་དབང་ཆེན་པོ་སྐུ་ཚེ་བརྟན[1]་པ་དང་།།
ཡངས་པའི་རྒྱལ་ཁམས་བདེ་སྐྱིད་རབ་རྒྱས་ནས།།
མཁའ་མཉམ་སེམས་ཅན་སངས་རྒྱས་མྱུར་ཐོབ་ཤོག།

མཾགལཾསྭསྟི༔།།

〔1〕 བརྟན是法王名字的一部分。

第二层、第六间佛殿

༄༅། །ན་མོ་ཀུ་རུ་ཀུ་ལེ་ཡེ[1]།

ཀུ་རུ་ཀུ་ལེའི་ལྷ་ཁང་འདིའི་ཤར་ཕྱོགས་ཀྱི་ངོས་ཀྱི་དབུས་ན། རྒྱལ་པོ་ཨིན་དྲ་བྷཱུ་ཏིས་མཛད་པའི་ལྷ་མོ་ཀུ་རུ་ཀུ་ལེ་སྐུ་མདོག་དམར་མོ་ཞལ་གཅིག་ཕྱག་བརྒྱད་མ་ལྷ་མོ་བཅུ་གཉིས་ཀྱིས་བསྐོར་བ་དང་།

ནུབ་ཀྱི་ངོས་ལ་རྣལ་འབྱོར་གྱི་རྒྱུད་སྒྱུ་འཕྲུལ་དྲ་བ་སྟོང་ཕྲག་བཅུ་དྲུག་པ་ནས་འབྱུང་བའི་ཀུ་རུ་ཀུ་ལེ་སྐུ་མདོག་དཀར་མོ་ཞལ་གཅིག་ཕྱག་དྲུག་མ། དེའི་གཡོན་ན་ཁར་ས་པ་ཎི། ཀུ་རུ་ཀུ་ལེ་དཀར་མོ་ཞལ་གཅིག་ཕྱག་གཉིས་མ་དང་།

བྱང་གི་ངོས་ལ་སྒྲུབ་ཐབས་རྒྱ་མཚོ་ནས་འབྱུང་བའི་རྗེ་བཙུན་མ་ཀུ་རུ་ཀུ་ལེ་སྐུ་མདོག་དམར་མོ་ཞལ་གཅིག་ཕྱག་དྲུག་མ་དང་། ཀྱཻ་རྡོ་རྗེའི་རྒྱུད་ལས། འཇིག་རྟེན་གསུམ་པོ་དབང་དུ་བྱེད་པའི། ཀུ་རུ་ཀུ་ལེ་དམར་མོ་ཕྱག་བཞི་མ། ཀྱི་རྡོར་རྒྱུད་ལས་རང་བྱིན་གྱིས་བརླབ་པའི་རིག་བྱེད་མ། ཀྱི་རྡོར་རིམ་པའི་ཀུ་རུ་ཀུ་ལེ། རྗེ་བཙུན་མ་ཀུ་རུ་ཀུ་ལེ། ལྷ་མོ་རིག་བྱེད་མ། རྒྱ་ནག་རིམ་པའི་སྒྲོལ་མ། རི་ཁྲོད་ལོ་མ་གྱོན་པ། ཁྲོ་མོ་རལ་གཅིག་མ།

དེ་རྣམས་ཀྱི་སྟོད་ཚར་ལ་ཀུ་རུ་ཀུ་ལེའི་བླ་མ་བརྒྱུད་རིམས། སྨད་ཚར་ལ་གུར་མགོན་ལྕམ་དྲལ་རྣམ།སྲས་ཞི་དྲག། སྟག་ཞོན་ལྕམ་དྲལ། མཆོད་ལྷ། འཛམ་སེར་ནག། ནོར་རྒྱུན་མ། དཔལ་ཆེན་མོ། རྣམས་ཀྱིས་བསྐོར་བའི་རི་མོ་ཞིང་ཁམས་གཉིས་པོའི་དགོས་ཀྱི་སྦྱིན་བདག་དགོན་པ་བྲག་ཐོག་པ་དང་། སྤྱང་མི་ལོང་པ་གཉིས་ཀྱིས་དད་པས་བགྱིས། རི་མོ་མཁས་པ་ཤུག་རྒྱལ་ཁང་པ་དཔོན་མོ་ཆེ་ཤེས་རབ་དཔལ་བཟངས་པ་དཔོན་སློབ་ཀྱིས་བཟབས།།

དེའི་དགེ་བ་ཚོགས་གཉིས་རིནེ་གྱིས།།
མི་དགེ་བདུད་ཀྱི་དཔུང་རྣམས་རབ་བཅོམ་ཏེ།།
ཟག་མེད་བདེ་བའི་དཔལ་ལ་ལོངས་སྤྱོད་པའི།།

[1] ལེ་ཡ应读作ལྷཱ་ཡེ。

ཀུན་མཁྱེན་ཆོས་ཀྱི་རྒྱལ་པོ་ཐོབ་པར་ཤོག།

མཾ་ག་ལཾ་བྷ་ཝཾ་ཏུ།།

第二层、第七间佛殿

༄༅། །ན་མོ་མཉྫུ་གྷོ་ཥ[1]་ཡ།

འདི་ནི་སྒྲུབ་ཐབས་རྒྱ་མཚོ་ནས་འབྱུང་བའི་འཇམ་དཔལ་ཆོས་དབྱིངས་གསུང་གི་དབང་ཕྱུག་སྐུ་མདོག་དཀར་པོ་ཞལ་བཞི་ཕྱག་བརྒྱད་པ་ལ། རྡོ་རྗེ་སྙིང་པོ་རྒྱན་གྱི་རྒྱུད་ལས་འབྱུང་བའི་སེམས་དཔའ་བརྒྱད། དཕྱང་ཟུར་ན་ལོ་པཎ་གཉིས། འོག་ཆར་ལ་མཆོད་པའི་ལྷ་མོ་དྲུག་སྟེ་ལྷ་བཅུ་བདུན་གྱིས་བསྐོར་བའི་ཞིང་ཁམས་འདི་དང་།

ལྷོ་ཕྱོགས་ཀྱི་ངོས་ལ། མཚན་ཡང་དག་པར་བརྗོད་པའི་འཇམ་དཔལ་ཡེ་ཤེས་སེམས་དཔའ་སྐུ་མདོག་དམར་སེར་ཞལ་གཅིག་ཕྱག་བཞི་པ་ལ། དཕྱང་ཟུར་ན་ས་པཎ་ཁུ་དབོན། གཡས་ཆར་ལ་འཇམ་དཔལ་ཡེ་ཤེས་སེམས་དཔའ། བྱམས་པ། རྡོ་རྗེ་སྙིང་པོ………འབྱུང་བའི། འཇམ་དབྱངས་རིགས་མི་གཅིག་པ་དགུ་སྤྱན་（རས་གཟིགས）གསུམ། རྣམ་སྲས་ཞི་དྲག། འཛམ་སེར་ནག། རྟ་བདག་བརྒྱད། མཆོད་ལྷ་གསུམ། རྣམས་ཀྱིས་བསྐོར་བ་དང་།

ནུབ་ཀྱི་ངོས་ལ་སྒྲུབ་ཐབས་རྒྱ་མཚོ་ནས་ཀྱི་སེམས་ཅན་ཐམས་ཅད་དབང་དུ་བྱེད་པའི་འཇམ་དབྱངས། སྐུ་མདོག་དཀར་དམར་ཞ[ལ]་བཞི་ཕྱག་བརྒྱད་མའི……བ་སྲས[2]།

སྒོ་གོང་ན་རིགས་གསུམ་མགོན་པོ། སྒོ་རྒྱབ་ན་ནོར་བདག་རྣམས་ཀྱིས་ཡོངས་སུ་བསྐོར་བའི་ཞིང་ཁམས་གཉིས་ཀྱི་དགོས་ཀྱི་སྦྱིན་བདག། འབྲི་འཚམས་དགོན་པ་གསེར་ཐོག་པས་དད་པས་བགྱིས། རི་མོ་མཁས་པ་སླེ་མོ་བཟང་རི་བ། དཔོན་མོ་ཆེ་བན་ཆེན་སྐྱབས་པ་ཡབ་སྲས་ཀྱིས་བཟབས།།

དེའི་དགེ་བས་ཡོན་མཆོད་འཁོར་བཅས་རྣམས།།

---

〔1〕 应读作ཥ。

〔2〕 译者注：据实地考察，可能是དཕྱང་ཟུར་ན་རྗེ་བོ་ཡབ་སྲས།。

བཅོམ་ལྡན་འདས་དབྱངས་སྐུར་ཐོབ་ཤོག།

མཾགལཾབྷཝཾནྟུ། ཨ་ཚོ།། །།

第二层、第八间佛殿

༄༅། །ན་མོ་བཛྲ་པི་ཧྨ་ར་ན་ཡེ།

རྣམ་འཇོམས་ཀྱི་ལྷ་ཁང་འདིའི་དབུས་ན། རྣམ་འཇོམས་ཞོལ་པོ་ལུགས་གཙོ་འཁོར་གསུམ་མེ་རིའི་དབུས་ན་བཞུགས་པ་ལྟེ་སྐོར་བཞེངས་པ། འདིའི་དགོས་ཀྱི་སྦྱིན་བདག……

ལྷོ་ཕྱོགས་ཀྱི་ངོས་ལ་རྡོ་རྗེ་རྣམ་པར་འཇོམས་པ་ཞོལ་པོ་ལུགས་ཁྲོ་བོ་བཅུ། ལྷ་མོ་བརྒྱད། སྒོ་མ་བཞི། དཔུང་ཟུར་ན། རྡོ་རྗེ་འཆང་། མཁའ་འགྲོ་མ་སེང་གེའི་གདོང་ཅན། དང་། རྣམ་འཇོམས་ཀྱི་སྐུ། གསུང་། ཐུགས། ཕྲིན་ལས་ཀྱི་ཁྲོ་བོ་བཞི། འོག་ཚར་ལ་སྒེག་སོགས་བཞི། གུར་མགོན་འདོད་ཁམས་དབང་ཕྱུག། སྡོ[1]་ཚར་ལ། བྱ་རྒྱུད་ཀྱི་མི་གཡོ་བའི་གཟུངས་ལས་འབྱུང་བའི་ཁྲོ་བོ་ཁམས་གསུམ་རྣམ་རྒྱལ། གཤིན་རྗེ་གཤེད། རྟ་མགྲིན། བདུད་རྩི་འཁྱིལ་པ་རྣམས་ཀྱིས་བསྐོར་བ་དང་།

ནུབ་ཕྱོགས་ཀྱི་ངོས་ལ། རྣམ་འཇོམས་བ་རི་ལུགས། སྐུ་མདོག་ལྗང་ཁུ། ཞལ་གཅིག་ཕྱག་གཉིས་པ། སྙིང་གི་དཔུང་ཟུར་ན། རྗེ་བཙུན་ཆེན་པོ་དང་། ས་པཎ་ཞལ་སློབ། འོག་ཚར་ལ། འཛམ་སེར་ནག། ནོར་རྒྱུན་མ། དཔལ་ཆེན་མོ། རྣམས་ཀྱིས་བསྐོར་བ་དང་།

བྱང་ཕྱོགས་ཀྱི་ངོས་ལ། མི་ཏྲ་ལུགས་ཀྱི་རྣམ་འཇོམས། རིགས་ཀྱི་ཁྲོ་བོ་བཞི། ཕྱོགས་སྐྱོང་བཅུ། བཀྲ་ཤིས་ཀྱི་ལྷ་མོ་བརྒྱད། རྣམས་ཀྱིས་བསྐོར་བ་དང་།

སྒོ་གོང་ན། བྱ་བའི་རྒྱུད་ཀྱི་རིགས་ཀྱི་ཁྲོ་བོ། གཤིན་རྗེ་གཤེད། རྟ་མགྲིན། བདུད་རྩི་འཁྱིལ་པ། ཕྱག་རྡོར་ལྗང་ཁུ་དང་བཅས་པ། ལེགས་པར་བཀོད་པའི།

རི་མོ་ཞིང་ཁམས་གཉིས་ཀྱི། དགོས་ཀྱི་སྦྱིན་བདག། སྒོ་རུ་སྦྱིན་ཟམ་པ། སྲམ་དགོན་ཐུང་པ།

[1] 应读作སྟོད。

གད་རྒྱང་ལཁར[1]་བ། རི་ལུང་གཡུ་ལུང་པ་རྣམས་ཀྱིས་བགྱིས། ལྷ་བཟོ་མཁས་པ་སྟག་སྣ་བ་དཔོན་མོ་ཆེ་དཔོན་སློབ་ཀྱིས་བཟབས།། །།

དེའི་དགེ་བས་མཐའ་ཡས་སེམས་ཅན་རྣམས།།
ལས་དང་ཉོན་མོངས་སྒྲིབ་པ་ཀུན་བྱང་སྟེ།།
བསོད་ནམས་ཡེ་ཤེས་ཚོགས་གཉིས་མྱུར་རྫོགས་ནས།།
རྫོགས་པའི་སངས་རྒྱས་མྱུར་དུ་ཐོབ་པར་ཤོག།། །།

第二层、第九间佛殿

༄༅། །ན་མཿཤཱཀྱ་མུ་ན་ཡེ།

འདི་ནི་བྱ་བའི་རྒྱུད་ཀྱི་འཕགས་པ་ཀུན་ནས་སྒོར་འཇུག་པའི་འོད་ཟེར་གཙུག་ཏོར་དྲི་མ་མེད་པར་སྣང་བ། དེ་བཞིན་གཤེགས་པ་ཐམས་ཅད་ཀྱི་སྙིང་པོ་དང་། དམ་ཚིག་ལ་རྣམ་པ[ར་ལྟ་བ་ཞེས་བྱ་བའི]་གཟུངས་ལས་འབྱུང་བའི་དཀྱིལ་འཁོར་རྒྱས་པའི་ལྷ་ཚོགས་ཐུབ་ཆེན་ཞལ་བཞི་ཕྱག་བརྒྱད་པ་ལ། ལྷ་མོ་བཅུ་གཉིས། སྐལ་བཟངས་ཀྱི་སངས་རྒྱས། སེམས་དཔའ་བཅུ་དྲུག ཉན་ཐོསྐྱི་ཚོགས། སྒོ་བ་བཞི། ཕྱོགས་སྐྱོང་བཅུ་རྣམས་ཀྱིས་བསྐོར་བ་ལྷོ་ཕྱོགས་ཀྱི་ངོས་ལ་བཞུགས།།

ཤར་ཕྱོགས་ཀྱི་ངོས་ལ་གཙུག་ཏོར་དྲི་མེད་ཀྱི། གསང་སྔགས་ཀྱི་ལྷ་ཚོགས་གཙོ་བོ་རྣམ་སྣང་ཞལ་བཞི་ཕྱག ……{བརྒྱད}། གཡས་ན་ཉི་མ་རྣམ་སྣང་། གཡོན་ན་ཟླ་བ་རྣམ་སྣང་། སངས་རྒྱས་རིག[ས]……། ཡུམ་བཞི། གཟུགས་རྡོ་རྗེ་མ་ལ་སོགས་པ་བཞི། ཕྱོགས་ཀྱི་སེམས་དཔའ་བརྒྱད། སྒོ་བ་བཞི་རྣམས་ཀྱིས་བསྐོར་བ་དང་།།

བྱང་ཕྱོགས་ཀྱི་ངོས་ལ་ཐུབ་ཆེན་ཞལ་བཞི་ཕྱག་བརྒྱད་པ། སྒོ་མ་བཞི། རིག་པ་ཆེན་མོ་རྣམས་ཀྱིས་བསྐོར་བ་དང་།

སྒོའི་རྒྱབ་ན་རྣམ་ཐོས་སྲས། འཛམ་སེར་དང་བཅས་པ་བཀོད་པ་འདི་རྣམས་ཀྱི།

དགོས་ཀྱི་སྦྱིན་བདག་རྗེ་གདན་སྤྲ་ཞིང་ཁྲིམས་གཅིག། དབུ་རེ་བ། ཐག་པ། བླ་མ་ར……འཛིན།

---

〔1〕 རྒྱང་ལཁར应读作རྒྱན་མཁར。

ཕག་སྦྱུ་པ་རྣོས་ཀྱིས་གཅིག་བྲུས། རི་མོ་མཁས་པ་གནས་རྙིང་པ་ཕ་ཇོ་ཙན་ནེས་བྲིས།།

དེའི་དགེ་བའི་ཡེ་ཤེས་མེས།།

འགྲོ་བའི་སྒྲིབ་གཉིས་ཀུན་བསྲེགས་ཏེ།།

རྣམ་གྲོལ་རྫོགས་པའི་སངས་རྒྱས་ཀྱི།།

གོ་འཕངས་མྱུར་དུ་ཐོབ་པར་ཤོག།།

ཤུབྷཾ།།

第二层、第十间佛殿

༄། །ན་མོ་ཨཏྲ་ཏ་ར[1]།

སྒྲོལ་མ་དཀར་མོའི་ལྷ་ཁང་འདིའི་དབུས་ན་གཙོ་མོ་སྒྲོལ་མ་དཀར་མོ་ལྗེ་སྐུ་གཙོ་འཁོར་ལྔ། མེ་ཏོག་རྒྱན་ཕིགས[2]·ཀྱི་དབུས་ན་བཞུགས་པ་དང་།

ལྷོ་ཕྱོགས་ཀྱི་དབུས་ན། ཇོ་བོ་ཆེན་པོ་ཇོ་ཨ་ཏི་ཤའི་ཐུགས་དམ་ཞལ་གཟིགས་ཀྱི་སྒྲོལ་མ། སྐུ་མདོག་སྔོ་ལྗང་ཞལ་གསུམ་ཕྱག་བརྒྱད་མ་དང་།

བྱང་ཕྱོགས་ཀྱི་ངོས་ལ། སྒྲུབ་ཐབས་རྒྱ་མཚོ་ནས་འབྱུང་བའི། སྒྲོལ་མ་དཀར་མོ་ཞལ་གསུམ་ཕྱག་དྲུག་མ། སྟེང་གི་དཔུང་ཟུར་ན་བླ་མའི་སྐུ་འདྲ་གཉིས། འོག་གི་ཟུར་ན་ལྷ་མོ་ནོར་རྒྱུན་མ………

………སྒྲུབ་ཐབས་རྒྱ་མཚོ་ནས་འབྱུང་བའི། སྒྲོལ་མ་དཀར་མོ་ཞལ་གཅིག་ཕྱག་བཞི་མ། གཡས་གཡོན་ན་འོད་ཟེར་ཅན་དང་། རྨ་བྱ་ཆེན་མོའི་ལྗེམ་དང་བཅས་པ། འདི་རྣམས་ལ། རྒྱུད་ལས་འབྱུང་བའི་མཚན་རྒྱ་རྩ་བརྒྱད་པའི་སྒྲོལ་མ་དང་། འཇིགས་པ་བ[རྒྱད་ལས་སྐྱོབ་པའི་སྒྲོལ་མ་རྣམ]ས་དང་། ལྷ་མོ་བརྒྱད་དང་བཅུ་ཕྲག་གཅིག་གིས་ཡོངས་སུ་བསྐོར་བའི།

རི་མོ་ཞིང་ཁམས་གཉིས་དང་བཅས་པའི་ལྷ་ཁང་འདིའི་དགོས་ཀྱི་སྦྱིན་བདག། དགོན་པ་ཤིང་ལུང་པ་དཔོན་སློབ་རྣམས་ཀྱིས་རབ་ཏུ་དགེ་བའི་བསམ་པས་བསྒྲུབས། ལྗེ་སྐུ་མཁས་པ་ལྷ་རྩེ་རྒྱང་

---

〔1〕 ཏ་ར应读作ཏཱ་རཱ་ཡཻ。

〔2〕 རྒྱན་ཕིགས = རྒྱབ་ཡོལ。

མཁར་བ་དཔོན་ད……གིས་བཟབས། རི་མོ་ཁས་པ་བཟང་ལྡན་པ་དཔོན་མོ་ཆེ་ཤེས་རབ་རྒྱ་མཚོ་བ་སྐྱ་མཆེད་ཀྱིས་བཟབས།

དེ་ལས་བྱུང་བའི་དགེ་བ་རྒྱ་ཆེན་འདིས།།
ཡོན་མཆོད་འཁོར་བཅས་གནས་སྐབས་ཐམས་ཅད་དུ།།
དུས་མིན་འཆི་སོགས་འཇིགས་པ་བརྒྱད་སྲུངས་ཏེ།།
མཐར་ཐུག་སྒྲོལ་མའི་གོ་འཕ[ངས་མྱུར་ཐོབ་ཤོག།

སཾ་ག་ལཾ།]

第二层、第十一间佛殿

༄༅། །ན་མཿས་མནྟ་བྷ་དྲ་ཡེ[1]།

ཀུན་ཏུ་བཟང་པོའི་ལྷ་ཁང་འདིའི་གཙོ་བོ་བྱང་ཆུབ་སེམས་དཔའ་ཀུན་ཏུ་བཟང་པོ་ལྷེ་སྐུ་གཙོ་འཁོར་གསུམ།

ཤར་ཕྱོགས་ཀྱི་ངོས་ལ་སྤྱན་རས་གཟིགས་སེམས་ཉིད་ངལ་བསོ་ལ། རྣམ་སྣང་མངོན་བྱང་ནས་འབྱུང་བའི་བྱང་ཆུབ་སེམས་དཔའ་བཅུ་དྲུག་དང་མཆོད་པའི་ལྷ་མོ་དྲུག་གིས་བསྐོར་བ་དང་།

ནུབ་ཕྱོགས་ཀྱི་ངོས་ལ་འཇམ་པའི་དབྱངས་ལ། རྣམ་སྣང་མངོན་བྱང་དང་། རྡོ་རྗེ་སྙིང་པོ་རྒྱན་གྱི་རྒྱུད་ལས་འབྱུང་བའི། བྱང་ཆུབ་སེམས་དཔའི་ཚོགས་རྣམས་དང་། སྟོད་ཚར་ལ་དེ་བཞིན་གཤེགས་པ་རིགས་ལྔ་དང་། འོག་ཚར་ལ་ཉེར་སྤྱོད་ཀྱི་ལྷ་མོ་བདུན་རྣམས་ཀྱིས་བསྐོར་བ་དང་།

བྱང་ཕྱོགས་ཀྱི་ངོས་ལ་རྡོ་རྗེ་སྙིང་པོ་རྒྱན་གྱི་རྒྱུད་ལས་འབྱུང་བའི་བྱང་ཆུབ་སེམས་དཔའ་ཕྱག་ན་རྡོ་རྗེ་སྐུ་མདོག་[སྔོ]ན་པོ། ཞལ་བཞི་ཕྱག་གཉིས་པ། སྟེང་གི་དཔུང་ཟུར་ལ། ཀླུ་དབང་གི་རྒྱལ་པོ་དང་། ཀླུ་སྐྱབ།

སྒོ་གོང་ལ་ཁྲོ་བོ་འདོད་རྒྱལ། མི་གཡོ་བ། རྟ་མགྲིན། ཕྱག་རྡོར་རྣམས་ཀྱིས་{ཡོངས་སུ་བ}སྐོར་བའི……

〔1〕 དྲ་ཡེ应读作དྲཱ་ཡ。

……{རི་མོ་ཞིང་ཁམས་གཅིག}……། ལྷ་བཟོ་མཁས་པ་དཔོན་……ཙན་པ་ཡབ་སྲས་ཀྱིས་བཟབས། རི་མོ་ཞིང་ཁམས་གཅིག་གི་དགོས་ཀྱི་སྦྱིན་བདག་བྱ་ཀྲན་པ། ལྷ་ཕུ་དགོན་གསར་པ་རྣམས་ཀྱིས་བྱས། རི་མོ་མཁས་པ་གནས་རྙིང་པ་ཕ་ཛོ་བཙན་ནེ་དང་། སྣེ་མོ་བཟང་རི་བ་དཔོན་བན་ཆེན་སྐྱབས་དང་། དཔོན་དགེ་བསྙེན་བླ་མ་མགོན་རྣམས་ཀྱིས་བཟབས།

དེའི་དགེ་བས་ཡོན་མཆོད་འཁོར་བཅས་རྣམས།།
རྒྱལ་སྲས་ཀུན་ཏུ་བཟང་དང་མཚུངས་པར་ཤོག

第二层、第十二间佛殿

༄༅། །ན་མོ་བཛྲ་པཱ་ཎ་ཡེ།

ཕྱག་རྡོར་འགྲོ་བཟངས་ཀྱི་ལྷ་ཁང་འདིའི་དབུས་ན། ཕྱག་ན་རྡོར་རྗེ་འགྲོ་བཟངས་ལྷེ་སྐུ་གཙོ་འཁོར་གསུམ།

ཤར་ཕྱོགས་ཀྱི་ངོས་ལ། མི་དྲ་ལུགས་ཀྱི་ཕྱག་ན་རྡོ་རྗེ་[ཕྱུགས་སྐྱོ]བས་མ་སྐྱུ་མདོག་སྔོན་པོ་ཞལ་གསུམ་ཕྱག་བཞི་པ། ལྷ་བཅུ་གསུམ་ནོར་རྒྱུན་མ་དང་བཅས་པས་བསྐོར་བ་དང་།

ནུབ་ཕྱོགས་ཀྱི་ངོས་ལ་མི་དྲའི་ལུགས་ཀྱི་ཕྱག་ན་རྡོར་རྗེ་འགྲོ་བཟངས་ལྷ་བཅུ་བདུན་གྱི་བདག་ཉིད་སྟོད་ཚར་ལ། ཕྱག་རྡོར་འགྲོ་བཟངས་ཀྱི་བླ་མ་བརྒྱུད་པའི་རིམ་པ། འཁོར་མར་བཀོད་པ་དང་། འོག་ཚར་ལ་རྒྱལ་པོ་ཆེན་པོ་རྣམ་ཐོས་སྲས་ཀྱི་ཁྱད་པར་གྱི་སྲས་བཞི། ཞལ་དུ་བྱུང་བའི་སྲས་གསུམ། མཆོག་གྱུར་བླ་ན་མེད་པའི་སྲས་གཅིག་རྣམས་ཀྱིས་བསྐོར་བ་དང་།

བྱང་ཕྱོགས་ཀྱི་ངོས་ལ། སློབ་དཔོན་ཀླུ་སྒྲུབ་ཀྱི་རྗེས་སུ་འབྲངས་པའི། ཕྱག་ན་རྡོར་རྗེ་མདོ་གཟུངས་ཀྱི་ལྷ་དགུའི་བདག་ཉིད་དང་།

ཤར་གྱི་ངོས་ཆུང་ལ་ཕྱག་རྡོར་འགྲོ་བཟངས། རྒྱལ་ཆེན་རྣམ་ཐོས་སྲས། ཡབ་དྲུང་སྲོང་རྣམ་མང་ཐོས། ཡུམ་ལྷ་མོ་དཔལ། འོག་ཚར་ལ་མདུང་དམར་ཅན། ག……[རྡ]་བདག་བརྒྱད་རྣམས་ཀྱིས་ཡོངས་སུ་བསྐོར་བའི།

ལྷེ་སྐུ་གཙོ་འཁོར་རྣམས་ཀྱི་དགོས་ཀྱི་སྦྱིན་བདག་མཁར་ཆེན་བྲག་པ་སྒྲོ་བླངས། སྟོང་ནག་པ།

ལྷ་བཟོ་མཁས་པ་དཔོན་མོ་ཆེ་ལྷ་རྟེ་བ་[ནམ]་མཁའ་བཟང་གིས་བཟབས་རི་མོ་ཞིང་ཁམས་གཉིས་ཀྱི་དགོས་ཀྱི་སྒྲིན་བདག་ཛ་བ་སྟོང་པ་རྣམས་ཀྱིས་རི་མོ་བཙས་པ་བགྱིས། རི་མོ་མཁས་པ་དཔོན་མོ་ཆེ་ཕ་ཛོ་ཅན་ནེ་དང་། དཔོན་ནམ་མཁའ་དཔལ་གཉིས་ཀྱིས་ལེགས་པར་བཟབས།

དེ་ལྟའི་དགེ་བ་རིན་ཆེན་སྣ་བདུན་གྱིས།།

མི་མཐུན་བདུད་ཀྱི་དཔུང་ལས་རྣམ་རྒྱལ་ཏེ།།

ཟག་མེད་རྒྱལ་སྲིད་དཔལ་ལ་ལོངས་སྤྱོད་པའི།།

ཀུན་མཁྱེན་རྡོ་རྗེ་འཆང་དབང་འགྲུབ་གྱུར་ཅིག། །།

མཾགལཾབྷཝཾཏུ།། ཤུབྷཾ།

第二层、第十三间佛殿

ན་མ་ཨཱརྱཱ་བྷྱཿ

གང་སྐུ་ཨུཏྤལ་སྔོན་པོའི་ལྷུན་པོ་བཞིན།།

གང་གསུང་ཡན་ལག་དྲུག་ཅུ་འབྲུག་སྒྲ་བཞིན།

གང་ཐུགས་ཤེས་བྱ་མཐའ་དག་འཕྲུད་པ་བཞིན།

གང་གི་ཕྲིན་[ལས]་གང་གའི་རྒྱུ་སླུང་བཞིན།

གང་གི་མཛད་པ་དེ་ཡིསྐྱེ་དགུ་རྣམས།

གང་དག་སྲིད་པ་ཀུན་དུ་བདེ་ལེགས་མཛོད།།

སྐྱོབ་པ་ཁྱོད་ཀྱིས་བདགིར་མཛད་པའི་ཞིང་།།

ངན་སོང་གསུམ་གྱི་མིང་ཡང་མི་གྲག་ཅིང་།།

སྡུག་བསྔལ་གསུམ་གྱི་མེ་གསུམ་རབ་ཞི་བ།།

ཐེག་པ་གསུམ་གྱི་བདེ་བ་གྱ་ནོམ་པས།།

རིགས་ཅན་[འགྲོ་བ]་དགའ་བ་བསྐྱེད་མཛད་པ།།

རྣམ་དག་ཞིང་གི་[བཀོད་པ]་ཕྱུལ་བྱུང་བ།

གང་ཞིག་མཐོང་དང་ཐོས་[དང]་རིག་པས་ཀྱང་།

ཉིཾ་དག་ཞིང་དེར་སྐྱེ་བ་འཛིན་འགྱུར་ཞེས།

སྐྱོབ་པས་དཔལ་གྱི་འགྱུར་ནས་བཀའ་སྩལ་པ།

རི་མོར་བྲིས་དང་འབུར་དུ་གཏོད་པ་ལ།

ཚེས་ཆེར་ཕུལ་བྱུང་བདེ་བ་བསྐྱེད་མཛད་པ།

དེ་ལྟའི་ཞིང་བཀོད་ཉིཾ་བཀྲ་སྨད་བྱུ{ང་པ}།

{རྒྱ}་ཆེན་ཚོགས་གཉིས་དཔལ་གྱིས་མངོན་མཐོ་འདི།།

རིགས་གཟུགས་འབྱོར······{དགོ}ས་དགོས་རྫོ་རྗེ་རྒྱལ།

གང་དེའི་ཉིཾ་དཀར་དགོངྶ་པ་རྫོགས་ཕྱིར་དུ།།

དཔོན་ཡིག་ཧོར་སོག་དད་དང་གུས་པས་བཞེངྶ།

འདི་དག་བཞེངྶ་པའི་རི་མོའིདྲུ་བྱེད་ཀྱང་།

བསྐྱེད་རིཾ་ལྷ་སྐུའི་ངང་ལས་མི་གཡོ་ཞིང་།།

རྫོགས་རིཾ་ཟབ་མོའི་ངང་དུ་ཞུགས་པ་[ཡི།]

······འཛིན་པ་སློན་དགེ་མ་བ།

ཡབ་སྲས་ལག་པའིདྲུ་བྱེད་བསྒྱུར་ལས་སོ།།

དགེ་བ་འདིས་ཀྱང་ཆུང་ཅན······པ།

ཉིཾ་དག་ཞིང་གི་ཕུལ་བྱུང་དེར་སྐྱེས་ནས།

ཀུན་ཀྱང་དེ་ལྟའི་གནས་ལ་འགོད་པར་ཤོག།། །།

༄༅། ན་མ་ཨཪྻ་ཏྲཱཿ

དཔལྡན་འོག་མིན་གཞལ་ཡས་ཉིས་དགའ་བར།

དང་པོར་ཚོ་མའི་ཡེ་ཤེས······················དུ་མཛད།

སྔར་ཡང་ས་བཅུའི་རྒྱལ་སྲས་དཔའ་བོ་ཉིཾས།

ཐེག་མཆོག་གཏྟཾ་གྱིས་དགའ་བ་བསྐྱེད་སླད་དུ།
སྲིད་པ་[འདི་ནི་ཧི]་སྲིད་གནས་ཀྱི་བར།
ཡོངས་རྫོགས་གཟུགས་སྐུ་མཚན་དཔེའི་འོད་འབར་བས།
རྒྱལ་སྲས་གྲངས་མེད་མིགི་བདུད་རྩིར་བྱས།
དེ་ལྟའི་ཐུབ་དབང་མི་འཁྲུགས་མགོནས་སྐྱོངས།།
སྐྱོབ་པ་ཁྱོད་ཀྱི་སྐུ་གཟུགས་འབུར་དོད་པ།
རྒྱལ་སྲས་སེམས་དཔའ་སེམས་མས་ཡོངས་བསྐོར་བའི།
ཞིང་བཀོད་རྨད་བྱུང་རྣྃ་བཀྲ་བཀོད་ལེགས་འདི།
དད་དང་མངོན་བར་མཐོ་བའི་དཔལ་ཡོན་ཅན།
མཐོ་རིས་གནས་སོང་དགོས་དགོས་རྡོ་རྗེ་རྒྱལ།
གང་དེའི་རྣྃ་དཀར་དགོངས་པ་རྫོགས་ཕྱིར་དུ།
དཔོན་ཡིག་ཧོར་སོག་དད་དང་གུས་པས་བཞེངས།
རིགནས་ཕུལ་ཕྱིན་སྣེ་མོ་གཡག་སྟེ་བ།
དཔོན་བཙན་ཡབ་སྲས་སློབ་མར་བཅས་པ་ཡི།
ལག་པའི་འདུ་བྱེད་དག་ལས་ལེགས་འོངས་པར།།
འདི་དག་ཀུན་གྱི་མིག་གི་བདུད་རྩིའོ།།
དཔལྡན་ཞིང་དེར་བདག་ཅག་འགྲོ་བ་རྣམས།།
ཐེག་པ་མཆོག་ི་ལམ་གྱི་རྒྱུད་སྦྱངས་ནས།།
འབྲས་བུ་སྐུ་བཞིའི་གནས་ལ་དབང་བསྒྱུར་བ།།
མི་འཁྲུགས་སྐྱོབ་པའི་གོ་འཕངས་ཐོབ་པར་ཤོག།
མཾགལབྷཱ་ཝནྟུ། །ཤུ་བྷཾ།།

第二层、第十四间佛殿

༄༅། །ན་མོ་པ་ཙྪུར་ཀྐཱ་དེ་བ་ཡ།

འདིའི་ལྷོ་ཕྱོགས་དང་ནུབ་ཕྱོགས་ཀྱི་ངོས་ལ་བཅོམ་ལྡན་འདས་མ་བསྲུང་བ་ལྔའི། གཙོ་མོ་རིག་སྔགས་ཀྱི་རྒྱལ་མོ་(རྨ)་བྱ་ཆེན་མོ་དང་། བཅོམ་ལྡན་འདས་མ་གསང་སྔགས་རྗེས་སུ་འཛིན་མ་ཆེན……དས……ང……ལ་བ……ཚལ་ཆེན……འཁོར་ཕྱོགས……དང་། སློབ……གུར་མགོན་ལྕམ་དྲལ་སྟག་ཞོན་པེང་གྲ་གུག་མ་རྣམས་ཀྱི་བསྐོར་བའི……ཆེན་པོ་འདིའི།

དགོས……ཀྱི་སྦྱིན་བདག(ག)་ལ……ཚུང་མི་དཔོན། དཔོན་པོ་ཨ་ཧྲེ་ར་བས་ལྷག་བསམ་རྣམ་དག་གི་སློ་ནས……

དེ་ལས་བྱུང་བའི་དགེ་ཚོགས……འདིས།།
ནམ་མཁའི་མཐས་ཀླས……གྱུ……འགྲོ་བ་རྣམས།།
སྲིད་ཞིའི་རྒུད་པ་མཐའ……
……སངས་རྒྱས་གོ་འཕངས་མྱུར་ཐོབ་ཤོག།།

མཾཀླལབྷཝནྟུ། ཤུབྷཾ།།

༄༅། །ན་མོ་པ་(ཙྪུར་ཀྐཱ)་དེ་ཝཱི་ཡ།

འདིའི་བྱང་ཕྱོགས་ཀྱི་ངོས་དང་ཤར་ཕྱོགས་ཀྱི་ངོས་ལ་གཙོ་མོ་བཅོམ་ལྡན་འདས་མ་སོ་སོར་འབྲང་མ་ཆེན་མོ་དང་། སྟོང་ཆེན་མོ་(རབ)་ཏུ་འཇོམ(ས)་མ་གཉིས་བཞུགས་སོ།།

འདི་གཉིས་ཀྱི་དགོས་ཀྱི་སྦྱིན་བདག་ད……འ་སྡོན་པ་དཔོན་པོ……དང་། ཧ་དཔོན་ཨོ་ལོ་དཔོན་བཙུན་པ་རྣམ་པ་གཉིས་ཀྱིས་རབ་དཀར་དགེ་བའི་བསམ་པས་ལེགས་པར་བསྒྲུབས།།

འདིའི་སྒོ་ཚར་དང་། འོག་ཚར་དང་། དྲ་མིག་དང་། སྒོའི་བར་རྣམས་ལ། ཕྱོགས་སྐྱོང་བཅུ། གཟའ་ཆེན་པོ་དགུ། རྣམ་ཐོས་སྲས……སྒྲུ……འི་ལྷ་ཚོགས་ཟ……

……

……ན……དཀྲའ་ས་བ་རྒྱལ་ནས།

ཟག་མེད་བདེ་བའི་དཔལ་{ལ}་དབང་འགྱུར་བའི།།
ཀུན་མཁྱེན་ཆོས་ཀྱི་རྒྱལ་པོ་མྱུར་ཐོབ་{ཤོ}ག།།

མཾཀླལབྷཝནྟུ

第二层、第十五间佛殿

༄༅། །ན་མོ་མཉྫུ་གྷོ་ཥཱ་ཡ།

སྐུ་འབུམ་ཆེན་མོ་བཀྲ་ཤིས་སྒོ་མངས་ཀྱི། བར་རིམ་གཉིས་པའི་ལྷོ་ཤར། འཇམ་དབྱངས་ལྷ་ཁང་ཀུན་གྱི་[ཡིད་འཕྲོག་པ]་དེའི། [དབུས་ན་འཇམས་དབྱངས་སྨྲ་བའི]་སེང་གེ། གཡས་ཕྱོགས་ན་དམ་པ་རྒྱ་གར་དང་། གཞོན་ནུ་ནོར་བཟངས། གཡོན་ཕྱོགས་ན་དྲང་སྲོང་རྒྱན་པོ་དང་། སོག་པོའི་རྒྱལ་པོ་སེང་གེ་ཁྲིད་པ་དང་བཅས་པ་གཙོ་འཁོར་ལྔ་སེང་ཁྲི་རྒྱབ་ཡོལ་དང་བཅས་པ། རྒྱན་དང་བཀོད་པ་དུ་མས་མཛེས་ཤིང་སྤུད་པ་དང་།

ཕྱོགས་ཀྱི་ངོས་རྣམས་ལ་འཇམ་དཔལ་རྩ་བའི་རྒྱུད་ལས་གསུངས་པའི་དཀྱིལ་འཁོར་ཆེན་པོ་སྒོ་བཞི་སྒྲག[1]་ཡོད་པའི། གཞལ་ཡས་ཁང་དབུས་མའི་ལྷ་ཚོགས། བཅོམ་ལྡན་འདས་ཐུབ་པ་ཆེན་པོ་དབུས་ན་བཞུགས་པའི་རྩ་བའི་ལྷ་དགུ་བཅུ་གོ་བརྒྱད། མཚན་མ་བཅུ་གསུམ་དང་བཅས་པས་བསྐོར་བའི་རི་མོ།

ཚོན་སྣ་བརྒྱ་རྩ་གཅིག་གིས་རྣམ་པར་བཀྲ་བ། ཕྱུག་[ཚ]ད་དང་རྒྱན་དང་བཀོད་[པ་ཕུ]ལ་དུ་ཕྱིན་པས་ཉེ་བར་མཛེས་པའི་ལྷ་ཁང་འདིའི། [དགོས་ཀྱི་སྦྱིན]་བདག་ཆོས་སྡེ་ཆེན་པོ་དཔལ་འཁོར་སྡེ་ཆེན་གྱི་ཉེ་གནས་ཆེན་པོ་དང་། གུས་བརྩོན་འགྲུས་[དང]་ལྡན་པ་ཡོན་[ཏན་བཟང་པོ་བས[2]། བསམ་སྦྱོར་དད་གུས་དང་ལྡན་པའི་སྒོ་ནས་ལེགས་པར་སྒྲུབས།།] རི་མོ་མཁས་[པ་སྟོམ་བརྩོན་དྲུང་སྒྲིག་འཛིན་པ། ཕིར་ཐོགས]་རྒྱལ་པོ་དཔལ་གནས་སྙིང་པ་དཔོན་མོ་ཆེ་དཔལ་འབྱོར་རིན་ཆེན་པ་དང་།

---

〔1〕 应读作སྒྲག?

〔2〕 应读作པས,བཟང་པོ་之后的后缀པ在江孜题记中并不少见。

[དཔོན་དགེ་བཤེས་བསོད་ནམས་དཔལ་འབྱོར་པས་ལེགས་པར]་བཟབས། ༈ སྤྱི་སྐྱ་དཔོན་མོ་ཆེ་ཤེས་བྱའི་གནས་ལ་ཕུལ་དུ་ཕྱིན་པ་སྤྲུལ་པའི་ལྷ་[བ]ཟོའ་མཁས་པ་ཆེན་པོ་ལྷའི་རྒྱལ་མཚན་པ་དཔོན་སློབ་རྣམས་ཀྱིས་ལེགས་པར་བཟབས།།

དེའི་དགེ་བས་ཡོན་མཆོད་འཁོར་བཅས་ཐམས་ཅད་འཛམ་ཕྱི་དབྱངས་ཀྱི་ས་ཐོབ་ཤོག།

第二层、第十六间佛殿

༄༅། །ན་མོ་ལོ་ཀི[1]་ཤྭ་ར་ཡ།

སྤྱན་རས་གཟིགས་ཀྱི་ལྷ་ཁང་འདིའི་དབུས་ན། ཐུགས་རྗེ་ཆེན་པོ་འགྲོ་བ་འདུལ་བ་ཞལ་[ཅི]ག་ཕྱག་བཞི་པ་གཙོ་འཁོར་[གསུམ]་བྲག་རིའི་དབུས་ན་བཞུགས་པའོ།

ལྷ་སྐུ་གཙོ་འཁོར་འདི་རྣམས་ཀྱི་དགོས་ཀྱི་སྦྱིན་བདག་སྔགས་འཆང་རྡོ་རྗེ་འཛིན་པ་སློབ་དཔོན་རིན་ཆེན་དཔལ་བས་མཛད། ལྷ་བཟོ་མཁས་པ་དཔོན་མོ་ཆེ་ལྷའི་རྒྱལ་མཚན་པས་ལེགས་པར་བཟབས།

འདིའི་གུང་ཞལ་ལྷོར་གཟིགས་ཀྱི་དབུས་ན། འཕགས་པ་ཀླུ་བསྒྲུབ་ཀྱི་ལུག[ས་ཀྱི་སྤྱན་རས་གཟིགས]……ཕྱག་ཞལ་བཅུ་གཅིག། རྩ་ཕྱག་བཞི་བཅུ་ཞེ་གཉིས་པ། ལྷ་སུམ་ཅུ་རྩ་བདུན། དཔུང་ཟུར་ན་འ[ཕགས]་པ་ཀླུ་བསྒྲུབ་ཀྱི་སྐུ་འདྲ་དང་བཅས་པ་དང་།

དེའི་ཤར་གྱི་ལོགས་རྒྱུད་ལ་དོན་ཞགས་ཆོ་ག་ཞི[བ]་མོ་ལས་འབྱུང་བའི་སྤྱན་རས་གཟིགས་ཁྲོ་བོ་དོན་ཡོད་ལྕགས་ཀྱུ་ལྷ་དགུ་དང་། འདོད་ལྷ་རྣམ་ཐོས་སྲས་དང་བཅས་པ་ལེགས་པར་བཀོད་པའི།

དགོས་ཀྱི་[སྦྱིན་བདག] དད་ལྡན་དགེ་སློང་ནམ་མཁའ་ཚུལ་ཁྲིམས་ཀྱིས་བགྱིས། རི་མོ་མཁས་པ་ལྷ་རྗེ་བ་དཔོན་མོ་ཆེ་ཐར་པ་དཔོན་སློབ་ཀྱིས་ལེགས་པར་བཟ[བས།]

འདིའི་ཤ[ར་ཕྱོ]གས་ཀྱི་ངོས་ལ་སྒྲུབ་ཐབས་རྒྱ་མཚོ་ལས་འབྱུང་བའི། སྤྱན་རས་གཟིགས་དབང་ཕྱུག་མཁའ་སྤྱོད། ལྷ་བཅུ་བཞིའི་བདག་ཉིད་ཅན་[གྱི་ཞིང]་ཁམས་ཕྱེད་པོ་འདིའི་དགོས་ཀྱི་སྦྱིན་བདག། སྦོ་བཟོ་པ་དཔོན་བུ་དར་དང་། དཔོན་རྡོ་རྗེ་རྒྱལ་གཉིས་ཀྱིས་བགྱིས།།

---

〔1〕 应读作ཀེ。

ལྷོ་ཕྱོགས་ཀྱི་ངོས་ལ་བྱ་རྒྱུད་པདྨ་དྲ་བ་ལས་འབྱུང་བའི་སྤྱན་རས་གཟིགས་ཡིད་བཞིན་ནོར་བུ་ཞལ་གསུམ་ཕྱག་དྲུག་པ་གཙོ་འཁོར་ལྔ་དང་།

སྒྲོ་གོང་ན་ཡོད་ཞགས་པ་གླུའི་སྟེན་བཞུགས་པ་གཙོ་འཁོར་ལྔ་དང་། སེང་གེ་སྒྲ་ཕྱག་དྲུག་པ་འདི་རྣམས་ཀྱི་དགོས་ཀྱི་སྦྱིན་བདག། ……………………………〔1〕

འདིའི་དགེ་བས་ཡོན་མཆོད་འཁོར་བཅས་སངས་རྒྱས་ཐོབ་པར་ཤོག

第三层

第三层、第一间大殿

殿门入口处题记

༄༅།། །།ཨོཾ་སྭ་སྟི།

རྣམ་དག་མཁའ་ལ་ཉི་ཤར་ཇི་བཞིན་ཁྱོད་ཀྱི་ཐུགས་རྗེའི་འོད་ཟེར་གྱིས།།
འགྲོ་བ་ཀུན་གྱི་མི་ཤེས་མུན་འཛོམས་རྟོག་པའི་དྲ་བ་རྣམ་བསལ་ནས།།
ཚེ་དང་ཡེ་ཤེས་ཟག་མེད་བདེ་བའི་ལོངས་སྤྱོད་མི་ཟད་མཆོག་རྣམས་ངེས་སྩོལ་མཛད།།
འདི་དང་གཞན་དུ་བདེ་བའི་འབྱུང་གནས་མགོན་པོ་ཚེ་དཔག་མེད་ལ་ཕྱག་འཚལ་ལོ།།
མགོན་པོ་ཁྱོད་ཀྱི་ཐུགས་ཀྱི་རྣམ་འཕྲུལ་རྨད་བྱུང་དཔག་ཡས་མཚོན་པའི་མཆོད་རྟེན་ན།།
རྒྱལ་བ་ཀུན་གྱི་རང་རིག་ཡིན་མོད་སོ་སྐྱེ་རྨོངས་པས་བརྗོད་པར་ག་ལ་ནུས།།
འོན་ཀྱང་ཕྱོགས་ཙམ་བརྗོད་པས……………ནུས་པ་འཛོག…………………………………
……………………………………………………བརྗོད་ལ་བདག་ཡིད་སྤྲོ་བར་གྱུར།།
རྣམ་མང་དགེ་བའི་ས་གཞི་རབ་བརྟན་ཞིང་།།
རྣམ་བརྗིད་མི་འཇིགས་བཞི་ལྡན་གདོང་ལྔའི་ཁྲི།།
རྣམ་མཛེས་བྱང་ཆུབ་སེམས་ཀྱི་དགེ་བཅུའི་སྟེང་།།
རྣམ་དག་སོ་སོ་རིགས་བཞིའི་བང་རིམ་ཅན།།
རྣམ་དཀར་ཐུགས་རྗེ་མཚོན་པ་ཟླ་བའི་གདན།།
ཟག་མེད་བདེ་བ་རྒྱས་པའི་བུམ་པ་མཐོ།།

〔1〕 译者注：壁面空白16厘米，施主姓名可能很早就被涂去。

མཉམ་ཉིད་རྣམ་དག་གྲུ་བཞི་བྲེ་ཡིས་མཛེས།།
བཅུ་གསུམ་རྣམ་པར་དག་པའི་ཆོས་འཁོར་ལ།།
སྐྱེ་དགུའི་ཚ་གདུང་སྐྱོབ་པའི་གདུགས་ཀྱིས་མཛེས།།
མཐའ་བྲལ་སྟོང་ཉིད་རྡོ་རྗེའི་ཏོག་གིས་སྤྲས།།
གཞན་ཡང་རྒྱན་གྱི་བྱེ་བྲག་དཔག་མེད་ཀྱིས།།
ལེགས་པར་སྤྲས་པའི་མཆོད་རྟེན་ཕུལ་བྱུང་བ།།
འཛམ་གླིང་རྒྱན་མཆོག་མཐོང་གྲོལ་ཆེན་མོ་འདི།།
ས་ཆེན་ཀུན་ནས་མཛེས་པའི་རྒྱན་གྱུར་ཅིག།
ཐུབ་པ་ཆེན་པོས་རྨི་ལམ་ལུང་བསྟན་ལས།།
ཐུབ་པའི་མཆོད་རྟེན་རྫོགས་པར་རྨི་ལམ་དུ།།
མཐོང་བས་ས་བརྒྱད་ཐོབ་པར་ཞལ་བཞེས་ན།།
འགྲོ་བས་དངོས་སུ་མཐོང་ན་སྨོས་ཅི་འཚལ།།
མཆོད་རྟེན་མཐོང་གྲོལ་ཆེན་པོའི་ལྷོ་ཕྱོགས་ངོས།།
བང་རིམ་གསུམ་པའི་འབུར་ཆེན་གཞལ་མེད་ཁང་།།
རྒྱལ་བའི་སྐུ་གཟུགས་འབུར་དུ་བཏོད་པ་དང་།།
རྣམ་བཀྲ་རི་མོའི་བཀོད་པ་འདི་ལྟ་སྟེ།།
རྒྱན་བཀོད་དུ་མས་མཛེས་པའི་རྒྱབ་ཡོལ་དང་།།
རྨ་བྱའི་ཁྲི་དང་ཆུ་སྐྱེས་ཟླ་འབྲུའི་སྟེང་།།
ཚད་དཔག་མེད་མགོན་རིན་ཆེན་རྒྱན་གྱིས་སྤྲས།།
སྙིག་པའི་ཉམས་ཅན་འཛུམ་བག་ལྡན་བ་ཡི།།
དུས་མིན་འཆི་བ་འཇོམས་ཤིང་ཚེ་དང་ནི།།
ཡེ་ཤེས་བསོད་ནམས་དངོས་གྲུབ་མ་ལུས་པ།།

འགྲོ་ལ་མཆོག་སྩོལ་མཛད་དེ་བཞུགས་པར་གྱུརད།།
དེའི་གློ་དང་དཔུང་ཟུར་གཡས་གཡོན་དུ།།
འདབ་སྟོང་གེ་སར་རྒྱས་པའི་གདན་སྟེངས་སུ།།
རྡོ་རྗེ་ཆོས་རབ་རྡོ་རྗེ་འཁོར་ལོ་དང་།།
རྡོ་རྗེ་རྣོན་པོ་རྡོ་རྗེ་སྨྲ་བ་རྣམས།།
སྐུ་གཟུགས་འབུར་དུ་བཏོད་པ་བཞུགས་པར་གྱུརད།།
ཚེ་དཔག་མེད་མགོན་གཡས་སུ་ཤར་ཕྱོགས་ལ།།
མངོན་པར་ཕྱོགས་པའི་རྡོ་རྗེ་སེམས་དཔའ་ནི།།
དཔལ་མཆོག་དུམ་བུ་དང་པོ་རིགས་བསྡུས་ལས།།
འབྱུང་བ་ཇི་བཞིན་གཙོ་འཁོར་ཚང་བར་བཞུགས།།
དེ་འོག་ཧཱུྃ་མཛད་གཙོ་བོར་གྱུརད་པ་ནི།།
རིགས་བསྡུས་ཤར་དཀྱིལ་ལྷ་ཚོགས་ཇི་ལྟ་བར།།
གཙོ་འཁོར་ཤར་ལ་གཟིགས་ཏེ་ཚང་བར་བཞུགས།།
དེའི་གཡོན་དུ་ལྷོ་ལ་ཞལ་མངོན་ཕྱོགས།།
ནམཁའི་སྙིང་པོ་གཙོ་འཁོར་བཅས་པ་ནི།།
རིགས་ཀུན་

ༀ། །བསྡུས་པའི་ལྷོའི་དཀྱིལ་འཁོར་ལ།།
ཇི་ལྟར་འབྱུང་བའི་ཚུལ་བཞིན་འཁོད་པར་གྱུརད།།
ཧཱུྃ་མཛད་གཡས་སུ་བྱང་ལ་ཞལ་གཟིགས་པའི།།
ནམ་མཁའ་མཛོད་ཀྱི་གཙོ་འཁོར་ལྷ་ཚོགས་རྣམས།།
རིགས་ཀུན་བསྡུས་པའི་ལྷོ་ནུབ་དཀྱིལ་འཁོར་ནས།།
ཇི་ལྟར་འབྱུང་བའི་ཚུལ་བཞིན་འཁོད་པར་གྱུརད

དེའི་གཡས་ཕྱོགས་སྟོད་ཀྱི་ཆ་ལ་ནི།།
རིགས་བསྡུས་ལྷོ་ནུབ་མ་མོའི་དཀྱིལ་འཁོར་གྱི།།
ལྷ་ཚོགས་ཇི་བཞིན་ཚང་བར་བཀོད་པ་དང་།།
དེའི་འོག་ཏུ་ནུབ་བྱང་འཚམས་ཀྱི་ནི།།
མིང་པོ་གསུམ་གྱི་དཀྱིལ་འཁོར་ལྷ་ཚོགས་རྣམས།།
རིགས་བསྡུས་ནས་འབྱུང་གཙོ་འཁོར་ཚང་བར་བཀོད།།
ཚེ་དཔག་མེད་མགོན་གཡོན་དུ་ནུབ་ཕྱོགས་ལ།།
གཟིགས་སྟངས་མཛད་པའི་འཇིག་རྟེན་དབང་པོ་ནི།།
ཆགས་པའི་ཉམས་ཅན་འཛུམ་པའི་བཞིན་རས་ཅན།།
རིགས་བསྡུས་ནུབ་ཀྱི་དཀྱིལ་འཁོར་ནས་གསུངས་བཞིན།།
གཙོ་འཁོར་ཚང་མར་རང་རང་གདན་ལ་བཞུགས།།
འཇིག་རྟེན་ད{བང་ཕྱུག}""""ཕྱོགས་ལ།།

....

འཁོར་དང་བཅས་ཏེ་དཔལ་མཆོག་རིགས་སྡུས་ཀྱི།།
བྱང་ཤར་དཀྱིལ་འཁོར་ནས་སྨྱུང་ཚང་བར་བཞུགས།།
དེའི་གཡས་ཀྱི་ལྷོ་ལ་ཞལ་མངོན་ཕྱོགས།།
རྡོ་རྗེ་འཁོར་ལོ་གཙོ་བོར་གྱུར་པ་ནི།།
རིགས་ཀུན་བསྡུས་པའི་ནུབ་བྱང་དཀྱིལ་འཁོར་ནས།།
ཇི་ལྟར་འབྱུང་བཞིན་ལྷ་ཚོགས་ཚང་བར་བཞུགས།།
གཉོད་སྦྱིན་གཡོན་དུ་བྱང་ལ་ཞལ་གཟིགས་པའི།།
རྡོ་རྗེ་ཁྲོ་རྒྱུར་གཙོ་བར་གྱུརད་པ་ནི།།
དཔལ་མཆོག་རིགས་ཀུན་བསྡུས་པའི་བྱང་དཀྱིལ་ལས།།

ཇི་ལྟར་འབྱུང་བཞིན་ལྷ་ཚོགས་ཚང་བར་བཞུགས།།
འཇིག་རྟེན་དབང་ཕྱུག་གཡོན་དུ་བྱང་ཕྱོགས་ལ།།
ཞལ་གཟིགས་འཇམ་དཔལ་གཙོ་བོར་གྱུར་པ་ཡི།།
ལྷ་ཚོགས་ཡི་གེ་མཚན་མར་བཅས་པ་རྣམས།།
རིགས་བསྡུས་ཤར་ལྷོའི་ལྷ་ཚོགས་གཙོ་འཁོར་བཞུགས
རྡོ་རྗེ་ཁུ་ཚུར་ལྷ་ཚོགས་གཡོན་ཕྱོགས་ཀྱི།།
སྟོད་ལ་རིགས་བསྡུས་ལྷ་སྣམ་ཤར་ལྷོ་ཡི།།
ཞི་བ་མདུང་གིས་མཚན་པའི་ལྷ་ཚོགས་དང་།།
སྲིང་མོ་བཞི་ཡི་ལྷ་ཚོགས་མཚན་མར་བཅས།།
རང་རང་གདན་ལ་ཚང་བར་བཀོད་པའོ།།
སྟོད་ཀྱི་ཚར་ལ་དཔལ་མཆོག་རིགས་བསྡུས་ཀྱི།།
བླ་མ་བརྒྱུད་པའི་རིམ་པ་ཚང་བར་བཞུགས།།
སྨད་ཀྱི་ཚར་ལ་དཔལ་མཆོག་རིགས་བསྡུས་ཀྱི།།
ཕྱི་རོལ་རྡོ་རྗེའི་རིགས་ཀྱི་ལྷ་ཚོགས་དང་།།
ཡེ་ཤེས་མགོན་པོ་ཕྱག་བཞི་ལྕམ་དྲལ་དང་།།
སྟག་ཞོན་ལྕམ་དྲལ་གཡས་ཀྱི་ཚར་ལ་བཞུགས།།
གཡོན་གྱི་ཚར་ལ་རྣམ་སྲས་ཞི་དྲག་རྣམས།།
རང་རང་གཞུང་ནས་འབྱུང་བཞིན་ལེགས་བཀོད་པའི།། །།
རྣམ་བཀྲ་རི་མོའི་འདུ་བྱེད་མཛེས་བྱེད་དག།
རྣམ་དག་ཁྲིམས་ལ་རྟེན་ནས་བསླབ་ཤེས་ཀྱི།།
ཡོན་ཏན་ཕུལ་དུ་ཕྱིན་པའི་བློ་གྲོས་ཅན
མཁས་པའི་དབང་པོ་དཔལ་འབྱོར་རིན་ཆེན་དང་།།

དེའི་སྲས་དཔོན་སློབ་གནས་རྙིང་པ་ཡིས་བཟབས།།
སྐུ་གཟུགས་འབུར་དུ་དོད་པའི་རྣམ་གྲུར་ནི།།
མཁས་རྣོམ་ཁྲིད་ན་རི་དགས་དབང་པོ་བཞིན།།
འཇིགས་མེད་སྤྱོངས་པའི་མཆོག་གྱུར་གདན་ས་པ།།
ལྷའི་རྒྱལ་མཚན་ཞེས་གྲགས་མཁས་པ་གང་།།
སྟོབས་ལྡན་དེའི་ཡིད་ཀྱིས་སྤྲུལ་ཏེ་བཞག།
དབུས་ཀྱི་ཚེ་དཔག་མེད་མགོན་གཙོ་འཁོར་ལྔ།།
ཁྲི་རྒྱབ་སྟེང་འོག་ཤིང་རྩི་དང་བཅས་པའི།།
འཕྲུན་རྐྱེན་སྒྲུར་བའི་དགོས་ཀྱི་སྦྱིན་བདག་ནི།།
རིགས་རུས་བསོད་ནམས་བསྟོབས་ཀྱིས་ལེགས་འབྱོར་ཞིང་།།
དཀར་པོ་དགེ་བའི་ལས་ལ་བརྩོན་འགྲུས་ནི།།
ནམ་ཡང་ལྷོད་པ་མེད་པའི་སྙིང་སྟོབས་ཅན།།
དཔོན་བཙུན་བླ་མ་སྐྱབས་པ་ལགས་པར་ཕྲིུས
སྐུ་གཟུགས་རི་མོས་མཛེས་པའི་འཕྲུན་རྐྱེན་དག།
ཆོས་ཀུན་སྟོང་ཉིད་རྫོགས་པའི་རི་ཁྲིད་པ།།
རྒྱ་སྐར་དཀྱིལ་འཁོར་བདག་པོ་བདེ་ཆེན་པ།།
སུམ་པའི་རྒྱུད་འཕྲུངས་ཤིང་བཟོའི་དཔོན་མོ་ཆེ།།
དགེ་བཤེས་ཤེས་རབ་བྱང་ཆུབ་ཞེས་གྲགས་དང་།།
འབྱོར་ལྡན་ཕྱུག་པོའི་རིགས་སྐྱེས་དོན་རིག་པ།།
དགེ་བའི་ལས་བྱེད་སྟོབས་ལྡན་ཐབས་དཔོན་ནི།།
སྙེན་ནེ་ཞེས་བྱ་རྣམས་ཀྱིས་ལེགས་པར་སྒྲུར།། །།
དེ་ལྟར་བསྒྲུབས་པའི་དགེ་བའི་མཐུ་སྟོབས་ཀྱིས།།

འགྲོ་བ་ཀུན་གྱི་ཕན་བདེ་འབྱུང་བའི་གནས།།
སངས་རྒྱས་བསྟན་པ་དར་ཞིང་རྒྱས་པ་དང་།།
བསྟན་འཛིན་སྐྱེས་བུ་སྐུ་ཚེ་བརྟན་གྱུར་ཅིག།
བསོད་ནམས་དཔལ་གྱིས་མངོན་པར་མཐོ་བ་ཡི།།
ཆོས་རྒྱལ་ཡོན་མཆོད་སྐུ་ཚེ་རིང་བ་དང་།།
ཆབ་སྲིད་ཆེ་ཞིང་བརྟན་ལ་རྒྱས་པ་དང་།།
མཐའ་ཡས་སེམས་ཅན་ཐམས་ཅད་བདེ་བ་དང་།།
བསོད་ནམས་ཡེ་ཤེས་རྒྱས་པའི་བཀྲ་ཤིས་ཤོག།

壁画下面题记

༄༅། །འདི་ནི་དཔལ་མཆོག་དང་པོ་རིགས་བསྡུས་པའི་ནུབ་ཕྱོགས། འཇིག་རྟེན་དབང་ཕྱུག་ལྷ་བཅུ་གསུམ་མཚན་མ་བཞི་དང་བཅས་པའི་ལྷ་ཚོགས་ཀྱི་རི་མོའོ།། །།

དེའི་གཡོན་ན་འཇམ་དཔལ། དེ་བཞིན་གཤེགས་པ་བརྒྱད། ཡི་གེའི་ཕྲེང་བརྒྱད། མཚན་མ་བརྒྱད་དང་བཅས་པའི་ལྷ་ཚོགས་ཀྱི་རི་མོའོ།། །།

འདིའི་དགོས་ཀྱི་སྦྱིན་བདག་ཐབ་དཔོན[1]་སྟེན་ནེ་བས་བསམ་སྦྱོར་དད་གུས་ཀྱི་སྒོ་ནས་བསྒྲུབས།། །།

དགེ་བས་འགྲོ་ཀུན་རྡོ་རྗེ་ཆོས་ཀྱི་གོ་འཕང་ཐོབ་པར་ཤོག།། །།ཤུབྷཾ།། སྭསྟི།།

༄༅། །འདི་ནི་དཔལ་མཆོག་དང་པོ་རིགས་བསྡུས་པའི་ནུབ་བྱང་སེམས་བསྐྱེད་མ་ཐག་ཏུ་ཆོས་ཀྱི་འཁོར་ལོ་བསྐོར་བའི་ལྷ་ཚོགས། འཇིག་རྟེན……

༄༅། །འདི་ནི་དཔལ་མཆོག་དང་པོ་རིགས་བསྡུས་པའི་བྱང་ཤར། རྡོ་རྗེ་གནོད་སྦྱིན་ལྷ་དགུ་མཚན་མ་བརྒྱད་[ད]ང་བཅས་པའི་ལྷ་ཚོགས་ཀྱི་རི་མོའོ།། །།

འདིའི་དགོས་ཀྱི་སྦྱིན་བདག་སུམ་པ་མཁས་པའི་གདུང་རྒྱུད། དཔོན་མོ་ཆེ་དགེ་བཤེས་ཤེས་རབ་

---

〔1〕 ཐབ་དཔོན = ཐབ་ཀ་བ,མ་ཆེན,可能是寺院的厨师长。

བྱང་ཆུབ་ཀྱིས་བསམ་སྦྱོར་རྣམ་དག་གིས་བསྒྲུབས།།

༄༅། །འདི་ནི་དཔལ་མཆོག་དང་པོ་རིགས་བསྡུས་པའི་བྱང་ཕྱོགས། རྡོ་རྗེ་ཁྲུ་ཆུར་གྱི་ལྷ་ཚོགས་ལྷ་བཅུ་བདུན་གྱི་བདག་ཉིད་ཅན་གྱི་རི་མོའོ།། །།འདིའི་གཡོན་ན་རིགས་བསྡུས་པའི་འཇིག་རྟེན་པའི་ཞི་བ་མདུང་གིས་མཚན་པའི་ལྷ་ཚོགས་དང་། སྲིང་མོ་བཞི་མཚན་མ་དང་བཅས་པའི་རི་མོའོ།། །།

འདིའི་དགོས་ཀྱི་སྦྱིན་བདག། ཆོས་ཀུན་སྟོང་པ་ཉིད་དུ་རྟོགས་པའི། རྟོགས་པ་ཆེན་པོའི་རྣལ་འབྱོར་པ། དགོན་པ་ལྡན་ཡུལ་རི་ཁྲོད་པ་དཔོན་སློབ་རྣམས་ཀྱི[ས]་ལྷག་བསམ་དད་པས་བསྒྲུབས།།

༄༅།། །།འདི་ནི་དཔལ་མཆོག་དང་པོ་རིགས་བསྡུས་པའི་འཇིག་རྟེན་པའི་མ་མོའི་དཀྱིལ་འཁོར་གྱི་ལྷ་ཚོགས་དང་། དེའི་འོག་ཏུ་མིང་པོ་གསུམ་གྱི་དཀྱིལ་འཁོར་གྱི་ལྷ་ཚོགས་རྣམས་ཀྱི་བཀོད་པའོ།། །།

༄༅།། །།འདི་ནི་དཔལ་མཆོག་དང་པོ་རིགས་བསྡུས་པའི་ལྷོ་ནུབ་ནམ་མཁའ་མཛོད་ཀྱི་དཀྱིལ་འཁོར་གྱི་ལྷ་ཚོགས། ལྷ་བཅུ་གསུམ་མཚན་མ་བཞི་དང་བཅས་པའི་ལྷ་ཚོགས་དང་། འོག་ཚར་ལ་སྒོ་ཕྱི་མའི་སྒོ་བ་འཁོར་ལོས་བསྒྱུར་བ་བཞི། ཕྱག་བཞི་པ་ལྔམ་དྲལ། སྟག་ཞོན་ལྔམ་དྲལ། རྣམས་ཀྱི་བཀོད་པའོ།།

༄༅། །འདི་ནི་དཔལ་མཆོག་དང་པོ་རིགས་བསྡུས་པའི་ཤར་ཕྱོགས། རྡོ་རྗེ་ཧཱུྃ་མཛད་ཀྱི་དཀྱིལ་འཁོར་གྱི་ལྷ་ཚོགས། ལྷ་དགུ་མཚན་མ་བཞི་དང་བཅས་པའི། ལྷ་ཚོགས་རྣམས་ཀྱི་བཀོད་པའི་རི་མོའོ།། །།

མཾ་ག་ལཾ་བྷ་ཝནྟུ།།

༄༅། །འདི་ནི་དཔལ་མཆོག་དང་པོ་རིགས་བསྡུས་པའི། ལྷོ་ཕྱོགས་ནམ་མཁའི་སྙིང་པོའི་དཀྱིལ་འཁོར་གྱི་ལྷ་ཚོགས། ལྷ་དགུ་མཚན་མ་བརྒྱད་དང་བཅས་པའི་ལྷ་ཚོགས་རྣམས་ཀྱི་བཀོད་པའོ།། །།

འདི་རྣམས་ཀྱི་[དགོས་ཀྱི་སྦྱིན་བདག]ག། དགོན་པ་བདེ་ཆེན་པ་དཔོན་སློབ་རྣམས་དང་། གོང་གསུམ་པ་རྣམས་ཀྱིས་རྣམ་དཀར་དགེ་བའི་བསམ་པས་བསྒྲུབས།།

དགེ་བས་འགྲོ་ཀུན་ཁྱབ་བདག་རྡོ་རྗེ་སེམས་དཔའི་གོ་འཕང་ཐོབ་པར་ཤོག། །།

༄༅། །འདི་ནི་དཔལ་མཆོག་དང་པོ་རིགས་ཐམས་ཅད་བསྡུས་པའི་དཀྱིལ་འཁོར་གྱི་གཙོ་བོ། བདེ་བ་ཆེན་པོ་རྡོ་རྗེ་སེམས་དཔའི་དཀྱིལ་འཁོར་ལྷ་ཉི་ཤུ་རྩ་དགུའི་བདག་ཉིད་ཅན་གྱི་རི་མོའོ།།

འདིའི་དགོས་ཀྱི་སྦྱིན་བདག་དུས་མཆོད་པ་ཉེ་གནས་དོན་རིན་གྱིས། ལྷག་བསམ་རྣམ་དག་གི་སྒོ་ནས་བསྒྲུབས།།

དགེ་བས་འགྲོ་ཀུན་རྡོ་རྗེ་འཆང་གི་གོ་འཕངས་ཐོབ་པར་ཤོག།། །།

མཾགལཛྙཕནྟུ།།

第三层、第二间佛殿

༄༅༅། །ན་མོ་ལོ་ཀི[1]་ཤྭ་ར་ཡ།

[འདི་ནི]་དཔལ་མཆོག་དུམ་བུ་གཉིས་པ། སྔགས་ཀྱི་དུམ་བུ་ལས། དུམ་བུ་གཉིས་པ་རྟོག་པ་ཐམས་ཅད་བསྡུས་པའི་རྩ་བའི་རྒྱུད་ལས་འ[བྱུང………གསང་བ་རས་རིས]་ཀྱི་དཀྱིལ་འཁོར་གྱི་གཙོ་བོ་དཀོན་མཆོག་གསུམ་གཙོ་འཁོར་གསུམ་ཁྲི་རྒྱབ་ཡོལ་དང་བཅས་པའི་སྐུ་གཟུགས་འབུར་དུ་གཏོད་པ་བ[ཞུགས]།

དེའི་གཡས་ཕྱོགས་[ཞ]ལ་ལྷོར་གཟིགས་ཀྱི་ངོས་ལ་དཔལ་མཆོག་དང་པོའི་རྒྱུད་དུམ་བུ་བཞི་ལས། དུམ་བུ་དང་པོ་ཀུན་གཞི་རྣམ་པར་ཤེས་པའི་གཉེན་པོ། མེ་ལོང་ལྟ་བུའི་ཡེ་ཤེས་ཀྱི་ངོ་བོ་ཉིད་ཕྱག་རྒྱ་ཆེན་པོ་གཙོ་བོར་གྱུར་པ་ཤེས་རབ་ཀྱི་ཕ་རོལ་ཏུ་ཕྱིན་པའི་དུམ་བུ་ལས། རིགས་སོ་སོ་བའི། གཏི་མུག་གི་གཉེན་པོ་འགྲོ་བ་འདུལ་བའི་དཀྱིལ་འཁོར་གྱི་ལྷ་ཚོགས་རྣམས་ཚང་བར་བཞུགས།། །།

ནུབ་ཕྱོགས་ཀྱིས་ངོས་ལ་རིགས་[ཐམས་ཅ]ད་ཀྱི་དཀྱིལ་འཁོར་དུ་འཇུག་པའི་རྒྱུ་གྱུར་པ། རྡོ་རྗེ་འཁོར་ལོའི་དཀྱིལ་འཁོར་གྱི་ལྷ་ཚོགས་རྣམས་ཚང་བར་བཞུགས།། །།

ལྷོ་ཕྱོགས་ཀྱི་ངོས་ལ་སངས་རྒྱས་ཐམས་ཅད་ཀྱི་སྐུ་གསུང་ཐུགས་གཅིག་ཏུ་བྱེད་པ། བརྩོན་འགྲུས་གཙོ་བོར་བྱེད་པ་རྡོ་རྗེ་[ཙུར་[ཀྱི་དཀྱིལ་འཁོར་གྱི་ལྷ]་ཚོགས་[རྣམས]་ཚངས་པར་བཞུགས།།

བྱང་ཕྱོགས་ཀྱི་སྟོད་གཡས་གཡོན་ལ། དཔལ་མཆོག་རྡོར་སེམས་ཀྱི་དབང་བཀའི་བླ་མ་རྒྱུད་

---

〔1〕 应读作ཀི。

པའི་རིམ་པ་བཞུག[ས།]

འོག་གཡས་ག{ཡོན}······གྱི་{མཆོད}་པ······འོ····མཆོད་པ···དང་།·················{སྤྱོད}་རོལ་མོ་དང་བཅས་པ་དང་།

སྒོའི་གོང་དང་རྒྱབ་ལ་མཆོད་པ་ཉེ་ཤུ་[རྩ་ལྔ]་པའི་མཆོད་པ་དང་། སྒོ་མདུན་[རྣམ་སྲས]་ཞི་དྲག་གཉིས་དང་བཅས་པ་རྣ[མས་བཞུགས།] ༎

འདིར་རྣམས་ཀྱི་དགོས་ཀྱི་སྦྱིན་བདག་ཀུང་དྲུང་བདག་མོ་དཔལ་ཆེན་པ་ཡུམ་སྲས་པའི་དྲུང་ནས་[མཛད]··སོགས་ཀྱིས་ལེགས་པར་བཟབས།། ༎

དེའི་དགེ་བས་འགྲོ་ཀུན་རྡོ་རྗེ་འཆང་གི་གོ་འཕགས་མྱུར་ཐོབ་ཤོག།། ༎

མཾ་ཧྐ་ལ།།

第三层、第三间佛殿

[ན་མོ]་བཛྲ་སཏྭ་ཡ།

འདིའི་དབུས་ན་དཔལ་[མཆོག་དུམ་བུ་གཉིས]་པ་སྔགས་ཀྱི་དུམ་བུ་ལས། [རྟོག་པ་ཐམས་ཅད]་བསྡུས་པའི་རྒྱུད་ལས་འབྱུང་བའི་དཀྱིལ་འཁོར་ལས། ལས་ཀྱི་དབང་གིས་མ་གྲུབ་ན་བསྒྲུབ་པར་བྱེད་པ་མེ་ལྟར་འབར་བ་ཁྲ་མོའི་དཀྱིལ་འཁོར་གྱི་གཙོ་བོ་གཙོ་འཁོར་གསུམ་ཁྲི་རྒྱབ་ཡོལ་དང་བཅས་པའི་སྐུ་གཟུགས་འབུར་དུ་གཏོད་པ་བཞུགས།།

དེའི་གཡས་ཕྱོགས་ཀྱི་ཞལ་ལྟོར་གཟིགས་ཀྱིས་ངོས་ལ། དཔལ་མཆོག་དུམ་བུ་དང་པོ་ཤེས་རབ་ཀྱི་ཕ་རོལ་དུ་ཕྱིན་པའི་དུམ་བུ་ལས། རིགས་སོ་སོ་བའི། སེར་སྣའི་གཉེན་པོ་རྡོ་རྗེ་རིན་ཆེན་གྱི་དཀྱིལ་འཁོར་གྱི་ལྷ་ཚོགས་རྣམས་ཚང་བར་བཞུགས།།

ནུབ་ཀྱི་ཞལ་ལྟོར་གཟིགས་ཀྱི་ངོས་ཆུང་ལ་ཤེས་རབ་ཀྱི་ཕ་རོལ་ཏུ་ཕྱིན་པ་གཙོ་བོར་གྱུར་པ་འཇམ་དཔལ་གྱི་དཀྱིལ་འཁོར་གྱི་ལྷ་ཚོགས་ཡི་གེའི་མཚན་མ་དང་བཅས་པ་ཚང་བར་བཞུགས།། ༎

ལྷོ་ཕྱོགས་ཀྱི་ངོས་ལ་ཚོགས་ཡོངས་སུ་རྫོགས་པའི་རྒྱུར་གྱུར་པ་ནམ་མཁའ་མཛོད་ཀྱི་དཀྱིལ་འཁོར་གྱི་ལྷ་ཚོགས་མཚན་མ་དང་བཅས་པ་བཞུགས།། ༎

བྱང་ཕྱོགས་དང་ལྷོ་ཕྱོགས་ཀྱི་སྟོད་ཚར་གཡས་གཡོན་རྣམས་ལ་དཔལ་མཆོག………|| ………

ནུབ་ཕྱོགས་{མ}ངོན་གྱི་སྟོད་ལ་མིང་པོ་གསུམ་གྱིས་གདུལ་བར་བྱ་བའི་དོན་དུ་མིང་པོ་གསུམ་གྱི་ལྷ་ཚོགས་རྣམས་ཚང་བར་བཞུགས།། །།དེའི་འོག་ན་སྲི[ང]་མོ་བཞིས་གདུལ་བར་བྱ་བའི་དོན་དུ་[སྲིང]་མོ་བཞིའི་ལྷ་ཚོགས་མཚན་མ་དང་བཅས་པ་ཚང་[བར་བཞུ]གས།།

འོག་ཚར་ལ་མཆོད་པ་ཉི་ཤུ་[རྩ་ལྔ]………དང་།

འདི་རྣམས་ཀྱི་དངོས་ཀྱི་སྦྱིན་བདག་ཀྱང་དྲུང་བདག་[མོ་དཔལ་ཆེན]་པོའི[1]་དྲུང་[ནས་དད་པས་བསྐྲུ]བས།། །།ལྷ་བཟོ་མཁས་པ་ལྷ་རྩེ་མཆོ་པོ་བ་དཔོན་དཔལ་ལ་དཔོན་སློབ་དང་། རི་མོ་མཁས་པ་ལྷ་རྩེ་རྫོང་ཤོས་པ་དཔོན་པོ་དཔལ་ཆེན་གྱིས་བཟབས།། །།

第三层、第四间佛殿

༄༅། །ན་མོ་མཉྫུ་གྷོ་ཥ་ཡ།

འདི་འི་དབུ[ས]་ན་རྣལ་འབྱོར་རྒྱུད་ལས་གསུངས་པའི། དེ་བཞིན་གཤེགས་པ་ཐམས་ཅད་ཀྱི་སྐུ་གསུང་ཐུགས་གསང་བ་རྒྱན་བཀོད་པའི་དཀྱིལ་འཁོར་གྱི་གཙོ་མོ་ཡུམ་ཆེན་མོ་གཙོ་འཁོར་གསུམ་ཁྲི་རྒྱབ་ཡོལ་དང་བཅས་པའི་སྐུ་གཟུགས་འབུར་དུ་གཏོད་པ་བཞུགས།།

འདིའི་གཡས་ཕྱོགས་ཀྱི་ངོས་ལ། ནམ་མཁའ་དྲི་མེད་ཀྱི་རིན་ཆེན་འབྱུང་ལྡན་དབུགས་དབྱུང་བའི་དཀྱིལ་འཁོར་གྱི་ལྷ་ཚོགས་རྣམས་ཚང་བར་བཞུགས།། །།

འདིའི་ཤར་ཕྱོགས་ཀྱི་ངོས་ལ། རྡོ་རྗེ་དབྱིངས་ཀྱི་དུམ་བུ་ཆ་འཐུན་ཞིང་། གཙོ་ཆེར་དཔལ་མཆོག་གི་བཤད་རྒྱུད་དུ་གྱུར་པ། རྡོ་རྗེ་སྙིང་པོ་བརྒྱན་གྱི་རྒྱུད་ཀྱི་དཀྱིལ་འཁོར་ནང་མའི་[དཀྱིལ་འཁོར་གྱི་ལྷ་ཚོགས།] ཆོས་ཀྱི་དབྱིངས་ཀྱི་རྡོ་རྗེ་ཆེན་པོ་སྙིང་པོའི་རྒྱན། [དེ་བཞིན་ག]ཤེགས་པ་ཐམས་ཅད་ཀྱི་གསང་བའི་དཀྱི[ལ་འཁོར་ཆེ]ན་པོ་ཞེས་བྱ་བ། སྒོ་བརྒྱད་སྒྲག[2]ཡོད་པའི་དཀྱིལ་འཁོར་ནང་མ་དབང་ཆེ[ན]………གྱི་རྩ་བའི་ལྷ་ཚོགས་རྣམས་ཚང་བར་བཞུགས།། །།

---

〔1〕 注意此处的不规则形式：以པོ代替མོ。

〔2〕 应读作བྲག?

འདིའི་ལྷོ་ཕྱོགས་ཀྱི་ངོས་ལ་འཇམ་དཔལ་[རྒྱུ[1]་འཕྲུལ]་དྲ་བ་ལས་འབྱུང་བའི། མི་བསྐྱོད་[པའི་……………དཀྱིལ་འ]ཁོར་གྱི་ལྷ་ཚོགས་རྣམས་ཚང་བར་བཞུགས་སོ།། །།

འདི་རྣམས་ཀྱི་དགོས་ཀྱི་སྦྱིན་བདག་ཀྱང་། ……བྱང་སེམས་བདག་མོ་དཔལ་ཆེན་རྒྱལ་མོ་བས་མཛད། །རི་མོ་མཁས་པ་ལྷ་རྩེ་ཁབ་གསར་བ་དཔོན་ཁྲི་རྒྱལ་དབང་ཕྱུག་གིས་ལེགས་པར་བཟབས།

[དེ་ཡི་དགེ་བས་ཡོན་མ]ཆོད་འཁོར་བཅས་རྣམ{ས}།
མི་ཤེས་མུན་པའི་ཚོགས་རྣམས་རབ་བཅོམ་ནས།།
ཡེ་ཤེས་ཆོས་ཀྱི་སྣང་བ་རབ་རྒྱས་ཏེ།
ཁྱབ་བདག་རྣམ་སྣང་གོ་འཕངས་ཐོབ་པར་ཤོག། །།

མཾ་ག་ལ་སུ་ཧྲུ།། ཤུ་ཧྲཾ།། །།

第三层、第五间佛殿

༄༅། །ན་མོ་མཉྫུ་གྷོ་ཥ་ཡ།

འདིའི་དབུས་ན་རྡོ་རྗེ་དབྱིངས་ཀྱི་དུམ་བུ་ལས་འཕྲོས་ཤིང་དེ་དང་ཆ་འཐུན་པ་འཇམ་དཔལ་གྱི་མཚན་ཡང་དག་པར་བརྗོད་པ། རྣལ་འབྱོར་གྱི་རྒྱུད་དུ་དགོངས་པ་བཀྲལ་བ། སློ་དཔོན་འཇམ་དཔལ་བཤེས་བསྙེན་གྱིས་མཛད་པའི་འགྲེལ་བ་ནམ་མཁའ་དྲི་མེད་ཆུང་བའི་དཀྱིལ་འཁོར་གྱི་གཙོ་བོ་རྣམ་སྣང་གཙོ་འཁོར་གསུམ་ཁྲི་རྒྱབ་ཡོལ་དང་བཅས་པའི་སྐུ་གཟུགས་འབུར་དུ་གཏོད་པ་བཞུགས།།

དེའི་གཡས་ཕྱོགས་ཀྱི་ངོས་ལ་བྱང་{སེམ}ས་རྡོ་རྗེ་དབུགས་དབྱུང་བའི་དཀྱིལ་འཁོར་གྱི་ལྷ་ཚོགས་རྣམས་ཚང་བར་བཞུགས།།

ཤར་ཕྱོགས་ཀྱི་ངོས་ལ། རྡོ་རྗེ་དབྱིངས་ཀྱི་དུམ་བུ་ལས་དཕྲོ[ས]་ཤིང་དེ་དང་ཆ་མཐུན་པ། འཇམ་དཔལ་གྱི་མཚན་ཡང་དག་པར་བརྗོད་པ། རྣལ་འབྱོར་གྱི་རྒྱུད་དུ་དགོངས་པ་བཀྲལ་བ། སློབ་དཔོན་འཇམ་དཔལ་བཤེས་སྙེན་གྱིས་མཛད་པའི་འགྲེལ……………

……………[2]གྲོགས་མཆེད་ཀྱིས་ལེགས་པར་གཟབས་ནས་བྲིས།། །།

---

〔1〕 译者注：应读作སྒྱུར。

〔2〕 译者注：大约 222 厘米的墙面被修补，题记全部丢失。

དེ་ཡི་དགེ་བས་ཡོན་མཆོད་འཁོར་བཅས་ཀྱི།།
སྒྲིབ་གཉིས་མུན་པའི་ཚོགས་རྣམས་རབ་བཅོམ་ཏེ།།
ཡང་དག་ཡེ་ཤེས་སྣང་བ་རབ་རྒྱས་ནས།།
འཛམ་པའི་དབྱངས་སྐྱི་གོ་འཕངས་མྱུར་ཐོབ་ཤོག།
མཾ་ག་ལ་བྷ་ཝན་ཏུ།། །།

第三层、第六间大殿

殿门入口处题记

༄༅། །ཨོཾ་སྭ་སྟི།
ཆོས་དབྱིངས་ཀུན་གསལ་མཐའ་ལས་འདས་ཀྱང་གང་གི་བློ་གྲོས་གཅིག་པུས་མཁྱེན།།
ཕྲིན་ལས་དྲི་བསུང་ཕྱོགས་བཅུར་འགྲོ་ཡང་ཤེས་བྱའི་ཕ་མཐའི་ཁྱོན་ལ་ཐུག།
གནས་གསུམ་གཞལ་བྱའི་ཡུལ་ལ་མཁས་ཀྱང་མཁས་པའི་ཁེངས་པ་རྣམ་པར་སྤངས།།
བླ་ན་མ་མཆིས་ཆོས་ཀུན་མཁྱེན་པ་བླ་མེད་བླ་པའི་ཚོགས་ལ་འདུད།།
རྒྱལ་བ་རྒྱ་མཚོའི་སྐུ་ཡི་བཀོད་པ་དང་།།
ཞིང་ཁམས་རྒྱ་མཚོའི་རྒྱལ་སྲས་དམ་ཙན་དང་།།
རིང་སྲེལ་རྒྱ་མཚོས་བྱུར་བུར་གཏམས་པ་ཡི།།
ཆོས་སྐུ་ཡོན་ཏན་རྒྱ་མཚོར་ཕྱག་འཚལ་ལོ།།
སྲིད་བཞིའི་མཐའ་སྤངས་ཡེ་ཤེས་རྒྱ་མཚོར་འབྲུངས།།
ཐུགས་རྗེའི་རྒྱ་མཚོ་དགོས་འདོད་ཀུན་འབྱུང་བ།།
རིན་ཆེན་རིགས་ཀྱི་རྒྱ་མཚོའི་དཔལ་གྱུར་བ།།
རྒྱལ་བ་རིན་ཆེན་འབྱུང་ལྡན་རྒྱ་མཚོར་བསྐྱོང་།།
རྡོ་རྗེ་རིན་ཆེན་གཟི་བརྗིད་རྒྱལ་མཚན་བཞད།།
རང་རང་རིགས་མཆོན་སྐུ་མདོག་རབ་ཏུ་མཛེས།།

ཡིད་འོང་རྒྱན་དང་སྣ་ཚོགས་གོས་ཀྱིས་བཀྲ།།
དག་པའི་སེམས་དཔའ་བཞི་ལ་ཕྱག་འཚལ་ལོ།།
འཇམ་དཔལ་ཆོས་དབྱིངས་གསུང་དབང་ལྷ་ཚོགས་དང་།།
འཇིཾ་དཔལ་གསང་ལྡན་དཀྱིལ་འཁོར་ལྷ་རྣམས་ལ།།
རིནེ་རྒྱན་སྤྲུས་ལྷ་རྫས་ན་བཟའ་བླུབས།།
སྨད་བྱུང་བས[1]་སྐུ་རྣམས་ལ་ཕྱག་འཚལ་ལོ།།
རིགས་གཟུགས་མཐུ་སྟོབས་དཔལ་འབྱོར་ཕུན་ཚོགས་ཤིང་།།
ཕྱིས་བརྩེའི་མངའ་བདག་འགྲོ་བའི་ཡབ་གཅིག་པུ།།
ཕ་མཐའ་ཡས་པའི་དགེ་བའི་ཐུགས་མངའ་བ།།
ས་སྐྱོང་དབང་ཕྱུག་དཔག་བསམ་ལྗོན་པ་རྒྱལ།། །།

དེ་ཡང་། རྡོ་རྗེ་གདན་ནས་བྱང་ཕྱོགས་སུ་དཔག་ཚད་བརྒྱ་དང་བརྒྱད་བགྲོད་པའི་ས་ཡི་ཆ། གངས་ཅན་འཛིན་མའི་ལྟེ་བ། རིགས་པར་སྨྲ་བ་བགྲངས་ལས་འདས་པས་བསྟི་བའི་གནས། བཀྲ་ཤིས་པའི་དགེ་མཚན་དཔག་ཏུ་མེད་པས་མངོན་པར་མཐོ་བ་དཔལ་འཁོར་བདེ་ཆེན་གྱི་གཙུག་ལག་ཁང་གི་ཆོས་ཀྱི་སྐུ་མཐོང་གྲོལ་ཆེན་པོའི་འབུར་ཆེན་ནུབ་སྟེང་། རིན་ཆེན་ལྷ་ཁང་གི་རིན་ཆེན་འབྱུང་ལྡན་གཙོ་འཁོར་ལྔ་འབུར་མ་ཁྲི་རྒྱབ་ཡོལ། ལོག་རིས་མཆོད་པའི་རྫས་དང་བཅས་པའི་སྦྱིན་བདག

ཆོས་ཀྱི་རྒྱལ་པོའི་བཀའ་ལུང་ངལ་སོའི་གནས།།
མི་ཕྱེད་དད་པས་བསྟན་དང་བསྟན་འཛིན་མཆོད།།
དཔལ་འབྱོར་རྣམ་ཐོས་བུ་ལ་འགྲན་བཟོད་པའི།།
བློན་པོའི་དབང་པོ་གཉེར་ཆེན་ཆོས་རྒྱལ་བ།།
མཆོད་གནས་འཚོ་བྱེད་འཁོར་འབངས་བཅས་པས་མཛད།།

〔1〕 译者注：题记有修改的痕迹,可能为བའི。

ངུར་སྨྲིག་རྒྱལ་མཚན་རྩེ་ལ་ཡོན་ཏན་གྱི།།
རིན་ཆེན་བཀོད་པས་ལྷ་མིའི་དཔལ་གྲུབ་པའི།།
གསུང་བཞིན་〔1〕

༄༅། །ལྷ་བཟོ་མཁས་པ་བསོད་ནམས་རྒྱལ་མཚན་དང་།།
རི་མོ་མཆོག་གྱུར་ཉང་སྟོད་མཁར་ག་བ〔2〕།།
དཔོན་བཙུན་དོན་གྲུབ་སྐྱབ་པ་དཔོན་སློབ་ཀྱིས།།
ཤེས་བྱ་འདི་ལ་ལེགས་པའི་ཚད་ཐུབ་བཟབས།།
དེའི་{དགེ}་བས་བསྟན་པ་ཡུན་གནས་ཤིང་།།
{བ}དག་པོའི་རྩ་ལག་དཔུང་བཅས་བདེ་བ་དང་།།
འགྲོ་ལ་ཕན་བདེ་རྒྱུན་དུ་འབྱུང་བ་དང་།།
རིན་ཆེན་རིགས་ཀྱི་བདག་པོར་འགྱུར་བར་ཤོག།
ཆོས་ཀྱི་རྒྱལ་པོ་ཆོས་ཀྱི་བློན་པོར་བཅས།།
ཆོས་ཀྱི་དགོངས་པ་བྱམས་དང་སྙིང་རྗེ་ཡིས།།
ཆོས་བཞིན་ཆབ་སྲིད་བསྐྱངས་པས་སྐྱེ་དགུའི་ཚོགས།།
རྫོགས་ལྡན་དུས་བཞིན〔3〕་ཆོས་ལ་སྤྱོད་པར་ཤོག།
ཆོས་སྐུ་གཙང་བདེ་རྟག་བདག་ངོ་བོ་ཉིད།།
ལོངས་སྐུ་ངེས་པ་ལྔ་ལྡན་རང་བཞིན་དང་།།
སྤྲུལ་སྐུ་བགྲ{ང}་ཡས་ཞིང་དུ་འགྲོ་དོན་མཛད།།
སྐུ་གསུམ་ཡངས་སུ་རྫོགས་པའི་བཀྲ་ཤིས་ཤོག།

〔1〕 译者注：殿门右侧题记于此结束，但未写完的偈颂不见于殿门左侧，殿门左侧题记似有修补痕迹。

〔2〕 译者注：壁面有修补痕迹，ག་བ应读作ཁ་པ。

〔3〕 译者注：应读作བཞི。

ཆོསྐུ་མཐོང་གྲོལ་ལྷ་ར[1]་བཅས་མཆོད་པྀ་རྟེན།།
ཐ་སྙད་བརྡའི་སྐུ་འདི་སྐྱིད་མཐའི་བར།།
བསྟན་སྲུང་ལྷུམ་དྲལ་བྲན་དང་གཡོག་བཅས་ཀྱིས།།
གཡེལ་མེད་སྲུངས་ལ་བསྐྱོན་པར་མཛད་དུ་གསོལ།།
བསོད་ནམས་དཔལ་གྱིས་ལེགས་པར་འབྱོར་བ་ཡིས།།
ཆོས་རྒྱལ་ཡོན་མཆོད་སྐུ་ཚེ་བརྟན་པ་དང་།།
ཡུལ་ཁམས་བདེ་ཞིང་མི་ནད་ཕྱུགས་ནད་དང་།།
ལོ་ཉེས་དགྲ་ཡི་གནོད་པ་ཞི་བར་ཤོག།
རྒྱལ་པོ་བློན་པོ་ཆོས་བཞིན་བྱེད་པ་དང་།།
དགེ་བའི་གཤེས་རྣམས་སྐུ་ཚེ་རིང་བ་དང་།།
ལྷ་ཀླུ་རྣམས་ཀྱིས་དུས་སུ་ཆར་འབེབས་ཤིང་།།
ལོ་ཏོག་ཕུན་ཚོགས་འཛིག་རྟེན་དར་བར་ཤོག།
སྦྱིན་པའི་བདག་པོ་འཁོར་དང་བཅས་པ་ཡང་།།
སྐུ་ཁམས་བཟང་ཞིང་སྐུ་ཚེ་བརྟན་པ་དང་།།
ཆབ་སྲིད་ཆེ་ཞིང་ཡིད་ཀྱི་བསམ་པ་ཀུན།།
ཆོས་དང་མཐུན་པར་བདེ་བླག་འགྲུབ་པར་ཤོག།
ཆབ་འོག་གཏོགས་པའི་འབངས་དང་འཁོར་རྣམས་ཀྱང་།།
རྣམ་པ་ཀུན་ཏུ་བདེ་ཞིང་སྐྱིད་པ་དང་།།
ལུས་ངག་ཡིད་གསུམ་ཆོས་དང་འཐུན་པ་དང་།།
དཀོན་མཆོག་མཆོད་ལ་མི་སྐྱོ་བརྩོན་པར་ཤོག།

མཾགྒལཾ།། །།

---

〔1〕 译者注：ལྷ་ར应读作ལྷར。

壁画下面题记

༄༅། །ན་མོ་མཉྫུ་གྷོ་ཥ་ཡ།

འདི་ནི་ཙ་རྒྱུད་དུམ་བུ་དང་པོ་རྡོ་རྗེ་དབྱིངས་ཀྱི་དུམ་བུ་ལས་འཕྲོས་ཤིང་དེ་དང་ཆ་འཐུན་པ་མཚན་ཡང་དག་པར་བརྗོད་པ་རྣལ་འབྱོར་གྱི་རྒྱུད་དུ་དགོངས་པ་བཀྲལ་བ། འགྲེལ་པ་བར་པ་སློབ་དཔོན་སྨྲིག་པ་རྡོ་རྗེས་མཛད་པའི་རྗེས་སུ་འབྲངས་པ། འཇམ་དཔལ་གསང་ལྡན་རིགས་བསྡུས་པའི་དཀྱིལ་འཁོར་གྱི་ལྷ་ཚོགས་རྣམས་ཀྱི་བཀོད་པའི་རི་མོའོ།། །།

༄༅། །འདི་ནི་ཆོས་ཀྱི་དབྱིངས་གསུང་གི་དབང་ཕྱུག་གི་དཀྱིལ་འཁོར་གཉིས་པ། གཟུངས་ཀྱི་དཀྱིལ་འཁོར་གྱི། ནུབ་ཕྱོགས་དང་། བྱང་ཕྱོགས་ཀྱི་ལྷ། དབ…། གཟུངས་བཅུ་གཉིས……འཚམས་ཀྱི་ལྷ་མོ་གླུ་མ། གར་མ། རྣམས་ཀྱི་བཀོད་པའི་རི་མོའོ།། །།

ཨོཾགལཾཧྲཱཧཱུ།།

༄༅། །འདིའི་ངོས་ལ་ཆོས་ཀྱི་དབྱིངས་གསུང་གི་དབང་ཕྱུག་གི་དཀྱིལ་འཁོར་གསུམ་པ། ཆོས་ཀྱི་དཀྱིལ་འཁོར་གྱི། ནུབ་ཕྱོགས་དང་། བྱང་ཕྱོགས་ཀྱི་ལྷ། བྱང་ཆུབ་སེམས་དཔའ་བརྒྱད། ཕྱོགས་མཚམས་ཀྱི་ཁྲོ་བོ་ལྔ། མར་མེ་མ། དྲི་ཆབ་མ། རྡོ་རྗེ་དྲི། རྡོ་རྗེ་རོ། སྟོད་ཚར་ལ། བླ་མ་བརྒྱུད་པ་དང་བཅས་པ་རྣམས་ཀྱི་བཀོད་པའི་རི་མོའོ།། །།

མནྡལཾཧྲཱཧཱུ།། །།

༄༅། །འདིའི་ངོས་ལ་ཆོས་ཀྱི་དབྱིངས་གསུང་གི་དབང་ཕྱུག་གི་དཀྱིལ་འཁོར་བཞི་པ། རྡོ་རྗེ་རིགས་ཀྱི་དཀྱིལ་འཁོར་གྱི། ནུབ་ཕྱོགས་དང་། བྱང་ཕྱོགས་ཀྱི་ལྷ། སྒོ་སྐྱོང་ཁྲོ་བོ་བཞི། སྨིན་པོ། རྒྱུ་ལྷ། རླུང་ལྷ། ལུས་ངན། རྒྱུ་སྐར་ཉི་ཤུ་ཙ་བརྒྱད། ཚངས་མ། དྲག་མོ། ཁྱབ་འཇུག་མ། གཞོན་ནུ་མ། དབང་མོ། ཕག་མོ། རྣ་བྱེད་མ། གླིང་གི་རི་དྭགས། ཚོགས་བདག། སའི་ལྷ་མོ་རྣམས་དང་། འདོད་ལྷ། རྣམ་སྲས། འཛམ་སེར། འཛམ་ནག། དཔལ་ཆེན་མོ་རྣམས་དང་བཅས་པའི་བཀོད་པའི་རི་མོ་བཞུགས་སོ།།

ཤུཧྲཱིཾ།། སྭཧཱུཿ།།

༄༅། །འདིའི་ངོས་ལ། ཆོས་ཀྱི་དབྱིངས་གསུང་གི་དབང་ཕྱུག་གི། དཀྱིལ་འཁོར་བཞི་པ།

རྡོ་རྗེ་རིགས་ཀྱི་དཀྱིལ་འཁོར་གྱི། ཤར་ཕྱོགས་དང་ལྷོ་ཕྱོགས་ཀྱི་ལྷ། ཕྱོགས་སྐྱོང་། སྒོ་བསྲུངས་ཁྲོ་བོ་བཞི། ལྷ་ཆེན་བརྒྱད། གཟའ་དགུ། ཀླུ་ཆེན་བརྒྱད། མིང་པོ་གསུམ། ལྷ་མ་ཡིན། ནམ་མཁའ་ལྡིང་། མི་འམ་ཅི། དྲི་ཟ། རིགས་འཛིན། གནོད་སྦྱིན་བརྒྱད། འཕྲོག་མ་བུ་དང་བཅས་པ་རྣམས་དང་། འདོད་ལྷ། ཆོས་སྐྱོང་གུར་མགོན་ལྕམ་དྲལ་དང་བཅས་པ་རྣམས་ཀྱི་བཀོད་པའི་རི་མོ་བཞུགས་སོ།།

དགེའོ།།

༄། །འདིའི་ངོས་ལ་ཆོས་ཀྱི་དབྱིངས་གསུང་གི་དབང་ཕྱུག་གི་དཀྱིལ་འཁོར་གསུམ་པ། ཆོས་ཀྱི་དཀྱིལ་འཁོར་གྱི་ཤར་ཕྱོགས་དང་། ལྷོ་ཕྱོགས་ཀྱི་ལྷ་བྱང་སེམས་བརྒྱད། ཁྲོ་བོ་ལྔ། བདུག་པ་མ། མེ་ཏོག་མ། སྒོ་བ། རྡོ་རྗེ་གཟུགས། རྡོ་རྗེ་སྒྲ། སྟེང་གི་ཚར་ལ་བླ་མ་རྒྱུད་པ་དང་བཅས་པའི་ལྷ་ཚོགས་རྣམས་ཀྱི་བཀོད་པའི་རི་མོའོ།།

༄། །འདི་ནི་ཆོས་ཀྱི་དབྱིངས་གསུང་གི་དབང་ཕྱུག་གི་དཀྱིལ་འཁོར་གཉིས་པ། གཟུངས་ཀྱི་དཀྱིལ་འཁོར་གྱི་ཤར་ཕྱོགས་དང་། ལྷོ་ཕྱོགས་ཀྱི་ལྷ། ས་བཅུ་གཉིས་དང་། ཕར་ཕྱིན་བཅུ་གཉིས། འཚམས་ཀྱི་སྒེག་མོ། ཕྲེང་བ་མ། སྒོ་མ་བཞི་ཆོས་སོ་སོ་རིག་མ། དོན་སོ་སོ་རིག་མ། རྣམས་ཀྱི་ལྷ་ཚོགས་ཀྱི་བཀོད་པའི་རི་མོའོ།། །།

ཤུཧྃ།།

༄། །ན་མོ་མཉྫུ་གྷོ་ཥ་ཡ།

འདི་ནི་རྩ་རྒྱུད་དེ་ཉིད་བསྡུས་པའི་རྡོ་རྗེ་དབྱིངས་ཀྱི་དུམ་བུ་ལས་འཕྲོས་ཤིང་། དེ་དང་ཆ་འཐུན་པ་མཚན་ཡང་དག་པར་བརྗོད་པ། རྣལ་འབྱོར་གྱི་རྒྱུད་དུ་དགོངས་པ་བཀྲལ་བ། སློབ་དཔོན་འཇམ་དཔལ་གྲགས་པས་མཛད་པའི་འགྲེལ་ཆེན་གྱི་རྗེས་སུ་འབྲངས་པ་ནམ་མཁའ་དྲི་མ་མེད་པ་ཤིན་ཏུ་རྣམ་པར་དག་པ་ཆོས་ཀྱི་དབྱིངས་གསུང་གི་དབང་ཕྱུག་གི་དཀྱིལ་འཁོར་ཆེན་པོའི་དཀྱིལ་འཁོར་དབུས་མ་སྙིང་པོ་རྩ་བའི་དཀྱིལ་འཁོར་གྱི་ལྷ་ཚོགས་[རྣམ]ས་ཀྱི་རི་མོའི་བཀོད་པའོ།

མཾ་ག་ལཾ།

第三层、第七间佛殿

༄༅། །ན་མཿཨ་རྱ་མཉྫུ་ཤྲི་ཡེ།

འདིའི་དབུས་ན་འཇམ་དཔལ་ཡེ་ཤེས་སེམས་དཔའ་གཙོ་འཁོར་གསུམ་ཁྲི་རྒྱབ་ཡོལ་དང་བཅས་པའི་སྐུ་གཟུགས་འབུར་དུ་གཏོད་པ་བཞུགས།།

ནུབ་ཕྱོགས་ཀྱི་ངོས་ལ་འཇམ་དཔལ་རྒྱུ་འཕྲུལ[1]་དྲ་བའི། རྣམ་པར་སྣང་མཛད་དབྱ[ཁས]་དབྱུང་བའི་དཀྱིལ་འཁོར་གྱི་ལྷ་ཚོགས་རྣམས་ཚང་བར་བཞུགས་སོ།།

ཤུ་ཧཱྃ།

འདིའི་བྱང་ཕྱོགས་ཀྱི་ངོས་ལ་འཇམ་དཔལ་རྒྱུ་འཕྲུལ་དྲ་བའི། འོད་དཔག་མེད་དབུགས་དབྱུང་བའི་དཀྱིལ་འཁོར་གྱི་ལྷ་ཚོགས་རྣམས་ཚང་བར་བཞུགས།། །།

ཤར་ཕྱོགས་ཀྱི་ངོས་ལ། རྡོ་རྗེ་དབྱིངས་ཀྱི་དུམ་བུ་ལས་འཕྲོས་ཤིང་། དེ་དང་ཆ་འཐུན་འཇམ་དཔལ་གྱི་མཚན་ཡང་པར་བརྗོད་པ། རྣལ་འབྱོར་གྱི་རྒྱུད་དུ་དགོངས་པ་བཀྲལ་བ། དབུ་རྒྱན་གྱི་སློབ་དཔོན་ཨ་བ་དྷུ་ཏི་པས་མཛད་པའི་འགྲེལ་པའི་རྗེས་སུ་འབྲངས་པའི། འཇམ་དཔལ་རྒྱུ་འཕྲུལ་དྲ་བའི་རིགས་བསྡུས་པའི་དཀྱིལ་འཁོར་གྱི་ལྷ་ཚོགས་རྣམས་ཚང་བར་བཞུགས།།

རིགས་བསྡུས་ཀྱི་གཡོན་ཕྱོགས་ཀྱི་སྟོད་དང··············[ན]མ་མཁའ་དྲི་མེད་ཀྱི་དབང་བཀའི་རྒྱུད་རིགས་ཀྱི་བླ་མ་རྣམས་བཞུགས་སོ།། །།

[འདི]རྣམས་ཀྱི་དགོས་ཀྱི་སྦྱིན་བདག་ཀུང་དྲུང་བྱང་སེམས་བདག་མོ་བའི་དྲུང་གིས་མཛད།། །། རི་མོ་མཁས་པ་ཇོ་ནང་པ་དཔོན་{བཙུ}ན་དཀོན་མཆོག་བཟང་པོ་གྲོགས་མཆོད་ཀྱིས་ལེགས[ས་པར་གཟབས་ནས་བྲིས།]།།

དེ་ལྟར་བསྒྲུབས་པའི་དགེ་བ་བ[རྒྱ[2]་ཆེན]་འདིས།།
སྦྱིན་བདག་ཆེན་པོ་སྐུ་འཁོར་བཅས་རྣམས་དང་།

---

〔1〕 整个题记中的རྒྱུ་འཕྲུལ应读作སྒྱུ་འཕྲུལ。

〔2〕 应读作རྒྱ。

……………………མཐའ་གླས་མར་གྱུར་འགྲོ་བ་རྣམས།།

ཀུན་མཁྱེན་འཇམ་དབྱངས་གོ་འཕངས་ཐོབ་པར་ཤོག།

མཾ་ག་ལ་བྷ་ཝ་ན་ཏུ།། ཤུབྷཾ།།

第三层、第八间佛殿

༄༅། །ན་མོ་བཛྲ་སཧྭ[1]་ཡ།

འདིའི་དབུས་ན་དཀྱིལ་འཁོར་ཚོག་ཡོན་ཏན་འབྱུང་གནས་ནས་བྱུང་བའི་བྱང་སེམས་རྡོ་རྗེ་གཙོ་འཁོར་གསུ[མ]་[ཡི]་རྒྱབ་ཡོལ་དང་བཅས་པ་སྐུ་གཟུགས་འབུར་དུ་གཏོད་པ་བཞུགས།།

ནུབ་ཕྱོགས་ཀྱི་ངོས་ལ། རྡོ་རྗེ་དབྱིངས་ཀྱི་དུམ་བུ་དང་ཆ། འཐུན་ཞིང་། གཙོ་ཆེར་དཔལ་མཆོག་གི་བཤད་རྒྱུད་དུ་གྱུར་པ། རྡོ་རྗེ་སྙིང་པོ་རྒྱན་གྱི་རྒྱུད་ལས་འབྱུང་བའི། རྡོ་རྗེ་སྙིང་པོའི་དཀྱིལ་འཁོར་གྱི་དཀྱིལ་འཁོར་ནང་མའི་དལྷ་ཚོགས་རྣམས།

ངོས་འདི་དང་། བྱང་གི་གདོང་ཚུང་གི་ནུབ་ཕྱོགས་ཀྱི་བསྟོད་ལ……………ཚང་བར་བཞུགས།།

[སྒོ]་རྒྱབ་དང་སྨད་ཚར་ལ། [རྒྱལ་སྲིད་རིན་ཆེན་སྣ་བདུན་དང་བཀྲ་ཤིས་རྟགས་བརྒྱད་དང་བཅས་པ་བཞུགས་སོ།

ཤར་ཕྱོགས་ཀྱི་ངོས་ལ་རྡོ་རྗེ་དབྱིངས་ཀྱི་དུམ་བུ་ལས་འཕྲོས་ཤིང་དེ་དང་ཆ་མཐུན་པ།] འཇམ་དཔལ་གྱི་མཚན་ཡང་དག་པར་བརྗོད་པ། རྣལ་འབྱོར་གྱི་རྒྱུད་དུ་དགོངས་པ་བཀྲལ་བ། སློབ་དཔོན་སྨྲིག་པ་རྡོ་རྗེས་མཛད་པའི་འགྲེལ་པ། དཀྱིལ་འཁོར་ཆོག་ཡོན་ཏན་འབྱུང་གནས་ནས་བཤད་པའི་མཚན་བརྗོད་ཀྱི་མཚན་ལྟར་བསླང་བ་བཞིན་བཀོད་པ། རིགས་བསྡུས་པ[འི་ད]ཀྱིལ་འཁོར་གྱི་[ལྷ་ཚོ]གས་རྣམས་ཚང་བར་བཞུགསོ།།

འདི་རྣམས་ཀྱི་དགོས་ཀྱི་སྦྱིན་བདག་ཀུང་། བྱང་སེམས་བདག་མོ་དཔལ་ཆེ……མ{ཛད}། །{རི་མོ་མཁས་པ}………དཔོན་བཙུན་ས…………པར་བཟབས་ནས་བྲིས།། །།

དེ་ལྟའི་དགེ་བས……

[1] 应读作ཏྭ。

བདུད་སྡེ་མི་འཐུན་ཚོགས་རྣམས་ཀུན་བཅོམ་ནས།།
རྒྱལ་སྲིད་ཚོགས་གཉིས་དཔལ་ལོངས་སྤྱོད་པའི།།
ཀུན་མཁྱེན་ལྷའི་དབང་པོ་འགྲུབ་གྱུར་ཅིག།།

མཾ་ག་ལ་སྭ་ཧུ།།

第三层、第九间佛殿

༄། །ན་མོ་བཛྲ་སཏྭ[1]་ཡ།

འདི་ནི་རྩ་བའི་རྒྱུད་དེ་ཉིད་བསྡུས་པའི། ངན་འགྲོ་དགུག་ཅིང་སྡིག་པ་སྦྱོང་བ་ལས་འཕྲོས་པ། ངན་སོང་ཐམས་ཅད་ཡོངས་སུ་སྦྱོང་བ་གཟི་བརྗིད་ཀྱི་རྒྱལ་པོའི་བརྟག་པ་ལས། བརྟག་པ་ཕྱི་མ་ལས་གསུངས་པའི་འཇིག་རྟེན་པའི་དཀྱིལ་འཁོར་དྲུག་ལས།

འདིའི་ལྷོ་ཕྱོགས་ཀྱི་ངོས་ལ་ལྷ་ཆེན་པོ་བརྒྱད་ཀྱིས་གདུལ་བའི་དོན་དུ། རྡོ་རྗེ་ཧཱུྃ་མཛད་ལ་ལྷ་ཆེན་བརྒྱད་ཡུམ་དང་བཅ[ས།] ""{སྟོ}བས་བཟང་ལ་སོགས་པ་བཞི། སྒོ་བ་བཞི་དང་བཅས་པ་{སྟོད་ཚར}་ལ་ཀུན་རིག་གི་རྒྱུད་པ་བར་པ་དང་། སྨད་ཚར་ལ་གུར་མགོན་ལྕམ་དྲལ། ཕྱག་བཞི་པ་ལྕམ་དྲལ། རྣམ་སྲས་ཞི་དྲག། འཛམ་སེར་ནག། དང་བཅས་པ་དང་།

ནུབ་ཕྱོགས་ཀྱི་ངོས་ལ་རྒྱལ་ཆེན་བཞིས་གདུལ་[བར་བྱ་བའི་དོན་དུ་ཕྱ]ག་ན་རྡོ་རྗེ་ལ་རྒྱལ་པོ་ཆེན་པོ་བཞི། སྒོ་བ་བཞི་དང་བཅས་པས་བསྐོར་བའི་ལྷ་ཚོགས་དང་།

བྱང་ཕྱོགས་ཀྱི་ངོས་ལ་ཕྱོགས་སྐྱོང་བཅུས་གདུལ་བར་བྱ་བའི་དོན་དུ་ཕྱག་ན་རྡོ་རྗེ་ལ། ཕྱོགས་སྐྱོང་བཅུ། སྒོ་བ་བཞི། དཔུང་གཟུར་ན་པ་ཧྲི་ཏ་གཉིས་ཀྱི་སྐུ་འདྲ་དང་བཅས་པའི་རི་མོའོ།།

འདིའི་རི་མོ་ཞིང་ཁམས་གཉིས་པོའི་དགོས་ཀྱི་སྦྱིན་བདག་ཀུང་བྱང་སེམས་བདག་མོ་དཔལ་ཆེན་རྒྱལ་མོ་བ་ཡུམ་སྲ[ས་ཀྱིས]་ལེགས་པར་བསྒྲུབས།། །རི་མོ་མཁས་པ་སྟེ་མོ་བཟང་རི་བ། [སློབ]་དཔོན་བན་ཆེན་སྐྱབས་ཡབ་སྲས་ཀྱིས་བཟབས།། །།

དེའི་དགེ་བས་སྦྱིན་བདག་འཁོར་བཅས་ཀྱི།།

---

〔1〕 应读作ཏྭ。

ངན་སོང་རྒྱུ་དང་བཅས་པ་རྣམས་སྦྱངས་ནས།།

ཁྱབ་བདག་རྣམ་སྣང་ཆེན་པོའི་གོ་འཕང་མཆོག།

ཚེ་འདི་ཉིད་ལ་གེགས་མེད་འགྲུབ་པར་ཤོག། །།

མཾ་གླ་ལ།།

第三层、第十间佛殿

༄༅། །ན་མོ་བཛྲ་ཧཱུྃ་ཀ་ར་ཡ།

ལྷ་ཁང་འདིའི་ལྷོ་ཕྱོགས་ཀྱི་ངོས་ལ། རྩ་རྒྱུད་དེ་ཉིད་བསྡུས་པའི་ངན་འགྲོ་དགུག་ཅིང་སྡིག་པ་སྦྱང་བ་ལ་འཕྲོས་པ། ངན་སོང་ཐམས་ཅད་ཡོངས་སུ་སྦྱོང་བ་གཟི་བརྗིད་ཀྱི་རྒྱལ་པོའི་བརྟག་པ་ཕྱི་མ་ལས་གསུངས་པའི། ཁྲོ་བས་ཁྲོ་བ་སྤྱང་བར་བྱ་བའི་ཕྱིར། ཁྲོ་བོ་མེ་ལྟར་འབར་བའི་ལྷ་ཚོགས། དབུ(ས་ན་ཁྲོ)་བོ་རྡོ་རྗེ་མེ་ལྟར་འབར་བ། སྐུ་མདོག་སྔོན་པོ། ཞལ་གཅིག་ཕྱག་དྲུག་པ། འཇིག་རྟེན་གསུམ་སྣང་ལསོགས་པའི། ཁྲོ་བོ་ཁྲོ་མོའི་ཚོགས་ཀྱིས་བསྐོར་བ། སྟོད་ཚར་ལ་འཆི་བདག་འཇོམས་པའི་རྒྱུད་རིས་དང་། སྨད་ཚར་ལ་གུར་མགོན་གཙོ་འཁོར་གསུམ། འ[ཛམ]་སེར་ནག་ནོར་རྒྱུན་མ་རྣམས་ཀྱིས་བསྐོར་བ་དང་།

བྱང་ཕྱོགས་ཀྱི་ངོས་ལ་དེ་བཞིན་གཤེགས་པ་ཐམས་ཅད་ཀྱི་སྐུ་གསུང་ཐུགས་གསང་བ་རྒྱན་བཀོད་ཀྱི་རྒྱུད་ལས་འབྱུང་བ། དེ་བཞིན་གཤེགས་པ་རྣམས་ཀྱི་ཡུམ་ཆེན་མོ་ཡེ་ཤེས་ཀྱི་དཀྱིལ་འཁོར་ཀྱི་ལྷ་ཚོགས། ཡུམ……………………〔1〕ཕྱག་བཞི་མ་ལ། མཐའ་ཡས་ཞལ་མ་ལསོགས་པ་ལྷ་མོ་བཅོ་བརྒྱད་ཀྱིས་བསྐོར་བ་དང་།

ནུབ་ཕྱོགས་ཀྱི་ངོས་ལ་སྐུ་གསུང་ཐུགས་གསང་བ་རྒྱན་བཀོད་ཀྱི་རྒྱུད་ལས་འབྱུང་བའི་ཡུམ་ཆེན་མོ། ལས་ཀྱི་དཀྱིལ་འཁོར་གྱི་ལྷ་ཚོགས། དབུས་ན་ཁྲོ་མོ་སྐུ་མདོག་དམར་མོ་ཞལ་བཞི་ཕྱག་བཞི་མ། མཐའ་ཡས་ཞལ་མ་ལསོགས་ལྷ་སུམ་བཅུ་རྩ་གཉིས་ཀྱིས་བསྐོར་བ།

---

〔1〕 译者注：此处壁面断裂且有修补约 22 厘米，据内容，题记似乎应为ཤེས་རབ་ཀྱི་ཕ་རོལ་ཏུ་ཕྱིན་མ་ཞལ་བཞི。

འདི་རྣམས་ཀྱི་རི་མོའི་དགོས་ཀྱི་སྦྱིན་བདག་ཀུང་དྲུང་བདག་མོ་དཔལ་ཆེན་པ[1]·ཡུམ་སྲས་པའི་དྲུང་ནས་མཛད། །རི་མོ་མཁས་པ་དོན་རི་སྟོན་པ་དཔོན་སློབ་རྣམས་ཀྱིས་བཟབས།།
དགེ་བས་ཡོན་མཆོད་འཁོར་དང་བཅས་པས་བྱང་ཆུབ་ཐོབ་པར་ཤོག།། །།

第三层、第十一间大殿

殿门入口处题记

༄༅། །ན་མོ་གུ་རུ་བྷྱཿ
རྒྱལ་བ་ཀུན་དངོས་ཐུན་མོངས་ཐུན་མོངས་མ་ཡིན་དངོས་གྲུབ་ཀུན་གྱི་གཏེར།།
ཉེས་ཚོགས་མཐའ་ལས་རྣམ་གྲོལ་རྣམ་གྲོལ་ལམ་བཟང་སྟོན་མཛད་ཅིང་།།
སྤངས་རྟོགས་མཐར་ཕྱིན་མཐར་ཕྱིན་ཡོན་ཏན་ཀུན་རྫོགས་བླ་མ་མཆོག་རྣམས་དང་།།
མི་མཐེད་ཞིང་གི་སྟོན་པ་སྟོན་པ་ཟས་གཙང་སྲས་མཆོག་དེ་ལ་ཕྱག་འཚལ་ལོ།།
ས་ཡི་དབང་ཕྱུག་ཡིད་མཁའ་དྲི་མེད་བདེ་གཤེགས་ཐུགས་རྗེའི་ཆུ་འཛིན་འཁྲིགས།།
སྣ་ལྡན་ཆུ་བྱའི་དག་བྱེད་བསིལ་བའི་རང་བཞིན་ཤེས་བྱ་ཡི།།
བུད་ཤིང་སྲེག་བྱེད་རང་བཞིན་ཆགས་བྲལ་སྐབས་གསུམ་བདག་པོའི་ཆགས་པའི་གནས།།
རང་བཞིན་རྒྱན་སྤུད་སྣ་ཚོགས་རྒྱན་མཛེས་སྤྲུལ་པའི་མཆོད་རྟེན་ཕྱག་འཚལ་ལོ།།
བྱ་བ་གྲུབ་པའི་ཡེ་ཤེས་མེ་ཏོག་རབ་འབར་བ།།
ཕྲ་དོག་བུད་ཤིང་སྲེའི་ལྷག་མར་བྱས་པ་ཡིས།།
རྒྱན་པ་ཀུན་གྱི་དོན་ཀུན་གྲུབ་པ་ལས་ཀྱི་རིགས།།
རྡོ་རྗེ་མར་གད་རི་དབང་རྒྱལ་ལ་ཕྱག་འཚལ་
ཡེ་ཤེས་ངོ་བོ་རྡོ་རྗེ་ལས་རབ་དང་།།
རྡོ་རྗེ་ཁྲོ་རྒྱུར་བསྲུང་བ་གནོད་སྦྱིན་ལ།།
ལྷའི་གོས་དང་རིན་ཆེན་བརྒྱན་གྱིས་བརྒྱན།།

[1] 应读作མོ。

ལྡེམས་དང་མཁར་གནས་རྒྱལ་སྲས་བཞི་འདུད།།
སྟོད་སྨད་ཁྲམས་ཡོགས་ཀུན་རིག་རྩ་བ་ཡི།།
དཀྱིལ་འཁོར་ལྷ་ཚོགས་གཙུགས་གཏོར་དགུ་པ་དང་།།
ཤཱཀྱ་སེང་གེ་སྐུའི་དཀྱིལ་འཁོར་གྱི།།
ལྷ་ཚོགས་འཇའ་ཚོན་ལྟར་བཀྲ་རྣམས་ལ་འདུད།།
ཆབ་སྲིད་དཔུང་ཚོགས་གླིང་བཞིའི་དབུས་ན་ལྷུན་པོ་ལྟ་བུར་རབ་ཏུ་བརྟན།།
འགྲོ་ཀུན་བཟང་པོའི་ཁྲིམས་ཀྱིས་བསྐྱངས་པས་གཞན་སྡེའི་དཔལ་ལས་ཆེར་འཕགས་པ།།
དཔའ་ཞིང་བརྟུལ་ཕོད་སྐྱུ་རྩལ་རིག་གནས་འཕགས་ནོར་གསེར་གྱི་རི་བོས་བསྒོར།།
དེས་པ་ལསོགས་དམ་པའི་ཡོན་ཏན་མཐའ་དག་རྫོགས་པ་དེ་ཡིས་སྐྱོངས།། །།

དེ་ཡང་འདི་ལྟར། ལེགས་པར་སྦྱད་པའི་རྫས་ཀྱིས། ཕན་བདེའི་ནོར་བུ་ཉོ་བའི་དོན་འཕྱུན་རྣམས་ཀྱི། དེད་དཔོན་དམ་པ། ཆོས་ཀྱི་རྒྱལ་པོ་འདིའི་སྔོན་ལམ་རྣམ་པར་དག་པའི་མཐུ་ལས་བསྐྲུན་པའི་སྡེ་གནས། །རི་བོ་རྩེ་ལྔ་དང་ཚུལ་ཀུན་ནས་མཚུངས་པ་ནི། སེང་གེ་དང་། གླང་པོ་ཆེ་དང་། རྨ་བྱ་ལསོགས་པའི་དབྱིབས་དང་ཁ་དོག་འཛིན་པས་ལྷུས་མདོན་པར་བསྒོར་བ། དེ་དག་གྱང་རླུང་འཁྲིས་བད་ཀན་འདུས་པ་ལསོགས་པའི་ནད་སེལ་བར་བྱེད་ནུས་པའི་རོ་ནུས་ལྡན་ཚོགས། རྩ་བ། ལོ་མ། འབྲས་བུས་གང་བ་ཛི་སྐྱེད་བ་དང་། པདྨ་དང་། མན་དྷ་ར་དང་། ཨུཏྤ་ལ་དང་། ཀུ་མུད་ཏ་ལསོགས་པ་དང་། ཡལ་འདབ་དང་། མེ་ཏོག་དང་། འབྲུ་སྣ་ཚོགས་པ་གཡུར་ཟ་ཞིང་ལྡེམ་པ་དཔག་ཏུ་མེད་པའི་ལྗོན་པ་དུ་མས་དཀྲིགས་པ་རིན་པོ་ཆེ་སྣ་ཚོགས་པའི་མདོག་ཅན་གྱི་བྱེའུ་དང་། ངང་པ་དང་། ངུར་པ་དང་། བཞད་དང་། ཁྲུང་ཁྲུང་དང་། ཁུ་བྱུག། རི་སྐེག། ནེ་ཙོ། ཀ་ལ་བིང་ཀ། གར་མོ། རྨ་བྱ། གཙུག་ཕུད་ཅན། ཆུ་བྱ་ལསོགས་པ་སྐད་སྙན་པ་ཉེ་བར་སྒྲོགས་ཤིང་། རབ་ཏུ་མཛེས་པའི་སྤྲུའི་གོས་གྱོན་ནས། འཛིགས་མེད་དུ་ལྡིང་ཞིང་འབབ་པས་གང་བ་དང་། གང་པ་བཟང་པོ་ལསོགས་པ་གནོད་སྦྱིན་གྱི་ཚོགས་ཀྱིས། ག་ག་ལ་འདྲན་པའི[1]ཡོན་ཆབ་ཀྱི་རྒྱུན་ལས་ཟེགས་མ་གནམ་དུ་འཕྲོར་བ་

---

[1] 译者注：ག་ག་ལ་འདྲན་པའི应读作གང་གཱ་ལ་འདྲེན་པའི。

ལས་མུ་ཏིག་གི་ཕྲེང་བ་འཕྱོར་བ་དང་། ཕྱག་རྒྱ་བཞི་ལས་བརྩམས་པའི་སྒྲ་སྙན་སྒྲོགས་པའི་རྔ་རྔའི་སིལ་སྙན་འབུལ་བ་དང་། ཀླུའི་རྒྱལ་པོས་ཡན་ལག་བརྒྱད་དང་ལྡན་པའི་ཆུས་གང་བའི་ལྟེང་ཀ་དང་། ཡོངས་འདུ་ས་རྫོལ་ལ་འགྲན་པའི་དཔག་བསམ་གཡུའི་རང་བཞིན་དུ་གྱུར་བ་ཇི་སྙེད་པའི་རྒྱུན་དང་། ཆོས་ཀྱི་རྗེས་སུ་འཐུན་པར་སྒྲུབ་པ་རྣམས་ལ། འཚོ་བའི་ཡོ་བྱད་ཉེ་བར་སྦྱོར་བ་སོགས་ཡོན་ཏན་གྱི་ཁྱད་པར་དང་ལྡན་ཞིང་ལྷག་པར་དུ་ཡང་། མཁན་པོ་དང་། སྦྱིན་བདག་རྗེ་བཙུན་འཇམ་དབྱངས་ཀྱི་རྣམ་འཕྲུལ། རྒྱ་ཆེ་ཆོས་ཀྱི་སྤྱན་ལྡན་བར་མ་ཆད་དུ་བཞུགས་པ་དང་། ཁམས་གསུམ་ལས་འདོད་ཆགས་དང་བྲལ་བ། དགྲ་བཅོམ་པ། ས་བླའི་ལྷ། གྲུབ་པ། རིགས་པ་འཛིན་པ། དཀའ་ཐུབ་མཐར་ཕྱིན་པ། གནས་བརྟན་ལ་མཁས་པ། རྟེན་ཅིང་འབྲེལ་འབྱུང་གི་ཚུལ་ཁོངས་སུ་ཆུད་པ། སྡེ་སྣོད་གསུམ་རིག་པ་[1]

༄༅། །ལེགས་པའི་ལྷ་མི་དཔག་ཏུ་མེད་པས་བསྟེན་ཅིང་། མཐུ་སྟོབས་དང་རྫུ་འཕྲུལ་ཀྱི་ཤུགས་འཆང་བ་བསྟན་པ་ལ་མངོན་པར་དགའ་བས་རྗེས་སུ་སྐྱོང་བ། སྐྱེ་བོ་མང་པོ་ཉེར་འཚོ། ཏྲ་སྲོང་གི་རྒྱལ་མཚན་སྒྲེང་བ་བརྙེས་ཀྱི་འདུན་ས། བང་མཛོད་འབུམ་ཕྲག་བསྒྲུན་པའི་ནོར་ཅན་རྣམས་ཀྱིས་གང་བ། སེམས་ཅན་རྣམས་ཀྱང་ཕན་ཚུན་ཁོང་ཁྲོ་བ་སྤངས་པ། དབང་པོ་ཡོངས་སུ་དུལ་བ་ལེགས་པའི་ཡོན་ཏན་ཁྱད་པར་བགྲང་བ་ལས་འདས་པའི་སྐྱེ་བོ་མཐའ་དག་གང་ལ་བསོའི་གནས་དཔལ་འཁོར་ལོ་བདེ་ཆེན་གྱི་ཆོས་གྲྭ་ཆེན་པོ་རྒྱལ་མཚན་གྱི་ཏོག། ཆོས་སྒྲ་མཐོང་གྲོལ་བཀྲ་ཤིས་སྒོ་མངས་ཀྱི་འབུར་ཆེན་བྱང་སྟེངས་དོན་གྲུབ་ལྷ་ཁང་གི། གཙོ་འཁོར་ལྷ་ཁྲི་རྒྱབ་ཡོལ་དང་བཅས་པའི་དགོས་ཀྱི་སྦྱིན་བདག།

དད་པའི་དཔལ་མངའ་འགྱུར་པའི་སྟོབས་རྒྱས་ཤིང་།།
བཀའ་ལུང་ངལ་བསོ་བློན་ཆེན་ཀུན་གྱི་མཆོག།
བསོད་ནམས་དཔུང་གིས་དགྲ་ལས་རྣམ་རྒྱལ་བའི།།
དཔལ་རྒྱལ་གྲགས་པའི་འོད་དཀར་རྒྱས་པས་མཛད།།

---

〔1〕 译者注：殿门右侧题记于此结束。

མཁས་པའི་དབང་པོ་རིན་ཆེན་དཔལ་གྲུབ་ཅེས།།

མཚན་གྱི་མེ་ཏོག་གསལ་བའི་གསུང་བཞིན་དུ།།

སྤྲུལ་པའི་ལྷ་བཟོ་དཔལ་ལྡན་མཁར་ཁ་བ།།

དཔོན་པོ་མཉྫུ་ཤྲཱི་ཡིས་ལེགས་པར་བཟབས།།

ལོག་བྲིས་ཞིང་ཁམས་རྣམས་ཀྱི་སྦྱིན་བདག་ནི། །གྲུབ་ཆེན་གཙང་པའི་གདུང་རྒྱུད་མ་ལུང་རིན་པོ་ཆེ་དྲུང་ཤེས་རབ་པའི་ཞལ་མངའ་ནས་དང་། ཧ་དཔོན་ཨ་དར་བ། ནང་ཆེན་གཞོན་ནུ་ཙན་དར། གཡང་ལུང་བ་སྲུམ་གྲོག་པོ་བ། ཆོས་སྡེའི་དགོས་རུ་བ། རྒྱན་མཁར་སླན་མོ་བ་སྤྱུན། བླ་མ་བྲ་ཕྲུག་པ་སྤྱུན། བཟོ་བོ་ཆོས་རྒྱལ་ཉེ་འཁོར་དང་བཅས་པ་རྣམས་ཀྱིས་ལྷག་བསམ་རྣམ་དག་གིས་སྒྲུབས།།

རི་མོ་ཞུལ་ཕྱིན་ཉང་སྟོད་མཁར་ཁ་བ།།།

དཔོན་བཙུན་སངས་རྒྱས་རིན་ཆེན་སྐྱ་མཆེད་ཀྱིས།།

བདེ་འཇམ་ལག་པའི་རྣམ་འཕྲུལ་གསལ་བར་བྱས།

ཕུན་ཚོགས་དགེ་བའི་རྒྱུ་བོ་འདིས་མཚོན་ནས།།

དུས་གསུམ་ལེགས་སྤྱད་རྒྱ་མཚོར་ཇི་སྙེད་ཀུན།།

ལྷག་བསམ་རྒྱ་མཚོས་གཅིག་ཏུ་བསྡུས་ནས་ནི།།

སེམས་ཅན་རྒྱ་མཚོའི་ཚོགས་ཀྱི་རྒྱལ་བ་ཡི།།

གོ་འཕང་ཐོབ་ཕྱིར་ཚོགས་གཉིས་རྒྱ་མཚོར་བསྔོ།།

ཡེ་ཤེས་ལྔ་ཡི་རྒྱ་མཚོར་འཇུག་པར་ཤོག།

སྦྱིན་བདག་འཁོར་བཅས་ཚེ་རབས་ཐམས་ཅད་དུ།།

རིགས་གཟུགས་དཔལ་འབྱོར་དབང་ཕྱུག་ཕུན་ཚོགས་ཤིང་།།

ཚེ་རིང་ནད་མེད་སྲིད་པའི་བདེ་ལེགས་ཀུན།།

པད་དཀར་འཚོ་ལ་དང་པ་བཞིན་དུ་ཤོག།

ཆོས་ཀྱི་རྒྱལ་པོའི་རྣམ་དཀར་འཕྲིན་ལས་ཀྱི།།

གསེར་ཡིག་རྡོ་རྗེའི་ཡོ་ཞ་ནམ་ཁའི་མཐར།།
ཐོགས་མེད་བགྲོད་ནས་རྣམ་དག་དགེ་བཅུའི་ཁྲིམས།།
ཡར་ངོའི་ཟླ་བ་བཞིན་དུ་རྒྱས་གྱུར་ཅིག།།
སངས་རྒྱས་བསྟན་པའི་མཁར་གནས་ཚ་ཟེར་ཅན།།
ནག་ཕྱོགས་རྩད་ནས་གཅོད་པའི་འོད་སྟོང་ལྡན།།
ཆོས་ཀྱི་རྒྱལ་སྲིད་རྒྱས་མཛད་སཐུ་སྟོབས་ཅན།
བཀའ་སྟོད་དཾ་ཅན་རྒྱ་མཚོས་གཡེལ་མེད་བསྲུངས།།
རྒྱུ་འབྲས་སླུ་བ་མེད་པའི་བདེན་པ་དང་།།
ཀུན་གྱི་རེ་གནས་མི་དབང་བསོད་ནམས་ཀྱིས།།
བསྟན་པ་ཡུན་རིངས་གནས་པའི་བཀྲ་ཤིས་ཤོག།

壁画下面题记

༄༅། །འདི་ནི་རྩ་བའི་རྒྱུད་དེ་ཉིད་བསྡུས་པའི་ངན་འགྲོ་དགུག་ཅིང་སྡིག་པ་སྦྱོང་བ་ལ་འཕྲོས་པ། ངན་སོང་ཐམ[ས་ཅད]་ཡོངས་སུ་སྦྱོང་བ་གཟི་བརྗིད་ཀྱི་རྒྱལ་པོའི། བརྟག་པ་ཕྱོགས་གཅིག་པ་ལས་གསུངས་པའི། སློབ་དཔོན་ཀུན་དགའ་སྙིང་པོས་མཛད་པའི། ངན་སོང་ཐམས་ཅད་ཡོངས་སུ་སྦྱོང་བ། ཤཱཀྱ་སེང་གེ་གཙུག་ཏོར་དགུ་པའི་དཀྱིལ་འཁོར་གྱི་ལྷ་ཚོགས་རྣམས་ཀྱི་བཀོད་པའི་རི་མོའོ།།

འདིའི་དགོས་ཀྱི་སྦྱིན་བདག……

༄༅། །འདི་ནི་ངན་སོང་ཐམས་ཅད་ཡོངས་སུ་སྦྱོང་བའི་རྒྱུད་ལས་གསུངས་པའི། གཙོ་བོར་ངན་སོང་ཡོངས་སུ་སྦྱོང་བའི་དོན་དུ། ཤཱ་ཀྱ་ཐུབ་པ་ལྷ་བཅུ་བདུན་གྱི་བདག་ཉིད་ཅན་གྱི་དཀྱིལ་འཁོར་གྱི་ལྷ་ཚོགས་རྣམས་ཀྱི་བཀོད་པའི་རི་མོའོ།

……ང་བཞི་ལ། དབུས་སུ། ངན་སོང་ཐམས་ཅད་ཡོངས་སུ་སྦྱོང་བ་ཀུན་རིག་རྩ་བའི་དཀྱིལ་འཁོར་གྱི། སྒོ་ཕྱི་མའི་སྒོ་བསྲུང་ཁྲོ་བོ་འཇིག་རྟེན་གསུམ་སྣང་ལསོགས་པའི་ཁྲོ་བོ་ཁྲོ་མོ་བཞི་བཞི་ཕྱོགས་ཕྱོགས་ཀྱི་དབུས་སུ་བཀོད་ནས། དེ་རྣམས་ཀྱི་མཐའ་བསྐོར་དུ།

ཕྱིའི་དཀྱིལ་འཁོར་ཕྱི་རོལ་དུ།

བགླིང་བཞི་པ་ནི་བྲི་བར་བྱ།

འཛམ་བུའི་གླིང་དུ་ཚངས་པ་བྲི།

བྱང་ཕྱོགས་སུ་ནི་དབང་ཕྱུག་ཆེ།

ཤར་དང་ནུབ་ཀྱི་གླིང་དུ་ནི།

བརྒྱ་བྱིན་རྟོགས་འདོད་ཐམས་ཅད་ཀྱང་།

འཁོར་དང་བཅས་པ་བྲི་བར་བྱ།

གཞན་དག་ཀྱང་ནི་དེ་བཞིན་ཏེ།

ལྷ་མིན་དྲི་ཟ་ནམ་མཁའ་ལྡིང་།

གནོད་སྦྱིན་སྲིན་པོ་ལྟོ་འཕྱེ་ཆེ།

འབྱུང་པོ་ཡི་དགས་འདྲེ་རྣམས་དང་།

ཀླུ་དང་སྦྲུལ་དང་རིགས་རྣམས་དང་།

རྒྱལ་པོ་བཞི་རྣམས་བྲི་བར་བྱ།།

གཟའ་དང་སྐར་མ་རྒྱུ་སྐར་དང་།།

ཁྲོ་བོ་མ་རུངས་འཚེ་བ་ཡི།།

བགེགས་དང་བྱི་ན་ཡ་ཀ་རྣམས།།

སེམས་ཅན་ཀུན་ལ་ཕན་བྱེད་པའི།།

དྲང་སྲོང་བསྐལ་པ་ཆེན་པོ་རྣམས།།

མཁའ་འགྲོ་མ་དང་བུད་མེད་བྲི།།

དེ་བཞིན་སྲིང་མོ་རྣལ་འབྱོར་མ།།

འབྱུང་བ་ཆེན་པོའི་ལྷ་ཆེན་པོ།།

ཁྱིམ་དང་རི་ལ་གནས་པ་དང་།།

ཤིང་དང་ཀུན་དགའ་གནས་ལ་སོགས།།
དུར་ཁྲོད་གྲོང་ཁྱེར་གནས་པ་རྣམས།།
མིང་དང་བརྡ་དང་ཡང་ན་ནི།།
ཐིག་ལེ་རྣམས་ཀྱང་བྲི་བར་བྱ།།

ཞེས་པའི་འདིག་རྟེན་པ་རྣམས། ས་སྐྱ་པ་དང་། རྫ་སྐྱ་པ་དང་། འཛོམས་པ་རིན་ཤེས་ལ་སོགས་རྣམས་ཀྱི་བཞེད་ལུགས་འཐད་ལྡན་དུ་བཀོད་པའི། ཀུན་རིག་རྩ་བའི་དཀྱིལ་འཁོར་གྱི་ལྷ་ཚོགས། ཇོ་བོ་ཆེན་པོ་རྗེའི་མན་ངག་རྒྱུད་པ་ལ་རྟེན་པ། བུ་སྟོན་ཐམས་ཅད་མཁྱེན་པ་ཆེན་པོས་མཛད་པའི་ལྷ་འབུམ་གྱི་ལུགས་བཞིན་དུ་བཀོད་པའི་རི་མོའོ།།

འདི་རྣམས་ཀྱི་དགོས་ཀྱི་སྦྱིན་བདག……

༄། །འདི་ནི་ངན་སོང་ཐམས་ཅད་ཡོངས་སུ་སྦྱོང་བ། ཀུན་རིག་རྩ་བའི་དཀྱིལ་འཁོར་གྱི་འཁོར་ཐབས་ཀྱི་ལྷ་སེམས་དཔའ་བཅུ་དྲུག། ཉན་ཐོས་ཆེན་པོ……གཉིས་རྣམས་ཀྱི་བཀོད་པའི་རི་མོའོ།།

༄། །འདི་ནི་རྩ་བའི་རྒྱུད་དེ་ཉིད་བསྡུས་པའི་ངན་འགྲོ་དགུག་ཅིང་སྡིག་པ་སྦྱང་བ་ལས་འཕྲོས་པ། ངན་སོང་ཐམས་ཅད་ཡོངས་སུ་སྦྱོང་བ་གཟི་བརྗིད་ཀྱི་རྒྱལ་པོའི་བརྟག་པ་དང་པོ་ལས་གསུངས་པའི། ཀུན་རིག་རྩ་བའི་དཀྱིལ་འཁོར་ལས། རྩ་བའི་དཀྱིལ་འཁོར་གྱི་ལྷ་ཚོགས། ལྷ་སུམ་ཅུ་རྩ་བདུན་གྱི་བདག་ཉིད་ཅན་གྱི་ལྷ་ཚོགས་རྣམས་ཀྱི་བཀོད་པའི་རི་མོའོ།།

འདིའི་དགོས་ཀྱི་སྦྱིན་བདག་གྲུབ་ཆེན་གཙང་པ་རྒྱ་རས་ཀྱི་གདུང་[རབས]་རིན་པོ་ཆེ་ཤེས་རབ་པའི་ཞལ་མངའ་ནས་མཛད།།

第三层、第十二间佛殿

༄། །ན་མོ་བཛྲ་ས་ཏྭ[1]་ཡ།།

འདི་ར་རྩ་བའི་རྒྱུད་དེ་ཁོ་ན་ཉིད་བསྡུས་པའི་ངན་འགྲོ་དགུག་ཅིང་སྡིག་པ་སྦྱང་བ་ལས་འཕྲོས་པ།

〔1〕 应读作ཏྭཱ。

ངན་སོང་ཐམས་ཅད་ཡོངསུ་སྦྱོང་བ་གཟི་བརྗིད་ཀྱི་རྒྱལ་པོའི་བརྟག་པ་ཕྱི་མ་ལས་གསུངས་པའི། འཇིག་རྟེན་ལས་འདས་པའི་དཀྱིལ་འཁོར་དྲུག་ལས།

འདིའི་ལྷོ་ཕྱོགས་ཀྱི་ངོས་ལ། སྔགས་དང་། རིག་པ་དང་། སྙིང་པོ་ཐམས་ཅད་བརྟན་པར་བྱེད་པའི་འཁོར་ལོས་བསྒྱུར་བ་བཞིའི་དཀྱིལ་འཁོར་གྱི་ལྷ་ཚོགས་དབུས་ན་རྡོ་རྗེ་སེམས་དཔའ། གཡས་ན་ཀུན་ཏུ་བཟང་པོ། གཡོན་ན་བདེ་བ་ཆེན་པོ་ལ་འཁོར་ལོས་བསྒྱུར་བ་བཞི། རིགས་ལྔ། འདས་པའི་སངས་རྒྱས་བདུན། སེམས་དཔའ་བཅུ་དྲུག། བསྐལ་བཟང་བཅུ་དྲུག། ཉན་ཐོས་བཅུ་དྲུག། རང་རྒྱལ་བཅུ་གཉིས། ལྷ་ཆེན་བརྒྱད། གཟའ་བརྒྱད་རྒྱུ་སྐར་དང་བཅས་པ། རྒྱལ་ཆེན་བཞི། ཕྱོགསྐྱོང་བཅུ། སྒོ་བ་བཞི། མཚན་མ་བཞི་དང་བཅས་པས་བསྐོར་བའི་ལྷ་ཚོགས་དང་།

ཤར་ཕྱོགས་ཀྱི་ངོས་ལ། མཐོང་ཆོས་ལ་ཚེ་བསྲིང་ཞིང་། ཕྱི་མར་ངན་སོང་ལས་གྲོལ་བའི་དོན་དུ་ཚེ་དཔག་མེད་ལ། འཁོར་ལོས་བསྒྱུར་བ་[བཞི།] མཆོད་པའི་ལྷ་མོ་བཞི། སྒོ་བ་བཞི། རྣམས་ཀྱིས་བསྐོར་བ་དང་།

བྱང་ཕྱོགས་ཀྱི་ངོས་ལ། ཚེ་ཐུང་ཞིང་སྐལ་བ་ཆུང་བ་རྣམས་ཀྱི་དོན་དུ་གསུངས་པ། ཕྱག་ན་རྡོ་འཆི་བདག་འཇོམས་པ་ལ། དེ་བཞིན་གཤེགས་པ་བཞི། ལྷ་མོ་བཞི། སྒོ་བ་བཞི། རྣམས་ཀྱིས་བསྐོར་བ་དང་། དཔུང་ཟུར་ལ་ཀླུ་སྒྲུབ་དང་། བུ་སྟོན་གྱི་སྐུ་འདྲ། [བྱང་སེམས་དང]་བཅས་པ་ལེགས་པར་བཀོད་པའི་རི་མོ་ཞིང་ཁམས་གཉིས་ཀྱི། དགོས་[ཀྱི]་སྦྱིན་བདག་[ཀུང]་རྒྱང་འཕར་སྣན་མོ་བ[1]་དཔུན། བྱ་ཕྱུག་པ་སྤུན། གོས་བཟོ་བ། ཆོས་རྒྱལ་ཉེ་འཁོར་རྣམས་ཀྱིས་གུས་པས་བགྱིས། རི་མོའི་འདུ་བྱེད་ཉུག་[རྒྱལ]་ཁང་པ་དཔོན་མོ་ཆེ་དགེ་སློང་ཤེས་རབ་དཔལ་བཟང་པ་དཔོན་སློབ་ཀྱིས་ལེགས་པར་གཟབས་ནས་བྲིས།། །།

དགེ་བ་འདི་ཡིས་ངན་སོང་འགྲོ་བ་ཡི།།
སྡུག་བསྔལ་རྒྱུ་དང་བཅས་པ་རྣམས་སྦྱངས་ནས།།
ཇི་ལྟར་ཇི་སྙེད་མངོན་སུམ་རིག་པ་ཡི།།

---

〔1〕 应读作པ。

ཀུན་མཁྱེན་རྣམ་སྣང་གོ་འཕང་ཐོབ་པར་ཤོག། ༎

མཾ་ག་ལ་བྷ་ཝནྟུ།། ༎ཤུ་བྷཾ༎

第三层、第十三间佛殿

༄༅། །ན་མོ་བཛྲ་སཏྭ་ཡ།།

འདི་ནི་རྒྱ་བའི་རྒྱུད་དེ་ཉིད་བསྡུས་[པའི]་ངན་འགྲོ་དགུག་ཅིང་སྡིག་པ་སྦྱོང་བ་ལས་འཕྲོས་པ། ངན་སོང་ཐམས་ཅད་ཡོངས་སུ་སྦྱོང་བ་གཟི་བརྗིད་ཀྱི་རྒྱལ་པོའི་བརྟག་པ་ཕྱི་མ་ལས་གསུངས་པའི་འཇིག་རྟེན་ལས་འདས་པའི་དཀྱིལ་འཁོར་དང་། འཇིག་རྟེན་པའི་དཀྱིལ་འཁོར་གྱི་ལྷ་ཚོགས་གཉིས་ལས།

འདིའི་ལྷོ་ཕྱོགས་ཀྱི་ངོས་ལ། གཟའ་བརྒྱད་རྒྱུ་སྐར་དང་བཅས་པས་གདུལ་བར་བྱ་བའི་སེམས་ཅན་གྱི་དོན་དུ། རྡོ་རྗེ་ཧཱུྃ་མཛད་ལ། གཟའ་ཆེན་པོ་བ[རྒྱད]། རྒྱུ་སྐར་ཉི་ཤུ་རྩ་བརྒྱད། སྒོ་བ་བཞི། མཚན་མ་བཞི་སྟེ། ལྷ་བཞི་བཅུ་རྩ་ལྔས་བསྐོར་བའི་ལྷ་ཚོགས་དང་།

སྒོ་[ཐད]་ཀྱི་ངོས་ལ། ཕྱག་ན་རྡོ་རྗེ་ལ་ཀླུ་ཆེན་པོ་བརྒྱད། རིག་མ་དང་བཅས་པས་བསྐོར་བའི་ལྷ་ཚོགས་དང་།

བྱང་ཕྱོགས་ཀྱི་[ངོས་ལ]………{རྒྱུད་ཀྱིས}…………རྣམ་པར་རྒྱལ་བ་ལ། འཇིགས་བྱེད་ཆེན་པོ་བརྒྱད། བུད་མེད་དང་བཅས་པ་དང་། སྒོ་བ་བཞི་དང་བཅས་པ། ལྷ་ཉི་ཤུ་རྩ་གསུམ་གྱིས་བསྐོར་བའི་ལྷ་ཚོགས་དང་།

གཙོ་བོའི་དཔུང་{ཟུར}་གཡས་གཡོན་ལ་བུ་སྟོན་ཡབ་སྲས་བཞི་དང་།

སྒོ་རྒྱབ་ན། ལས་བཞིའི་མེ་ལྷ་{ནོར་རྒྱན}་མ་དང་བཅས་པ་ལེགས་པར་བཀོད་པའི་རི་མོ་ཞིང་ཁམས་གཉིས་ཀྱི། དགོས་ཀྱི་སྦྱིན་བདག་ཀུང་དྲུང་བདག་མོ་དཔལ་ཆེན་རྒྱལ་མོ་ཡུམ་སྲས་པའི་དྲུང་ནས་མཛད། ༑རི་མོ་མཁས་པ་ཤཱཀྱ་རྒྱལ་ཁང་པ་དཔོན་དགེ་སྦྱོང་ཤེས་རབ་དཔལ་བཟངས་པ་དཔོན་སློབ་ཀྱིས་མཛད།།

འདི་ཡི་དགེ་བས་མཐའ་ཡས་སེམས་ཅན་རྣམས།།

ངན་སོང་རྒྱུ་དང་བཅས་པ་རྣམས་སྦྱངས་ཏེ།།

ཐེག་མཆོག་འཕགས་པའི་ལམ་ལ་རབ་སྦྱངས་ནས།།

ཀུན་མཁྱེན་ཆོས་{ཀྱི}་རྒྱལ་པོ་ཐོབ་པར་ཤོག།

མཾ་ག་ལཾ།།

第三层、第十四间佛殿

༄༅། །ན་མོ་བཛྲ་སདྭ[1]་ཡ།

འདིའི་དབུས་ན་རྣལ་འབྱོར་རྒྱུད་ཀྱི་བཤད་རྒྱུད་རྡོ་རྗེ་རྩེ་མོའི་རྟོག་པ་ཐམས་ཅད་བསྡུས་པ་ལས་འབྱུང་བའི་རིགས་བསྡུས་པའི་དཀྱིལ་འཁོར་ཆེན་པོའི་ལས་ཀྱི་རིགས་ཀྱི་དཀྱིལ་འཁོར་གྱི་གཙོ་བོ་སངས་རྒྱས་ཆོས་འཛིན་རྒྱལ་པོ་གཙོ་འཁོར་གསུམ་ཁྲི་རྒྱབ་ཡོལ་དང་བཅས་པའི་སྐུ་གཟུགས་འབུར་དུ་གཏོད་པ་བཞུགས།། །།

ནུབ་ཕྱོགས་ཀྱི་ངོས་ཞལ་ཤར་གཟིགས་ལ་བཤད་པའི་རྒྱུད་རྡོ་རྗེ་རྩེ་མོའི་རྟོག་པ་ཐམས་[ཅད]་{བསྡུས་པ་ལས་འ}བྱུང་བཞི་རིགས་སོ་སོ་བའི་དཀྱི{ལ་འཁོར}་ལས། ཁྲོ་བས་ཁྲོ་བ་སྐྱོང་བར་བྱ་བའི་ཕྱིར་རྡོ་རྗེའི་རིགས་ཀྱི་དུམ་བུའི་དཀྱིལ་འཁོར་ལས། རྒྱས་པ་ལ་དགའ་བའི་སེམས་ཅན་རྗེས་སུ་བཟུང་བའི་དོན་དུ་དཀྱིལ་འཁོར་རྒྱས་པ་[ལས]། གསུང་ཆོས་ཀྱི་ཕྱག་རྒྱ་གཙོ་བོར་གྱུར་པ། ཆོས་ཀྱི་དཀྱིལ་འཁོར་གྱི་ལྷ་ཚོགས་རྣམས་ཚང་བར་བཞུགས།། །།

ཤར་ཕྱོགས་ཀྱི་ངོས་ལ་ཐུགས་དམ་ཚིག་གི་ཕྱག་རྒྱ་གཙོ་བོར་གྱུར་པ་གཟུངས་ཀྱི་དཀྱིལ་འཁོར་ལས། གཟུགས[2]་མ་ཕྱག་རྒྱའི་དཀྱིལ་འཁོར་གྱི་ལྷ་ཚོགས་རྣམས་ཚང་བར་བཞུགས།།

བྱང་ཕྱོགས་ཀྱི་ངོས་ལ……འཕྲིན་ལས་ལས་ཀྱི་ཕྱག་རྒྱ་གཙོ་བོར་གྱུར་པ། ལས་{ཀྱི་དཀྱི}ལ་འཁོར་གྱི་ལྷ་ཚོགས་རྣམས་ཚང་བར་བཞུགས།། །།

ནུབ་ཕྱོགས་ཀྱི་དཔུང་ཟུར་གཡོན་ན་ཐམས་ཅད་མཁྱེན་པ་བུ་སྟོན་ཡབ་སྲ[ས]་ཞལ་སྤྲོད་དུ་

〔1〕 应读作ཏྭ。

〔2〕 译者注：应读作གཟུངས。

བཞུགས།

ཤར་ཕྱོགས་ཀྱི་འོག་ཚར་གཡོན་ན་ཆོས་སྐྱོང་གུར་མགོན་[ལྕམ]་དྲལ་སྤྱ་ཏ་དང་བཅས་པ་བཞུགས་སོ།། །།

འདི་རྣམས་ཀྱི་དགོས་ཀྱི་སྦྱིན་བདག་ཀུང་། [སྐྱོང་སྟོད་ས་ཡི་ལྷེ་བའི་མཁན་པོ་ཤེས་རབ་གྲགས་དང་།]〔1〕ལྷ་བཟོ་མཁས་པ་ལྷ་རྩེ་སྟེ་ཆེན་པ་དཔོན་ནམ་མཁའ་བཟང་པོ་དཔོན་སློབ་ཀྱིས་གཟབས།། རི་མོ་མཁས་པ་ལྷ་རྩེ་བ་དོན་རི་སྟོན་པ་དཔོན་སློབ་ཀྱིས་བྲིས།། །།

དེའི་དགེ་བས་འགྲོ་བ་ཀུན།།
མི་འགྱུར་བདེ་བ་ཆེན་པོའི་སྐུ།།
ཁྱབ་བདག་རྡོ་རྗེ་སེམས་དཔའི་ཡི།།
གོ་འཕང་མྱུར་དུ་ཐོབ་པར་ཤོག།། །

མཾ་ག་ལཾ་སིདྡྷི་ཀུ་རུ ཤུ་བྷཾ།། ཧེ་ཧེ་ཧེ།

第三层、第十五间佛殿

༄༅། །ན་མོ་བཛྲ་ཀྲོ་དྷ་ཧཱུྃ་ཀ་ར་ཡ།

འདིའི་དབུས་ན་རྣལ་འབྱོར་རྒྱུད་ཀྱི་བཤད་རྒྱུད་རྡོ་རྗེ་རྩེ་མོའི་རྟོག་པ་ཐམས་ཅད་བསྡུས་པ་ལས་འབྱུང་བའི་རིགས་བསྡུས་པའི་པདྨའི་རིགས་ཀྱི་དཀྱིལ་འཁོར་གྱི་གཙོ་བོ་སངས་རྒྱས་སྣ་ཚོགས་ག[ཙོ་འཁོར]〔2〕གསུཾ་ཁྲི་རྒྱབ་ཡོལ་དང་[བཅས]་པའི་སྐུ་གཟུགས་འབུ[ར་དུ]་གཏོད་པ་བཞུགས།། །།

ནུབ་ཕྱོགས་ཀྱི་ངོས་བཤད་པའི་རྒྱུད་རྡོ་རྗེ་རྩེ་མོའི་རྟོག་པ་ཐམས་ཅད་བསྡུས་པའི·······འི་རིགས་སོ་སོ་བའི་དཀྱིལ་འཁོ[ར]་ལས། ཁྲོ་བས་ཁྲོ་བ་སྤང་བར་བྱ་བའི་ཕྱིར་རྡོ་རྗེ་རིགས་ཀྱི་དཀྱིལ་འཁོར་

〔1〕 译者注：括号中的句子今完全不可见，壁面破损 20 厘米并修补后有如下字迹：དྲུང་བྱང་སེམ···བདག་མོ···············པའི་དྲུང་ནས་མཛད།།

〔2〕 译者注：此处因为安装护栏而被破坏，根据破损面积以及 *rgyal rtse chos rgyal gyi rnam par thar pa dad pa'i lo thog dngos grub kyi char 'bebs zhes bya ba bzhugs so*［江孜法王传 · 成就信之稼穑之雨霖］，主尊的名号应为སངས་རྒྱས་སྣ་ཚོགས་གཟུགས་ཅན།

ལ{ས}། རྒྱས་པ་ལ་དགའ་བའི་སེམས་ཅན་རྗེས་སུ་བཟུང་བའི་ཕྱིར། དཀྱིལ་འཁོར་རྒྱས་པ······{ཆེ}ན་པོ་གཙོ་བོར་གྱུར་པ་ཁམས་གསུམ་རྣམ་རྒྱལ་གྱི་རྩ་བའི་དཀྱིལ་འཁོར་གྱི་ལྷ་ཚོགས་རྣམས་ཚང་བར་བཞུགས།། །།

བྱང་ཕྱོགས་ཀྱི་ངོས་ལ། ཐུགས་དམ་ཚིག་གི་ཕྱག་རྒྱ་གཙོ་བོར་གྱུར་པ་གཟུངས་ཀྱི་དཀྱིལ་འཁོར་ལས། གཟུངས་མ་ལྔ་མོའི་དཀྱིལ་འཁོར་གྱི་ལྷ་ཚོགས་རྣམས་ཚང་བར་བཞུགས།། །།

ཤར་ཕྱོགས་ཀྱི་[ངོས་ལ]་བཤད་རྒྱུད་རྡོ་རྗེ་རྩེ་མོའི་རྟོགས་པ་ཐམས་ཅད་བསྡུས་པ་ལས་འབྱུང་བའི་རིགས་སོ་སོ་བའི་དེ་བཞིན་གཤེགས་པའི་རིགས་ཀྱི་དཀྱིལ་འཁོར་རྒྱས་པ་ལས་[གཙོ]་བོར་ལས་ཀྱི་དཀྱིལ་འཁོར་གྱི་ལྷ་ཚོགས་རྣམས་ཚང་བར་བཞུགས།། །།ཤར་གྱི་དཔུང་ཟུར་གཡས་གཡོན་ལ་སློབ་དཔོན་ཀུན་དགའ་སྙིང་པོ། སློབ་དཔོན་སངས་རྒྱས་གསང་བ་གཉིས་ཀྱི་སྐུ་འདྲ་དང་། འོག་ཚར་ལ་རྡོ་རྗེ་རྩེ་མོ་ལས་དཀྱིལ་[འཁོར]་གྱི་ལྷ་ཚོགས་ཡབ་ཡུཾ་རྣམས་ཚང་བར་བཞུགས་སོ།། །།

འདི་རྣམས་ཀྱི་དགོས་ཀྱི་སྦྱིན་བདག་ཀྱང་དྲུང་བྱང་སེམས་བདག་མོ་དཔལ་ཆེན་རྒྱལ་མོ་བ་ཡུམ་སྲས་པའི་དྲུང་ནས་མཛད།། །།ལྷ་བཟོ་མཁས་པ་ལྷ་རྩེ་བདེ་ཆེན་པ་དཔོན་མོ་ཆེས[1]་ནམ་མཁའ་བཟང་པོ་དཔོན་སློབ་དང་། རི་མོ་མཁས་པ་ལྷ་རྩེ་བདེ་ཅན་པ་དཔོན་མོ་ཆེ་དོན་རི་སྟོན་པ་དང་། བཤག་ཚལ་བ་དཔོན་ཆོས་སྐྱོང་བཀྲ་ཤིས་གཉིས་ཀྱིས་ལེགས་པར་གཟབས།།

དགེའོ་དེ།

第三层、第十六间大殿

殿门入口处题记

༄༅། །ན་མོ་གུ་རུ་ཝེ།

མཁྱེན་པའི་བྱ་ལམ་ཕ་མཐའ་མི་མངོན་ཞིང་།།

ཚད་མེད་ཡོནྡན[2]་ཉི་ཟླའི་འོད་རྒྱས་མཛེས།།

---

〔1〕 应读作ཆེ。

〔2〕 译者注：题记写为ཡོནྟན。

བཤད་བསྒྲུབ་སྒྲིན་གྱི་ཕྲེང་བ་ཕྱོགས་མཐར་སོན།།

དཔལ་ལྡན་བླ་མ་ལྷའི་ལམ་ལ་འདུད།།

བདེ་གཤེགས་ཆོས་སྐུའི་དཔག་བསམ་ཚད་མེད་ཡལ་གའི་ཁྱོན།།

བགྲང་ཡས་སྐུ་དང་རིང་བསྲེལ་མེ་ཏོག་ཕྲེང་བ་རབ་རྒྱས་ཤིང་།།

དྲི་བྲལ་སྐུ་དང་རྒྱ་ཆེ་ཀུན་བཟང་འོད་ཟེར་འབྲས་བུས་ལྡེ།།

མཐོང་གྲོལ་ཡོངས་སུ་རྫོགས་འཆི་མེད་དཔལ་དུ་བརྟན།།

སྤྲང་རྩེ་རྒྱས་པའི་རྒྱལ་མཚན་རྩེ་ལ་བསིལ་ཟེར་བྱེད་པའི་བུང་བ་འཁྲིགས

ཨིན་ཏྲ་ནི་ལའི་རི་དབང་རྒྱལ་པོ་སྣ་ཚོགས་བརྒྱན་གྱི་མཆིས་སྤྲིན་གཡོ།།

སྦྲིབ་པའི་ལྷ་མའི་ཡན་ལག་བཞི་འཇོམས་སྲིད་པའི་བྲག་བཤིག་ཡེ་ཤེས་ཀྱི།།

མཆོད་སྤྲིན་བརྒྱ་བས་ལེགས་པར་འཛིན་པ་མི་སྐྱོད་རྡོ་རྗེའི་ཞབས་ལ་འདུད།།

རྡོ་སེམས་དཔའ་རྡོ་རྗེ་ལེགས་པ་དང་།།

རྡོ་རྗེ་རྒྱལ་པོ་རྡོ་རྗེ་ཆགས་པ་རྣམས།།

ལང་ཚོའི་དཔལ་འཛིན་ཡིད་འོང་རྒྱན་དང་ལྡན།།

གཙོ་བོ་གུས་པས་མཆོད་ལ་ཕྱག་འཚལ་ལོ།།

དབུ་ཁང་ཁྲམས་ཀྱི་ཕྱོགས་བཞིའི་ངོས་རྣམས་ལ།།

བཤད་རྒྱུད་རྡོ་རྗེ་རྩེ་མོ་རིགས་བསྡུས་པའི།།

དཀྱིལ་འཁོར་ཆེན་པོའི་ལྷ་ཚོགས་ཇི་སྙེད་པ།།

ཚང་བར་བཞུགས་པ་རྣམས་ལ་ཕྱག་འཚལ་ལོ།།

རབ་མང་དཔུང་ཚོགས་ཁ་བའི་གྲིན་འཕྱུར་གཞན་སྡེ་འཇོམས་པའི་སྟོབས་རྒྱས་ཤིང་།།

རྣམ་མང་འགྱུར་པའི་གཡུ་རལ་རྒྱས་ཤིང་སྤྱོབས་པའི་ཞབས་བརྟན་འཇིགས་མེད་གདོང་།།

ཀུན་ཏུ་བཟང་པོའི་ཕྲིན་ལས་དོ་ཤལ་དགེ་བཅུའི་བཀའ་ལུང་སེང་གེའི་སྒྲས།།

ནག་ཕྱོགས་ཕ་ཚོགས་ཀུན་ལས་འཕགས་པ་མི་དབང་རི་དགས་རྒྱལ་པོས་སྐྱོངས།།

དེ་ཡང་འདིར། རླབས་པོ་ཆེའི་བརྩོན་འགྲུས་ཀྱི་སྒོ་ནས་བྱང་ཆུབ་ཆེན་པོ་བརྙེས་པ་ཤཱཀྱའི་རྒྱལ་པོ་དེ་ཉིད་ཀྱིས། ཉོན་མོངས་པ་བརྒྱད་ཁྲི་བཞི་སྟོང་གི་གཉེན་པོར་ཆོས་ཀྱི་འཁོར་ལོ་བསྐོར་བའི་གནས་བྱ་རྒོད་ཕུང་པོའི་རི་དང་མཚུངས་པར་མདོ་སྔགས་ཀྱིས་བསྡུས་པའི་བཀའ་དང་དགོངས་འགྲེལ་འགྲེལ་བཤད་དང་བཅས་པའི་ལེགས་བཤད་རྒྱན་དུ་སྤྲོགས་པའི་ཚལ། དཔལ་འཁོར་སྡེ་ཆེན་གྱི་གཙུག་ལག་ཁང་གི། ཆོས་སྐུ་བཀྲ་ཤིས་སྒོ་མངས་མཐོང་གྲོལ་ཆེན་པོ། སྣ་ཚོགས་པད་མའི་གདན། ཁྲི། བང་རིམ། བུམ་གདན། བུམ་པ། བྲེ། ཆོས་འཁོར། གདུགས་ཆར་ཁེབས། ཏོག་དང་བཅས་པའི་སྟེང་འོག་གི་དབུས་དང་། ཕྱོགས་སོ་སོ་དང་། གློ་འབུར་གྱི་གཞལ་ཡས་ཁང་ཐམས་ཅད་ཀྱང་མིང་མངས་རེས་སུ་བྲེས་པ། དེ་རྣམས་ཀྱང་རིན་པོ་ཆེའི་ཀ་བས་བརྟེག་པའི་རིན་པོ་ཆེའི་གདུང་བཻཌཱུ་དང་། གསེར་དང་། དངུལ་དང་། མུ་ཏིག་དང་། མུ་ཏིག་དམར་པོ་དང་། མུ་མེན་དང་། མེ་ཤེལ་དང་། ཆུ་ཤེལ་དང་། བྱི་རུ་དང་། ནལ་དང་། ཐུག་དང་། གཡུ་དང་། མན་ཤེལ་དང་། དུང་དང་། ཨིནྡྲ་ནཱི་ལ་ལ་སོགས་པའི་འཕྲ་དུ་མས་སྤྲས་པ། བུམ་པ། བྲེ། ཆར་ཁེབས་དང་བཅས་པའི་བྱ་མདབས་ཀྱིས་མཛེས་པར་ཕུབ་པ། །ཆོས་འཁོར་ཐམས་ཅད་ཀྱང་བཻཌཱུ་ལས་གྲུབ་པ། འཛམ་བུ་ཆུ་བོའི་གསེར་གསེར་གྱི་ཟ་ར་ཚགས་ནོར་བུ་རིན་པོ་ཆེ་ཁ་དོག་སྣ་ཚོགས་པས་སྤྲས་པ་ཡོལྦ་འཕྱང་བ། ཉི་མ་བྱེ་བྲི་གཟི་བརྗིད་རྒྱས་པའི་འགན་ཛི་ར་རྡོ་ནོར་བུ་རིན་པོ་ཆེའི་ཏོག་རྣམ་པར་འཚེར་བ། ཕྱི་ནང་ཐམས་ཅད་ཀྱང་ནོར་བུ་སྤྲོམ་པོ་དབུས་ན་ཡོད་པའི་མུ་ཏིག་དཀར་པོ་དང་དམར་པོ་ལ་སོགས་པའི་དྲ་བ་དྲ་ཕྱེད་དང་། ལྷའི་ནོར་བུ་རིན་པོ་ཆེའི་ཕྲེང་བ་དང་། མེ་ཏོག་སྣ་ཚོགས་པའི་ཕྲེང་བ་དཔག་ཏུ་མེད་པ་འཕྱང་བ། །ཛ་ཡབ་ནོར་བུའི་ཡུ་བ་ཅན་དང་། ཟླ་ཕྱེད་རྡོ་རྗེ་རིན་ཆེན་གྱིས་སྤྲས་པ་དང་། ལྷའི་གོས་པཉྩ་ལི་ཀ་ལ་སོགས་པ། རྡོ་རྗེ་མེ་ལོང་ལ་སོགས་པས་ཡོངས་སུ་བརྒྱན་པ། གསེར་གྱི་དྲིལ་བུ་གཡེར་ཁའི་སྒྲ་སྙན་[1]

༄༅། །པ་སྒྲོགས་དང་ལྡན་པ། མདོར་ན་མཚན་ཉིད་ཐམས་ཅད་ཡོངས་སུ་རྫོགས་པའི་ཆོས་སྐུའི་མཆོད་རྟེན་ཆེན་པོ་འདིའི་འབུར་ཆེན་ཤར་སྐྱེངས་མི་བསྐྱོད་ལྷ་ཁང་གི་བཅོམ་ལྡན་འདས་མི་

〔1〕 译者注：殿门右侧题记于此结束。

བསྐྱོད་པ་གཙོ་འཁོར་ལྷ་ཁྲི་རྒྱབ་ཡོལ་དང་བཅས་པའི་དགོས་ཀྱི་སྒྲིན་བདག།

ཀུན་ལ་བསིལ་བའི་བདུད་རྩི་སྟེར་བྱེད་ས་སྐྱོད་བླ་བའི་དབང་པོ་ཡི།།

བཀའ་ལུང་འོད་བརྒྱའི་མེ་ཏོག་ཁྲེང་བ་གྲུས་པས་གཙུག་ན་འཛིན་བྱེད་ཅིང་།།

མཁྱེན་དགོངས་ནམ་མཁའི་ཚད་ལྟར་ཡངས་པས་འཁོར་འབངས་རྒྱ་མཚོའི་མགོན་གྱུར་པ།།

བློན་ཆེན་འཛམ་དབྱངས་བཙུན་པ་ཡབ་སྲས་རྣམས་ཀྱིས་མི་དབང་བཀའ་བཞིན་སྒྲུབས།།

ཚོན་བརྒྱའི་ཆུ་གཏེར་ལེགས་འོངས་པའི།།

ལོགས་རིས་པད་མ་དཀར་པོའི་ཕྲེང་།།

བང་མཛོད་བསྣུན་པའི་བློན་པོ་ཆེ།།

གཞན་སྟེ་འཛོམས་པའི་དམག་དཔོན་མཆོག།

རྫོང་དཔོན་མཛོད་པ་དཔོན་རྒྱལ་དང་།།

རྫོང་དཔོན་དཔོན་སྐྱོང་ཞེས་གྲགས་པའི།།

རྫོང་དཔོན་རྣམས་གཉིས་སོགས་ཀྱིས་བསྒྲུབས།།

རིན་ཆེན་དཔལ་གྲུབ་ཞལ་བཀོད་ལྟར།།

པིར་ཐོགས་རྒྱལ་པོ་གནས་རྙིང་པ།།

དཔལ་འབྱོར་རིན་ཆེན་ཡབ་སྲས་དང་།།

རིན་ཆེན་སྣ་ཚོགས་འཁྲིམ་པ་ལ།།

མཚན་དཔེས་སྤྲས་པའི་རྒྱལ་བའི་སྐུ།།

བསྐྲུན་བྱེད་ལྷའི་རྒྱལ་མཚན་པ།།

དཔོན་སློབ་རྣམས་ཀྱིས་ལེགས་པར་བཟབས

ཆོས་ཀྱི་རྒྱལ་བློན་ཐུགས་དགོངས་གངས་རི་ལེགས་འོངས་པའི།།

རབ་དཀར་དགེ་ཚོགས་བསིལ་བྱེད་གཾ་གའི་ཆུ་བོའི་རྒྱུན།།

རྣམ་མང་ཚོགས་གཉིས་ཆུ་ཀླུང་སྟོང་དང་ལྡན་ཅིག་ཏུ།།

སྣ་ཚོགས་རོ་ཅིག་ཐུགས་ཀྱི་རིགས་བདག་རྒྱ་མཚོར་བསྟོ།།
གཉིས་མེད་ཡེ་ཤེས་གཉིས་འཛིན་རྟོག་པས་མི་ཕྱེད་ཅིང་།།
བདག་མེད་དོན་རྟོགས་བདག་འཛིན་རི་བོ་འཇིག་བྱེད་པས།།
དུག་གསུམ་ལྷ་མིན་གཡུལ་ལས་རྒྱལ་བྱེད་དུས་གསུམ་གྱི།།
རྒྱལ་བའི་ལྷ་དབང་མི་བསྐྱོད་རྡོ་རྗེ་ཉིད་གྱུར་ཅིག།།
གནས་སྐབས་ཀུན་ཏུ་སྲིན་བདག་རྣམས།།
མཐོ་རིས་ཡོན་ཏན་ཀུན་རྫོགས་ཤིང་།།
སྐྱོན་རྣམས་ཀུན་ནས་རབ་སྤངས་ཏེ།།
དོན་ཀུན་ཆོས་བཞིན་འགྲུབ་པར་ཤོག།།
བསྟན་པ་སྐྱོན་མེད་ཡུན་རིངས་གནས་པ་དང་།།
བསྟན་འཛིན་ཕྲིན་ལས་ཕྱོགས་བཅུར་རྒྱས་པ་དང་།།
བསྟན་པའི་སྦྱིན་བདག་ཆོས་རྒྱལ་འཁོར་དང་བཅས།།
བསྟན་པ་འདི་ལ་ཀུན་མཁྱེན་ཉིད་གྱུར་ཅིག།།
སྐུ་གསུམ་བརྙེས་པ་སྟོན་པ་སངས་རྒྱས་དང་།།
སྟོང་ཉིད་སྙིང་རྗེ་དབྱེར་མེད་དམ་ཆོས་དང་།།
དོན་གཉིས་ཁུར་འཛིན་རྒྱལ་སྲས་འཕགས་པ་སྟེ།
སྐྱབས་གནས་དཀོན་མཆོག་གསུམ་གྱི་བཀྲ་ཤིག་ཤོག།།
རྨད་བྱུང་ཡོན་ཏན་དཔལ་མངའ་བླ་མ་དང་།
དཔག་ཡས་དངོས་གྲུབ་སྟོལ་མཛད་ཡི་དམ་ལྷ།།
མཐུ་སྟོབས་ཕྲིན་ལས་གཏེར་ཆེན་ཆོས་སྐྱོང་གིས།།
ཕུན་ཚོགས་བཀྲ་ཤིས་དཔལ་ཡོན་དེང་འདིར་སྟོལ།། །།
མཾ་ག་ལཾ།།

壁画下面题记

༄། །ན་མོ་པདྨ་སཏྭ་ཡ།

འདི་ནི་བཤད་རྒྱུད་རྡོ་རྗེ་རྩེ་མོ་རིགས་བསྡུས་པའི་དཀྱིལ་འཁོར་གྱི། ནུབ་ཕྱོགས་ཀྱི་པདྨའི་རིགས་ཀྱི་དཀྱིལ་འཁོར་གྱི་ལྷ་ཚོགས་ལྷ་གསུམ་ཅུ་རྩ་གསུམ། གཙོ་བོའི་གཙྙོ་ལའི་བུམ་པའི་ནང་ན་རྒྱུད་རིས་ཀྱི་བླ་མ་དང་། སྟེང་སྟོའི་བྱང་གི་ངོས་ལ་ནུབ་བྱང་དང་། བྱང་ཤར་གྱི་འཁོར་ཡོལ་བསྒྱུར་བ་རྡོ་རྗེ་རིན་ཆེན་དང་། ལས་ཀྱི་སེམས་དཔའ་གཙོ་འཁོར་ལྔ་ལྔ་དང་། སྟོད་ཚར་ལྷོ་བྱང་ལ་རྒྱུད་རིས་ཀྱི་བླ་མ་དང་བཅས་པ་རྣམས་ལེགས་པའི་བཀོད་པའི་རི་མོའོ།།

འདིའི་དགོས་ཀྱི་སྦྱིན་བདག་རྫོང་དཔོན་དཔོན་སྐྱོང་བ་སྐུ་མཆེད་ཀྱིས་ལྷག་བསམ་རྣམ་དག་གིས་བསྒྲུབས།། ༎

ཤུ་བྷཾ།།

༄། །འདིའི་ངོས་ལ་ཁྲོ་བོ་རྡོ་རྗེ་ཧཱུྃ་མཛད་ལ། ལས་ཀྱི་ཧཱུྃ་མཛད། ཁྲོ་བོའི་སེམས་དཔའ་བཅུ་དྲུག། དཔུང་ཟུར་ལ་བླ་མའི་སྐུ་འདྲ་ཅིག་དང་བཅས་པ་ལེགས་པར་བཀོད་པའི་རི་མོའོ།།

འདིའི་གདོང་ཤར་བསྟན་གཉིས་པོའི་དགོས་ཀྱི་སྦྱི[ན་བདག]……………………

༄། །འདིའི་ངོས་ལ། བཤད་རྒྱུད་རྡོ་རྗེ་རྩེ་མོ་རིགས་བསྡུས་པའི་བྱང་ཕྱོགས་ཀྱི། ལས་ཀྱི་རིགས་ཀྱི་དཀྱིལ་འཁོར་གྱི་ལྷ་ཚོགས། ལྷ་སུམ་ཅུ་རྩ་གསུམ་གྱིས་བསྐོར་བ་རྣམས་ཀྱི་བཀོད་པའི་རི་མོའོ།།

༄། །འདིའི་ངོས་ལ། བཤད་རྒྱུད་རྡོ་རྗེ་རྩེ་མོ་རིགས་བསྡུས་པའི། གཞིའི་དཀྱིལ་འཁོར་ཕྱི་མའི་ནུབ་ཕྱོགས་དང་། བྱང་ཕྱོགས་ཀྱི་ཕྱོགས་མཚམས་ཀྱི་ལྷ། བསྐལ་བཟངས་ཀྱི་སེམས་དཔའ་བརྒྱད། མར་མེ་མ་ལྔ། ལྕགས་སྒྲོག་ལྔ། དྲི་ཆབ་མ་ལྔ། འབེབས་པ་ལྔ། ཕྱི་རོལ་རྡོ་རྗེ་རིགས་ཀྱི་ལྷ་ཡབ་ཡུམ་ཉི་ཤུ་རྩ་ལྔ་རྣམས་ཀྱི་བཀོད་པའི་རི་མོའོ།།

༄། །འདི་ནི་བཤད་རྒྱུད་རྡོ་རྗེ་རྩེ་མོ་རིགས་བསྡུས་པའི་གཞིའི་དཀྱིལ་འཁོར་ཕྱི་མའི། ཤར་ཕྱོགས་དང་། ལྷོ་ཕྱོགས་ཀྱི། ཕྱོགས་མཚམས་ཀྱི་ལྷ། བསྐལ་བཟངས་ཀྱི་སེམས་དཔའ་བརྒྱད།

བདུག་པ་མ་ལྷ། སྒོ་བ་ལྕགས་ཀྱུ་ལྷ། མེ་ཏོག་མ་ལྷ། སྒོ་བ་ཞགས་པ་ལྷ། འབྱུང་བཞིའི་ལྷ་བཞི། ཕྱི་རོལ་རྡོ་རྗེ་རིགས་ཀྱི་ལྷ་ཡབ་ཡུམ་ཉི་ཤུ་རྩ་གཅིག། མགོན་པོ་བེང་རྣམས་ཀྱིས་བསྐོར་བའི་རི་མོ་བཞུགས།།

༄། །འདི་ནི་བཤད་རྒྱུད་རྡོ་རྗེ་རྩེ་མོ་རིགས་བསྡུས་པའི། ལྷོ་ཕྱོགས་རིན་ཆེན་རིགས་ཀྱི་དཀྱིལ་འཁོར་གྱི་ལྷ་ཚོགས། སངས་རྒྱས་ཉི་མ་ལ་རིན་ཆེན་རིགས་ཀྱི་ལྷ་སུམ་ཅུ་རྩ་གཉིས་ཀྱིས་བསྐོར་བའི་རི་མོའོ།།

༄། །ན་མོ་བཛྲ་ཧཱུྃ་ཀཱ་ར་ཡ།

འདིའི་ངོས་ལ་བཤད་རྒྱུད་རྡོ་རྗེ་རྩེ་མོ་རིགས་བསྡུས་པའི་ཤར་ཕྱོགས་རྡོ་རྗེ་ཧཱུྃ་མཛད་ཀྱི་དཀྱི{ལ}……………ཆོས་ཀྱི་རྡོ་རྗེ་ཧཱུྃ་མཛད། ཁྲོ་བོ་འཁོར་ལོས་བསྒྱུར་བ་བཞི། ཁྲོ་[བོ]་སེམས་མ་བཞི། ཁྲོ་མོ་སྒེག་སོགས་བཞི་རྣམས་དང་། འདོད་ལྷ་གུར་མགོན་ལྕམ་དྲལ། རྣམ་སྲས་ཞི་དྲག་གཉིས་རྣམས་ཀྱིས་བསྐོར་བ་དང་།།

༄། །ན་མོ་བཛྲ་སཏྭ་ཡ།

འདི་ནི་རྣལ་འབྱོར་རྒྱུད་ཀྱི་བཤད་པའི་རྒྱུད། རྟོག་པ་ཐམས་ཅད་བསྡུས་པའི་རྒྱུད་ལས་འབྱུང་བ། རྡོ་རྗེ་རྩེ་མོ་རིགས་བསྡུས་པའི་དཀྱིལ་འཁོར་ཆེན་པོ་ལས། དཀྱིལ་འཁོར་དབུས་མ་དེ་བཞིན་གཤེགས་པའི་རིགས་ཀྱི་ལྷ་ཚོགས་[ལྷ་གསུམ་ཅུ་རྩ་གསུམ་གཙོ་བོའི]་གཙྩོ་ལའི་ཐུམ་པའི་ནང་ན་རྒྱུད་རིས་ཀྱི་བླ་མ་དང་། སྟེང་སྒོའི་ལྷོ་ཕྱོགས་ན་འཁོར་ལོས་བསྒྱུར་བ་རྡོར་སེམས་དང་པདྨའི་སེམས་དཔའ་གཙོ་འཁོར་ལྔ་ལྔ་རྣམ་ལྔ་ཀྱི་བཀོད་པའི་རི་མོའོ།།

འདིའི་དགོས་ཀྱི་སྦྱིན་བདག་རྫོང་དཔོན་དཔོན་རྒྱལ་བས་སྒྲུབས།།

第三层、第十七间佛殿

ན་མོ་བཛྲ་སཏྭ་ཡ།

འདིའི་དབུས་ན་རྣལ་འབྱོར་རྒྱུད་ཀྱི་བཤད་རྒྱུད་རྡོ་རྗེ་རྩེ་མོའི་རྟོག་པ་ཐམས་ཅད་བསྡུས་པ་ལས་འབྱུང་བའི་རིགས་བསྡུས་པའི་རིན་ཆེན་རིགས་ཀྱི་དཀྱིལ་འཁོར་གྱི་གཙོ་བོ་སངས་རྒྱས་ཉི་མ་གཙོ་

འཁོར་གསུམ་ཁྲི་རྒྱབ་ཡོལ་དང་བཅས་པའི་སྐུ་གཟུགས་འབུར་དུ་གཏོད་པ་བཞུགས།།

དེའི་གཡས་ཕྱོགས་ཞལ་ཤར་གཟིགས་ཀྱི་{ང}ས་ལ། བཤད་རྒྱུད་རྡོ་རྗེ་རྩེ་མོའི་རྟོག་པ་ཐམས་ཅད་བསྡུས་པ་ལས་འབྱུང་བའི་རིགས་སོ་སོ་བའི་དཀྱིལ་འཁོར་ལས། ཆགས་པས་ཆགས་པ་སྤྱང་བའི་ཕྱིར་དུམ་བུ་དང་པོ་དེ་བཞིན་གཤེགས་པའི་རིགས་ཀྱི་དུམ་བུ་ལས། རྒྱས་པ་ལ་དགའ་བའི་སེམས་ཅན་རྗེས་སུ་བཟུང་བའི་དོན་དུ། དཀྱིལ་འཁོར་རྒྱས་པའི། སྐུ་ཕྱག་རྒྱ་ཆེན་པོ་གཙོ་བོར་གྱུར་པའི་དེ་བཞིན་གཤེགས་པའི་རིགས་ཀྱི་རྩ་བའི་དཀྱིལ་འཁོར་ཆེན་པོའི་ལྷ་ཚོགས་རྣམས་ཚང་བར་བཞུགས།། །།

ལྷོ་ཕྱོགས་ཀྱི་ངོས་ལ་གསུངས་ཆོས་ཀྱི་ཕྱག་བརྒྱ་གཙོ་བོར་གྱུར་པ་ཆོས་ཀྱི་དཀྱིལ་འཁོར་གྱི་ལྷ་ཚོགས་རྣམས་ཚང་བར་བཞུགས།། །།

ཤར་ཕྱོགས་ཀྱི་ངོས་ལ་དེ་བཞིན་གཤེགས······ཀྱི། ཐུགས་དམ་ཚིག་ཕྱག་རྒྱ་[ཆེན]་པོར་གྱུར་པ་གཟུངས་མ་ལྷ་མོའི་དཀྱིལ་འཁོར་གྱི་ལྷ་ཚོགས་རྣམས་ཚང་བར་བཞུགས་སོ།། །།

འདི་རྣམས་ཀྱི་དགོས་ཀྱི་སྦྱི[ན་བདག]་ཀུང་དྲུང་ཐྲུམས[1]·སེམས་བདག་མོ་དཔལ······མོ་ཡུམ་སྲས་ཀྱི་དྲུང་ནས་མཛད།། །།[ལྷ]་བཟོ་མཁས་པ་ལྷ་རྩེ་བདེ་ཆེན་པ་དཔོན་ནམ་མཁའ་བཟང་པོ་བ་དཔོན་སློབ་དང་།། ·········ལྷ་རྩེ་བཤག་ཚལ་བ་དཔོན་བཀྲ་ཤིས་བཟང་པོ་བ་དཔོན་སློབ་གྱིས་བྲིས།། །།

དེའི་དགེ་བས་ཡོན་མཆོད་འཁོར་བཅས་རྣམས།།
གནས་སྐབས་མི་མཐུན་རྐྱེན་རྣམས་ཞི་བ་དང་།།
མཐར་ཐུག་རྡོ་རྗེ་སེམས་དཔའི་གོ་འཕང་ཉིད།།
གེགས་མེད་ཚེ་འདི་ཉིད་ལ་འགྲུབ་པར་ཤོག།། །།

མཾ་ག་ལཾ།།

---

〔1〕 如前述佛殿中的题记，此处题记中的ཐྲུམས无疑是ཐྲུང的误写。

第三层、第十九间佛殿

正对殿门壁面（北壁东段）题记

༄༅། །ཨོཾ་སྭསྟི།

ཐུགས་རྗེའི་མཁའ་ལ་མཁྱེན་པའི་དཀྱིལ་འཁོར་རྒྱས
བརྩེ་བའི་འོད་དཀར་ཕྱོགས་བཅུར་འཕྲོས་པ་ཡིས།།
འགྲོ་བའི་ཉོན་མོངས་མུན་པ་སེལ་མཛད་པའི།།
དཔལ་ལྡན་བླ་མ་བདུད་རྩིའི་རྒྱལ་མཚན་རྒྱལ།།
དད་པའི་རིན་ཆེན་ཁྲི་བརྟན་ཞིང་།།
ཚད་མེད་བཞི་ལྡན་བང་རིམ་རྣམས།།
ཆོས་སྒོ་བརྒྱད་ཁྲི་བཞི་སྟོང་ཕྱེ།།
རིགས་གསུམ་རིགས་ལྔ་རིགས་བརྒྱའི་ལྷ།།
ཕ་རྒྱུད་མ་རྒྱུད་གཉིས་མེད་རྒྱུད།།
ངེས་དོན་རྫོགས་རིམ་སོ་སོ་ཡི།།
རྒྱུད་རིམ་བླ་མ་རྡོ་རྗེ་འཆང་།།
ཐུབ་ཆེན་འོད་སྲུངས་རིམ་བསྟན་གདྟད།།
སྟོམ་གསུམ་རྒྱུད་པ་ཕ་རོལ་ཕྱིན།།
བྱང་ཆུབ་ཕྱོགས་ཀྱི་ཐུམ་པ་བཟང་།།
གཟུངས་དང་ཏིང་འཛིན་མདོན་མཐོའི་བྲེ།།
ཆོས་ཀྱི་འཁོར་ལོ་ས་བཅུ་གསུམ།།
སོ་གཉིས་ཡོན་ཏན་གསེར་གྱི་གདུགས
བདེ་གཤེགས་སྙིང་པོའི་ཏོག་འབར་བའི།།
ཆོས་ཀྱི་སྐུ་ལ་ཕྱག་འཚལ་ལོ།།
གང་ཞིག་མཐོང་བ་ཙམ་གྱིས་ཀྱང་།།
དད་པའི་ཆུ་སྐྱེས་རྒྱས་བྱེད་ཅིང་།།

ལག་པའི་ཀུ་མུད་ཟུམ་བྱེད་པའི།།
མགོན་འགྲོལ་ཧ་ལྷང་ཙན་དེར་འདུད།།
གང་གི་ཕུན་ཚོགས་ཡོན་ཏན་གྱི།།
སྣན་གྲགས་འཆི་མེད་ཛ་སྒྲ་ཡིས།།
ལྷའི་ལོ་ཏུ་སད་པའི་གཉེན།།
ལེགས་བཤད་ཤ་རིའི་རྟེ་ནས་ལྷགས།།
དགའ་བས་ཏོག་ཏུ་འཕོད་པ་ནི།།
བདེ་འབྱུང་གཙུག་ན་ཟླ་བ་བཞིན།།
དཔག་མེད་ཡོན་ཏན་བྱེད་པ་པོའི།།
ཕྲག་བརྒྱའི་ཞིང་གི་དགེ་ལེགས་རྣམས།།
གཅིག་ཏུ་བསྡོམས་པར་བྱས་གྱུར་ནས།།
ཆོས་སྐུ་འདི་ལ་བཀོད་དོ་ཞེས།།
འོག་མིན་བར་དུ་གྲགས་པ་སྙམ།།
སྐབས་གསུམ་གཞོན་ནུ་དགའ་མའི་ཚོགས།།
རབ་མཛེས་དཔལ་རྟེན་འདིས་གཟུང་ནས།།
བདག་ཅག་ཡལ་བར་མདོར་རམ་ཞེས།།
ཡང་ཡང་འདུས་ནས་མི་ཏོག་འཐོར།།
གདེངས་ཅན་གནོད་སྦྱིན་དབང་པོའི་དགྲ།།
འབྱུང་པོ་རིགས་སྤྱགས་འཆང་སོགས་ཀྱི།།
ཅོད་པན་མཆོག་ལ་ཕྱུག་འཚལ་ལོ།།
བཤད་རྒྱུད་རྡོ་རྗེ་རྟེ་མོ་ཡི།།
སོ་སོའི་རིགས་ཀྱི་ལྷ་ཚོགས་དང་།།

དཔལ་མཆོག་དུམ་བུ་དང་པོ་ཡི།།
རིགས་ནི་སོ་སོའི་ལྷ་ཚོགས་དང་།།
ནམ་མཁའ་དྲི་མེད་རིགས་བསྡུས་དང་།།
འཛམ་དཔལ་སྒྲུ་འཕྲུལ་དྲ་བ་དང་།།
ཡོན་ཏན་འབྱུང་གནས་རིགས་བསྡུས་དང་།།
རིགས་ལྔ་བྱང་སེམས་རྡོ་རྗེར་བཅས།།
དབུགས་དབྱུང་དཀྱིལ་འཁོར་དྲུག་གི་ལྷ།།
སོ་སོའི་རིགས་ཀྱི་ལྷ་ཚོགས་དང་།།
རྡོ་རྗེ་སྙིང་པོའི་ལྷ་ཚོགས་དང་།།
སྦྱོང་རྒྱུད་དཀྱིལ་འཁོར་བཅུ་གཉིས་དང་།།
གསང་བ་རྒྱན་བཀོད་རྩ་བའི་ལྷ།།
ལས་དཀྱིལ་ལྷ་ཚོགས་ཇི་སྙེད་པ།།
རྣམ་པ་གཙོ་འཁོར་ཕོ་མོ་དང་།།
མཆོད་ལྷ་ཕྱོགས་སྐྱོང་ཞིང་སྐྱོང་དང་།།
འཇིག་རྟེན་འདས་དང་འཇིག་རྟེན་པ།།
སྣ་ཚོགས་འཛའ་ཚོན་ལྟར་སྣང་ཡང་།།
ངོ་བོ་བདེ་བར་གཤེགས་པ་ལྟར།།
བཞུགས་པ་རྣམས་ལ་ཕྱག་འཚལ་ལོ།། །།
ལེགས་སྦྱར་རྒྱ་གྲུང་བྱེ་བས་མི་ངོམས་ཤིང་།།
རབ་དཀར་དགེ་ཚོགས་ཐ་རླབས་ཆེར་གཡོ་བ།།
མི་ཕྱེད་དད་པའི་འཛིན་མ་བརྟན་པའི་སྟེངས།།
བྱང་ཆུབ་སེམས་ཀྱི་ནོར་བུས་གཏམས་གྱུར་པ།།

སྤྲུལ་པའི་ཆོས་རྒྱལ་ཕན་བདེའི་ཆུ་གཏེར་མཆོད།།
སྐྱེ་དགུ་གདེངས་ཅན་དཔལ་དུ་གྱུར་ཅིག།

ཅེས་མཆོད་པར་བརྗོད་ནས། སྐབས་ཀྱི་དོན་ནི། ཆོས་སྐུ་བཀྲ་ཤིས་སྒོ་མངས་མཐོང་གྲོལ་ཆེན་པོའི། བང་རིམ་གསུམ་པ་འདིའི་འབུར་ཆེན་གྱི་ལྷ་ཁང་བཞི་མ་གཏོགས། །རྣལ་འབྱོར་རྒྱུད་ཀྱི་ལྷ་ཁང་བཅུ་དྲུག་པའོ། ལྷོ་སྒོ། ཡོགས་རིས་དང་བཅས་པའི་སྦྱིན་བདག༔

དྲི་མེད་བྱང་ཆུབ་སེམས་ཀྱི་རི་བོང་འཛིན།།
དཔལ་འབྱོར་འོད་བརྒྱའི་ཁྱུར་གྱིས་མི་ངལ་ཞིང་།།
ཟག་མེད་བདེ་བའི་ཀུན་དགའ་བསྐྲུན་པར་བྱེད།།
ཆེན་པོའི་རིགས་འབྲུངས་ས་སྐྱོངས་བཙུན་མོ་མཆོག།
བསྟན་པའི་སྦྱིན་བདག་ཆེན་མོ་ཡུམ་སྲས་ཀྱིས།།
ཀུན་ཀྱང་རྡོ་རྗེ་ཐེག་པའི་སྐོར་ཞུགས་ནས།།
རྡོ་རྗེ་འཆང་གི་གོ་འཕངས་ཐོབ་ཕྱིར་དང་།།
ཆོས་ཀྱི་རྒྱལ་པོའི་རྗེས་སུ་འཇུག་པ་དང་།།
ཆོས་ཀྱི་བཙུན་མོ་དམ་པར་མཆོན་པའི་ཕྱིར།།
དད་གུས་ཆེན་པོས་མཐུན་རྐྱེན་མ་ལུས་སྒྲུབས།།
དགེ་བ་ཚོགས་གཉིས་རྒྱ་མཚོས་བསྡུས་པ་ཡིས།།
མཁའ་མཉམ་སེམས་ཅན་བྱང་ཆུབ་མ་ཐོབ་བར།།
ཆོས་ཙུའི་འབྱོར་ལྡན་ཟག་མེད་བདེ་བ་རྒྱས།།
ཐབས་ཤེས་ཟུང་འབྲེལ་རྒྱལ་བ་མཉེས་པར་ཤོག།
གནས་སྐབས་ཀུན་ཏུ་རྡོ་རྗེ་ཐེག་པ་ཡི།།
ལམ་བཟང་འདི་དང་ཀུན་ནས་མི་འབྲལ་ཞིང་།།
རྣམ་ཐོས་བུའི་སྦྱིན་འབྲས་དཔལ་ཐོབ་ནས།།

ཀུན་བཟང་མཆོད་སྤྲིན་རྒྱ་མཚོས་མཆོད་པར་ཤོག།

དབང་བཞིའི་ཆུ་བོས་དྲི་མ་ཀུན་དག་ཅིང་།།

ཐུན་བཞིའི་རྣལ་འབྱོར་དགེ་ལ་རྗེ་ཡི་རང་།།

སྐུ་བཞིའི་འབྱུང་གནས་ཐེག་པ་མཆོག་སྟོན་ཅིང་།།

ཕྲིན་ལས་རྣམ་བཞི་རྒྱུན་མི་འཆད་པར་ཤོག།

དེ་ཡང

མདོ་རྒྱུད་བྱ་ལམ་ཡངས་པ་ལ།།

བློ་གྲོས་གོམ་པ་མདོར་བྱེད་པའི།།

རིན་ཆེན་དཔལ་གྲུབ་ཞལ་བཀོད་ལྟར།།

ལྷ་བཟོ་མཁས་པ་ནམ་བཟང་དཔོན་སློབ་དང་།།

རྣམ་དཔྱོད་པིར་གྱི་རྩེ་མོ་ལ།།

ཤེས་བྱའི་གཟུགས་བརྙན་ཀུན་གསལ་བ།།

རི་མོ་མཁས་པ་ལྷ་རྩེ་བོ།།

ཐར་པ་དཔོན་ལེགས་དཀོན་མཆོག་བཟང་།།

ནམ་འོད་དཔལ་ཆེན་བསམ་གཏན་བཟང་།།

ཁྲོ་རྒྱལ་སང་རིན་དོན་རི་བ།།

དཔོན་བཀྲས་ཤེས་རབ་དཔལ་བཟང་རིན་ཆེན་སྐྱབས།།

མཁས་པ་རྣམས་ཀྱིས་ལེགས་པར་བཟབས།།

མི་དབང་རབ་ཏུ་དགེ་བའི་ཐུགས་དགོངས་བཞིན།།

སྤྲུལ་པའི་བཀའ་འབངས་དཔོན་བཙུན་བླ་མ་སྐྱབས།།

ཞེས་གྲགས་དགེ་བའི་ཁྱུར་གྱིས་མི་ངལ་ཞིང་།།

དད་གུས་ནོར་བུའི་དྭད་བས་སྤྲས་པ་དེས།།

ཚོ···དགེ་བ་རྒྱ་མཚོའི་དོན····།།
སྒྲོ་དུབ་ངལ་བ་སྤངས་ནས་རྒྱུན་དུ་མཛད།།
དཀར་ཆག་འཕྲུལ་ཡིག་ཕྱུ་ཧྲིག་ཕྲེང་བ་རྣམས།།
རྒྱང་རིའི་མཁས་པ་ཉི་མ་ཞེས་བྱས་བྲིས།།
མཐོང་བ་ཙམ་གྱིས་སྡིག་པའི་ཚོགས་འབྱང་བའི།།
རྒྱུད་སྡེ་ཀུན་ཚོགས་སྐུའི་བཀྲ་ཤིས་ཤོག།

མཾགླཾལ།།

壁画下面题记

༄༅། །ན་མོ་བཛྲ་སཏྭ་ཡ།

འདིའི་དབུས་ན་དཔལ་མཆོག་དང་པོའི་རྒྱུད་དུམ་བུ་གཉིས་པ། ཉོན་ཡིད་ཀྱི་གཉེན་པོ་མཉིད[1]·པ་ཉིད་ཀྱི་ངོ་ཤེས་ཀྱི་ངོ་བོ་དམ་ཚིག་གི་ཕྱག་རྒྱ་གཙོ་བོར་གྱུར་པ་སྔགས་ཀྱི་དུམ་བུ་ལས་རྟོག་པ་ཐམས་ཅད་བསྡུས་པའི་རྩ་བའི་རྒྱུད་ལས། ལུས་ཀྱི་དབང་གིས་མ་གྲུབ་ན་བསྒྲུབ་པར་བྱེད་པ་ག··············བ་རས་རིས་ཀྱི་དཀྱིར་ལས། མེ་ལྷར་འབར་བ་གསང་བ་རས་རིས་ཀྱིས་དཀྱིལ་འཁོ{ར}························བཀོད་པར་བཞུགས།།

བྱང་ཕྱོགས་ཀྱི་ངོས་ལ་དཔལ་མཆོག་དུམ་བུ་གཉིས་པ་སྔགས་ཀྱི་དུམ་བུ་ལས་རྟོག་པ་ཐམས་ཅད་བསྡུས་པའི་རྩ་བའི་རྒྱུད་ལས་འབྱུང་བའི་དཀྱིལ་འཁོར་ལས། འཁྲོ་བས་ཁྲོ་བ་སྤང་བཱི་ཕྱིར་རྡོ་མེ་ལྷར་རབ་ཏུ་འབར་བའི་དཀྱིལ་འཁོར་གྱི་ལྷ་ཚོགས་རྣམས་བཞུགས།། །།

ལྷོ་ཕྱོགས་ཀྱི་ངོས་ལ་དཔལ་མཆོག་དུམ་བུ་དང་པོ་ཤེས་རབ་ཀྱི་ཕ་རོལ་ཏུ་ཕྱིན་པའི་དུམ་བུ་ལས། རིགས་སོ་སོའི་བསྲུང་བའི་ལས་ཀྱི་ཆོ་གའི་རང་བཞིན་རྡོ་རྗེ་གནོད་སྦྱིན་གྱི་དཀྱིལ་འཁོར་གྱི་ལྷ་ཚོགས་རྣམས་ཚང་བར་བཞུགས།། །།

ཤར་ཕྱོགས་ཀྱི་ངོས་ཀྱི་སྟོད་ལ་འཇིག་རྟེན་པའི་དཀྱིལ་འཁོར་བཞི་ལས། དབང་ཕྱུག་གི་གདུལ་བར་བྱ་བ་རྣམས་ཀྱི··········དཀྱིལ་འཁོར་གྱི་ལྷ་ཚོགས་རྣམས་ཚང་བར་བཞུགས།། ༈ །།དེའི་འོག་ན།

〔1〕 译者注：应读作མཉམ。

……འི་མ་མོས་གདུལ་བར་བྱ་བའི་དོན་དུ། མ་མོའི་དཀྱིལ་འཁོར་གྱི་ལྷ་ཚོགས་ཚང་བར་བཞུགས།། །།

འོག་ཚར་ལ་དཔལ་མཆོག་གི་རྡོ་རྗེ་རིགས་ཀྱི་ལྷ་ཚོགས་རྣམས་དང་། ཉེར་སྤྱོད་དང་འདོད་ཡོན་ལྷའི་མཆོད་པ་བཞུགསོ།། །།

ལྷ་བཟོ་མཁས་པ་ལྷ་རྗེ་བ་དཔོན་ནམ་མཁའ་བཟང་པོ་བ་དཔོན་སློབ་དང་། རི་མོ་མཁས་པ་ལྷ་རྗེ་བསའ་ལྷུན་པ་དཔོན་ལེགས་པ་དཔོན་སློབ་ཀྱིས་ལེགས་པར་གཟབས།།

མཾ་ག་ལ།།

第三层、第二十间佛殿

༄༅། །ན་མོ་བཛྲ་སཏྭ[1]་ཡ།

རྡོར་སེམས་ལྷ་ཁང་གི་དབུས་ན། དཔལ་མཆོག་དང་པོ་རིགས་བསྡུས་པའི། དངོས་གྲུབ་མྱུར་དུ་འགྲུབ་པར་བྱེད་པ། རྡོ་རྗེ་སེམས་དཔའ་གསང་བའི་དཀྱིལ་འཁོར་གྱི་གཙོ་བོ། རྡོ་རྗེ་སེམས་དཔའ་གཙོ་འཁོར་གསུམ་ཁྲི་རྒྱན་ཕེབ……པ་ལྷེ་སྐྱུར་བཞེངས་པ་དང་།

ལྷོ་ཕྱོགས་ཀྱི་ངོས་ལ། དཔལ་མཆོག་དུམ་བུ་དང་པོ། ཀུན་གཞིའི་རྣམ་ཤེས་ཀྱི་སྣཉེན་པོ་མེ་[ལོང་ལྟ་བུའི་ཡེ་]ཤེས་ཀྱི་ངོ་བོ་ཉིད། ཕྱག་བརྒྱ་ཆེན་པོ་གཙོ་བོར་གྱུར་པ་ཤེས་རབ་ཀྱི་ཕ་རོལ་ཏུ་ཕྱིན་པའི་དུམ་བུ་ལས་གསུངས་པའི། རིགས་སོ་སོ་བ་དང་། རིགས་བསྡུས་པའི་དཀྱིལ་འཁོར་གཉིས་ལས། རིགས་སོ་སོ་བའི་ཞེ་སྡང་གི་གཉེན་པོར་ཁམས་གསུམ་རྣམ་རྒྱལ་གྱི་དཀྱིལ་འཁོར་གྱི་ལྷ་ཚོགས་དང་།

བྱང་ཕྱོགས་ཀྱི་གྱང་ལ། འདོད་ཆགས་ཀྱི་གཉེན་པོར་རྡོ་རྗེ་སེམས་དཔའ་དབུགས་དབྱུང་བའི་དཀྱིལ་འཁོར་གྱི་ལྷ་ཚོགས་རྣམས་དང་།

རང་བཞིན་བཟང་ཞིང་ཆ་མཉམ་པ་ལ་སྤྱོད་པའི་གཉེན་པོར་དེ་བཞིན་གཤེགས་པ་དབུགས་དབྱུང་བའི་དཀྱིལ་འཁོར་སྟེ། ……………དེ་བཞིན་གཤེགས་པ་སྤྲུལ་སྐུ་བརྒྱད། ཕྱོགས་མཚམས་ཀྱི་སེམས་དཔའ་བརྒྱད་བརྒྱད། སྒོ་བཞིའི་མཚན་མ་བུམ་པ་བཞི། རིན་པོ་ཆེའི་སྣོད་ལ་སོགས་པ་མཚན་

---

〔1〕 应读作ཏྭ。

མ་བཞི་དང་བཅས་པའི་བཀོད་པ་དང་།

འོག་ཚར་ལ། རྡོ་རྗེ་སེམས་དཔའ་[དང་།] ཁྲོ་བོ་རྡོ་རྗེ་ཧཱུྃ་མཛད་ཀྱི་དཀྱིལ་འཁོར…………… རྣམས་ཀྱི་བཀོད་པ་དང་བཅས་པ་བཞུགས།།

ལྷ་ཁང་འདིའི་གཙོ་བོ་འབུར་དུ་གཏོད་པ་དང་། ལོགས་ཀྱི་རི་མོ་ཞིང་ཁམས་གཉིས་པོ་དང་བཅས་པ་ཐམས་ཅད་[ཀྱི་]དགོས་ཀྱི་སྦྱིན་བདག། ཆོས་རྒྱལ་ཆེན་པོའི་བློན་ཆེན་དམག་དཔོན་ཆེན་པོ་དཔོན་པོ་རྗེ་ལེགས་པས་རབ་དཀར་དགེ་བའི་བསམ་པས་བསྒྲུབས། ལྷ་བཟོ་མཁས་པ་ལྷ་རྩེ་བ་དཔོན་མོ་ཆེ་ནམ་ཁའ་བཟང་པོ་བ་དཔོན་སློབ་དང་། རི་མོ་མཁས་པ་དཔོན་མོ་ཆེ་ཐར་པ་བ་དཔོན་སློབ་རྣམས་ཀྱིས་ལེགས་པར་གཟབས།།

དེའི་དགེ་བས་ཡོན་མཆོད་འཁོར་བཅས་ཐམས་ཅད་ཁྱབ་བདག་རྡོ་རྗེ་སེམས་དཔའི་ས་ཐོབ་ཤོག།

སརྦ་མཾ་ག་ལཾ།

第四层

第四层、第一间佛殿

༄༅། །ཨོཾ་བདེ་ལེགས་[སུ་]གྱུར་ཅིག།

གང་གི་འགྲོ་མ[ང་]དོན་དུ་ཚོགས་གཉིས་ཞུལ་དུ་[ཕྱིན་]པའི་མཐུས།།

ཤཱཀྱའི་བསྟན་[ལ་]རྒྱལ་བ་[རྗེ་]བཞིན་རབ་དཀར་དམ་ཆོས་ཀྱི།།

དགའ་སྟོན་མི་ཟ[ད་]འགྲོ་ལ་རྒྱ་ཆེན་སྤེལ་བའི་རིན་ཆེན་གྲུབ།།

མཚུངས་མེད་བླ་མ་བུ་སྟོན་ཁ་ཆེ་ཞེས་བྱས་བདག་ཡིད་སྐྱོབས།།

རྣམ་དག་ཤེས་བྱའི་བྱ་ལམ་ཡངས་པ་ལས།།

ཐབས་མཁས་ཐུགས་རྗེའི་རྒྱུ་འཛིན་རབ་འཁྲིགས་ནས།།

སྐལ་ལྡན་གདུལ་བྱའི་རེ་བ་སྐོང་མཛད་པའི།།

ཐུགས་སྲས་ལོ་ཙྪའི་ཞབས་པད་སྤྱི་བོས་འདུད།།

རྣམ་ཞིའི་དབང་གིས་ཐུགས་རྒྱུད་རབ་སྨིན་ཅིང་།།

གྲོལ་བྱེད་རིམ་གཉིས་གོམས་པ་མཐར་ཕྱིན་ནས།།

ཟུང་འཇུག་ཕྱག་རྒྱ་ཆེན་པོ་མངོན་དུ་གྱུར།།
སྐུ་ཞང་ཆོས་རྗེའི་ཞབས་ལའང་བདག་འདུད་དོ།།
རྒྱལ་བའི་གསུང་རབ་དྲི་མེད་རབ་དཀར་གྱི།།
དེ་ཉིད་གཟིགས་ནས་གཞན་ལ་འདོམས་པ་ལ།།
ཁམས་གསུམ་འགྲན་ཟླ་བྲལ་བ་ཆོས་ཀྱི་རྗེ།།
འཇམ་དབྱངས་རིན་རྒྱལ་དེ་ལ་ལྷག་པར་[དད]།།
མདོ་རྒྱུད་རྒྱ་མཚོའི་དེ་ཉིད་ལེགས་གཟིགས་ཤིང་།།
སྒྲུབ་ལ་བརྩོན་པས་རྟོགས་པ་མཆོག་ཏུ་གྱུར།།
ཕྱོགས་ལས་རྣམ་རྒྱལ་སྤྱོད་མཛད་དབུ་རྒྱན་དུ།།
……………………………………〔1〕

༄༅། །རྣམ་འཕྲུལ་ལག་པའི་རྩེ་ལ་ལེན་པ་གང་།།
གངས་ཅན་འདི་ན་དཔལ་ལྡན་གནས་སྙིང་པ།།
མཁས་པའི་དབང་པོ་རིན་ཆེན་དཔལ་འབྱོར་དང་།།
དེའི་སྲས་དང་ལྷའི་རྒྱལ་མཚན་ལགས།།
ཀུན་གྱི་མིག་ལ་བདུད་རྩིའི་དགའ་སྟོན་འགྱེད།།
ཀུན་སློང་སྤྲོ་བས་བཞེངས་པའི་སྦྱིན་བདག་ནི།།
བཏང་སྙོམས་ལུས་ཀྱང་དམ་ཆོས་དྲི་མེད་ཀྱི།།
དེ་ཉིད་ལྷ་བའི་མིག་ཅན་ལྷ་བོ་པ།།
ཀི་རྟིའི་མིང་ཅན་འཁོར་དང་བཅས་པ་ལགས།།
དགེ་བས་མཁའ་མཉམ་འགྲོ་ཀུན་མ་རྣམས་ཀྱང་།།
སྡུག་བསྔལ་སྲིད་པའི་མཚོ་ལས་རབ་ཐར་ཞིང་།།

〔1〕 译者注：以下磨损 12 × 45 厘米。

སྐྱུང་འདས་དམན་པའི་ལམ་ལས་རབ་འདས་ཏེ།།

རྡོ་རྗེ་འཆང་གི་ལམ་ལ་རབ་བསླབས་ནས།།

རྗེ་བཙུན་བླ་མའི་གོ་འཕང་རབ་མཉེས་ཤོག། །།

མཾགལཾབྷ་ཝ་ཏུ།། སྭསྟི༔།། །།

第四层、第二间佛殿

殿门右侧题记

༄༅། །ཨོཾ་སྭསྟི་སིདྡྷཾ{།}

……བཀྲ་ཤིས་ཀྱི་དགེ་མཚན་ལྡན་དུ་རྒྱས………ཕ་མཐར་སོན་པར་གྱུར་ཅིག།

………བར་བརྒྱན་པའི་སྐུ།།

དྲུག་ཅུའི་སྒྲ་པ………པའི་གསུང་།།

ཤེས་བྱ་མ་ལུས………ཐུགས།།

དཔལ་ལྡན་བླ་མའི་སྐུ………སྐྱོངས།།

སྨྲ་མའི་གར་གྱིས་ས་ཆེན……

……བདེན་པའི་ཚི་གིས[1]་ག་ག་གྱེན་དུ་བཟློག།

………པས་ཉིན་བྱེད་རེངས་མཛད་པའི།།

………དཔལ་ལྡན་ཆོས་སྐྱོང་རྒྱལ།།

ས྄་སྐྱའི……རྒྱུད་པ་ཡི།།

ཁ་བས་ཡོངས་སྐྱུད་བཤད……བྱེད་ཀྱི།།

ཟེར་གྱིས་ཕྱེ་བས་གཞན་ཕན་ཆུ……

གངས་ཅན་ཁྲོད་པའི་བླ་མ་གངས་རི་རྒྱལ།།

ཆོས……གྲོལ་སྟར་མེད་ཉི་མ་འདི།།

---

〔1〕 译者注：ཚི་གིས以小字加于该行下方，应读作ཚིག་གིས。

ནག་ཕྱོགས་སྒྲ་གཅན……པས་རབ་དབེན་ཞིང་།།

བྱིན་བརླབས་ཚ་ཟེ{ར}……རྒྱས་པ་ཡི།།

དད་ལྡན་པད་ཚལ་སླར་ཡང……ཅིག།

ཐུབ་པའི་མངགས་པ་པོ་ཉ་མཐུ་བོ་ཆེ།

……ནག་པོ་ཆེན་པོ་ལྷམ་དྲལ་གྱིས།།

བསྟན་དང་བསྟ{ན}……མཆོད་རྟེན་མཐོང་གྲོལ་དང་།།

མི་དབང་ཆབ་སྲིད་བ{ཅས་པ}་ལེགས་པར་སྐྱོངས།།

རབ་བརྟན་དད་པ་འཛིན་མའི་ཁྲ……ཡོངས་པར།།

ཀུན་བཟང་དགེ་བའི་ལྗོན་ཤིང་སར་འ……པ།།

ཁྲིད་འཕགས་བདེ་དགའི་འབྲས་བུས་བརྗིད་པ་ཡང་།།

མཐོ་རིས་ལ་འདིར་སྲིད་རྩེའི་བར་དུ་རྒྱལ།། །།

དེ་ཡང་ཡུལ་མ་ག་དྷ་རྡོ་རྗེ་གདན་གྱི་བྱང་ཕྱོགས། རི་བོ་གངས་ཅན་གྱི་ལྗོངས་ལས། ཉང་སྟོད་རིག་པའི་འབྱུང་གནས་ཀྱི་སའི་ཆར། ཆོས་གྲྭ་ཆེན་པོའི་དཔལ་འཁོར་སྡེ་ཆེན་གྱི་དབུས་ན། སྐུ་འབུམ་མཐོང་གྲོལ་ཆེན་མོ་བྱིན་རླབས་ཀྱི་གཞི་འོད་འབར་བར་བཞུགས་པའི་ལྷོ་ནུབ་དབང་རྒྱལ་ལྷ་ཁང་གི་དབུས་ན། རྗེ་བཙུན་རྣལ་འབྱོར་གྱི་དབང་ཕྱུག་བིར་བ་པ་ཐེག་པ་མཆོག་གི་ཆོས་སྟོན་པ་ལ། སྟོན་བྱང་ཆུབ་སེམས་དཔའ་སྤྲིན་པ་དཔལ་ཞེས་བྱ་བར་གྱུར་ནས། །སྟོན་པ་ཤཱཀྱའི་རྒྱལ་པོ་མཉེས་པར་བྱས་ཤིང་། །ལུང་བསྟན་པ་ནོམ་པའི་{རྣལ}་འབྱོར་པ་ས་ཆེན་ཀུན་དགའ་སྙིང་པོ་དང་། གྲུབ་ཆེན་{ཐུབ}་དཀའ་ཟླ་བའི་སྐུ་སྐྱེ་ཐ་མ་ཡོན་ཏན་མང་པོའི་དཔལ་གྱི་མངོན་པར་མཐོ་བ་རྗེ་བཙུན་བསོད་ནམས་རྩེ་མོ་དང་། སྐུ་སྐྱེ་ཉེ་ཤུ་རྩ་ལྔར་འཛམ་པའི་དབྱངས་ཀྱིས་རྗེས་སུ་བཟུང་ཞིང་། མཐར་མངོན་དགའི་ཞིང་དུ་དེ་བཞིན་གཤེགས་པ་དྲི་མ་མེད་པའི་དཔལ་ཞེས་བྱ་བར་འགྱུར་བ། གནས་ལྔ་རིག་པའི་པཎྜིཏ་ཆེན་པོ་ཀུན་དགའ་རྒྱལ་མཚན་དཔལ་བཟང་པོ་དང་། ……ཆེན་པོ་ས་སྟོན་རི་པའི་སྐུ་སྐྱེ་

མཐའ་ཡས་པའི┈┈┈┈བ། འཕགས་པ་རིན་པོ་ཆེ┈┈┈┈┈བཅས་པའི┈┈┈┈┈〔1〕སྒྲུབས།། ┈┈┈┈┈སྦྱིན་བདག┈┈┈┈┈། །རྒྱུ་འབྲས་སླུ┈┈┈┈┈{སླུས}་པའི་བདེན┈┈┈┈┈རྟུ་སརྡོག་ཏོཾ།།

殿门左侧题记

༄༅། །སྭསྟི་རསྟུ།

ལྷ་ཡི་རིགས་ལས་མི་ཡི་རྗེར་གྱུར་ས་སྐྱོང་པ།།
བཙུ་ཕྲག་ཟླུང་དང་ཟླུང་གཉིས་ལྷག་བཅས་གྲུབ་ཐོབ་ཀྱི།།
གདུང་རབས་བསྟན་པའི་པད་ཚལ་འབྱེད་མཁས་འོད་བརྒྱ་པ།།
གོ་འཕང་ངེས་མཐོའི〔2〕་མཁའ་ལ་རྟག་ཏུ་རྒྱལ་གྱུར་ཅིག།
དགེ་ལེགས་བྱེད་པོ་འཇིག་རྟེན་མཛེས་སྡུག་ཀུན་བསྡུས་ནས།།
ཆོས་སྐུའི་རྟེན་གཅིག་ས་ཆེན་མཛེས་ཕྱིར་བྱས་སོ་ཞེས།།
ཚངས་པའི་བར་དུ་གྲགས་པས་ལྷ་དབང་ཡི་མགུ་སྟེ།།
མི་རྟོག་ཆར་ཕབ་བཞེད་དགུ་འགྲུབ་པའི་བཀྲ་ཤིས་བྱས།། ༀ

དེ་ཡང་། ལྷ་ཁང་འདིའི། ལོགས་ཀྱི་ཞིང་ཁམས་རྣམ་པར་དག་པ། རིན་པོ་ཆེ་ཨེ་ཏྲ་ཏྲེ་ལ་དང་། །པདྨ་རཱ་གའི་ས་གཞི་ལ། ཡན་ལག་བརྒྱད་དང་ལྡན་པའི་འབབ་ཆུ་དང་། ལྗོང་ཀར་བཅས་ཤིང་། ལྗོན་ཤིང་ཡིད་དུ་འོང་པ་དང་། བྱའི་ཚོགས་དབྱིབས་མཛེས་ཤིང་སྐད་སྙན་པས་རྔ་པར་རྩེན་པའི་དབུས་སུ། །རིན་པོ་ཆེའི་ཁྲི་སྨུ་ཏིག་གི་འཕྲེང་བས་གཡོགས་པའི་སྟེང་དུ། རྡོ་རྗེ་འཛིན་པའི་སྒྲུ་སྒྲེ་བཀོད་མར་བདུན་ཕྲག་གཅིག་བཞེས་པས།

འདིར་གྲུབ་པ་ཐོབ་པའི་རྣལ་འབྱོར་པར་གྱུར་ཅིང་། མཐར་གསེར་མདོག་ཅན་ཞེས་བྱ་བའི་འཇིག་ཏེན་དུ། འབྲས་བུ་མངོན་དུ་མཛད་པའི་ལུང་སྟོན་བརྙེས་པ་རྗེ་བཙུན་ཆེན་པོ་གྲགས་པ་རྒྱལ་མཚན་དང་། ལུང་རིགས་རྒྱ་མཚོའི་ཕ་མཐར་སོན་ཅིང་ཆོས་ཀྱི་འཁོར་ལོ་ཆེན་པོ་ལན་གསུམ་གྱིས།

---

〔1〕 译者注：壁面有 20×23 厘米的损毁。

〔2〕 ངེས =ངེས་པར་ལེགས་པ（niḥśreya，决定胜），མཐོ对应于མངོན་མཐོ（abhyudaya，增上生）。

གདུལ་བྱའི་ཚོགས་བསམ་གྱིས་མི་ཁྱབ་པ། སྨིན་གྲོལ་གྱི་ལཾ་ལ་འགོད་པར་མཛད་པའི་དཔལ་ལྡན་བླ་མ་དམ་པ་བསོད་ནམས་རྒྱལ་མཚན་དཔལ་བཟང་པོ་གཉིས་ཞལ་སྒྲོད་དུ་བཞུགས་པ་དང་། རྒྱ་ནག་པོའི་རྒྱལ་པོ་ཆེན་པོ་ཆེན་པོ་ཏ་མིང་ལ་སོགས་པ། གདུལ་བྱ་མང་པོའི་འགྲེན་མཆོག་དམ་པ། སྤྱངས་རྟོགས་ཀྱི་ཡོན་ཏན་བསམ་གྱིས་མི་ཁྱབ་པས་རྣམ་པར་རྒྱན་པའི་ཐེག་ཆེན་ཆོས་ཀྱི་རྒྱལ་པོ་ཀུན་དགའ་བཀྲ་ཤིས་རྒྱལ་མཚན་དཔལ་བཟང་པོ་ནསླ་ལ། ལྷ་གནམ་ལྷ་སྤྱི་རིངས་ནས་བརྩམས་ཏེ། དཔལ་ལྡན་ས་སྐྱ་པའི་གདུང་རབས་གྲུབ་ཐོབ་ཀྱི་རྒྱུད་པ། ཟར་མ་ཆད་པར་བྱོན་པས་བསྐོར་བ་དང་། ཀྱི་རྡོ་རྗེ་ལམ་འབྲས་བུ་དང་བཅས་པའི་རྒྱུད་པ། བདེ་མཆོག་ལོ་ཧི་པའི་རྒྱུད་པ། མཆོད་རྟེན་དུང་ཐོབ་ཀྱི་རྒྱུད་པའི་བླ་མ་རྣམས་ཆོན་རྗེ་འཛམ་བུ་ཆུ་བོའི་གསེར་ལ་སོགས་པ་ལས་གྲུབ་པ་ནི།།

རིན་ཆེན་དཔལ་གྲུབ་གསུང་བཞིན་མཁར་ཁ་བ།།
དོན་གྲུབ་སྐྱབས་ཤེས་བྱ་བའི་བཟོ་སྦྱངས་ཀྱིས།།
དབང་པོའི་གཞུ་ལྟར་མཚུངས་པའི་ཚོན་རིས་ཅན།།
ཡིད་ཀྱི་རྣམ་སྤྲུལ་ལྷ་བུའི་རི་མོ་བཀོད།།
འཛམ་མགོན་སྤྲུལ་པའི་གདུང་རབས་དྲི་མེད་ལ།།
སྙིང་ནས་དད་པའི་ཤུགས་ཀྱིས་ཡིད་གཡོ་ནས།།
སྔོན་གྱི་དམ་པའི་སྐུ་ཡི་བསྐོད་པ་ཡང་
མངོན་གསུམ[1]་ལྷ་བུར་གྲུར་པའི་ལྷ་ཁང་འདི།།
འབྱོར་པའི་ཆུ་ཀླུང་བརྒྱ་ཕྲག་འདུ་བའི་གཞི།།
ཕན་བདེ་རིན་ཆེན་མ་ལུས་འབྱུང་བའི་གནས།།
མཁས་མང་གདེང་ཅན་ཚོགས་ཀྱིས་ཡོངས་བཟུང་པའི།།
མི་དབང་དད་པའི་ཆུ་གཏེར་གང་དེས་སྐྲུབས།།
ལས་རྒྱབ་དོ་དམ་བླ་མ་སྐྱབས་ཀྱིས་མཛད།།

---

〔1〕 应读作སུམ。

ངོ་མཚར་མཆོན་ཆོག་གཡུ་ལུང་པ་ཡིས་བསྒྲིབས།།

ཡི་གེ་པ་ནི་བློ་ལྡན་ཉི་མའོ།།

དགེ་བ་གང་དེས་འགྲོ་ཀུན་ཀུན་མཁྱེན་སོག།

བཀྲ་ཤིས་དང་བདེ་ལེགས་ཀྱིས་ཕྱོགས་དུས་གནས་སྐབས་ཐམས་ཅད་དུ་ཁྱབ་པ་ནི། མི་དབང་ཆེན་པོའི་ལྷག་བསམ་རྣམ་པར་དག་པའི་མཐུ་ཡིས་མཐོང་བའི་ཆོས་འདིར་མངོན་གྱུར་གཅིག།

དེ་ལྟར་སྦྱིན་བདག་ཆེན་པོ་འཁོར་བཅས་དང་།།

ཕྱག་ལེན་པ་དང་མཁས་པའི་དཔོན་རྣམས་ཀྱིས།།

མཆོད་རྟེན་འདི་དག་ལེགས་པར་བསྒྲུབས་པ་ཡིས།།

དགེ་བས་བླ་མེད་བྱང་ཆུབ་མྱུར་ཐོབ་སོག།

གང་དག་མཆོད་རྟེན་ཆེན་པོ་བསྒྲུབས་པ་ཡི།།

ཞབས་ཏོག་ལུས་ངག་ཡིད་ཀྱི་བྱེད་པ་དང་།།

སྒྲོག་དང་ཡོ་བྱད་འདི[1]དོན་བཏང་པ་དང་།།

འདི་དོན་གོམ་ཅིག་དོར་བ་ཡན་ཆད་ཀུན།།

མཐར་ཐུག་རྫོགས་པའི་སངས་རྒྱས་འགྲུབ་ཅིང་།།

གནས་སྐབས་ཡོན་ཏན་བདུན་དང་ལྡན་པ་ཡི།།

དལ་འབྱོར་ཐོབ་ནས་རྟག་དུ་ཆོས་སྤྱོད་ཅིང་།།

བར་ཆད་བདུད་ཀྱི་དགྲ་ལས་རྒྱལ་གྱུར་ཅིག།

རྒྱུ་འབྲས་བསླུ་བ་མེད་པའི་བདེན་སྟོབས་ཀྱིས།།

ཇི་སྐད་སྨྲས་པའི་བདེན་ཚིག་འགྲུབ་གྱུར་ཅིག།

མཾ་གླ་ལ་བྷ་ཝནྟུ་སརྦ་ཛ་ག་ཏ།། །།

---

〔1〕 应读作འདིའི。

第四层、第四间佛殿

ནུབ་ཕྱོགས་ཀྱི་གློ་འབུར་བར་པ་བྱང་། དམ་པ་ལྷ་ཁང་གི་དབུས་ན། རྗེ་བཙུན་དམ་པ་རིན་པོ་ཆེ། རྟེན་འབྲེལ་གྱི་ཕྱག་རྒྱ་མཛད་པ། གཡས་ན་དམ་པ་ཀུན་དགའ། གཡོན་ན་མ་ཅིག་ལབ་སྒྲོན་སྟེ། གཙོ་འཁོར་གསུམ་ཁྲི་རྒྱབ་ཡོལ་དང་བཅས་པ་ལྡེ་སྐུར་བཞེངས་པ་དང་།

གཡས་ཕྱོགས་ཀྱི་ངོས་ལ། པཎྜི་ཏ་ཛོ་རྗེ་གདན་པ་ཝིཀྲ་ལཀྵ་དེ་བ་ལ། གཤིན་རྗེ་གཤེད་དམར་པོའི། ད{པྱལ་}ལུགས་དང་། ས་ལུགས་ཀྱི་རྒྱུད་པས་སྐོར་བ་དང་།

གཡོན་ཕྱོགས་ཀྱི་ངོས་ལ། དཔྱལ་ལོ་ཙཱ་བ་ཆོས་ཀྱི་བཟང་པོ་ལ། དཔྱལ་ལུགས་ཀྱི་ཕག་{མོ་དང་། འཁོར་}ཆེན་བརྒྱུད་པས་སྐོར་བ་དང་།

གུང་གི་གཡས་གཡོན་ལ། ཞབ་བྱེད་རྒྱུད་ཕྱི་དང་། གཅོད་ཀྱི་རྒྱུད་པ་དང་།

ཡར་ཕྱུལ་བདེ་གཤེགས་བརྒྱད། རིགས་ལྔ། རིགས་གསུམ་སོགས། འདོད་ལྷ་སྣ་ཚོགས་ཀྱིས་སྐོར་བ་འདི་རྣམས་ཀྱི་དགོས་ཀྱི་སྦྱིན་བདག། དད་བརྩོན་ཤེས་རབ་ཚུལ་ཁྲིམས་དང་ལྡན་པའི། དགེ་བའི་བཤེས་གཉེན་སློན་ཚུལ་ཁྲིམས་བཟང་པོ་བས། ལྷག་བསམ་རྣམ་དག་གིས་བསྒྲུབས། རི་མོ་མཁས་པ་སྟགས་འཆང……………………

།ན་མོ་ཨ་རྱ་ཏ་ར་ཡེ།

རྗེ་བཙུན་སེང་ལྡན་ནགས་ཀྱི་སྒྲོལ་མ་ལ། ཕྱག་འཚལ་ཉི་ཤུ་རྩ་གཅིག་གི་ལྷ་མོས་སྐོར་བའི་ཞིང་ཁམས་འདི་ནི། མཛོད་པ་དགེ་བཤེས……………………〔2〕

第四层、第五间佛殿

༄༅། །ཨ་ཧོ་སུ་ཀ་ཧོ།

རྣལ་འབྱོར་འདུས་པའི་ཕོ་ཁྲིམ་ངོ་མཚར་རྩེ་དགའི་དཔལ་དུ་གྱུར་ཅིག།
བཀའ་བརྒྱུད་བླ་མ་མཁྱེན་པའི་སྤྱན་སྔོང་ཅན།།
སྐལ་ལྡན་གདུལ་བྱ་ཉེ་དབང་གིས་བརྟེན་ཅིང་།།
ཏིང་འཛིན་བདུད་བརྩིའི་དཔལ་ལ་རོལ་པ་དང་།།
གཞན་དོན་རྩེ་འཛིའི་གར་གྱིས་རྩེན་པ་རྒྱལ།།
རྣལ་འབྱོར་དབང་ཕྱུག་ཏེ་ལོ་ཤེས་རབ་བཟང་།།

---

〔1〕 译者注：该段题记题于殿门右侧度母壁画下方。

མགོན་སྐྱབས་གྱིན་ཕྱུར་མེ་ཏོག་ཐོད་ཀྱིས་བཅིངས།།

ཅང་ཏེའི་སྦྲ་སྦྲོག་ཐོད་པས་བདུད་རྩེ་གསོལ།།

སྐྱུ་སྙི་གར་གྱིས་རོལ་པ་གང་དེ་རྒྱལ།།

བཙུ་ཕྲག་དཀའ་བས་མནར་ཡང་ལམ་མཆོག་ཚོལ།།

བདེ་དྲོད་གོས་དང་ལྡན་ཀྱང་མི་ལྷགས་གྲོན།།

སྒྲོས་བྲལ་དབུ་མར་གནས་ཀྱང་སྤྱོད་པ་མཛད།།

ན་རོ་པཊ་ཆེན་སྐྱེ་དགུའི་གཙུག་ན་རྒྱལ།།

མྱི་ལམ་སྒྱུ་མ་དྲི་ཟའི་གྲོང་ཁྱེར་སྤྲིན།།

མིག་ཡོར་ཆུ་ཟླ་མིག་སྒྱུའི་རྣམ་པ་བཞིན།།

ཆོས་ཀུན་བདེན་མེད་རྟོགས་ཀྱང་གཞན་དོན་སླད།

ལེགས་བཤད་སྦྲ་བསྒྱུར་མར་པ་ལོ་ཙྪ་རྒྱལ།།

ནུས་པ་མཐར་ཕྱིན་རྡོ་རྗེ་ཐོག་སེར་འབེབས།།

དཀྭ……………………………………ཟས་ལ་རོལ།།

སྤྱང……………………………………དངོས་དྲུབ་རྙེས།།

……………………………………………………རྒྱལ།།

དགེ……………………………………………………ཟླུ།།

ཐོས……………………………………………………སྤྱད།།

……………………………………………………ཡི།།

……………………………………………………།།

ཆོས……………………………………………………།།

མཚན……………………………ས་བསྒྲུབས་པ་ཡིས།།

····པད་ཚལ་གེ་སར་རྒོད་པ་ལ·················།།

ལེགས་བ[ཤད]་བཅུད་ལེན་བུང་བ་དགའ་བར་གསལ།།

དད་སོགས་ཡན་ལག་བདུན་གྱིས་མཛེས་པའི་སྐུ།།

ཕས་རྒོལ་དམག་སྡེའི་གཡུལ་ལས་རྒྱལ་བྱེད་ཅིང་།།

བསྟན་པའི་ཁུར་ཆེན་ཁྱེར་ལ་མི་ངལ་བའི།།

༄༅། །མི་དབང་གཉིས་འབྱུང་གནས་སྐབས་ཀུན་ཏུ་རྒྱལ།།

དེ་ཡང་། མངོན་མཐོ་དང་ངེས་ལེགས་ཀུན་གྱི་འབྱུང་གནས། ཀུན་མཁྱེན་ཐུབ་པའི་བསྟན་པ་དང་། མར་གྱུར་སེམས་ཅན་གྱི་དོན་ལ་དགོངས་ཏེ། ས་སྐྱོང་ལྷའི་དབང་པོ་རབ་ཏན་ཀུན་བཟང་འཕགས་ཀྱི་མཛད་འཕྲིན་ཞུལ་དུ་ཕྱིན་པའི་མཐུ་ལས། མཆོད་རྟེན་མཐོང་གྲོལ་ཆེན་མོ་ས་ཆེན་མཛེས་པའི་དཔལ་དུ་གྲུབ་པ་ནི། ཆེས་ངོ་མཚར་དང་ལྡན་པའོ།

འདི་ན་འཐོ་རིས་མཛོག་པའི་སྐས།

ཐར་པའི་གླིང་དུ་འཕྲིད་པའི་གྲོགས།།

སྲིད་མཚོ་སྐེམས་པའི་ཉི་མ་སྟེ།།

ཚ་གདུང་སེལ་བའི་ཟླ་བའང་ལགས།།

ཅེས་བརྗོད་དེ། བང་རིམ་བཞི་པའི་ནུབ་བྱང་དབང་རྒྱལ་ལྷ་ཁང་གི་དབུས་ན། གྲུབ་ཆེན་ཏེ་ལོ་པ། ན་རོ་པ། མར་པ་ལོ་ཙྪ། མི་ལ་རས་ཆེན། དགས་པོ་རིན་པོ་ཆེ་རྣམས་ཁྲི་རྒྱབ་ཡོལ་དང་བཅས་པ་འབུར་དུ་དོད་པའི་ལྦེ་སྐུ་བཟོ་སྦྱངས་ཀྱི་ཡོན་ཏན་ཞུལ་དུ[1]·ཕྱིན་པའི་བློ་གྲོས་ཅན་ལྷ་རྩེ་བ་ནམ་མཁའ་བཟང་པོ་དཔོན་སློབ་རྣམས་ཀྱིས་བཞེངས་ཤིང་། ལོགས་རིས་ལ་བདེ་གཤེགས་ཕག་མོ་གྲུབ་པ། གླིང་རས་པ། གཙང་པ་རྒྱ་རས་རྣམས་ལ་ཕྱག་རྒྱ་ཆེན་པོ་ལྷན་ཅིག་སྐྱེ་སྦྱོར་གྱི་རྒྱུད་པ་ཆ་གསུམ། ཕྱག་རྒྱ་ཆེན་པོ་བརྡའི་བརྒྱུད་པ། གྲུབ་སྙིང་གི་བླ་མ་བརྒྱུད་པ་རྣམས་ཀྱིས་བསྐོར་བ་འདི། ཐུགས་རིགས་ཤིན་ཏུ་གསལ་བའི་མེ་ལོང་བློ་གྲོས་ཀྱི་རི་མོས་བཀྲ་བའི་ལྷ་རྩེ་བ་དཔོན་མོ་ཆེ་ཐར་པ་དཔོན་སློབ་ཀྱིས

〔1〕 应读作ཏུ。

བཟབས་པས་གཙུག་ལག་ཁང་ཕྱུལ་དུ་ཕྱིན་པར་གྲུབ་པའི་ལྟེ་སྐུ་གཙོ་འཁོར་རྣམས་ཀྱི་སྦྱིན་བདག་མགར་བ་བསོད་རྣམས་དར་གྱིས་སྒྲུབས་ཤིང་། ལོགས་རིས་ཀྱི་སྦྱིན་བདག་ཀུང་།།

རབ་བརྟན་དད་པའི་རྒྱ་མཚོ་ལས།།
ཀུན་བཟང་ལྷ་ཁང་མི་རྟོག་འབྲུངས།།
འཕགས་པའི་བྱིན་བརླབས་མདངས་ཀྱིས་མཛེས།།
འདི་ཡང་བསོད་ནམས་སྐལ་བར་ལྡན།།
འདིར་འབད་དགེ་བའི་གང་ག་དང་།།
སྲིད་ཞིའི་དགེ་ཚོགས་རྒྱ་གཏེར་གཉིས།།
ལྷ་ཅིག་བྱེད་པས་ཀུན་མཁྱེན་གྱི།།
དཔག་བསམ་ལྗོན་པ་རྒྱས་གྱུར་ཅིག།
ཆོས་ཉིད་རྣམ་དག་བྱིན་བརླབས་དང་།།
ཆོས་ཅན་རྟེན་འབྲེན་མི་བསླུ་བས།།
མི་དབང་ཆེན་པོའི་ཐུགས་བཞེད་དང་།།
སློན་ལམ་ལྷན་ཅིག་འགྲུབ་པར་ཤོག།
ཐུབ་པའི་སྤྱན་སྔར་དམ་བཅས་པའི།།
འཇིག་རྟེན་སྐྱོང་པ་རྣམ་བཞི་སོགས།།
བཀའ་སྲུངས་མ་ནྡྷ་ཀ[1]་ལས་གཡེལ་མེད་སྲུངས།།

མཾ་ག་ལཾ།། །།

第四层、第六间佛殿

༄། །གང་ཞིག་དགེ་ཚོགས་དཔལ་ལས་ཉེར་ཐོབ་སྐུ།།
སྐུ་གསུང་ཐུགས་མཆོག་སྐུ་གསུམ་འདུས་པའི་དཔལ།།

[1] 应读作ཀྣ。

དཔལ་ལྡན་རྡོ་རྗེ་འཆང་དང་དབྱེར་མེད་མཆོག།

མཆོག་གྱུར་གསུམ་ལྡན་རྩ་རྒྱུད་བླ་མ་དང་།།

མི་འགྱུར་བདེ་ཆེན་དཔལ་ལྡན་དུས་འཁོར་ལ།།

དངོས་པོ་ཀུན་གྱིས་བརྟག་ཏུ་ཕྱག་འཚལ་ལོ།།

མཆོད་རྟེན་ཆེན་པོ་བཀྲ་ཤིས་སྒོ་མངས་ཀྱི།།

བང་རིམ་བཞི་པའི་བྱང་གི་གློ[1]་འབུར་བར།།

ནུབ་ཕྱོགས་བླ་མ་ལྷ་ཁང་བདེ་ཆེན་གྱི།།

དབུས་ཀྱི་ཕྱོགས་ན་དཔལ་ལྡན་བླ་མ་མཆོག།

མཆོག་ཏུ་མི་འགྱུར་བདེ་བ་ཆེན་པོའི་སྐུ།།

ཀུན་མཁྱེན་ཆེན་པོའི་སྐུ་འདྲ་བྱིན་བརླབས་ཀྱི།།

གཟི་འོད་རབ་ཏུ་འབར་བས་རྒྱན་པ་དང་།།

གཡས་ཀྱི་ཕྱོགས་ན་མཁས་གྲུབ་ཆེན་པོ་ནི།།

ཕྱོགས་ལས་རྣམ་པར་རྒྱལ་བའི་སྐུ་འདྲ་དང་།།

གཡོན་གྱི་ཕྱོགས་ན་མཁས་མཆོག་ཉ་དབོན་གྱི།།

སྐུ་འདྲ་དང་བཅས་གཙོ་འཁོར་རྣམ་པ་གསུམ།།

ཁྲི་དང་རྒྱབ་ཡོལ་རྒྱན་གྱི་རྣམ་པ་ཀུན།།

གཞན་ལས་ཆེས་མཆོག་ཕུལ་དུ[2]་ཕྱིན་པ་འདིའི།།

དགོས་ཀྱི་མཐུན་རྐྱེན་སྦྱོར་བའི་སྦྱིན་བདག་མཆོག།

རིགས་རུས་དཔལ་འབྱོར་ཡོན་ཏན་དུ་མའི་བདག།

རིམས་གཉིས་ལམ་ལ་ཏིང་འཛིན་བརྟན་པ་ཐོབ།།

---

〔1〕 应读作སློ。

〔2〕 应读作ཏུ。

གསང་སྔགས་གྲུབ་མཐའ་རྒྱ་མཚོའི་མཐར་ཕྱིན་པའི།།
དཔལ་ལྡན་བླ་མ་དཔལ་ལྡན་ལེགས་པ་ཡིས།།
སངས་རྒྱས་བསྟན་པ་རྒྱུན་དུ་གནས་ཕྱིར་དང་།།
བླ་མ་རྣམས་ཀྱི་ཐུགས་དགོངས་རྫོགས་ཕྱིར་དང་།།
བསྟན་འཛིན་རྣམས་ཀྱི་སྐུ་ཚེ་བསྟན་ཕྱིར་དང་།།
ཆོས་རྒྱལ་ཡོན་མཆོད་སྐུ་འཁོར་བཅས་པ་རྣམས།།
སྐུ་ཁམས་བཟང་ཞིང་ཆབ་སྲིད་བསྟན་པ་དང་།།
མཐའ་ཡས་འགྲོ་ལ་ཕན་བདེ་འབྱུང་བའི་ཕྱིར།།
རབ་དཀར་དགེ་བའི་ཐུགས་ཀྱིས་ལེགས་པར་[སྒྲུབས།]
···།།
··············སྒྲུངས··············འི་མཁས་མཆོག།
ག····················དཔལ་ལྡན··························།།
ནམ་མཁའ་བཟང་པོ་དཔོན་སློབ་རྣམས་ཀྱིས་བཟབས།། །།
འདིའི་གཡས་ཀྱི་ཕྱོགས་ཀྱི་ངོས་ལ་ནི།།
དུས་ཀྱི་འཁོར་ལོ་རྣ་བའི་ལུགས་ཀྱི་ནི།།
དབང་བཀའ་བཤད་བཀའ་མན་ངག་དང་བཅས་པའི།།
དཔལ་ལྡན་བླ་མའི་རྒྱུད་པ་རིང་ཐུང〔1〕་རྣམས།།
ལེགས་པར་བསྐུར་བའི་བཀོད་པ་བཞུགས་པའོ།།
འདིའི་གཡོན་གྱི་ཕྱོགས་ཀྱི་ངོས་རྣམས་ལ།།
དུས་ཀྱི་འཁོར་ལོ་འབྲོ་དང་རྭོང་གི་ལུགས།།
དབང་བཀའ་བཤད་བཀྲ་མན་ངག་དང་བཅས་པའི།།

〔1〕 རིང་ཐུང = ཉེ་བ་དང་རིང་བ。

བླ་མ་རྒྱུད་པ་རིང་ལུགས་ཉེར་རྒྱུད་དང་།།
བཅས་པའི་རི་མོའི་བཀོད་པ་ལེགས་བཞུགས་སོ།།
འདིའི་རི་མོའི་དགོས་ཀྱི་སྦྱིན་བདག་ནི།།
དཔལ་ལྡན་དུས་ཀྱི་འཁོར་ལོའི་རྣལ་འབྱོར་པ།།
དཔལ་ལྡན་བླ་མ་དཔལ་ལྡན་ལེགས་པ་ཡིས།།
དཔལ་ལྡན་བླ་མའི་ཐུགས་དགོངས་རྫོགས་ཕྱིར་དང་།།
སངས་རྒྱས་བསྟན་པ་དར་ཞིང་རྒྱས་པའི་ཕྱིར།།
རབ་དཀར་དགེ་བའི་བསམ་པས་སྒྲུབས།།
རི་མོ་མཁས་པ་ལྷ་རྗེ་བདེ་ཆེན་པ།།
བློ་གྲོས་རབ་བསལ་མཁས་པ་དཔོན་དགེ་བ།།
སྐུ་མཆེད་གཉིས་ཀྱིས་ལེགས་པར་བཟབས་ཏེ་བྲིས།།
དེའི་དགེ་བས་ཡོན་མཆོད་འཁོར་བཅས་དང་།།
མཐའ་ཡས་སྐྱེ་དགུའི་ཚོགས་རྣམས་ཐམས་ཅད་ཀུན།།
དཔལ་ལྡན་བླ་མ་རྣམས་ཀྱི་རྗེས་འཛིན་ཅིང་།།
རྡོ་རྗེ་འཆང་གི་གོ་འཕང་མྱུར་ཐོབ་ཤོག།
བླ་མེད་བླ་མ་མཆོག་གི་ཐུགས་རྗེ་དང་།།
བསླུ་མེད་རིན་ཆེན་གསུམ་གྱི་བདེན་སྟོབས་དང་།།
ཆོས་དབྱིངས་རྣམ་དག་བདེན་པའི་བྱིན་བརླབས་ཀྱིས།།
བདག་གི་སྨོན་ལམ་བཏབ་པ་འགྲུབ་པར་ཤོག།

མངྒལ།།

第四层、第八间佛殿

༄༅། །ཨོཾ་སྭསྟི།

བླ་མ་དང་དཀོན་མཆོག་གསུམ་ལ་གུས་པས་ཕྱག་འཚལ་ལོ།།

འཇམ་པའི་དབྱངས་ཀྱི་བློ་གྲོས་ལས།།

འདྲེན་པར་བརྗོམ་པའི་མཁྱེན་རབ་ཅན།།

མཁས་མཆོག་བོ་དྷི་སཏྭ་དེ།།

ས་ཆེན་འགྲོ་བའི་སྐད་དུ་རྒྱལ།།

རྫུ་འཕྲུལ་སྟོབས་ཀྱིས་མུ་སྟེགས་བཅོམ།།

བརྩེ་བའི་སྟོབས་ཀྱིས་འདས་གྲོངས་སྐྱངས།།

སྨོན་ལམ་སྟོབས་ཀྱིས་ཕྲིན་ལས་མཛད།།

ཐུགས་རྗེའི་སྟོབས་མངའ་པད་འབྱུང་རྒྱལ།།

རྒྱ་གར་བལ་པོ་རྒྱ་ནག་ལི།།

ཡུལ་ཕྱོགས་གང་ནའང་མཚུངས་མེད་པའི།།

མཁས་མཆོག་ཀ་མ་ལ་ཤཱི་ལ།།

འགྲོ་བའི་ས་མཁན་གང་དེ་རྒྱལ།།

བོད་ཡུལ་མུན་པའི་དམག་རུំ་དུ།།

དམ་ཆོས་སྒྲོན་མེ་སྦྱོར་བ་ལ།།

ངང་གིས་འཇུག་པའི་ཐུགས་རྗེ་ཅན།།

ལོ་ཆེན་རིན་ཆེན་བཟང་པོ་རྒྱལ།།

ཐུབ་བསྟན་གངས་རི་ལ་གནས་ཤིང་།།

ལུང་རིགས་སེང་གེའི་ང་རོ་ཡིས།།

ལོག་སྨྲའི་ཟ་ཆོགས་འཇོམས་མཛད་པའི།།

རྔོག་ལོ་གཡུ་རལ་འཛིན་པ་རྒྱལ།།

མཆོད་རྟེན་རྒྱ་སྐར་མང་ན་ཡང་།།

མཐོང་གྲོལ་མཚན་མོའི་མགོན་པོ་དང་།།
མཚུངས་པ་མ་མཆིས་དེ་ཡི་སླད།།
མི་ཧོག་ཆར་ཆེན་འབབ་པ་རྒྱལ།།
ཆོས་རྒྱལ་ཉིན་མོའི་དབང་ཕྱུག་ནི།།
རྒྱལ་ཕྲན་རྒྱ་སྐར་དཔལ་ཕྲོག་ཅིང་།།
ཐུབ་བསྟན་པད་ཚལ་བསྐྱེད་པ་དང་།།
ཕས་རྒོལ་ཀུ་མུད་འཛུམས་མཛད་རྒྱལ།། ། །།

ཅེས་མཆོད་པར་བརྗོད་ནས། སྐབས་ཀྱི་དོན་བཀོད་པ་ནི། ཡུལ་གངས་ཅན་གྱི་ལྗོངས། ཉང་སྟོད་རིག་པའི་འབྱུང་གནས་ཀྱི་སའི་ཆ། མང་པོས་བཀུར་བའི་རྒྱལ་པོ། མངའ་བདག་དཔལ་འཁོར་བཙན་གྱི་བཞུགས་གནས། རྒྱལ་མཁར་རྩེའི་ལྷ་ཞོལ། ཆོས་གྲྭ་ཆེན་པོ་དཔལ་འཁོར་སྡེ་ཆེན་གྱི་དབུས་སུ། བདེ་བར་གཤེགས་པའི་ཆོས་སྐུའི་མཆོད་རྟེན་མཐོང་གྲོལ་ཆེན་མོ་བཀྲ་ཤིས་པ་དང་དགེ་བའི་མཚན་མ་མང་པོའི་དཔལ་གྱི་མངོན་པར་འཐོ་ཞིང་། ལྷུན་བསྟུག་པར་བཞུགས་པ་ལས། བང་རིམ་བཞི་པའི་བྱང་ཤར་གྱི་དབང་རྒྱལ་ལྷ་ཁང་གི་དབུས་ན། མཁན་ཆེན་པོ་དྷི་སཏྭ། སློབ་དཔོན་པདྨ་སམྦྷ་ཝ།

༄༅། །མཁས་མཆོག་ཀ་མ་ལ་ཤཱི་ལ། ལོ་ཆེན་རིན་ཆེན་བཟང་པོ། རྔོག་ལོ་ཙཱ་བ་བློ་ལྡན་ཤེས་རབ་རྣམས་ཀྱི་སྐུ་འདྲ་ཁྲི་རྒྱབ་ཡོལ་དང་བཅས་པ་འབུར་དུ་གདོད་པ་དང་། ལོགས་བྲིས་པཎ་ཆེན་ཤཱཀྱ་ཤྲཱི་བྷ་དྲ་དང་། སློབ་དཔོན་སངས་རྒྱས་གསང་བ་ཞལ་སྦྱོར་ལ་རྒྱན་དྲུག་མཆོག་གཉིས་དང་། ཕྱགས་འཆང་ཧཱུྃ་ཀཱ་ར། བི་མ་ལ་མི་ཏྲ་ལ་སོགས་བོད་དུ་བྱོན་པའི་པཎ་ཆེན་རྣམས་ཀྱིས་བསྐོར་བ་དང་། ལོ་ཙཱ་བ་དཀའ་བ[1]་དཔལ་བརྩེགས་ལ། བོད་ཀྱི་ལོ་ཙཱ་བ་མཐོན་མི་སམྦྷོ་ཊ་དང་། ཇྙཱ་ཀོ་ཁ་ལ་སོགས་པ་བཀའ་དྲིན་ཅན་རྣམས་ཀྱིས་བསྐོར་བ་རྣམས་ཀྱི་དགོས་ཀྱི་སྦྱིན་བདག།

སྤྲིན་པའི་འབྲུག་སྒྲ་ཆེར་སྒྲོགས་ཅིང་།།

〔1〕 更常见的形式是སྐ་བ。

སྦྱིན་པའི་ཆར་རྒྱུན་གཡོས་པ་ཡིས།།
དགེ་བའི་ལོ་ཏོག་སྐྱེད་མཁས་པའི།།
མི་དབང་ཆེན་པོས་བཀའ་བསྩལ་དང་།།
ནང་སོ་ཆེན་མོས་ལེགས་པར་སྒྲུབས།།
བཟོ་སྦྱངས་མཁས་པའི་དཔོན་མོ་ཆེས།།
ནམ་མཁའ་བཟང་པོ་དཔོན་སློབ་དང་།།
རི་མོའི་གནས་ལ་ཕྱུལ་ཕྱིན་པའི།།
མཁས་པ་དཔོན་བཙུན་དོན་གྲུབ་སྒྲུབས།།
དཔོན་སློབ་རྣམས་ཀྱིས་ལེགས་པར་བཟབས།།
འདིར་འབད་དགེ་བའི་མེ་ཤེལ་ལས།།
ཀུན་མཁྱེན་ཉིན་བྱེད་ལེགས་གྲུབ་ཏེ།།
གཞན་ཕན་འོད་སྟོང་དྲ་བ་ཡིས།།
འགྲོ་བློའི་མི་ཤེས་མུན་སེལ་ཤོག།
དེ……སླས་པའི་སྨོན་ལམ་ཡང་།།
གང་གི་ལྷག་བསམ་རྣམ་དག་དང་།།
དཀོན་མཆོག་གསུམ་གྱི་བདེན་པ་དང་།།
སྨྲོང་བའི་ཆོས་འདིར་མངོན་གྱུར་ཅིག།
ཉིན་མོ་བདེ་ལེགས་མཚན་བདེ་ལེགས།།
ཉི་མའི་གུང་ལ་བདེ་ལེགས་ཤིང་།།
ཉིན་མཚན་ཀུན་ཏུ་བདེ་ལེགས་པ།།
དཀོན་མཆོག་གསུམ་གྱིས་དེང་འདིར་སྩོལ།།
བཀའ་སྟོད་པོ་ཉ་དྲག་ཤུལ་མཐུ་རྩལ་ཅན།།

མ་ཏྲྀ་ཀ་ལ་དམ་ཅན་རྒྱ་མཚོའི་ཚོགས།།
མཆོད་རྟེན་ཙུག་ལག་ཁང་དང་བཅས་འདི་ལ།།
འབྱུང་བཞིའི་གནོད་པ་བསྲུང་ཕྱིར་མ་གཡེལ་ཅིག།།

第四层、第十间佛殿

༄༅། །ན་མོ་གུ་རུ་བུདྡྷ་བོ་དྷི་[སཏྭ་བྷྱཿ]

ཚོགས་གཉིས་རབ་རྫོགས་རྫོགས་པའི་[སངས་རྒྱས]་འགྲོ་བའི་མགོན།།
མགོན་པོ་དེ་[ཡིས་ལེགས]་གསུངས་གསུང་རབ་ལུང་དང་རྟོགས་[པའི་ཆོས།།]
ཆོས་ཚུལ་ཟབ་མོ་རྟོགས་ཕྱིར་ཕྱིར་མི་ལྡོག་པའི་དགེ་འདུན་མཆོག།
མཆོག་གསུམ་[རབ]་དད་དད་པའི་བློ་ནས་ཕྱག་འཚལོ།།
གང་ཞིག་ཡོན་ཏན་དཔལ་འབར་འགྲོ་བ་མིག་བདུད་རྩིའི་[སྐུ།།]
སྐུ་གསུཾ་ངོ་བོ་ཆོས་ཀྱི་དགའ་སྟོན་འགྱེད་མཛ[ད]་ཚངས་པའི་གསུང་།།
གསུང་རབ་རྒྱ་མཚོ[འི་དོན]་རྣམས་ཇི་བཞིན་མ་ལུས་མཁྱེན་པའི་ཐུགས།།
ཐུགས་རྗེའི་བདག་ཉིད་ལོ་པཎ་རྣམས་ཀྱི་ཞབས་རྡུལ་སྤྱི་བོས་མཆོད།། །།

དེ་ཡང་ས་ཆེན་པོའི་ལྟེ་བ་འདིར། ས་སྐྱོང་ཆེན་པོའི་ཐུགས་བཞེད། མཆོད་རྟེན་ཆེན་པོ་ཡོངས་སུ་རྫོགས་པར་གྲུབ་པ་ལས་བང་རིམ་བཞི་པའི་ཤར་གྱི་གློ་འབུར་ལྷོ་མའི་དབུས་ན། པཎ་ཆེན་ཤཱཀྱ་ཤྲཱི། མཁན་ཆེན་བྱང་ཆུབ་དཔལ། འཇམ་དབྱངས་རིནེ་རྒྱལ་མཚན་གསུཾ་ཀྱི་སྐུ་འདྲ་ཁྲི་རྒྱབ་ཡོལ་དང་བཅས་པའི་སྦྱིན་བདག་ཆ་ལུ་བ་དཔོན་དབང་ཆེན་དར་གྱིས་སྒྲུབ་ནས། བཟོ་སྦྱངས་མཁས་པ་ལྷ་རྩེ་བ་དཔོན་ནམ་མཁའ་བཟང་པོ་དཔོན་སློབ་ཀྱིས་བཞེངས། རི་མོའི་བཀོད་པ་ནི། མཚུངས་མེད་ཤཱཀྱའི་རྒྱལ་པོ་ལ་བསྟན་པ་གཏད་རབས་ཀྱིས་བསྐོར་བ། གུང་གི་གཡས་ཚར་ལ་སླེན་རྫོགས་སོམ་བརྒྱུད། མཁན་ཆེན་རྡོ་རྗེ་དཔལ་བ་ལ་འདུལ་བའི་བཤད་ཁའི་བརྒྱུད་པས་བསྐོར་བ། དགྲ་བཅོམ་བ་ཡོན་ཏན་བློ་གྲོས་ལ། དགེ་འདུན་སྣང་བའི་མཁན་བརྒྱུད་རྣམས་ཀྱིས་བསྐོར་བའི་རི་མོ་ཡིད་ཀྱི་གླང་པོ་འཆིང་བར་བྱེད་པའི་ཞགས་པ་འདི་མཁར་ཁ་བ་དཔོན་བཙུན་དོན་གྲུབ་སྐྱབས་དཔོན་སློབ་རྣམས་ཀྱིས

བཟབས་ཤིང་། འདིའི་དགོས་ཀྱི་སྦྱིན་བདག་ཇོ་ང་དཔོན་གྲགས་པ་འབུམ་གྱིས་མཛད།།

འདིར་འབད་ལས་བྱུང་དགེ་བའི་ཆུ་རྒྱུན་གྱིས།།
མི་དབང་བཞེད་པའི་ལྷུམ་ར་བརླན་བྱས་ནས།།
བསྟན་པའི་ཆུ་སྐྱེས་ཀེ་སར་རྒོད་པ་ཡིས།།
སྐལ་ལྡན་བུང་བ་ཉེར་འཚོ་རྒྱས་གྱུར་ཅིག།།
ཆོས་ཉིད་རྣམ་པར་དག་པའི་བྱིན་རླབས་དང་།།
ཆོས་ཅན་རྒྱུ་རྐྱེན་བསླུ་བ་མེད་པ་དང་།།
མི་དབང་ལྷག་བསམ་རྣམ་པར་དག་པའི་མཐུས།།
སྨོན་ལམ་མཐར་ཕྱིན་བཀྲ་ཤིས་ཕུན་ཚོགས་ཤོག།།
དེ་ལྟར་ངོ་མཚར་མཚན་པའི་དཀར་ཆག་འདི།།
སློམས་ལས་དང་ལ་རྒྱ་ཆེར་ཆོས་ཚུལ་ལ།།
བལྟ་བའི་མིག་ཅན་གཡུ་ལུང་པ་ཡིས་སྦྱེབས།།
དགེ་བས་ས་བསྐྱོངས་དགེས་པ་འཕེལ་གྱུར་ཅིག།།
བཀྲ་སྟོད་ཕོ་ཉ་དྲག་ཤུལ་མཐུ་སྟུལ་ཅན།།
མ་ཧཱ་ཀཱ་ལ་དམ་ཅན་རྒྱ་མཚོའི་ཚོགས།།
མཆོད་རྟེན་གཙུག་ལག་བཅས་པ་འདི་དག་[ལ]།།
འབྱུང་བཞིའི་གནོད་པ་བསྲུང་[སྲུང་མ་གཡེལ]ཅིག།།

མཾ་ག་ལཾ་སརྦ་ཛ་ག་ཏཱ།།

第四层、第十二间佛殿

༄༅། །ཨོཾ་སྭསྟི། འདིར་སྨྲས་པ།

གང་གི་བློ་གྲོས་མར་གྱི་སྙིང་པོ་ལས།།
ལེགས་བཤད་མེ་ཆེན་བསྐྱེད་ནས་འགྲོ་བ་ཡི།།

མ་རིག་སེལ་མཛད་ལས་ཉོན་བུད་ཤིང་བསྲེག།

ལྷག་པའི་ལྷ་ཡིས་རྗེས་བཟུང་གང་དེ་རྒྱལ།།

ས་ཆེན་འདིར་ཡང་རྒྱལ་བའི་གདུང་བསོབ་ཅིག།

སྲིད་བཞི་འི་དགེ་ལེགས་འབྱུང་བའི་དཔལ་མངའ་བས།།

འགྲོ་ཀུན་ཐར་པའི་གནས་སུ་ཁྲིད་མཁས་པའི།།

འཁྲིམ་སྟོན་རྒྱལ་བའི་འབྱུང་གནས་གང་དེ་རྒྱལ།།

ཚུལ་ཆོས[1]་ལསོགས་འཇིག་རྟེན་ཆོས་ཀྱི་དབེན།།

ཁྲིམས་བཟང་ཚངས་སྤྱོད་རྒྱལ་མཚན་རྩེར་འཛིན་ཅིང་།།

རྒྱལ་བའི་བསྟན་པ་ཁུར་དུ་བཞེས་པ་ལ།།

ངལ་བ་མེད་པའི་བློ་ཆེན་གང་དེ་རྒྱལ།།

གཞན་ཡང་རྒྱལ་སྲས་སྤྱོད་པ་རླབས་ཆེན་གྱིས།།

མི་ནུབ་བསྟན་པའི་རྒྱལ་མཚན་འཛིན་པ་ཡི།།

གསང་སྔགས་བརྒྱུད་པའི་བླ་མ་མཚུངས་མེད་རྣམས།

ལུས་ཅན་ཀུན་གྱི་གཙུག་ན་རྒྱལ་གྱུར་ཅིག།

ཆོས་སྐུ་མཐོང་གྲོལ་ངོ་མཚར་རྨད་ཀྱི་ཆོས།།

ཨ་ལ་ལ་ཞེས་བརྒྱ་བྱིན་གད་མོ་འབྱིན།།

ལྷ་བུ་གཞོན་ནུ་མེ་ཏོག་ཆར་འབེབས་ཤིང་།།

འགྲོ་ཀུན་དགའ་བའི་གར་གྱིས་རྩེན་པ་མཆོད།།

མིའི་དབང་པོ་འཁོར་ལོ་བསྒྱུར་བ་རྒྱལ།།

རྒྱལ་དང་རྒྱལ་བའི་བསྟན་པ་བསྟན་འཛིན་ཀུན།།

ཀུན་ནས་མཆོད་ཅིང་བསྙེན་བཀུར་ཕུ་དུད་མཛད།།

---

〔1〕 译者注：应读作འཆོས。

མཛད་ཕྲིན་ཕྱུལ་ཕྱིན་འཕགས་པའི་མཚན་ཅན་མཆོད།།

དེ་ཡང་མཆོད་རྟེན་བཀྲ་ཤིས་སྒོ་མང་མཐོང་གྲོལ་ཆེན་མོའི་བང་རིམ་བཞི་པའི་ལྷོའི་གློ་འབུར་ཤར་མའི་ལྷ་ཁང་གི་དབུས་ན། ཇོ་བོ་ཆེན་པོ་རྗེ་ཨ་ཏི་ཤ། དེའི་གཡས་ན་འབྲོམ་སྟོན་རྒྱལ་བའི་འབྱུང་གནས་དང་། གཡོན་ན་ནགས་མཚོ[1]་ལོ་ཙཱ་བ་རྣམས། རྒྱུ་རིན་པོ་ཆེ་དང་རྩི་སྨན་དུ་མ་ལས་རྐྱེན་བཟོ་སྐྲུངས་ཀྱི་ཤེས་བྱ་མཐར་ཕྱིན་པ་མཁར་བ་མཉྫུ་ཤྲཱི་ཡིས་བཟབས། ལོགས་བྲིས་ལ། དགེ་བའི་

༄༅། །བཤེས་གཉེན་པོ་ཏོ་བ་རིན་ཆེན་གསལ་ལ་བཀའ་བསྟམས་གཞུང་ལུང་བརྒྱུད་པའི་བླ་མས་བསྐོར་བ། །སྤྱན་མངའ་བ་ཚུལ་ཁྲིམས་འབར་ལ། བཀའ་བསྟམས་སྟམས་ངག་ལུགས་ཀྱི་བརྒྱུད་པའི་བླ་མས་བསྐོར་བ། གཞན་ཡང་། བློ་སྦྱོང་གྱི་བརྒྱུད་པའི་བླ་མ། འདོད་ལྷ་ཚེ་དཔག་མེད།། སྤྱན་རས་གཟིགས་སེང་གེ་སྒྲ། སྒྲོལ་མ། རྣམ་ཐོས་སྲས། ཛམྦྷ་ལ་སེར་པོ་དང་བཅས་པའི་བསྐོར་བའི་དགོས་ཀྱི་སྦྱིན་བདག་ཉིང་རོ་ནས་ལུང་པ་དཔོན་གཡོག་རྣམས་ཀྱིས་མཛད། རི་མོ་མཁས་པ་ལྷ་རྩེ་བ་དཔོན་དགེ་གཉེན་སྐུ་མཆེད་ཀྱིས་མཁས་པའི་དབང་པོ་རིན་ཆེན་དཔལ་གྲུབ་གསུང་གི་བཀོད་པ་ཇི་ལྟ་བ་བཞིན་དུ་ཡོངས་སུ་རྫོགས་པར་སྒྲུབས།།

འདིར་འབད་དགེ་བའི་ཆུ་ཀླུང་གིས།།
ལུས་ཅན་དྲི་མ་སྦྱོང་བ་དང་།།
དགེ་ལེགས་ལོ་ཏོག་རྒྱས་བྱས་ནས།།
དགའ་བདེའི་དཔལ་འབྱོར་འཕེལ་གྱུར་ཅིག།།
ཐུབ་དབང་བཀའ་ཡི་ཕོ་ཉ་བ།།
མ་ཧཱ་ཀ་ལ་མཐུ་ཆེན་དང་།།
དམ་ཅན་རྒྱ་མཚོའི་ཚོགས་རྣམས་ཀྱིས།།
མ་གཡེལ་སངས་རྒྱས་བསྟན་པ་དང་།།

---

〔1〕 更常见的形式是ནག་ཚོ。

མཐོང་གྲོལ་སྦྱིན་བདག་བཅས་པ་བསྲུངས།།
བཀྲ་ཤིས་དང་བདེ་ལེགས་ཀྱིས
ཕྱོགས་དུས་ཀུན་ཏུ་ཁྱབ་པ་ནི།།
མི་དབང་ཆེན་པོའི་ལྷག་བསམ་གྱི།།
སྟོབས་ཀྱིས་མྱུར་དུ་འགྲུབ་པར་གྱུར་གཅིག།
དཀོན་མཆོག་རིན་ཆེན་གསུམ་གྱི་བྱིན་རླབས་དང་།།
རྒྱུ་འབྲས་བསླུ་བ་མེད་པའི་བདེན་པ་དང་།།
ཆོས་དབྱིངས་རྣམ་པར་དག་པའི་བྱིན་བརླབས་ཀྱིས།།
སྨོན་ལམ་ཇི་ལྟར་བཏབ་བཞིན་འགྲུབ་པར་ཤོག།
མཾ་གླ་ལཾ།། ཏེ་ཏེ།།

塔　瓶

塔瓶、第一间佛殿（东殿）

殿门入口处题记

༄༅།། །།ཨོཾ་བདེ་ལེགས་སུ་གྱུར་ཅིག
བླ་མ་དམ་པ་རྣམས་དང་དཀོན་མཆོག་གསུམ་ལ་གུས་པས་ཕྱག་འཚལ་ལོ།
འཇིག་རྟེན་ཁམས་ན་པད་མའི་གཉེན་གྱུར་ཇི་སྙེད་པ།།
དེ་སྙེད་མ་ལུས་གཅིག་ཏུ་བསྡུས་པའི་གཟི་བརྗིད་ལས།།
ཁྱད་པར་འཕགས་པའི་ཐུགས་རྗེ་མཁྱེན་བརྩེའི་འོད་ཟེར་ཕུལ་བྱུང་ཅན།།
དཔལ་ལྡན་བླ་མ་བརྩེ་ཆེན་དེ་ལ་ཕྱག་འཙལ་ལོ།།
རྣམ་གྲོལ་གླིང་ནས་འཕགས་མཆོག་གདེངས་ཅན་དབང་པོ་ཡིས།།
རྟག་པར་རྒྱུན་དུ་དད་པའི་སྒོ་ནས་གུས་རྟེན་པའི།།
འཇིགས་པ་ཀུན་སེལ་བསམ་པ་ཐམས་ཅད་རྫོགས་མཛད་པ།།
སྟོན་པ་སངས་རྒྱས་ཡིད་བཞིན་ནོར་བུ་ལ་ཕྱག་འཚལ།།

འཁོར་བའི་མཚོ་ལས་རིགས་ལྡན་སྐྱེ་བོ་སྒྲོལ་བའི་གྲུ།།
བདེན་གཉིས་གཟིངས་ཆེན་བསླབ་གསུམ་ཞག་ཐག་གིས་གདམས་ནས།།
སྒྲུབ་པའི་བ་དན་བརྩོན་འགྲུས་རླུང་གིས་རབ་གཡོས་པས།།
རྣམ་གྲོལ་གླིང་དུ་ཕྱིན་བྱེད་དམ་པའི་ཆོས་ལ་འདུད།།
ཐར་ལམ་གྲུར་ཞུགས་གླང་དོར་བཙོས་ལེགས་ལེགས་པར་བྱས།།
འཕྲུན་པའི་ལམ་ནས་བྱང་ཆུབ་གླིང་དུ་ཕྱིན་མཛད་ནས།།
སྐལ་ལྡན་རྣམས་ཀྱིས་འདོད་དགུའི་རིན་ཆེན་ཐོབ་བྱེད་པ།།
འཕགས་པའི་དགེ་འདུན་དེད་དཔོན་མཆོག་ལ་ཕྱག་འཚལ་ལོ།།
རྒྱལ་བའི་སྤྱན་མངར་བསྟན་པ་བསྲུང་བར་ཁས་བླངས་ཤིང་།།
སོ་སོ་རང་གི་སྙིང་པོ་ཕུལ་ཏེ་དཀྱིལ་འཁོར་དུ།།
ཇོ་རྗེ་འཆང་གིས་མངོན་པར་དབང་བསྐུར་དོ་རྗེའི་རིགས།།
བསྟན་བསྲུང་རྣམས་ཀྱིས་བསྟན་པ་ལེགས་པར་སྐྱོང་གྱུར་ཅིག།
སྨོན་བསགས་དགེ་བའི་མཐུ་སྟོབས་ཆེན་པོ་ཡིས།།
རིགས་གཟུགས་འབྱོར་ལྡན་རྒྱུད་དུ་སྐྱུ་འཁྲུངས་ཤིང་།།
དཀོན་མཆོག་གསུམ་ལ་མི་ཕྱེད་དད་པ་ཅན།།
ཁྲིལ་ཡོད་ངོ་ཚའི་གོ་བགོས་གཏོང་ལ་དཔའ།།
རྒྱལ་པོའི་ཁྲིམས་ལུགས་ཆོས་དང་འཕྲུན་པར་སྐྱོང་།།
བསྟན་འཛིན་ཀུན་གྱི་སྦྱིན་བདག་ཐབས་མཁས་པ།།
ཆོས་རྒྱལ་རབ་བརྟན་ཀུན་བཟང་འཕགས་པ་ཡིས།།
ཕན་བདེའི་འབྱུང་གནས་བསྟན་པ་དར་བ་དང་།།
བླ་མ་རྣམས་ཀྱི་ཐུགས་དགོངས་རྫོགས་ཕྱིར་དང་།།
བསྟན་འཛིན་རྣམས་ཀྱི་སྐུ་ཚེ་བརྟན་པ་དང་།།

ཡབ་མེས་རྣམས་ཀྱི་ཐུགས་དགོངས་རྫོགས་ཕྱིར་དང་།།
མཐའ་ཡས་སེམས་ཅན་སངས་རྒྱས་ཐོབ་བྱའི་ཕྱིར།།
ཆོས་གྲྭ་ཆེན་པོ་དཔལ་འཁོར་བདེ་ཆེན་དུ།།
འཛམ་བུ་གླིང་དུ་ཁྱད་པར་འཕགས་པ་ཡི།།
ཐུགས་དམ་བཀྲ་ཤིས་སྒོ་མང་ཆེན་པོ་གཞེངས།།
དེའི་བུམ་པའི་ནང་གི་ཕྱོགས་བཞི་ཡི།།
གཞལ་ཡས་ཁང་གི་དབུས་ན་བཞུགས་པ་ཡི།།
རྒྱལ་བའི་སྐུ་གཟུགས་འབུར་དུ་སྟོད་པ་དང་།།
ངོས་ལ་རྣལ་འབྱོར་རྒྱུད་ཀྱི་རྩ་རྒྱུད་དང་།།
བཤད་རྒྱུད་ཆ་འཐུན་རྒྱུད་སོགས་ནས་གསུངས་པའི།།
དཀྱིལ་འཁོར་ཆེན་པོ་རྣམས་ཀྱི་རྣམ་གྲངས་དང་།།
ལེགས་པར་བྲིས་པའི་བཀོད་པ་འདི་ལྟར་ལགས།། །།

འདི་ལྟར་མིའི་དབང་པོ་སྟོབས་ཀྱི་འཁོར་ལོས་སྒྱུར་བའི་ཆོས་ཀྱི་རྒྱལ་པོ་ཆེན་པོ་རབ་བརྟན་ཀུན་བཟང་འཕགས་པ་དེ་ཉིད་ཀྱི་ཐུགས་དམ་སྐུ་འབུམ་མཐོང་གྲོལ་ཆེན་མོའི་བུམ་པའི་ཤར་ཕྱོགས་ཀྱི་གཞལ་ཡས་ཁང་གི་དབུས་ན་བཅོམ་ལྡན་འདས་སྣང་མཛད་ཀྱི་སྐུ་རྒྱུ་རིན་པོ་ཆེ་གསེར་ལས་གྲུབ་པ་སྐུ་ཚད་ཉིད་ཀྱི་ཕྱག་མཐོ་ཉི་ཤུ་རྩ་གཅིག་པ་རིན་པོ་ཆེའི་རྒྱན་སྣ་ཚོགས་ཀྱིས་བརྒྱན་པ། མཉམ་བཞག་གི་ཕྱག་རྒྱ་ཅན། བཀོད་པ་ཕུལ་དུ་ཕྱིན་པ། ནང་དེ་བཞིན་གཤེགས་པའི་འཕེལ་གདུང་བཅུ་ཕྲག་གསུམ་དང་། རྒྱ་བོད་ཀྱི་མཁས་གྲུབ་བྱིན་བརླབས་ཅན་རྣམས་ཀྱི་རིན་བསྲེལ་རྣམ་པ་བཞིས་ཐོག་གྲངས། དེ་བཞིན་གཤེགས་པའི་སྐུ་གསུང་ཐུགས་ཀྱི་རྟེན་བྱིན་བརླབས་ཅན་རྣམས་ཀྱིས་ལེགས་པར་བལྟམས་པ། སྐྱེ་འགྲོ་རྣམས་ཀྱི་ཕྱག་གི་གནས། མཆོད་པའི་རྟེན་བསོད་ནམས་སོག་པའི་དཔལ་མགོན་དུ་གྱུར་པ། བཞུགས་ཁྲི་རྒྱབ་ཡོལ་དང་བཅས་པའི་སྐུ་གཟུགས་འབུར་དུ་སྟོད་པ་བཞུགས་སོ།།

རི་མོའི་བཀོད་པ་ནི། བྱང་ཕྱོགས་ཀྱི་གྱང་ལ་རྣལ་འབྱོར་རྒྱུད་ཀྱི་རྩ་བའི་རྒྱུད་དེ་ཉིད་བསྡུས་པའི་

དུམ་བུ་དང་པོ་རྡོ་རྗེ་དབྱིངས་ཀྱི་སྐུ་ཕྱག་རྒྱ་ཆེན་པོ་གཙོ་བོར་གྱུར་པའི་རྩ་བའི་དཀྱིལ་འཁོར་ཆེན་པོ་དེར་ཞུགས་ཏེ་མཐོང་ན་སྡིག་པ་ཅན་རྣམས་ངན་འགྲོའི་རྒྱུ་དང་བྲལ་བར་འགྱུར་བ་དང་། སངས་རྒྱས་ཉིད་ཀྱི་འབྲས་བུ་ཐོབ་པ་ལ་སོགས་པའི་ཕན་ཡོན་བསམ་གྱིས་མི་ཁྱབ་པ་དང་ལྡན་པའི་རྩ་བའི་དཀྱིལ་འཁོར་ཆེན་པོ་བཞུགས།[1]

འདི་ལ་སློབ་དཔོན་སངས་རྒྱས་གསང་བ་དང་། ཤཱཀྱ་བཤེས་གཉེན་དང་ཀུན་དགའ་སྙིང་པོ་དང་། འཇིགས་མེད་འབྱུང་གནས་སྦས་པ་རྣམས་ཀྱི་བཞེད་ཚུལ་གྱི་རྣམ་བཞག་མི་འདྲ་བ་བཞི་ལས། འདིར་སློབ་དཔོན་ཀུན་དགའ་སྙིང་པོའི་བཞེད་ལུགས་གཙོ་བོར་བྱེད་དོ[2]། དེ་ལ་ཀུན་དགའ་སྙིང་པོའི་གཞུང་ལས། རྣ་བབས་སྒོའི་སུམ་འགྱུར་དུ་གསུངས་པ་མ་རྟོགས་པ་རྣ་བབས་ཀྱི་སྣམ་བུ་ལ་སོགས་པའི་ངེས་པ་མ་གསུངས་ལ། ཤྲདྡྷ་དང་། ཤཱཀྱ་བཤེས་གཉེན་གྱི་རྣ་བབས་ལ་སོགས་པའི་རྣལ་བཞག་གསུངས་མོད་ཀྱི། འདིར་སློབ་དཔོན་ཨ་བྷྱ་ཡའི་བཞེད་ལུགས་ཀྱི་རྣ་བབས་གསུམ་[པོའི་རྣམ་གཞག་གསུངས་མོད་ཀྱི[3]།] ཀུན་དགའ་སྙིང་པོའི་གཞུང་དང་མི་འགལ་བར་འདུག་པར[4]། དཀྱིལ་འཁོར་སོ་སོ་ལ་ཅི་རིགས་པར་[བཀོད་དོ]ཨ་བྷྱ་ཡས[5]·རིན་ཆེན་སྣམ་བུའི་གཞི་དམར་པོ་

---

〔1〕 从此以下，直到第124页第3行གསལ་བར་གསུངས་པས་དེ་བཞིན་དུ་བྱས་སོ，其中的段落摘录自布顿所著的夏鲁寺目录（第3叶正面，第1行）。
译者注：*zha lu'i gtsug lag khang gi gzhal yas khang nub ma shar ma lho ma rnams na bzhugs pa'i dkyil 'khor sogs kyi dkar chag*［夏鲁祖拉康之无量宫西东南面曼荼罗目录］，tsa 函。

〔2〕 བྱེད་དོ布顿写为བྱས་སོ。

〔3〕 从ཤྲདྡྷ་དང་ཤཱཀྱ་བཤེས་གཉེན 至རྣམ་གཞག་གསུངས་མོད་ཀྱི，据布顿，应为ཤྲདྡྷའི་བཞེད་པས། ཤཱཀྱ་བཤེས་གཉེན་གྱི་བཞེད་པ་དང་བསྟུན་ནས་རྡོ་རྗེ་དབྱིངས་སྒོ་ཁྱུང་དུ་བྱས་ནས། དེའི་ལུགས་ཀྱི་རྣ་བབས་ལ་སོགས་པའི་རྣམ་གཞག་གསུངས་མོད་ཀྱི། འདིར་སློབ་དཔོན་འཇིགས་མེད་འབྱུང་གནས་སྦས་པའི་བཞེད་ལུགས་ཀྱི་རྣ་བབས་གསུམ་པོ。

〔4〕 布顿写作པས。

〔5〕 译者注：ཨ་བྷྱ་ཡས布顿写作འཇིགས་མེད་འབྱུང་གནས་སྦས་པས།

དང་བ་ཀུ་ལའི〔1〕་གཞི་ནག་པོ་ལ། བ་ཀུ་ལ〔2〕་དཀར་པོར་གསུངས་མོད་ཀྱི། སྔར་གྱི་དཀྱིལ་འཁོར་སྙིང་པ་རྣམས་ལ་རིན་ཆེན་སྣམ་བུའི་གཞི་སེར་པོ་དང་བ་ཀུ་ལའི〔3〕་གཞི་དམར་པོར་འདུག་ཅིང་། བླ་མ་དམ་པའི་གསུང་གིས་ཀྱང་དེ་ལྟར་བྱས་ན་འཐད་གསུང་ལ། ཀུན་དགའ་སྙིང་པོའི་གཞུང་གསལ་ཁ་ཅན་དང་འགལ་བ་ཡང་མི་སྣང་བས་དེ་ལྟར་བྱས་སོ།

ཀླུན་ཆོས་འབྱུང〔4〕་ལསོགས་པ་ཁ་ཅིག་ནང་གི་རྡོ་རྗེ་འཕྲེང་བ་དཀྱིལ་འཁོར་གྱི་ནང་ནས་བསྐོར་ཞིང་།〔5〕རྡོ་རྗེ་རྩེ་མོ་ལས་རྡོ་རྗེ་ར་བའི་ཕྱི་རོལ་དུ་ཞེས་པ་དང་འབྱུང་བར། འོད་ཀྱི་དཀྱིལ་འཁོར་ཕྱི་རོལ་ཞེས་གསུངས་པ་ལ་རྟེན་ནས་རྡོ་ར་མེ་རི་དང་། འགྲེལ་པར་སྣ་ཚོགས་རྡོ་རྗེའི་རང་བཞིན་དུ་བྱིན་གྱིས་བརླབ་ཅེས་གསུང་པ་ལ་རྟེན་ནས། སྣ་ཚོགས་རྡོ་རྗེ་བྱས་ཤིང་། བླ་མ་གོང་མ་རྣ་སྐྱ་པ་དང་། འཇོམས་པའང་

༄༅། །དེ་ལྟར་བཞེད་དོ། ཀུན་དགའ་སྙིང་པོས་འོད་ཀྱི་དཀྱིལ་འཁོར་གྱི་ཕྱི་རོལ་དུ〔6〕་ཁོར་ཡུག་ཆེན་པོ་གསུངས་པ་ལ། འདི་བྲིའི་དམིགས་གསལ་མ་གསུངས་ཀྱང་། ཤྲཱི་རྒྱས། མཚོ་དང་ཤིང་དང་མེ་ཏོག་དང་། བྱ〔7〕་ལསོགས་པ་བྲི་བར་གསུངས་པ་བཞིན་དུ་བྱས་སོ།

ནང་གི་ལྷ། གར་མ་དང་། གླུ་པ་མ་དང་། རྡོ་རྗེ་འབེབས་པ་རྣམས། རྡོ་རྗེ་འབྱུང་བ་ནས། ལྗང་ཁུར་གསུངས་ཀྱང་། འདིར་འགྲེལ་པའི་ལུགས་བཞིན་སྣ་ཚོགས་མདོག་དུ་བྱས་སོ། རྡོ་རྗེ་ཆོས་

---

〔1〕 译者注：བ་ཀུ་ལའི布顿写作བ་ཀུ་ལིའི。

〔2〕 译者注：བ་ཀུ་ལ布顿写作བ་ཀུ་ལི。

〔3〕 译者注：བ་ཀུ་ལའི布顿写作བ་ཀུ་ལིའི。

〔4〕 译者注：ཀླུན་ཆོས་འབྱུང布顿写作ཀླུན་ཆོས་ཀྱི་འབྱུང་གནས。

〔5〕 题记中遗漏了布顿的一句话：[ནང་གི་རྡོ་རྗེ་ཕྲེང་བ་དཀྱིལ་འཁོར་ནང་མའི་ཕྱི་ནས་བསྐོར་བ་དང་། སྣ་ཚོགས་རྡོ་རྗེ་དང་།རྡོ་ར་མེ་རི་མེད་པར་བཞེད་མོད་ཀྱི། འདིར་རྡོ་རྗེ་འབྱུང་བའི་གཞུང་ལ་བརྟེན་ནས་]ནང་གི་རྡོ་རྗེ་ཕྲེང་བ་དཀྱིལ་འཁོར་གྱི་ནང་ནས་བསྐོར་ཞིང་།

〔6〕 译者注：布顿未写དུ。

〔7〕 译者注：布顿写作དར་དཔྱངས。

ལསོགས་པ་སྐུ་མདོག་དཀར་དམར་དུ་གསུངས་པ་རྣམས་བླ་མ་དམ་པ་རྣམས་ཀྱི་བཞེད་པ་བཞིན་དཀར་ལ་དམར་བའི་མདངས་ཅན་དུ་བྱས་སོ། སློ་བ་རྣམས་རྡོ་རྗེ་འབྱུང་བར། རེས་འགའ་ལྷ་མོར་བཤད་ཀྱང་། འགྲེལ་པ་ནས་ལྷ་ཕོ་རུ་གསལ་བར་གསུངས་པས་དེ་བཞིན་དུ་བྱས་སོ།

དཀྱིལ་འཁོར་ཆེན་པོ་དེའི་ཕྱིའི་ཤར་ལྷོའི་གྲྭ་ན་འོད་དཔག་མེད་ཕྱག་རྒྱ་བཞི་པའི་དཀྱིལ་འཁོར། ལྷོ་ནུབ་ཀྱི་གྲྭ་ན་མི་བསྐྱོད་པ་ཕྱག་རྒྱ་བཞི་པའི་དཀྱིལ་འཁོར། ནུབ་བྱང་གི་གྲྭ་ན་རིན་ཆེན་འབྱུང་ལྡན་ཕྱག་རྒྱ་བཞི་པའི་དཀྱིལ་འཁོར། བྱང་ཤར་གྱི་གྲྭ་ན་དོན་ཡོད་གྲུབ་པ་ཕྱག་རྒྱ་བཞི་དཀྱིལ་འཁོར་རྣམས་བཞུགས་སོ།

ཤར་སྒོའི་བྱང་ཕྱོགས་ཀྱི་འོག་ན། རྡོ་རྗེ་དབྱིངས་ཀྱི་གསུང་ཆོས་ཀྱི་ཕྱག་རྒྱ་གཙོ་བོར་གྱུར་པའི་ཆོས་ཀྱི་དཀྱིལ་འཁོར་ཆེན་པོ་བཞུགས། དེའི་སྟེང་ན་རྡོ་རྗེ་དབྱིངས་ཀྱི་ཐུགས་དམ་ཚིག་གི་ཕྱག་རྒྱ་གཙོ་བོར་གྱུར་པའི་གཟུངས་གི་དཀྱིལ་འཁོར་ཆེན་པོ་བཞུགས། སྒོ་གོང་ན་རྡོ་རྗེ་དབྱིངས་ཀྱི་ཕྲིན་ལས་ལས་ཀྱི་ཕྱག་རྒྱ་གཙོ་བོར་གྱུར་པའི་ལས་ཀྱི་དཀྱིལ་འཁོར་ཆེན་པོ་བཞུགས།

ནུབ་ཀྱི་གུང་གི་གཡོན་ཕྱོགས་གི་སྟེང་ན། རྣམ་པར་སྣང་མཛད་ཕྱག་རྒྱ་བཞི་པའི་དཀྱིལ་འཁོར་བཞུགས།

དཀྱིལ་འཁོར་ཆེན་པོ་འདི་རྣམས་ཀྱི་སྟེང་ཕྱོགས་གི་མཚམས་རྣམས་ན། རྡོ་རྗེ་དབྱིངས་གི་དབང་བཀའི་བླ་མ་བརྒྱུད་པ་རྣམས་བཞུགས། བར་གྱི་མཚམས་རྣམས་ན། རྡོ་རྗེ་དབྱིངས་གི་གསང་བ་ཡུམ་བཞི། སྒེགས་སོགས་བརྒྱད། རིག་མ་བཅུ་དྲུག་རྣམས་དང་། རྩ་བའི་དཀྱིལ་འཁོར་ཆེན་པོའི་འོག་ན། དཀྱིལ་འཁོར་གྱི་དབུས་དང་གྲྭ་བཞིར་འདེབས་པའི་ཕུར་པ་ཁྲོ་བོ་རྒྱལ་བ། མཐའ་ཡས། རྣམ་རྒྱལ། སྤྲིན་སྒྲ། གསུམ་པོ་ཆེ་རྣམས་དཔལ་མཆོག་འགྲེལ་པར་སྐུ་མདོག་ཕྱག་མཚན། ཁྲོ་བོ་འཁོར་ལོས་སྒྱུར་བ་ལསོགས་པ་ལ་ཁ་འཕངས་པ་ལྟར་སྒྱུ་འཕྲུལ་དྲྭ་བའི་རྒྱུད་དང་མཐུན་པར་བཀོད་པ་བཞུགས།

ཤར་གྱི་འོག་ན་གཞལ་ཡས་ཁང་གསང་བའི་ཁྲོ་བོ་དང་། མཆོད་པའི་ཚོགས་དང་། སྦྱིན་བདག་ཆེན་པོའི་སྐུ་འདྲ་རྣམས་བཞུགས་སོ།

ནུབ་ཀྱི་གུང་གི་ལྷོ་ཕྱོགས་ཀྱི་སྟེང་ན་རྡོར་སེམས་ཕྱག་རྒྱ་གཅིག་པའི་དཀྱིལ་འཁོར་བཞུགས་སོ།། །།

ལྷོ་སྒོའི་སྒོ་གོང་གི་དབུས་ན། རྩ་རྒྱུད་དུམ་བུ་གཉིས་པ་འཇིག་རྟེན་གསུམ་ལས་རྣམ་པར་རྒྱལ་བའི་སྐུ་ཕྱག་རྒྱ་ཆེན་པོ་གཙོ་བོར་གྱུར་པའི་རྩ་བའི་དཀྱིལ་འཁོར་ཆེན་པོ་བཞུགས། འདིའི་རྡོ་རྗེ་རིགས་ཀྱི་ལྷ་རྣམས་ཀྱི་འགོད་ཚུལ་ལ། ལྷ་ཡི་སྣམ་བུ་ལས་ལྷ་དང་གཞན་པ་གཉིས་ཀའི་ལུས་ཕྱེད་འཐོན་ཕྱེད་མ་འཐོན་པའི་བཞེད་ཚུལ་དང་གདན་དང་སྐུ་གཉིས་ཀ་རྫོགས་པའི་བཞེད་ཚུལ་གཉིས་ལས། ཕྱི་མའི་ལུགས་སུ་བྱས་སོ།།

དཀྱིལ་འཁོར་ཆེན་པོ་དེའི་སྟེང་གི་དཔུང་ཟུར་གཡས་ན། ཁམས་གསུམ་རྣམ་རྒྱལ་གྱི་རྣམ་སྣང་ཕྱག་རྒྱ་པའི་དཀྱིལ་འཁོར། གཡོན་ན་རྡོ་རྗེ་ཧཱུྃ་མཛད་ཕྱག་རྒྱ་བཞི་པའི་དཀྱིལ་འཁོར་བཞུགས།

ཤར་སྒོའི་ལྷོ་ཕྱོགས་ཀྱི་འོག་ན་ཁམས་གསུམ་རྣམ་རྒྱལ་གྱི་གསུང་ཆོས་ཀྱི་ཕྱག་རྒྱ་གཙོ་བོར་གྱུར་པའི་ཆོས་ཀྱི་དཀྱིལ་འཁོར་ཆེན་པོ་བཞུགས། དེའ་སྟེང་ན་ཁམས་གསུམ་རྣམ་རྣམ་རྒྱལ་གྱི་ཐུགས་དམ་ཚིག་གི་ཕྱག་རྒྱ་གཙོ་བོར་གྱུར་པའི་གཟུངས་ཀྱི་དཀྱིལ་འཁོར་ཆེན་པོ་བཞུགས།།

གུང་གི་བྱང་ཕྱོགས་ཀྱི་འོག་ན་ཁམས་གསུམ་རྣམ་རྒྱལ་གྱི་རྡོ་རྗེའི་རིགས་ཀྱི་རྩ་བའི་དཀྱིལ་འཁོར། དེའི་འོག[1]་ན་རྡོ་རྗེ་རིགས་ཀྱི་གཟུངས་ཀྱི་དཀྱིལ་འཁོར། གུང་གི་ལྷོ་ཕྱོགས་ཀྱི་འོག་ན་རྡོ་རྗེ་རིགས་ཀྱི་ཆོས་ཀྱི་དཀྱིལ་འཁོར། དེའི་སྟེང་ན་རྡོ་རྗེ་རིགས་ཀྱི་ལས་ཀྱི་དཀྱིལ་འཁོར་རྣམས་བཞུགས་སོ།།

དཀྱིལ་འཁོར་ཆེན་པོ་འདི་རྣམས་ཀྱི་སྟེང་ཕྱོགས་ཀྱི་བར་མཚམས་རྣམས་ན་ཁམས་གསུམ་རྣམ་རྒྱལ་གྱི་དབང་བཀའི་བླ་མ་བརྒྱུད་པ་རྣམས་དང་། བར་གྱི་གྲྭ་འཚམས་རྣམས་ན་ཁྲོ་མོའི་རིག་མ་བཅུ་དྲུག་དང་། སྙིག་སོགས་བརྒྱད་དང་། འོག་གི་གྲྭ་རྣམས་ན་ཁྲོ་བོ་རྡོ་རྗེ་མེ་ལྟར་འབར་བ་དང་། བསྐྱུང་འཁོར་གྱི་ཁྲོ་བོ། རྡོ་རྗེ་འཇིགས་བྱེད་སྲུན། རྡོ་རྗེ་གནོད་སྦྱིན། རྡོ་རྗེ་གཙུག་ཏོར། རྡོ་རྗེ་ཞགས་པ། རྡོ་རྗེ་བ་དན། རྡོ་རྗེ་ནག་མོ། རྡོ་རྗེ་རྩེ་མོ། རྡོ་རྗེ་ལས། རྡོ་རྗེ་ཧཱུྃ་མཛད་རྣམས་སྐུ་མདོག་ཕྱག་མཚན་སྟོན་གྱི་ཚན་རྙིང་པ་ལས་བྱུང་པ་བཞིན་བཀོད་པ་དང་།

〔1〕 译者注：根据壁画，此处应为སྟེང。

ལྷོ་སློའི་གཡས་ཀྱི་འོག་ན་ཆོས་སྐྱོང་རྒྱལ་ཆེན་རྣམ་ཐོས་སྲས་ཞི་དྲག་གཉིས་དང་། གཡོན་ན་མགོན་པོ་བེང་གི་སྐུ་རྣམས་བཞུགས་སོ།། །།

འདིའི་རྟེན་གྱི་གཙོ་བོ་བཅོམ་ལྡན་འདས་རྣམ་པར་སྣང་མཛད་ཆེན་པོའི་སྐུ་འདི། མི་ཡི་དབང་པོ་བདག་པོ་ནང་ཆེན་རབ་འབྱོར་བཟང་པོ་འཕགས་པའི་ནང་རྟེན་དུ་ནང་སོ་ཆེན་མོ་ནས་བཞེངས་པ་ཡིན་ཅིང་། གཞལ་ཡས་ཁང་གི་རི་མོ་རྣམས་ཀྱི་དགོས་ཀྱི་སྦྱིན་བདག་གི་དཀར་ཆག་ནི་དཀྱིལ་འཁོར་རང་རང་གི་འོག་ན་བཀོད་པ་བཞིན་ཡིནོ།། །།

རྣལ་འབྱོར་རྒྱུད་ཚུལ་རྒྱ་མཚོ་ཆེན་པོ་ཡི།།
དེ་ཉིད་བསྡུས་པའི་རྩ་བརྒྱུད་གླིང་མཆོག[1]་ནས།།
དཀྱིལ་འཁོར་བཅུ་ཕྲག་གཉིས་ཀྱི་ནོར་བུ་བླངས།།
རི་མོའི་རྒྱལ་མཚན་རྩེ་ལ་བཀོད་པ་འདི།།
རྡོ་རྗེ་འཆང་དངོས་བུ་སྟོན་ཁ་ཆེ་ཡི།།
ལྷ་འབྲུམ་ནང་བཞིན་ལེགས་པར་བཀོད་པའོ།།
བཀོད་པ་བཞིན་དུ་ལྷ་བཟོ་མཁས་པ་ཡི།།
རི་མོར་འགོད་པར་བྱེད་པའི་ཞལྷ་བ།།
དགེ་བའི་བཤེས་གཉེན་རིན་ཆེན་དཔལ་གྲུབ་གྱིས།།
དག་པར་བགྱིས་ནས་ལེགས་པར་བསྒྲུབས་པ་ཡིན།།
དེ་ལྟར་བསྒྲུབས་པའི་དགེ་བ་རྒྱ་ཆེན་འདིས།།
སྦྱིན་བདག་ཆེན་པོ་འཁོར་དང་བཅས་པ་དང་།།
གུས་པར་ཞབས་ཏོག་བསྒྲུབ་པར་བྱེད་པ་རྣམས།།
མྱུར་དུ་བླ་མེད་བྱང་ཆུབ་ཐོབ་པར་ཤོག།
གང་དག་མཆོད་རྟེན་ཆེན་པོ་འདི་བསྒྲུབ་པའི།།

〔1〕 གླིང་མཆོག=འབྱུང་ཁུངས。

ཕྱོགས་སུ་ལུས་སྲོག་ཡོ་བྱད་གཏོང་བ་དང་།།
འདི་ཡི་དོན་དུ་གོམ་པ་འདོར་བ་སོགས།།
ཀུན་ཀྱང་སངས་རྒྱས་ཉིད་དུ་སྨྱུར་འགྲུབ་ཤོག།
གང་དག་མཆོད་རྟེན་ཆེ་འདི་མཐོང་བ་དང་།།
ཐོས་བསམ་དྲན་ནས་དད་དང་ཡིད་རང་བ།།
དེ་དག་ཀུན་ཀྱང་བྱང་ཆུབ་མཆོག་རེག་ཤུར།།
གནས་སྐབས་ཀུན་ཏུ་བསྟན་པ་རིན་པོ་ཆེ།།
ཕྱོགས་འཚམས་ཀུན་ཏུ་དར་ཞིང་རྒྱས་པ་དང་།།
མཐའ་ཡས་སེམས་ཅན་སྐྱེ་དགུའི་ཚོགས་རྣམས་ཀྱང་།།
འཕྲལ་དང་ཡུན་དུ་བདེ་བསྐྱིད་ལྡན་པར་ཤོག།
བསོད་ནམས་དཔལ་གྱིས་ལེགས་པར་འབྱོར་པ་ཡི།།
ཆོས་རྒྱལ་ཡོན་མཆོད་སྐུ་ཚེ་བརྟན་པ་དང་།།
ཡུལ་ཁམས་བདེ་ཞིང་མི་ནད་ཕྱུགས་ནད་དང་།།
ལོ་ཉེས་དགྲའི་གནོད་པ་ཞི་བར་ཤོག།
ལྷ་ཀླུ་ཆར་འབེབས་ལོ་ཏོག་ཕུན་ཚོགས་ཤིང་།།
ཆབ་སྲིད་ཆེ་ཞིང་དར་ལ་བསམ་པ་ཀུན།།
ཆོས་དང་འཐུན་པར་བདེ་བླག་འགྲུབ་པར་ཤོག།
ཆབ་འོག་གཏོགས་པའི་འཁོར་འབངས་ཐམས་ཅད་ཀྱང་།།
ལུས་ངག་ཡིད་གསུམ་ཆོས་འཐུན་བདེ་སྐྱིད་པས།།
དཀོན་མཆོག་མཆོད་ལ་མི་སྐྱོ་བརྩོན་བཞིན་པས།།
སངས་རྒྱས་ཚེ་འདི་ཉིད་ལ་ཐོབ་པར་ཤོག།
དཀོན་མཆོག་རིན་ཆེན་གསུམ་གྱི་བྱིན་བརླབས་དང་།།

རྒྱུ་འབྲས་བསླུ་བ་མེད་པའི་བདེན་པ་དང་།།

ཆོས་དབྱིངས་རྣམ་པར་དག་པའི་བྱིན་བརླབས་ཀྱིས།།

སྨོན་ལམ་ཇི་ལྟར་བཏབ་བཞིན་འགྲུབ་པར་ཤོག།

ཕྱོགས་དང་དུས་དང་གནས་སྐབས་ཐམས་ཅད་དུ།།

བཀྲ་ཤིས་དང་བདེ་ལེགས་ཆེན་པོས་ཁྱབ་པར་གྱུར་ཅིག། །།

མཾ་ག་ལཾ སྭསྟིཿ ཤུ་བྷཾ།།

壁画下面题记

༄༅། །གུང་གི་གཡོན་ཕྱོགས་ཀྱི་སྟེང་ན་བར་མ་ལ་དགའ་བའི་སེམས་ཅན་རྗེས་སུ་བཟུང་བའི་ཕྱིར་བསྟན་པ་རྣམ་སྣང་ཕྱག་རྒྱ་བཞི་པའི་དཀྱིལ་འཁོར་བཞུགས། །དེའི་འོག་ན་དུམ་བུ་གཉིས་པའི་རྡོ་རྗེའི་རིགས་ཀྱི་གཟུངས་དཀྱིལ་བཞུགས། །དེའི་འོག་ན་རྡོའི་རིགས་ཀྱི་སྐུ་ཕྱག་རྒྱ་ཆེན་པོ་གཙོ་བོར་གྱུར་པྲི་ཙ་བྲི་དཀྱིལ་[འཁོར་བཞུགས།]

༢ བྱང་ཕྱོགས་ཀྱི་གུང་ན་རྣལ་འབྱོར་རྒྱུད་ཀྱི་རྩ་བའི་རྒྱུད་དེ་ཉིད་བསྡུས་པའི་དྷུཾ་ཕུཾ་དང་པོ་རྡོ་རྗེ་དབྱིངས་ཀྱི་སྐུ་ཕྱག་རྒྱ་ཆེན་པོ་གཙོ་བོར་གྱུར་པའི་དཀྱིལ་འཁོར་ཆེན་པོ་བཞུགས། དེའི་ཤར་ལྷོའི་གྲྭ་ན་འོད་དཔག་མེད་ཕྱག་རྒྱ་བཞི་པའི་དཀྱིལ་འཁོར་བཞུགས། །ལྷོ་ནུབ་ཀྱི་གྲྭ་ན་མི་བསྐྱོད་པའི་ཕྱག་རྒྱ་བཞི་པའི་དཀྱིལ་འཁོར་བཞུགས། །ནུབ་བྱང་གི་གྲྭ་ན་རིན་ཆེན་འབྱུང་ལྡན་གྱི་ཕྱག་རྒྱ་བཞི་པའི་དཀྱིལ་འཁོར་བཞུགས། །བྱང་ཤར་གྱི་གྲྭ་ན་གསུང་ཆོས་ཀྱི་ཕྱག་རྒྱ་གཙོ་བོར་གྱུར་པའི་དཀྱིལ་འཁོར་ཆེན་པོ་བཞུགས། །དཀྱིལ་འཁོར་ཆེན་པོ་འདི་སྟོམས་ཀྱི་སྟེང་ཕྱོགས་ཀྱི་མཚམས་རྣམས་ན། རྡོ་རྗེ་དབྱིངས་ཀྱི་དབང་བཀའི་བླ་མ་བརྒྱུད་པ་རྣམས་བཞུགས། །བར་མཚམས་རྣམས་ལ་རྡོ་རྗེ་དབྱིངས་ཀྱི་བཟང་པོ་ཡུམ་བཞི། སྒེགས་སོགས་བརྒྱད……དང་གྲ་བཞིར་འདེབས་པའི་ཕུར་པ་ལྔ་རྣམས་བཞུགས་སོ།།

འདི〔1〕་ལྟར་བསྒྲུབས་པའི་དགེ་བ་རྒྱ་ཆེན་འདི།

〔1〕 应读作འདིས。

སྦྱིན་བདག་ཆེན་པོ་འཁོར་དང་བཅས་པ་དང་།

གུས་པས་ཞབས་ཏོག་བསྒྲུབས་པར་བྱེད་པ་རྣམས།

མྱུར་དུ་བླ་མེད་བྱང་ཆུབ་ཐོབ་པར་ཤོག།

སརྦ་མངྒལཾ།།

{དཀྱིལ}་འཁོར་ཆེན་པོ་འདིའི་སྟོད་ཆ། དཔུང་ཟུར་གཡས་ན་མི་སྐྱོད་པ་ཕྱག་རྒྱ་བཞི་པའི་དཀྱིལ་འཁོར། གཡོན་ན་རིན་འབྱུང་ཕྱག་རྒྱ་བཞི་པའི་དཀྱིལ་འཁོར། འོག་གི་གཡས་ན་འོད་དཔག་མེད་ཕྱག………། གཡོན་ན་དོན་གྲུབ་ཕྱག་རྒྱ་བཞི་པའི་དཀྱིལ་འཁོར་རྣམས་བཞུགས་སོ།།

སྒོའི་བྱང་ཕྱོགས་{ཀྱི་སྟེ}ང་ན་ཐུགས་དམ་ཚིག་{པ}་ཕྱག་རྒྱ་གཙོ་བོར་གྱུར་{པ}། གཟུངས་ཀྱི་དཀྱིལ་འཁོར་བཞུགས། །དེའི་འོག་ན་གསུང་ཆོས་ཀྱི་ཕྱག་རྒྱ་གཙོ་བོར་གྱུར་པ་ཆོས་ཀྱི་དཀྱིལ་འཁོར་ཆེན་པོ་བཞུགས། །སྒོ་གོང་ན་ཕྲིན་ལས་ལས་ཀྱི་ཕྱག་རྒྱ་གཙོ་བོར་གྱུར་པ་ལས་ཀྱི་དཀྱིལ་འཁོར་ཆེན་པོ་བཞུགས་སོ།། །།

འདིའི་དཀྱིལ་འཁོར་ཆེ་ཆུང་བཅོ་བརྒྱད་ལ་ཞིང་ཁམས་ཆེན་པོ་ཕྱེད་དང་བདུན་དཀྱིལ་ཆུང་ཕྱེད་དང་བརྒྱད་ཀྱི་ས་དང་བཅས་པ་འདི་རྣ[མས་ཀྱི་དགོས]་ཀྱི་སྦྱིན་བདག། ཆོས་སྡེ་ཆེན་པོ་དཔལ་འཁོར་སྡེ་ཆེན་གྱི། ཚུལ་ཁྲིམས་གསེར་གྱི་ལྡེ་བ་བཏན། །ཐོས་བསམ་སྒོམ་པའི་མུ་ཁྱུད་མཛེས། །རྣམ་དག་རིགས་པའི་རྩིབས་སྟོང་རྒྱས་པའི་དགེ་འདུན་སྡེ་པས་མཛད།། ༈ །།

ཞེས་བྱའི་གནས་ལ་བློ་གྲོས་རབ་ཏུ་རྒྱས་པའི་རི་མོ་མཁས་པ་དཔལ་གནས་སྙིང་པ་དཔོན་མོ་ཆེ་དགེ་བཤེས་བསོད་ནམས་དཔལ་འབྱོར་བ་དཔོན་སློབ་ཀྱིས་བཟབས།། །།

དགེ་བས་ཁྱབ་བདག་རྣམ་[སྣང]་ས་ཐོབ་ཤོག།

མཾགླལ།།

༄༅། །ཤར་སྒོའི་ལྷོ་ཕྱོགས་ཀྱི་སྟེང་ན།དུམ་བུ་གཉིས་པ་ཁམས་གསུམ་རྣམ་པར་རྒྱལ་བའི་གཟུངས་ཀྱི་དཀྱིལ་འཁོར་ཆེན་པོ་བཞུགས། དེའི་འོག་ན་[ཁམས]་གསུམ་རྣམ་རྒྱལ་གྱི་ཆོས་ཀྱི་དཀྱིལ་འཁོར་ཆེན་པོ་བཞུགས་སོ།།

ལྷོ་ཕྱོགས་ཀྱི་སྒོ་གོང་ན་ཁྲོ་བས་ཁྲོ་བ་སྲུང་པའི་ཕྱིར་བསྟན་པ། རྡོ་རྗེའི་རིགས་ཆེན་པོ་དུམ་བུ་

གཉིས་པའི་དཀྱིལ་འཁོར་རྒྱས་པ་ཁམས་གསུམ་རྣམ་པར་རྒྱལ་བའི་སྐུ་ཕྱག་རྒྱ་ཆེན་པོ་གཙོ་བོར་གྱུར་པའི་རྩ་བའི་དཀྱིལ་འཁོར་ཆེན་པོ་བཞུགས་སོ།། །།དཀྱིལ་འཁོར་ཆེན་པོ་[དེ་རྣམས]་ཀྱི་དཔུང་ཟུར་གཡས་ན་རྡོའི་རིགས་ཆེན་པོའི་རྣམ་སྣང་ཕྱག་རྒྱ་བཞི་པའི་དཀྱིལ་འཁོར་བཞུགས། དཔུང་ཟུར་གཡོན་ན་རྡོ་རྗེ་ཧཱུཾ་མཛད་ཕྱག་རྒྱ་བཞི་པའི་དཀྱིལ་འཁོར་བཞུགས་སོ།། །།

……གུང་གི་གཡས་ཕྱོགས་ཀྱི་སྟེང་ན་དུམ་བུ་དང་པོའི་རྡོ་རྗེ་སེམས་དཔའ་ཕྱག་རྒྱ་གཅིག་པའི་དཀྱིལ་འཁོར་བཞུགས་སོ། །དེའི་འོག་ན་དུམ་བུ་གཉིས་པའི་རྡོ་རྗེ་རིགས་ཀྱི་ལས་ཀྱི་དཀྱིལ་འཁོར་བཞུགས[སོ། དེའི]་འོག་ན་རྡོ་རྗེ་རིགས་ཀྱི་ཆོས་ཀྱི་དཀྱིལ་འཁོར་བཞུགས་སོ།། །།

དགེ་བས་འགྲོ་ཀུན་རྡོ་རྗེ་ཧཱུཾ་མཛད་ཉིད་གྱུར་ཅིག།། །

མཾ་{ཀླལ}

塔瓶、第二间佛殿（南殿）

殿门入口处题记

༄༅། །བླ་མ་དང་སངས་རྒྱས་དང་བྱང་ཆུབ་སེམས་དཔའ་ཐམས་ཅད་ལ་ཕྱག་འཚལ་ལོ།
འཕགས་པའི་ལམ་གྱིས་སྒྲིབ་གཉིས་ཆུ་འཛིན་ལེགས་པར་བཅོམ་པའི་སྦྲོས་བྲལ་ཆོས་ཉིད་མཁའ་དབྱིངས་སུ།།
བསོད་ནམས་ཡེ་ཤེས་རིན་ཆེན་ལས་གྲུབ་མཁྱེན་པའི་དཀྱིལ་འཁོར་ནམ་མཁའི་ནོར་བུ་རབ་མཛེས་པ།།
ཐུགས་རྗེའི་འོད་གཟེར་ཀུན་ནས་འཕྲོ་བ་དཔག་ཡས་སྨོན་ལམ་རྟ་བདུན་གྱིས་བསྐྱོད་འགྲོ་བ་ཡི།།
མ་རིག་མུན་སེལ་ཡང་དག་དོན་སྟོན་ཐར་པའི་ལོ་ཏོག་སྨིན་མཛད་བླ་མ་ལ་ཕྱག་འཚལ།།
སེམས་བསྐྱེད་བཞི་དང་སྦྱོད་པ་རྣམ་བཞིའི་བསམ་སྦྱོར་གྱིས་བསྒྲུབ་སྐུ་བཞིའི་བདག་ཉིད་{སངས་རྒྱས}་དང་།།
བདེན་པ་བཞི་སྟོན་ཟག་པ་བཞི་སྦྱོང་བདུད་བཞི་དང་བྲལ་ལུང་ལམ་འགོག་རྟེན་དམ་

པའི་ཆོས།།

འབྲས་བུ་བཞི་ཐོབ་རྣམ་བཞིས་ས་དྲུག་རྣལ་འབྱོར་བཞི་ལྡན་སློབ་མ་རྒྱལ་སྲས་རྣམ་གཉིས་ཚོགས།།

ཕྲིན་ལས་བསྡུ་བཞིས་འཁོར་བའི་རྒྱུ་བཞིའི་འཇིགས་པ་བཞི་སྒྲོལ་དཀོན་མཆོག་གསུམ་ལ་ཕྱག་འཚལ་ལོ།།

སྐྱེ་འགག་གནས་མེད་ཆོས་ཉིད་རང་བཞིན་རྟག་པར་ཡང་།།

མཁྱེན་བརྩེ་གཉིས་མེད་མཐུ་ལས་གཞན་དོན་བསྒྲུབ་མཛད་གང་།།

ཐུབ་དབང་མཆོག་ལས་ཕྱོགས་བཅུའི་རྒྱལ་བ་འཕགས་པའི་གནས་བརྟན་རྒྱལ་སྲས་སོགས།།

འཁོར་གྱིས་ཡོངས་བསྐོར་ཐུབ་དབང་ཆེན་པོ་རྒྱལ་གྱུར་ཅིག།

དཀྱིལ་འཁོར་ཆེན་པོར་རྡོ་རྗེ་འཆང་གི་དབང་བསྐུར་ཞིང་།།

དམ་ཚིག་བཟུང་ནས་བསྟན་པ་བསྲུང་པར་ཞལ་བཞེས་པའི།།

བཀའ་སྐྱོད་དམ་པ་རྡོ་རྗེའི་རིགས་རྣམས་ཐམས་ཅད་ཀྱི།།

སྐྱེ་དགུ་ཀུན་དང་བསྟན་པ་རིན་ཆེན་ལེགས་པར་སྐྱོངས།།

རྒྱལ་བའི་བསྟན་པ་ཡུན་དུ་གནས་ཕྱིར་དང་།།

ཆོས་རྒྱལ་ཡོན་མཆོད་སྐུ་ཚེ་བརྟན་ཕྱིར་དང་།།

མཐའ་ཡས་སེམས་ཅན་བདེ་ལ་བཀོད་ཕྱིར་དང་།།

རྫོགས་པའི་སངས་རྒྱས་མྱུར་དུ་ཐོབ་བྱའི་ཕྱིར།།

ལེགས་བྱས་མཚོ་ལས་དལ་འབྱོར་མི་ཏོག་འཕྲུངས།།

རིགས་གཟུགས་འབྱོར་པའི་ཡལ་འདབ་རབ་རྒྱས་ཤིང་།།

དད་དང་སྟོང་བའི་དྲི་གསུང་རོ་བཅུད་ཀྱིས།།

བསྟན་འཛིན་ཀང་དྲུག་ལྡན་པ་དགའ་བསྐྱེད་པ།།

མི་དབང་རབ་བརྟན་ཀུན་བཟང་འཕགས་པ་ཡི།།
ཐུགས་དམ་མཐོང་གྲོལ་ཆེན་མོའི་ལྷོ་ཕྱོགས་ཀྱི།།
དབུས་ན་ཐུབ་ཆེན་གཙོ་འཁོར་ལསོགས་པའི།།
སྐུ་གཟུགས་འབུར་དུ་སྟོད་པ་སྣ་ཚོགས་དང་།།
ངོས་ལ་རྣལ་འབྱོར་རྒྱུད་ལས་འབྱུང་བ་ཡི།།
ཤེས་རབ་ཕ་རོལ་ཕྱིན་པའི་དཀྱིལ་འཁོར་རྣམས།།
ལེགས་པར་བྲིས་པའི་བཀོད་པ་འདི་ལྟར་ལགས།། །།

འདི་ལྟར་མི་དབང་ཆེན་པོའི་ཐུགས་དམ་ཆོས་སྐུའི་མཆོད་རྟེན་འཛམ་གླིང་རྒྱན་མཆོག་གི་ལྷོ་ཕྱོགས་ཀྱི་གཞལ་ཡས་ཁང་གི་དབུས་ན། ཐུབ་པ་ཆེན་པོའི་སྐུ་རྒྱ་གར་རྡོ་རྗེ་གདན་གྱི་མ་ཧཱ་བོ་དྷིའི་སྐུའི་འདྲ་འབག་ཇི་ལྟ་བ་བཞིན་གཙོ་འཁོར་གསུམ་ཁྲི་རྒྱབ་ཡོལ་རྒྱན་ན་དྲུག་གི་དབུས་ན་བཞུགས་པ་བྱིན་བརླབས་ཀྱི་གཞི་འོད་འབར་བ་བཞུགས།

ཤར་ཕྱོགས་དང་ནུབ་ཕྱོགས་ཀྱི་ལོགས་ལ། སྟེང་ན་ཕྱོགས་བཅུའི་སངས་རྒྱས་ཁྲི་རྒྱབ་ཡོལ་འཇའ་འོད་ཀྱི་དབུས་ན་བཞུགས་པ་དང་། འཕགས་པའི་གནས་བརྟན་ཆེན་པོ་བཅུ་དྲུག་དབང་ཧྭ་ཤང་དང་། དགེ་བསྙེན་པོ་དྷརྨ་ཏ་ལ་དང་བཅས་པ་བྲག་རིའི་དབུས་ན་བཞུགས་པ། རྒྱ་ནག་གི་ལུག་ཉན་ཐོས་དང་དགེ་བསྙེན་ལསོགས་པའི་འཁོར་གྲངས་མེད་པས་བསྐོར་བ། བཟོའི་བཀོད་པ་སྣ་ཚོགས་ཕུལ་དུ་ཕྱིན་པ་[སྐྱེ་འགྲོ་ཐམས་ཅད][1]དད་པ་བསྐྱེད་པ་རྣམས་བཞུགས་སོ།། །།

ལྷོའི་སྒོ་གོང་གི་དབུས་ན། རྣལ་འབྱོར་{རྒྱུད་ཀྱི་ཆ་མཐུན་གྱི་རྒྱུད་དཔ}ལ[2]མཆོག་གི་ཤེས་རབ་ཀྱི་ཕ་རོལ་དུ་ཕྱིན་པའི་དུམ་བུ་དང་ཆ་འཐུན་ཞིང་། {འཕྲོས་པའི་རྒྱུད}[3]དེ་བཞིན་གཤེགས་པ་ཐམས་ཅད་ཀྱི་སྐུ་དང་གསུང་དང་ཐུགས། གསང་བ་རྒྱན་བཀོད་པའི་རྒྱུད་དང་། ཤེར་ཕྱིན་ཚུལ་བརྒྱ་ལྔ་བཅུ་པ་ལས་འབྱུང་བའི་སྐུ་གསུང་ཐུགས་གསང་བ་རྒྱན་བཀོད་པའི་དཀྱིལ་འཁོར་ཆེན་པོ་

〔1〕译者注：刮擦 11 厘米，但似乎不是这几个字，而是སྐྱེ་བོ་རྣམས་ཀྱི………ཞིང་。
〔2〕译者注：壁面有刮擦，括号中的文字据壁画下面题记补。
〔3〕译者注：壁面有刮擦，括号中的文字据壁画下面题记补。

བཞུགས།

སྒོའི་ཤར་ཕྱོགས་ཀྱི་སྟེང་ན་ཤེར་ཕྱིན་ཚུལ་བརྒྱ་ལྔ་བཅུ་པ་ནས་འབྱུང་བའི། དེ་བཞིན་གཤེགས་པ་རྣམས་ཀྱི་ཡུམ་ཆེན་མོ་ཡེ་ཤེས་ཀྱི་དཀྱིལ་འཁོར་ཆེན་པོ་བཞུགས། དེའི་འོག་ན་དེ་བཞིན་གཤེགས་པ་ཐམས་ཅད་ཀྱི་སྐུ་གསུང་ཐུགས་གསང་བ་རྒྱན་བཀོད་པའི་རྒྱུད་དང་། ཤེར་ཕྱིན་ཚུལ་བརྒྱ་ལྔ་བཅུ་པ་ནས་འབྱུང་བའི་འདོད་པའི་དབང་ཕྱུག་གི་དཀྱིལ་འཁོར་ཆེན་པོ་བཞུགསོ།

སྒོའི་ནུབ་ཕྱོགས་ཀྱི་སྟེང་ན། དེ་བཞིན་གཤེགས་པ་ཐམས་ཅད་ཀྱི་སྐུ་གསུང་ཐུགས་གསང་བ་རྒྱན་བཀོད་པའི་རྒྱུད་དང་། ཤེར་ཕྱིན་ཚུལ་བརྒྱ་ལྔ་བཅུ་པ་ནས་འབྱུང་བའི་ཡུམ་ཆེན་མོའི་བསྒྲུབ་ཐབས་རྒྱས་པའི་དཀྱིལ་འཁོར་ཆེན་པོ་བཞུགས། དེའི་འོག་ན། ཤེར་ཕྱིན་ཚུལ་བརྒྱ་ལྔ་བཅུ་དང་། གསང་བ་རྒྱན་བཀོད་ཀྱི་རྒྱུད་ལས་འབྱུང་བའི་ཡུམ་ཆེན་མོ་ཤེས་རབ་ཀྱི་ཕ་རོལ་ཏུ་ཕྱིན་པ་རྒྱས་པའི་དཀྱིལ་འཁོར་ཆེན་པོ་བཞུགས་སོ།

དཀྱིལ་འཁོར་ཆེན་པོ་དེ་རྣམས་ཀྱི་སྟེང་གི་བར་མཚམས་རྣམས་ན། རྗེ་མོ་རིགས་བསྡུས་ཀྱི་དབང་བཀའི་བླ་མ་བརྒྱུད་པ་རྣམས་དང་། འདོད་ཡོན་ལྔའི་མཆོད་པའི་ལྷ་མོ་རྣམས་བཞུགས།

སྒོའི་འོག་གི་ཤར་ནུབ་རྣམས་ན། རྒྱལ་པོ་ཆེན་པོ་བཞི་གྲུར་གྱི་མགོན་པོ་གཙོ་འཁོར་གསུམ་རྣམས་བཞུགས་སོ།། །།

འདིའི་ཐུབ་ཆེན་གཙོ་འཁོར་གསུམ་ཁྲི་རྒྱབ་ཡོལ་དང་བཅས་པའི་ལྷེ་སྐྱ་ངོ་བོ་བཞེངས་པའི་དགོས་ཀྱི་སྦྱིན་བདག། སྤྲུལ་པའི་ལྷ་བཟོ་མཁས་པ་དཔོན་མོ་ཆེ་ལྷའི་རྒྱལ་མཚན་པས་མཛད། གཙོ་འཁོར་ཁྲི་རྒྱབ་ཡོལ་དང་བཅས་པའི་མཆོད་གསོལ་བ་དང་། ཤར་ནུབ་ཀྱི་ཕྱོགས་བཅུའི་སངས་རྒྱས། གནས་བརྟན་ཆེན་པོ་བཅུ་དྲུག། ཧྭ་ཤང་། དྷརྨ་ཏ་ལ་རྣམས། འཁོར་བྲག་རི་དང་བཅས་པ་ཐམས་ཅད་ཀྱི་ལྷེ་སྐྱ་དང་མཆོད་གསོལ་བ་དང་བཅས་པའི་སྦྱིན་བདག་ནང་སོ་ཆེན་མོ་རང་གིས་མཛད། ཐུབ་པ་ཆེན་པོའི་སྐུ་གསེར་གྱི་སྦྱིན་བདག་བྱམས་སེམས་ཆེན་མོ་ཉི་མ་ཁྲི་འདྲེན་པས་དད་པས་ཀུན་ནས་བསླངས་ནས་མཛད་པ་ལགསོ།། །།

རྣལ་འབྱོར་རྒྱུད་ཀྱི་ཆུ་གཏེར་ལས།།

འཁྲུངས་པའི་ཤེས་རབ་ཕ་རོལ་ཕྱིན།།
རྒྱུད་ཆེན་ལས་བྱུང་དཀྱིལ་འཁོར་རྣམས།།
རྡོ་རྗེ་མཆང་དངོས་བུ་སྟོན་གྱི།།
ལྷ་འབུམ་ནང་ནས་འབྱུང་བ་ཡི།།
དཀྱིལ་འཁོར་མན་ངག་བཞིན་དུ་བཀོད།།
ལེགས་སྦྱངས་ཕྱག་བཟོ་མཁས་པའི་དཔོན་རྣམས་ཀྱིས།།
སྐུ་གཟུགས་འབུར་དུ་སྟོད་པའི་བཀོད་པ་དང་།།
རི་མོར་འགོད་པར་བྱེད་པའི་ཞ་ལྷ་བ།།
དགེ་བཤེས་རིན་ཆེན་དཔལ་གྲུབ་ཞེས་བྱ་བ།།
དེ་ཡིས་གུས་པའི་བློ་ཡིས་བགྱིས་པ་ཡིན།།
དེ་ལྟར་དད་གུས་ལྡན་པའི་སྦྱིན་བདག་དང་།།
སྤྲུལ་པའི་ལྷ་གཟོ་གུས་པའི་ཞབས་ཏོག་པ།།
རྣམས་ཀྱིས་མཆོད་རྟེན་ཆེན་མོ་ལེགས་བསྒྲུབས་པའི།།
དགེ་བ་རྒྱ་ཆེན་དྲི་མེད་སྟོན་འགྲོ་དེས།།
ཕན་བདེའི་འབྱུང་གནས་བདེ་ལེགས་ཀུན་གྱི་གཞི།།
ལྷར་བཅས་འཇིག་རྟེན་གཙུག་གི་རྒྱན་གྱུར་པ།།
ཐུབ་པའི་བསྟན་པ་དར་ཞིང་རྒྱས་པ་དང་།།
བསྟན་འཛིན་བཤེས་བསྙེན་སྐུ་ཁམས་བཟང་བ་དང་།།
བསྟན་པའི་སྦྱིན་བདག་བསོད་ནམས་དཔལ་འབར་བ།།
ཆོས་རྒྱལ་ཡབ་སྲས་སྐུ་ཚེ་བརྟན་པ་དང་།།
སེམས་ཅན་ཐམས་ཅད་བདེ་སྐྱིད་ལྡན་པར་ཤོག།
རྒྱལ་བློན་ཆོས་བཞིན་བྱེད་ཅིང་ལྷ་ཀླུ་ཡིས།།

དུས་སུ་འབྱུན་པའི་ཆར་འབེབས་ལོ་ཏོག་རྒྱས།།
སྐྱེ་རྒུ་དར་ཞིང་བསམ་པ་དགེ་བར་ཤོག།
ཆབ་འོག་རྫོགས་པའི་འཁོར་འབངས་ཐམས་ཅད་ཀྱང་།།
རྣམ་པ་ཀུན་ཏུ་བདེ་བསྐྱིད་ལྡན་གྱུར་ཏེ།།
རྟག་ཏུ་མི་དགེ་སེམས་དང་བྲལ་ནས་ཀྱང་།།
ལྷག་པའི་བསམ་པ་རྣམ་པར་དག་གྱུར་ཅིག།།
མདོར་ན་བདག་གཞན་སེམས་ཅན་ཐམས་ཅད་ཀུན།།
ཉེས་པའི་དགྲ་བཅོམ་ཡོན་ཏན་ཀུན་རྫོགས་ཏེ།།
ཕྲིན་ལས་ལྷུན་གྲུབ་རྒྱུན་ཆད་མེད་པ་ཅན།།
སངས་རྒྱས་ཉིད་དུ་ངེས་པར་འགྱུར་བར་ཤོག།།
བླ་མེད་བླ་མ་མཆོག་གི་བྱིན་བརླབས་དང་།།
བསླུ་མེད་རིན་ཆེན་གསུམ་གྱི་བདེན་པ་དང་།།
ཆོས་དབྱིངས་རྣམ་དག་བདེན་པའི་བྱིན་བརླབས་ཀྱིས།།
སྨོན་ལམ་བཏབ་པ་ཇི་བཞིན་འགྲུབ་པར་ཤོག།།

ཕྱོགས་དུས་གནས་སྐབས་ཐམས་ཅད་དུ་བཀྲ་ཤིས་དང་བདེ་ལེཏ་ཆེནོས་ཁྱབར་གྱུག[1]།

壁画下面题记

༄༅།། །།ན་མོ་ཨཱརྱ་པྲཛྙཱ་པ་ར་མི་ཏ་ཡེ།

དུས་གསུམ་སངས་རྒྱས་སྐྱེད་པའི་ཡུམ།
ཤེས་རབ་ལྷ་མོའི་དཀྱིལ་འཁོར་མཆོག།
གསང་དབང་བརྒྱན་བཀོད་ལས་འབྱུང་བའི།
དཀྱིལ་འཁོར་ལྷ་ཚོགས་རྣམས་ལ་འདུད།། །།

〔1〕 译者注：即ལེགས་ཆེན་པོས་ཁྱབ་པར་གྱུར་ཅིག。

འདི་ར་ཐུགས་དམ་སྐུ་འབུམ་བཀྲ་ཤིས་སྒོ་མངས་མཐོང་གྲོལ་ཆེན་མོའི། ཐུམ་པའི་ལྷོ་ཕྱོགས་ཀྱི་གཞལ་ཡས་ཁང་གི་ལྷོའི་སྒོ་གོང་གི་དབུས་ན་རྣལ་འབྱོར་རྒྱུད་ཀྱི་ཆ་མཐུན་གྱི་རྒྱུད་དཔལ་མཆོག་གི་ཤེས་རབ་ཀྱི་ཕ་རོལ་དུ་ཕྱིན་པའི་དུམ་བུ་དང་ཆ་འཐུན་ཞིང་འཕྲོས་པའི་རྒྱུད། དེ་བཞིན་གཤེགས་པ་ཐམས་ཅད་ཀྱི་སྐུ་དང་གསུང་དང་ཐུགས་གསང་བ་རྒྱན་བཀོད་པའི་རྒྱུད་དང་། ཤེས་རབ་ཀྱི་ཕ་རོལ་དུ་ཕྱིན་པ་ཚུལ་བརྒྱ་ལྔ་བཅུ་པ་ལས་འབྱུང་བའི། སྐུ་གསུང་ཐུགས་གསང་བ་རྒྱན་བཀོད་པའི་དཀྱིལ་འཁོར་ཆེན་པོ་བཞུགས་སོ།

འདི་དང་འོག་གི་སྒོའི་གཡས་གཡོན་གྱི་རྒྱལ་པོ་བཞི་དང་། ཆོས་སྐྱོང་གུར་གྱི་མགོན་པོ་ལྕམ་དྲལ་གཙོ་འཁོར་གསུམ་དང་བཅས་པ་འདི་རྣམས་ཀྱི་དགོས་ཀྱི་སྦྱིན་བདག་ཆེན་པོ། དད་པའི་ས་བཞིར་བསོད་ནམས་ཀྱི་སྟོང་པོ་བརྟེན་པའི་ཡལ་ཁ་ཅན་དཔལ་འབྱོར་གྱི་ལོ་འདབ་གཏོང་བའི་འབྲས་བུས་ལེགས་པར་བརྒྱན་པ་འཁར་དགའ་ནང་སོ་ནས་རབ་དཀར་དགེ་བའི་བསམ་པས་ལེགས་པར་བསྒྲུབས།། །།

དེ་ལས་བྱུང་བའི་དགེ་བ་རྒྱ་ཆེན་འདིས།།
ནམ་མཁའི་མཐས་[ཀླས]་མར་གྱུར་འགྲོ་བ་རྣམས།།
སྲིད་ཞིའི་རྒྱུད་པ་མཐའ་དག་ལས་སྐྱབས་ནས།།
བླ་མེད་བྱང་ཆུབ་མཆོག་ལ་མྱུར་འགོད་ཤོག།། ། ཱ ། །། ༢ །

༢། །རི་མོའི་འདུ་བྱེད་དཔལ་ལྡན་འཁར་དགའ་བ།།[1]
བློ་གསལ་ཕྱུག་བདེ་ཡིད་གཞུངས་བརྩོན་འགྲུས་ལྡན།།
དཔོན་མོ་ཆེ་པ་དོན་གྲུབ་སྐྱབས་པ་ནི།།
ཁུ་དཔོན་དཔོན་སློབ་རྣམས་ཀྱིས་ལེགས་པར་བཟབས།།
དགེ་བས་འགྲོ་ཀུན་བྱང་ཆུབ་མྱུར་ཐོབ་ཤོག།། །། །།

།སྒོའི་ཤར་ཕྱོགས་ཀྱི་སྟེང་ན། ཤེས་རབ་ཀྱི་ཕ་རོལ་དུ་ཕྱིན་པ་ཚུལ་བརྒྱ་ལྔ་བཅུ་པ་ནས་འབྱུང་

〔1〕 译者注：以下五句为南壁东段绿色边框内的题记。

བའི། དེ་བཞིན་གཤེགས་པ་རྣམས་ཀྱི་ཡུམ་ཆེན་མོ་ཡེ་ཤེས་ཀྱི་དཀྱིལ་འཁོར་ཆེན་པོ་བཞུགས་སོ།། ། ༈ ། །།དེའི་འོག་ན་དེ་བཞིན་གཤེགས་པ་ཐམས་ཅད་ཀྱི་སྐུ་གསུང་ཐུགས་གསང་བ་རྒྱན་བཀོད་པའི་རྒྱུད་དང་། ཤེས་རབ་ཀྱི་ཕ་རོལ་ཏུ་ཕྱིན་པ་ཚུལ་བརྒྱ་ལྔ་བཅུ་ནས་འབྱུང་བའི་འདོད་པའི་དབང་ཕྱུག་གི་དཀྱིལ་འཁོར་ཆེན་པོ་བཞུགས་སོ།། །དཀྱིལ་འཁོར་འདི་གཉིས་ཞིང་ཁམས་ཆེ་བ་གཅིག་ཡིན་པའི་སུམ་གཉིས་ཀྱི་དགོས་ཀྱི་སྦྱིན་བདག། སྡེ་པའི་གཉེར་ཆེན་ཆེན་མོ་དགེ་བཤེས་པས་ལྷག་བསམ་རྣམ་དག་གི་སྒོ་ནས་བསྒྲུབས།། །།སུམ་ཅའི་དགོས་ཀྱི་སྦྱིན་བདག། དཔོན་ཡིག་གཞོན་ནུ་དོན་གྲུབ། ཤིང་གཉེར་དཔོན་ཚང་ཐི་མུར་བ། དགེ་བཤེས་དཔལ་ལྡན་མགོན། དགར་བསྙེན་པ་རྣམས་ཀྱིས་དང་པས་བསྒྲུབས།། ༈ །།

དེའི་དགེ་བས་མཐའ་ཡས་འགྲོ་བ་ཀུན།།
བླ་མེད་རྫོགས་པའི་བྱང་ཆུབ་ཐོབ་པར་ཤོག།

མཾ་ཀླ་ལ།།

༄༅། །སྒོའི་ནུབ་ཕྱོགས་ཀྱི་སྟེང་ན་དེ་བཞིན་གཤེགས་པ་ཐམས་ཅད་ཀྱི་སྐུ་གསུང་ཐུགས་གསང་བ་རྒྱན་བཀོད་པའི་རྒྱུད་དང་། ཤེས་རབ་ཀྱི་ཕ་རོལ་ཏུ་ཕྱིན་པ་ཚུལ་བརྒྱ་ལྔ་བཅུ་པ་ནས་འབྱུང་བའི་ཡུམ་ཆེན་མོའི་སྒྲུ[ཁ་ཐབས་རྒྱས་པའི་ད]ཀྱིལ་འཁོར་ཆེན་པོ་བཞུགས་སོ། འདིའི་དགོས་ཀྱི་སྦྱིན་བདག། འཕྲང་རིངས་པ་དཔོན་པོ་མན་དར་ར། རྒྱ་དམན་རྫོང་དཔོན། དཔོན་བཀྲས་པ། ཉིང་རོ་བ་དཔོན་གྱི་གོད་འཕེལ་རྣམས་ཀྱིས་རབ་དཀར་དགེ་བའི་སེམས་ཀྱིས་བསྒྲུབས།། ༈ །།

དེའི་འོག་ན་ཤེས་ཕྱིན་ཚུལ་བརྒྱ་ལྔ་བཅུ་པ་དང་སྐུ་གསུང་ཐུགས་གསང་བ་རྒྱན་བཀོད་པའི་[རྒྱུད་ལས་འབྱུང་བའི]ཡུམ་ཆེན་མོ་ཤེས་རབ་ཀྱི་ཕ་རོལ་ཏུ་ཕྱིན་པ་རྒྱས་པའི་དཀྱིལ་འཁོར་ཆེན་པོ་བཞུགས་སོ།། །།འདིའི་དགོས་ཀྱི་སྦྱིན་བདག་བསོལ་ཛ་བ་དཔོན་བཟངས[།] ཉིང་རོ་བ་དཔོན་ཕྱུག་འཕེལ་ཉེ་གནས་མགོན་རིན། ཕྱད་མངས་པ་དཔོན་ལྷུན་གྲུབ། རྫོ་བཟོ་བ་དཔོན་རྒྱལ་པོ་དར། བསྙོག་ཐང་པ་དཔོན་ཚེ་ཐག། དབུ་གཉིས་པ་བཀྲ་ཤིས་མག་གྱོས་རྣམས་ཀྱིས་ལྷག་བས[མ་དད་གུས་ཀྱིས་བ]སྒྲུབས།། ༈ །།

དེ་ལས་བྱུང་བའི་དགེ་བ་རྒྱ་ཆེན་འདིས།།
མཐའ་ཡས་སྐྱེ་དགུའི་ཚོགས་རྣམས་ཐམས་ཅད་ཀྱིས།།
བླ་མེད་རྫོགས་པའི་སངས་རྒྱས་ཐོབ་པར་ཤོག།
༄། །རི་མོ་མཁས་པ་ཉང་སྟོད་སྟག་ཚལ་པ།།[1]
དཔོན་མོ་ཆེ་དོན་གྲུབ་སྐྱབ{ས}……………………
……སློབ་རྣམས་ཀྱིས་ལེགས་པར་བཟབས།།
དགེ་བས་འགྲོ་ཀུན་ཀུན་མཁྱེན་མྱུར་ཐོབ་ཤོག། །།
མཾ་ཀ་ལཾ།

塔瓶、第三间佛殿（西殿）

壁画下面题记

༄༅། །གྲུང་གི་ལྷོ་ཕྱོགས་ཀྱི་སྟེང་ན་དུས་ཀྱི་གསུམ་པ་འགྲོ་བ་འདུལ་བའི་རྣམ་སྣང་ཕྱག་རྒྱ་བཞི་པའི་དཀྱིལ་འཁོར་བཞུགས་སོ། །དེའི་འོག་ན་འགྲོ་བ་འདུལ་བ་ཕྱག་རྒྱ་གཅིག་པའི་དཀྱིལ་འཁོར་བཞུགས། །དེའི་འོག་ན་འཇིག་རྟེན་གསུམ་ལས་རྣམ་པར་རྒྱལ་བའི་རྟོག་པ་ལས་བཤད་པའི་དེ་བཞིན་ག[ཤེགས]པ་ཐམས་ཅད་ཀྱི་དཀྱིལ་འཁོར་ཆེན་པོ་པད་མོ་ཞེས་བྱ་བ་བཞུགས་སོ། །འདི་རྣམས་ཀྱི་དགོས་ཀྱི་སྦྱིན་བདག་གནས་ཆེན་པ། དབུ་རི་དཔོན་པོ། མདའ་དཔོན་པད་མ་རྒྱལ། དཔོན་ནོར་བུ་རྒྱལ། ལ་མོ་བ་དཔོན་ཆོས། རྗ་ཕུ་གཞིས་གཉེར་རྣམས་ཀྱིས་གྲུས་པས་བགྱིས།

༄༅། །ན་མོ་བཛྲ་ཧཱུྃ་ཡ།

ལྷོ་ཕྱོགས་ཀྱི་དབུས་ན་རྗ་རྒྱུད་དུས་བུ་གསུམ་པ་གཏི་མུག་གི་གཉེན་པོར་གྱུར་པ་ཤེས་རབ་ཀྱི་ཕ་རོལ་ཏུ་ཕྱིན་པ་ཆོས་ཀྱི་ཕྱག་རྒྱ་གཙོ་བོར་གྱུར་བ་པད་མའི་རིགས་ཀྱིས་འདུལ་བའི་སེམས་ཅན་རྗེས་སུ་བཟུང་བའི་དོན་དུ་འགྲོ་བ་འདུལ་བའི་དུམ་བུ་ལ་གསུམ་ལས། འདི་ནི་དཀྱིལ་འཁོར་རྒྱས་པའི་འགྲོ་བ་འདུལ་བ་སྐུ་ཕྱག་རྒྱ་ཆེན་པོ་གཙོ་བོར་གྱུར་པའི་རྗ་བའི་དཀྱིལ་འཁོར་ཆེན་པོ་བཞུགས་སོ། །དཀྱིལ་འཁོར་ཆེན་པོ་འདིའི་ཤར་ལྷོའི་གྲྭ་ན་འགྲོ་བ་འདུལ་བ་ཕྱག་རྒྱ་བཞི་པའི་དཀྱིལ་འཁོར་བཞུགས། ལྷོ་

---

[1] 译者注：以下四句为南壁西段绿色边框内的题记。

ནུབ་ཀྱི་གྲྭ་ན་གཙུག་ཕུད་སངས་རྒྱས་ཕྱག་རྒྱ་བཞི་པའི་དཀྱིལ་འཁོར་བཞུགས། ནུབ་བྱང་གི་གྲྭ་ན་པདྨ་ཧྲིདེ་འཛིན་ཕྱག་རྒྱ་བཞི་པའི་དཀྱིལ་འཁོར་བཞུགས། བྱང་ཤར་གྱི་གྲྭ་ན་པདྨ་རིགས་པའི་དབང་ཕྱུག་ཕྱག་རྒྱ་བཞི་པའི་དཀྱིལ་འཁོར་བཞུགསོ།འདི་རྣམས་ཀྱི་དགོས་ཀྱི་སྦྱིན་བདག་ནང་སོ་ཆེན་མོ་ནས་མཛད།།

མཾ་གླ་ལ

།སློའི་ལྷོ་ཕྱོགས་ཀྱི་སྙིང་ན་འགྲོ་བ་འདུལ་བ་ཐུགས་དམ་ཚིག་གི་ཕྱག་རྒྱ་གཙོ་བོར་གྱུར་པ་གཟུངས་ཀྱི་དཀྱིལ་འཁོར་ཆེན་པོ་བཞུགས། །དེའི་འོག་ན་འགྲོ་བ་འདུལ་བ་གསུང་ཆོས་ཀྱི་ཕྱག་རྒྱ་གཙོ་བོར་གྱུར་པ་ཆོས་ཀྱི་དཀྱིལ་འཁོར་ཆེན་པོ་བཞུགསོ། །འདི་རྣམས་ཀྱི་དགོས་ཀྱི་སྦྱིན་བདག་སྐྱ་དཔོན་ཨ་ཁྲོ་བ། དཔོན་ཡིག་བསྙེནེ། [ག]སོལ་དཔོན་ཞལ་ངོ་། ཡུལ་སྐྱོད་མི་དཔོན། རྫོང་དཔོན་སངས་རྒྱས། ཙུ་བྲུ་ཚུང་བ་དཔོན་དགེ་བསྙེན་ནྟཾས་དཀྱིར་ཅིག། [ཡེ་ཤེས]་འབུཾ། དཔོན་བསོད་ནཾས་མགོན། སོག་ཁང་པ། དཔོན་ཆོས་བཀྲས། གཞོན་ནུ་བཙན་དར། བྲག་དམར་བ། སྟེ་ཆེན་པ། བྲག་དཀར་དཔོན་བཟངས། ཆ་དཀར་ཪྗེ་འབུཾ། རྒྱང་གླིང་པ་ལྷ་དར། སྟག་རྩེ་གཞུ་མཁན་ནྟཾས་ཀྱི་དཀྱིར་ཅིག།[1] རི་མོ་མཁས་པ་དཔལ་གནས་སྙིང་པ་དཔོན་མོ་ཆེ་དཔོན་བཙུན་དཔལ་འཕེལ་བ་དཔོན་སློབ་རྣམས་ཀྱིས་ལེགས་པར་བཟབས།།

མཾ་གླ་ལ།།

།སློ་གོང་ན་འགྲོ་བ་འདུལ་བ་ཕྲིན་ལས་ལས་ཀྱི་ཕྱག་རྒྱ་གཙོ་བོར་གྱུར་པ་ལས་ཀྱི་དཀྱིལ་འཁོར་ཆེན་པོ་བཞུག[ས་སོ]། །འདིའི་དགོས་ཀྱི་སྦྱིན་བདག་གྱུར་དཔོན་པ[2]། ཁང་དམར་བ་མོ་སྟོན། ཧྲ་དཔོན་དར་བ་ལྷ། དཔོན་དཔལ་བཟངས། གཞིས་སློ་གསུཾ་གྱི་གཉེར་བ། རས་བཟངས་པ། ན་རྩུན་རྫོང་པ། གཡག་ལུང་པ་མགོན་བཟངས། དུས་སྣ་བ་བློ་གྲོས་གྲགས་ནྟཾས་བྱས།

༄༅། །སློའི་བྱང་ཕྱོགས་ཀྱི་སྙིང་ན་འཇིག་རྟེན་གསུམ་ལས་རྣམ་པར་རྒྱལ་བའི་རྟོག་པ་ལས

---

〔1〕 译者注：从[ཡེ་ཤེས]་འབུཾ至此为西壁南段绿色边框内的题记。

〔2〕 应读作པོ。

འབྱུང་བའི་ཕྱག་ན་རྡོ་རྗེའི་དཀྱིལ་འཁོར་ཆེན་པོ་བཞུགས་སོ། །དེའི་འོག་ན་འཇིག་རྟེན་གསུམ་ལས་རྣམ་པར་རྒྱལ་བའི་རྟོག་པ་ལས་འབྱུང་བའི་དེ་བཞིན་གཤེགས་པ་ཐམས་ཅད་ཀྱི་དཀྱིལ་འཁོར་ཆེན་པོ་འཇིག་རྟེན་གསུམ་གྱི་འཁོར་ལོ་ཞེས་བྱ་བའི་དཀྱིལ་འཁོར་ཆེན་པོ་བཞུགས་སོ། ……〔1〕དཀྱིལ་འཁོར་སྟེང་མའི་སྦྱིན་བདག། དཔོན་ལྷུན་པོ། བྲག་ནག་པ། ཚང་མོ་བ་དཔོན་སངས་རྒྱས། གསེར་ཁང་པ་དཔལ་མགོན། ཕྱུག་པོ་སྲུང་མ། དབལ་མོ། འགར་བ་སྐྱབ་པ། བྲང་ལུང་པ།……〔2〕

[བྱང]ཕྱོགས་ཀྱི་སྟེང་ན། གསང་བ་ནོར་བུ་ཐིག་ལེའི་རྒྱུད་ནས་འབྱུང་བའི་ཁམས་གསུམ་རྣམ་རྒྱལ་གྱི་དཀྱིལ་འཁོར་ཆེན་པོ་བཞུགས་སོ། །དེའི་འོག་ན་འཇིག་རྟེན་གསུམ་ལས་རྣམ་པར་རྒྱལ་བའི་རྟོག་པ་ལས་འབྱུང་བའི་ནམ་མཁའི་སྙིང་པོའི་དཀྱིལ་འཁོར་བཞུགས་སོ། །དེའི་འོག་ན་བཤད་རྒྱུད་ཐམས་ཅད་གསང་བའི་རྒྱུད་ཀྱི་དགོངས་པ'''ན་ཏི་བས་བྲལ་བའི་རྡོ་རྗེ་དབྱིངས་ཀྱི་དཀྱིལ་འཁོར་ཆེན་པོ་བཞུགས་སོ།། །།འདི་རྣམས་ཀྱི་དགོས་ཀྱི་སྦྱིན་བདག་རི་བོ་བྲག་པ་ཆོས་སྐྱོང་། དཔལ་དཔལ་སྐྱོང་། གཤེས་གཉེར་བ་རྗེས་པོ། ཉིང་རོ་པ་རྡོ་རྒྱན། བློ་བཀྲས་རྣམས་ཀྱིས་བགྱིས།

塔瓶、第四间佛殿（北殿）

殿门入口处题记

༄༅།། །།ཨོཾ་སྭསྟི་པྲ་ཛ་བྷྱ།

བླ་མ་དམ་པ་རྣམས་དང་སངས་རྒྱས་དང་བྱང་ཆུབ་སེམས་དཔའ་ཐམས་ཅད་ལ་ཕྱག་འཚལ་ལོ།།
གང་ཞིག་ཤེས་བྱའི་དཀྱིལ་འཁོར་མ་ལུས་གཟིགས་པའི་སྤྱན་སྟོང་མངའ་བ་པོ།།
མཐའ་ཡས་སྐྱེ་དགུ་འཆི་མེད་ཚོགས་རྣམས་ཕན་བདེ་ལ་འགོད་ཐུགས་རྗེ་ཅན།།
སྲིད་ཞིའི་ལྷ་མིན་འཇིགས་པ་ལས་སྐྱོབ་དཔག་ཡས་ཕྲིན་ལས་མཛད་པ་པོ།།
དཔལ་ལྡན་བླ་མ་འཛམ་པའི་དབྱངས་ལ་སྒོ་གསུམ་གུས་པས་ཕྱག་འཚལ་ལོ།།
ཚོགས་གཉིས་ལས་བསྒྲུབས་སྐུ་གཉིས་དང་ལྡན་དོན་གཉིས་མཐར་ཕྱིན་སངས་རྒྱས་དང་།།
སྒྲིབ་བཉིས་འཇོམས་བྱེད་དག་པ་གཉིས་ལྡན་བདེན་གཉིས་ཆགས་བྲལ་དམ་པའི་ཆོས།།

〔1〕 译者注：壁面余下 96 厘米有修补痕迹。
〔2〕 译者注：这段话为西壁北段绿色边框内的题记，壁面余下 96 厘米有修补痕迹。

བདེན་གཉིས་དོན་གཟིགས་སྒྲིབ་གཉིས་འཛོམས་བརྩོན་སྡེ་གཉིས་ཕྱིར་མི་ལྡོག་པའི་

ཚོགས།།

མཐའ་གཉིས་འདེགས་སེལ་དོན་གཉིས་སྒྲུབ་བྱེད་སྡེ་གཉིས་འབྱུང་གནས་སྐྱབས་

གསུམ་རྒྱལ།།

དྲི་བྲལ་མདངས་གསལ་པད་ཟླའི་སྟེང་དུ་ཟབ་དང་རྒྱ་ཆེའི་བདུད་རྩིའི་གཏེར་དང་ཨ་

ཡིག་ལས།།

ཡུམ་ཆེན་གསེར་མདོག་ཞལ་ཅིག་ཕྱག་བཞིའི་དང་པོས་ཆོས་འཆད་ལྷག་མས་རྡོ་རྗེ་གླེག་

བམ་འཛིན།།

དོན་གཉིས་ནུ་འབུར་སེམས་དཔའི་དཔལ་འབར་རིན་ཆེན་རྒྱན་སྤྲས་ལྷ་ཡི་གོས་ཀྱིས་

ཀུན་ནས་སྐུབས།།

རྒྱལ་བ་མ་ལུས་སྐྱེད་པའི་ཤེར་ཕྱིན་ཕྱོགས་བཅུའི་སངས་རྒྱས་བསྲས་ཀྱིས་ཡོངས་བསྐོར་

རྣམ་པར་རྒྱལ།།

རྒྱལ་བའི་ཐུགས་གང་གཉིས་མེད་ཡེ་ཤེས་ཁྲོ་བོ་ཆེན་པོའི་སྐུར་སྟོན་པ།།

ཕྱག་ན་རྡོ་རྗེས་གདུག་སེམས་བཅོམ་ནས་དཀྱིལ་འཁོར་ཆེན་པོར་དབང་བསྐུར་བ།།

ས་བརྒྱད་མཉེས་ཤིང་འཇིག་རྟེན་གསུམ་དུ་བསྟན་པ་བསྲུང་བར་བཀའ་བགོས་པའི།།

རྡོ་རྗེ་རིགས་ཀྱི་ལྷ་དང་ལྷ་མོ་བསྟན་བསྲུང་ཀུན་གྱིས་ལེགས་པར་སྐྱོངས།། །།

བསོད་ནམས་ས་གཞིར་སྨོན་ལམ་ས་བོན་བཏབ།།

དཔལ་འབྱོར་དཔག་བསམ་རིགས་མཆོག་ཡལ་ཁ་རྒྱས།།

དཔལ་འབྱོར་མེ་ཏོག་འབྲས་བུས་མཛེས་པ་ཅན།།

བསྟན་པའི་སྦྱིན་བདག་རབ་བརྟན་ཀུན་བཟང་འཕགས།།

ཆོས་ཀྱི་རྒྱལ་པོ་ཆེན་པོ་དེ་ཉིད་ཀྱིས།།

ཐུབ་པའི་བསྟན་པ་ཡུན་དུ་གནས་ཕྱིར་དང་།།

བསྟན་འཛིན་སྐྱེས་བུ་སྐུ་ཚེ་བརྟན་ཕྱིར་དང་།།
འཁོར་བའི་རྒྱ་མཚོར་བྱིང་བའི་སེམས་ཅན་རྣམས།།
ཀུན་མཁྱེན་རིན་ཆེན་གླིང་དུ་བསྒྲལ་བའི་ཕྱིར།།
མཆོད་བརྟེན་ཆེན་མོའི་བུམ་པའི་བྱང་ཕྱོགས་ཀྱི།།
གཞལ་ཡས་ཁང་གི་དབུས་ན་བཞུགས་པ་ཡི།།
རྒྱལ་བའི་སྐུ་གཟུགས་འབུར་དུ་སྟོད་པ་དང་།།
ཕྱོགས་ལ་རྣལ་འབྱོར་བརྒྱུད་ཀྱི་དཀྱིལ་འཁོར་རྣམས།།
བྲིས་སྐྲུར་གཞེངས་པའི་བཀོད་པ་འདི་ལྟར་ལགས།། ། །།

འདི་ལྟར། མི་དབང་ཆེན་པོའི་ཐུགས་དམ་འཛམ་གླིང་རྒྱན་མཆོག་གི་བུམ་པའི་བྱང་ཕྱོགས་ཀྱི་གཞལ་ཡས་ཁང་གི་དབུས་ན། དུས་གསུམ་གྱི་སངས་རྒྱས་ཐམས་ཅད་བསྐྱེད་པའི་ཡུམ་ཆེན་མོ་ཤེས་རབ་ཀྱི་ཕ་རོལ་ཏུ་ཕྱིན་མ་ཞལ་གཅིག་ཕྱག་བཞི་མ། ཕྱོགས་བཅུའི་སངས་རྒྱས་ཀྱི་བསྐོར་བ། ཁྲི་རྒྱབ་ཡོལ་བཀོད་པ་ཕུལ་ཏུ་ཕྱིན་པ་བྱིན་བརླབས་ཀྱི་གཟི་འོད་འབར་བ་བཞུགས།

ཕྱོགས་རྣམས་ལ་རྣལ་འབྱོར་རྒྱུད་ཀྱི་དཀྱིལ་འཁོར་ཆེན་པོ་བཞུགས་པ་ནི།

ནུབ་ཕྱོགས་ཀྱི་དབུས་ན། རྩ་རྒྱུད་དེ་ཉིད་བསྡུས་པའི་དུམ་བུ་བཞི་པ་དོན་ཐམས་ཅད་གྲུབ་པའི་སྐུ་ཕྱག་རྒྱ་ཆེན་པོ་གཙོ་བོར་གྱུར་པའི་རྩ་བའི་དཀྱིལ་འཁོར་ཆེན་པོ་བཞུགས། དེའི་ཟུར་བཞི་ན་རྡོ་རྗེ་དོན་གྲུབ་ཕྱག་རྒྱ་བཞི་པའི་དཀྱིལ་འཁོར་དང་། རིན་ཆེན་ལྟ་བ་ཕྱག་རྒྱ་བཞི་པའི་དཀྱིལ་འཁོར་དང་། རིན་ཆེན་པད་མ་ཕྱག་རྒྱ་བཞི་པའི་དཀྱིལ་འཁོར་དང་། རིན་ཆེན་ཆར་འབེབས་ཕྱག་རྒྱ་བཞི་པའི་དཀྱིལ་འཁོར་རྣམས་བཞུགས།

བྱང་སྒོའི་ནུབ་ཕྱོགས་ཀྱི་འོག་ན་དོན་ཐམས་ཅད་གྲུབ་པ་གསུང་ཆོས་ཀྱི་ཕྱག་རྒྱ་གཙོ་བོར་གྱུར་པའི་ཆོས་ཀྱི་དཀྱིལ་འཁོར་ཆེན་པོ་བཞུགས། དེའི་སྟེང་ན་དོན་ཐམས་ཅད་གྲུབ་པའི་ཐུགས་དམ་ཚིག་གི་ཕྱག་རྒྱ་གཙོ་བོར་གྱུར་པའི་གཟུངས་ཀྱི་དཀྱིལ་འཁོར་ཆེན་པོ་བཞུགས།

སྒོ་གོང་ན་དོན་ཐམས་ཅད་གྲུབ་པའི་ཕྲིན་ལས་ལས་ཀྱི་ཕྱག་རྒྱ་གཙོ་བོར་གྱུར་པའི་ལས་ཀྱི་

དཀྱིལ་འཁོར་ཆེན་པོ་བཞུགས།

གུང་གི་ནུབ་ཕྱོགས་ཀྱི་སྟེང་ན་དོན་གྲུབ་ཀྱི་དུམ་བུ་ལས་བཤད་པའི་རྣམ་སྣང་ཕྱག་རྒྱ་བཞི་པའི་དཀྱིལ་འཁོར། དེའི་འོག་ན་དོན་གྲུབ་ཀྱི་དུམ་བུ་ལས་བཤད་པའི་དོན་གྲུབ་ཕྱག་རྒྱ་གཅིག་པའི་དཀྱིལ་འཁོར་རྣམས་བཞུགས།

དཀྱིལ་འཁོར་ཆེན་པོ་འདི་རྣམས་ཀྱི་བསྐོར་གྱི་བར་མཚམས་རྣམས་ན་དུམ་བུ་གསུམ་པ་དང་བཞི་པའི་བཤད་དཀའི་བརྒྱུད་པའི་བླ་མ་རྣམས་བཞུགས། ནུབ་ཕྱོགས་དང་ལྷོ་ཕྱོགས་ཀྱི་བར་རྣམས་ལ་ནོར་བུའི་རིགས་ཀྱི་སྔགས་སོགས་བརྒྱུད་དང་རིག་མ་བཅུ་དྲུག་རྣམས་བཞུགས། བྱང་ཕྱོགས་ཀྱི་བར་རྣམས་ལ་དུམ་བུ་བཞི་པའི་གཟུངས་དཀྱིལ་ནས་བཤད་པའི་གཟུངས་མ་ལྔ་མོའི་སྐུ་རུ་བྲིས་པ་རྣམས་བཞུགས་སོ།།

ཤར་ཕྱོགས་ཀྱི་དབུས་ན་རྡོ་རྗེ་དབྱིངས་ཀྱི་དུམ་བུ་དང་ཆ་འཐུན་ཞིང་གཙོ་ཆེར་དཔལ་མཆོག་གི་བཤད་རྒྱུད་དུ་གྱུར་པ། རྡོ་རྗེ་སྙིང་པོ་རྒྱན་གྱི་རྒྱུད་ལས་བྱུང་བའི། ཆོས་ཀྱི་དབྱིངས་ཀྱི་རྡོ་རྗེ་ཆེན་པོ་སྙིང་པོའི་རྒྱན་དེ་བཞིན་གཤེགས་པ་ཐམས་ཅད་ཀྱི་གསང་བའི་དཀྱིལ་འཁོར་ཆེན་པོ་བཞུགསོ།།

དཀྱིལ་འཁོར་ཆེན་པོ་འདིའི་སྟེང་གི་དཔུང་ཟུར་གཡས་ན་རྒྱུད་འདི་ཉིད་ནས་བྱུང་བའི་དབང་ཆེན་གྱི་དཀྱིལ་འཁོར་བཞུགས། དཔུང་ཟུར་གཡོན་ན་དེ་བཞིན་གཤེགས་པ་ཐམས་ཅད་ཀྱི་མཉམ་པ་ཉིད་སྟོན་པར་དབང་བསྐུར་བའི་དཀྱིལ་འཁོར་བཞུགས། འོག་གི་གཡས་ཟུར་ན། རྒྱུད་འདི་ཉིད་ནས་འབྱུང་བའི་འགྲོ་བ་འདུལ་བའི་དཀྱིལ་འཁོར་བཞུགས། གཡོན་ཟུར་ན་རྒྱུད་འདི་ཉིད་ཀྱི་རྡོ་རྗེ་རིན་ཆེན་གྱི་དཀྱིལ་འཁོར་བཞུགས་སོ།།

སྒོའི་ཤར་ཕྱོགས་ཀྱི་སྟེང་ན་རྡོ་རྗེ་སྙིང་པོ་རྒྱན་གྱི་རྒྱུད་ནས་འབྱུང་བའི་ཐེག་པ་ཆེན་པོ་མངོན་པར་རྟོགས་པའི་དཀྱིལ་འཁོར་ཆེན་པོ་བཞུགས། དེའི་འོག་ན་རྒྱུད་དེ་ཉིད་ལས་འབྱུང་བའི་རྡོ་རྗེ་སྙིང་པོའི་དཀྱིལ་འཁོར་ཆེན་པོ་བཞུགས་སོ།།

གུང་གི་ཤར་ཕྱོགས་ཀྱི་སྟེང་ན་རྒྱུད་འདི་ཉིད་ནས་འབྱུང་བའི་འཇིག་རྟེན་གསུམ་ལས་རྣམ་པར་རྒྱལ་བའི་དཀྱིལ་འཁོར་བཞུགས། དེའི་འོག་ན་རྒྱུད་འདི་ཉིད་ཀྱི་ཧེ་རུ་ཀའི་དཀྱིལ་འཁོར་བཞུགས།

དེའི་འོག་ན་རྒྱུད་འདི་ཉིད་ཀྱི་གཤིན་རྗེ་གཤེད་ཀྱི་དཀྱིལ་འཁོར་བཞུགས་སོ།།

གསང་ནུབ་ཀྱི་འོག་ན། རྒྱུད་དེ་ཉིད་ནས་འབྱུང་བའི་རྡོ་རྗེ་ལས་ཀྱི་དཀྱིལ་འཁོར་བཞུགསོ།།

དཀྱིལ་འཁོར་ཆེན་པོ་དེ་རྣམས་ཀྱི་བར་མཚམས་ན་རྒྱུད་དེ་ཉིད་ནས་འབྱུང་བའི། ཁྲོ་བོ་རྟ་མགྲིན་དང་། ཁྲོ་བོ་གཟིགས་མ་དང་། ཁྲོ་བོ་མི་གཡོ་དང་། ཁྲོ་བོ་གཤིན་རྗེ་གཤེད་རྣམས་དང་། གཙུག་ཏོར་འཁོར་ལོ་སྒྱུར་བ་དང་། གཙུག་ཏོར་གཟི་བརྗིད་ཕུང་པོ། གཙུག་ཏོར་གདུགས་དཀར། གཙུག་ཏོར་རྣམ་པར་རྒྱལ་བ། གཙུག་ཏོར་རྣམ་པར་གསལ་བ། གཙུག་ཏོར་སྟེང་འགྲོ། གཙུག་ཏོར་སྟེང་འགྲོ་ཆེན་པོ་རྣམས་དང་། མཱ་མ་ཀཱི། སྒྲོལ་མ། ཁྲོ་གཉེར་ཅན། སྤྱན་མ། འདོད་ཡོན་ལྷ་དང་། ཉེར་སྤྱོད་ཀྱི་ལྷ་མོ་བཞི་རྣམས། རྒྱུད་འདི་ཉིད་ལས་འབྱུང་བ་བཞིན་ལེགས་པར་བཀོད་པ་རྣམས་བཞུགས་སོ+ཏ〔1〕།།

༄༅།། །།……〔2〕དབུས་ཀྱི་སངས་རྒྱས་ཐམས་ཅད་བསྐྱེད་པའི་ཡུམ་ཡུམ་ཆེན་མོ་ཤེས་རབ་ཀྱི……〔3〕ཞལ་གཅིག་ཕྱག་བཞི་མ་སྲས་ཕྱོགས་བཅུའི་སངས་རྒྱས་ཀྱིས་བ[སྐོར་བ་སྐུ་གཟུགས]〔4〕་འབུར་དུ་སྟོད་པ། ཁྲི་རྒྱབ་ཡོལ་དང་བཅས་པ་མཐོང་བ་ཙམ་གྱི[ས]……〔5〕གྲོལ་བྱེད་པ། འདིའི་དགོས་ཀྱི་སྦྱིན་བདག་རིགས་རུས་ཆོ་འབྲང་དུ་མའི……〔6〕མངོན་པར་མཐོ་བའི་བདག་མོ་བྱང་སེམས་དཔལ་ཆེན་རྒྱལ་མོ་བས་གུས་པའི་སྒོ་ནས་མཛད། རི་མོ་རྣམས་ཀྱི་དགོས་ཀྱི་སྦྱིན་བདག་རང་རང་གི་དཀར་ཆག་ན་གསལ།།

རྣལ་འབྱོར་རྒྱུད་ཀྱི་རྩ་གཏེར་ཆེ།།
ཀུན་སྙིང་རྣམ་སྤྱོད་བསྡུབས་ཤིང་ལས།།
བསྡུབས་པ་ལས་བྱུང་ནོར་བུ་ཡིས།།

---

〔1〕 译者注：题记的写法为སོ下面加上ཏ。

〔2〕 译者注：此处被柱子挡住。

〔3〕 ཤེས་རབ་ཀྱི后应该加上ཕ་རོལ་ཏུ་ཕྱིན་པ。
译者注：此处被柱子挡住。

〔4〕 译者注：此处被柱子挡住，文字应为抄写的喇嘛所补。

〔5〕 译者注：此处被柱子挡住。

〔6〕 译者注：此处被柱子挡住。

དགོས་འདོད་ཆར་ཆེན་འདི་ཕབ་པོ།།

རྩ་བའི་རྒྱུད་ལས་འབྱུང་བ་ཡི།།

དུམ་བུ་བཞི་པའི་དཀྱིལ་འཁོར་བཅུ།།

རྡོ་རྗེ་སྙིང་པོ་རྒྱན་རྒྱུད་ལས།།

འབྱུང་བའི་དཀྱིལ་འཁོར་བཅུ་གཅིག་རྣམས།།

བུ་སྟོན་ཐམས་ཅད་མཁྱེན་པ་ཡི།།

ལྷ་འབུམ་དཀྱིལ་འཁོར་བཀོད་པ་བཞིན།།

སྤྲུལ་པའི་ལྷ་བཟོ་དུ་མ་ཡིས།།

རི་མོར་འགོད་པའི་ཞལྟ་བ།།

དགེ་བཤེས་རིན་ཆེན་དཔལ་གྲུབ་ཀྱིས།།

དད་བརྩོན་གུས་པའི་སྒོ་ནས་བསྒྲུབས།།

དེ་ལྟར་མཆོད་རྟེན་ཆེན་མོ་འདི་བསྒྲུབས་པའི།།

སྦྱིན་བདག་ཆེན་པོ་སྐུ་འཁོར་བཅས་པ་དང་།།

གཟོ་དང་ཞབས་ཏོག་སྒྲུབ་པར་བྱེད་པ་དང་།།

འདི་ཕྱོགས་ལུས་སྲོག་ཡོ་བྱད་གཏོང་བ་རྣམས།།

དེ་ཡི་དགེ་བ་དུས་མཐའི་མེ་དཔུང་གིས།།

འཁོར་བའི་སྡུག་བསྔལ་རྒྱ་མཚོ་ལེགས་སྐེམས་ཤིང་།།

ཟང་ཟིང་རི་སོགས་མ་ལུས་བསྲེགས་ནས་ཀྱང་།།

མི་གནས་མྱང་འདས་མྱུར་དུ་ཐོབ་པར་ཤོག།

འགྲོ་བ་ཀུན་གྱི་ཕན་བདེ་འབྱུང་བའི་གནས།།

གཉིས་མེད་བསྲུང་པའི་བསྟན་པ་རིན་པོ་ཆེ།།

ལྷ་ཀླུ་ལྷ་མིན་མི་འམ་ཅི་སོགས་ཀྱི།།

གྲུས་པས་བཀུར་ཞིང་ཡུན་རིང་གནས་པར་ཤོག།
མཐའ་ཡས་སེམས་ཅན་སྐྱེ་རྒུའི་ཚོགས་རྣམས་ཀྱང་།།
གནས་སྐབས་ཀུན་ཏུ་བདེ་ཞིང་སྐྱིད་བཞིན་པས།།
ཕན་ཚུན་བྱམས་པའི་སེམས་དང་ལྡན་པ་ཡིས།།
རྒྱུན་དུ་བསོད་ནམས་འབའ་ཞིག་སྤྱོད་པར་ཤོག།
བསྟན་པ་མཆོད་ཅིང་འཛམ་གླིང་ཆོས་བཞིན་སྐྱོང་།།
བསོད་ནམས་དཔལ་གྱིས་མངོན་པར་མཐོ་བ་ཡི།།
ཆོས་རྒྱལ་ཡོན་མཆོད་སྐུ་ཚེ་བརྟན་པ་དང་།།
རྒྱལ་བློན་ཐམས་ཅད་ཆོས་བཞིན་སྤྱོད་པར་ཤོག།
དགེ་བའི་བཤེས་རྣམས་སྐུ་ཚེ་རིང་བ་དང་།།
ལྷ་ཀླུས་དུས་སུ་ཆར་འབེབས་ལོ་ཏོག་རྒྱས།།
མི་ནད་ཕྱུགས་ནད་དགྲ་ཡི་གནོད་པ་མེད།།
ཡུལ་ཁམས་བདེ་ཞིང་འཛིག་རྟེན་དར་བར་ཤོག།
ཆབ་སྲིད་ཆེ་ཞི་བརྟན[1]་ལ་བསམ་པ་ཀུན།།
ཆོས་དང་འཐུན་པར་བདེ་བླག་འགྲུབ་པར་ཤོག།
ཆབ་འོག་རྟོགས་པའི་འཁོར་དང་འབངས་རྣམས་ཀྱང་།།
འཕྲལ་དང་ཡུན་དུ་བདེ་བསྐྱིད་ལྡན་པ་དང་།།
ཀུན་དུ་སྒོ་གསུམ་ཆོས་དང་འཐུན་པ་ཡིས།།
སྐྱོ་མེད་མཆོད་རྟེན་མཆོད་ལ་བརྩོན་གྱུར་ཅིག།
མཆོག་གསུམ་རིན་ཆེན་སྐྱབས་ཀྱི་བདེན་པ་དང་།།
ཆོས་དབྱིངས་རྣམ་པར་དག་པའི་བྱིན་བརླབས་དང་།།

〔1〕 译者注：ཞི་བརྟན据图齐所录读作ཞིང་བསྟན。

རྒྱུ་འབྲས་བསླུ་བ་མེད་པའི་བདེན་པ་ཡིས།།

ཇི་ལྟར་སྨོན་པ་བཞིན་དུ་འགྲུབ་པར་ཤོག།།

ཕྱོགས་དང་དུས་དང་གནས་སྐབས་ཐམས་ཅད་དུ་བཀྲ་ཤིས་དང་བདེ་ལེགས་ཆེན་པོས་ཁྱབ་པར་གྱུར་ཅིག། །།

མཾགལ་བྷཝནྟུ། །།

壁画下面题记

༄ །ན་མོ་བཛྲ་སཏྭ་ཡ།

འདི་ནི་རྩ་རྒྱུད་དུམ་བུ་བཞི་པ་སེར་སྣ་ཅན་རྗེས་སུ་བཟུང་བའི་ཕྱིར་ནོར་བུའི་རིས་ཀྱི་དོན་ཐམས་ཅད་གྲུབ་པའི་དཀྱིལ་འཁོར་ལས་རྒྱས་པ་ལ་དགའ་བའི་སེམས་ཅན་རྗེས་སུ་བཟུང་བའི་ཕྱིར་དཀྱིལ་འཁོར་རྒྱས་པ་བཞི་ལས། འདིའི་དབུས་ན་སྐུ་ཕྱག་རྒྱ་ཆེན་པོ་གཙོ་བོར་གྱུར་པ་དོན་ཐམས་ཅད་གྲུབ་པ་རྩ་བའི་དཀྱིལ་འཁོར་ཆེན་པོ་བཞུགས་སོ། །དེའི་ཤར་ལྷོའི་གྲྭ་ན་དོན་གྲུབ་ཕྱག་རྒྱ་བཞི་པའི་དཀྱིལ་འཁོར། ལྷོ་ནུབ་ཀྱི་གྲྭ་ན་རིནེ་ལྟ་བ་ཕྱག་རྒྱ་བཞི་པའི་དཀྱིལ་འཁོར། ནུབ་བྱང་གི་གྲྭ་ན་རིན་ཆེན་པད་མ་ཕྱག་རྒྱ་བཞི་བའི་དཀྱིལ་འཁོར། བྱང་ཤར་གྱི་གྲྭ་ན་རིན་ཆེན……………………〔1〕

༄། །སྒོའི་ནུབ་ཕྱོགས་ཀྱི་སྟེང་ན་དོན་ཐམས་ཅད་གྲུབ་པ་ཐུགས་དམ་ཚིག་གི་ཕྱག་རྒྱ་གཙོ་བོར་གྱུར་པ་གཟུངས་ཀྱི་དཀྱིལ་འཁོར་ཆེན་པོ་བཞུགས། །དེའི་འོག་ན་གསུང་ཆོས་ཀྱི་ཕྱག་རྒྱ་གཙོ་བོར་གྱུར་པ་དོན་གྲུབ་ཆོས་ཀྱི་དཀྱིལ་འཁོར་ཆེན་པོ་བཞུགས་སོ། །འདིའི་དགོས་ཀྱི་སྦྱིན་བདག་རིན་རྩེའི་གཉེར་ཆེན་རྗོར་བསམ་པ། གཉེར་ཆེན་འབའ་ར་བ། དབུ་མཛད་འཛམ་འོད་པ་རྣམས་ཀྱིས་མཛད།། །

༢ ། །འདིའི་སྒོ་གོང་ན་ཕྲིན་ལས་ལས་ཀྱི་ཕྱག་རྒྱ་གཙོ་བོར་གྱུར་པ་དོན་གྲུབ་ལས་ཀྱི་དཀྱིལ་འཁོར་ཆེན་པོ་བཞུགས་སོ།། །།འདིའི་དགོས་ཀྱི་སྦྱིན་བདག་ཞིང་ཁམས་གི་སུམ་གཉིས་ཀྱི་སྦྱིན་བདག་བག་རྩེ་བ་དཔོན་པོ་ཆོས་རྒྱལ་བ་སྐུ་མཆེད་ཀྱིས་མཛད། །སུམ་ཚའི་ཕྱེད་ཀྱི་སྦྱིན་བདག་རྒྱགས་པ་དཔོན་དགེ་སྐྱོང་བ་ཡབ་སྲས་ཀྱིས་མཛད། སུམ་ཚའི་ཕྱེད་ཀྱི་སྦྱིན་བདག་བག་རྩེ་རིན་ཆེན་

〔1〕 译者注：余下壁面修补 117 厘米。

གླིང་པ་དཔོན་དགེ་སྦྱོང་བ་ཡབ་སྲས་ཀྱིས་མཛད། །རི་མོ་མཁས་པ་ལྷ་རྩེ་བ་དཔོན་དགེ་བསྙེན་སྐྱ་མཆེད་ཀྱིས་བཟབས་ནས་བྲིས།།

དགེ་བས་འགྲོ་ལ་རིན་ཆེན་ཆར་འབེབས་ཤོག།

མཾ་ག་ལཾ།།

༄༅། །སྒོའི་ཤར་ཕྱོགས་ཀྱི་སྟེང་ན་རྡོ་རྗེ་དབྱིངས་ཀྱི་དྲུམ་བུ་དང་ཆ་འཐུན་ཞིང་གཙོ་ཆེར་དཔལ་མཆོག་གི་བཤད་རྒྱུད་དུ་གྱུར་པ་རྡོ་རྗེ་སྙིང་པོ་བརྒྱན་གྱི་རྒྱུད་ལས་འབྱུང་བའི་ཐེག་པ་ཆེན་པོ་མངོན་པར་རྟོགས་པའི་དཀྱིལ་འཁོར་ཆེན་པོ་བཞུགས་སོ། །དེའི་འོག་ན་རྒྱུད་དེ་ཉིད་ལས་འབྱུང་བའི་རྡོ་རྗེ་སྙིང་པོའི་དཀྱིལ་འཁོར་ཆེན་པོ་བཞུགས་སོ། འདི་རྣམས་ཀྱི་དགོས་[ཀྱི་སྦྱིན་པ]དག་ཆང་མ་དཔོན་བཙུན། སློབ་དཔོན་ལྷུགས་མོ། རྩིས་མཁན་ཚེ་དབང་རྒྱལ། དགོན་གསར་བ། མི་ཕོ་ལྷ་བསྲུངས་རྣམས་ཀྱིས་བསྒྲུབས། རི་མོ་མཁས་པ་ཇོ་ནང་པ་དཔོན་བཙུན་དཀོན་མཆོག་བཟང་པོས་བཟབས་ནས་[བྲིས།]

ཤར་ཕྱོགས་ཀྱི་དབུས་ན་རྡོ་རྗེ་དབྱིངས་ཀྱི་དྲུམ་བུ་དང་ཆ་མཐུན་ཞིང་། གཙོ་ཆེར་དཔལ་མཆོག་གི་བཤད་རྒྱུད་དུ་གྱུར་པ། རྡོ་རྗེ་སྙིང་པོ་བརྒྱན་གྱི་རྒྱུད་ལས་བྱུང་བའི། ཆོས་ཀྱི་དབྱིངས་ཀྱི་རྡོ་རྗེ་ཆེན་པོ་སྙིང་པོའི་རྒྱན་དེ་བཞིན་གཤེགས་པ་ཐམས་ཅད་ཀྱི་གསང་བའི་དཀྱིལ་འཁོར་ཆེན་པོ་བཞུགས་སོ།། དཔུང་ཟུར་གཡས་ན་ནམ་མཁའི་སྙིང་པོའི་དཀྱིལ་འཁོར་བཞུགས། གཡོན་ན་འགྲོ་འདུལ་གྱི་དཀྱིལ་འཁོར་བཞུགས། འོག་གི་གཡས་ཟུར་ན་རྡོ་རྗེ་ཧཱུྃ་མཛད་ཀྱི་དཀྱིལ་འཁོར་བཞུགས། གཡོན་ན་རྡོ་རྗེ་ཁྲོ་ཚུར་གི་དཀྱིལ་འཁོར་བཞུགས། བར་མཚམས་ལ་རྒྱུད་དེ་ཉིད་དང་འབྲེལ་བའི་བླ་མ་བདུན། རྒྱལ་བ་ཡབ་སྲས་གསུམ། མི་དབང་ཀུན་བཟང་འཕགས་དང་། ཚེ་དཔག་མེད་སོགས་ལྷ་ཚོགས་སུམ་ཅུ་བསྐོར་བཞུགས།། །།

༄༅། །འདི་རྣམས་སྟོན་སྤྱོད་ཧ་བདུན་དབང་པོ་བཞིན།།

དབང་པོའི་གཞུ་ལྟར་མངོན་པར་བཀྲ་བ་ལས།།

བར་སྣབས་ཞིག་བཟོས་ངོ་མཚར་རྨད་བྱུང་འདི།།

བསྟན་པ་རྒྱས་བྱེད་མཆོག་གི་སྤྲུལ་པའི་སྐུ།།

བློ་བཟང་འཇམ་དབྱངས་དཔལ་འབྱོར་དོན་འགྲུབ་གིས།།
རྒྱལ་བསྟན་དེ་འཛིན་འགྲོ་ཀུན་བཅས་པ་ཡིས།།
དགའ་བའི་ཕོ་བྲང་འཛམ་གླིང་མདོན་མཐོ་བའི།།
རྩ་མོར་གཡོ་མེད་བརྟན་པའི་ཆེད་དུ་བཞེངས།། །།[1]

……སྙིང་གི་ཤར་ཕྱོགས་ཀྱི་སྙིང་ན་རྒྱུད་དེ་ཉིད་ལས་འབྱུང་བའི་འཇིག་རྟེན་གསུམ་ལས་རྣམ་པར་རྒྱལ་བའི་དཀྱིལ་འཁོར་བཞུགས་སོ། །དེའི་འོག་ན་ཧེ་རུ་ཀའི་དཀྱིལ་འཁོར་བཞུགས་སོ། །དེའི་འོག་ན་གཤིན་རྗེ་གཤེད་ཀྱི་དཀྱིལ་འཁོར་བཞུགས་སོ།།

འདི་རྣམས་ཀྱི་དགོས་ཀྱི་སྦྱིན་བདག། ནང་སོ་ཆེན་པོ་ནས་ཀྱིས་མཛད།

༄༅། །འདིའི་སྙིང་ན་རྣམ་པར་སྣང་མཛད་[འོར]་བུའི་རིགས་ཀྱི་ཕྱག་རྒྱ་བཞི་པའི་དཀྱིལ་འཁོར་ཆེན་པོ་བཞུགས་སོ།། །།དེའི་འོག་ན་དོན་ཐམས་ཅད་གྲུབ་པ་ཕྱག་རྒྱ……[2]

八 山 底 层[3]

[1]……རྡུ་དཀྲུ་པ་ལས་འབྱུང་བ། རྣམ་སྣང་གི་རིགས་ཀྱི་ཁྲོ་བོ། བཅོམ་ལྡན་འདས་གཤིན་རྗེའི་གཤེད་དམར་པོ་ལྷ་ལྔའི་བདག་[ཉི]ད་ཅན་གྱི་ལྷ་ཚོགས་བུམ་པ་དང་བཅས་པ་དབང་བཀའི་བླ་མ་རྒྱུད་པ། [སློད་ཚར་ལ]་ཆོས་[སྐྱོང]་གུར་མགོན་ལྕམ་བྲལ་རྣམ་[སྲས་དང་བཅས་པ་བཞུགས། འདི་ནི་མིའི་དབང་པོ་ཆོས་ཀྱི]་རྒྱལ་པོ་ཆེན་པོ་[རབ་བརྟན་ཀུན་བཟང་འཕགས་ཀྱི་ཐུགས་དམ་དུ་བཞེངས་པའོ། རི་མོ་མཁས་པ་ཇོ་ནང་པ་དཔོན་]བཙུན་དཀོན་མཆོག་བཟང་པོ་བ་དཔོན་སློབ་རྣམས་ཀྱིས་ལེགས་པར་བཟབས།

དགེ་བས་འགྲོ་ཀུན་[གཤིན་རྗེ་གཤེད་ཀྱི]་གོ་འཕང་མྱུར་ཐོབ་ཤོག།

[3]འདི་རྣལ་འབྱོར་{ཆེན་པོ་ཐབས་ཀྱི}[4]་ཆ་གྱི་གཙོ་བོར་སྟོན་པ་ཕའི་རྒྱུད་ལས། མི་བསྐྱོད་པའི་རིགས་ཀྱི། དཔལ་གསང་བ་འདུས་པའི་རྩ་རྒྱུད་ཆེན་པོ་ལས་བྱུང་བའི། བཅོམ་ལྡན་འདས

〔1〕 译者注：此偈颂为东壁绿色边框内的题记。

〔2〕 译者注：余下壁面修补 78 厘米。

〔3〕 方括号中的阿拉伯数字对应于《梵天佛地》第四卷，第一册，第 237 页，插图 57 中的各壁面编号。

〔4〕 译者注：壁面磨损，括号内的文字参照其他题记加。

གསང་བ་འདུས་པ་མི་བསྐྱོད་རྡོ་རྗེ་[ལྷ་གསུམ་ཅུ་སོ་བདུན]……………དཔོན་སློབ་རྣམས་ཀྱིས་ལེགས་པར་བཟབས།།

དེའི་དགེ་བས་མཁའ་མཉམ་སེམས་ཅན་རྣམས།།
ཀུན་མཁྱེན་ཆོས་ཀྱི་རྒྱལ་པོ་ཐོབ་པ་ཤོག།། །

ཤུ་{ཧཱུྃ}

[4]………དེ་ནི་{རྣལ}་འབྱོར་ཆེན་པོ་ཐབས་ཀྱི་ཆ་{གཙོ་བོར་སྟོན་པ་ཕའི་རྒྱུད་ལས། ………རྒྱུད་ཆེན་པོ་ལས་འབྱུང་བའི}། …………བཅུ་བདུན་གྱི་བདག་ཉིད་ཅན་གྱི་{དཀྱིལ་འཁོར་ཆེན་པོའི}་ལྷ་ཚོགས་{དབང}་བཀའི་{རྒྱུད་པ་དང་བཅས་པའི་རི་མོའོ}། འདི་{ཡང}་མིའི་དབང་པོ་ཆོས་ཀྱི་རྒྱལ་པོ་ཆེན་པོ་{རབ་བརྟན་ཀུན་བཟང་འཕགས་}[1]པའི་ཐུགས་དམ་དུ་བཞེངས་པའོ། །རི་མོ་མཁས་པ་ལྷ་རྗེ་བ་དཔོན་མོ་ཆེ་ཐར་པ་བར་དཔོན་སློབ་ཀྱིས་ལེགས་པར་བཟབས།།

དེ་ལྟའི་དགེ་བའི་ཉིན་བྱེད་འོད་ཟེར་གྱིས།།
ནམ་ཁའ་མཐའ་ཁྱབ་སེམས་ཅན་ཐམས་ཅད་ཀྱི།།
སྒྲིབ་གཉིས་མུན་པའི་ཚོགས་རྣམས་རབ་བཅོམ་ནས།།
འཇམ་པའི་རྡོ་རྗེའི་གོ་འཕང་མྱུར་ཐོབ་ཤོག།

ཤུ་པཾ

[5] ༄༅། །ན་མོ……།

འདི་ནི་ཕྱག་ན་རྡོ་རྗེ་དྲག་པོ་གསུམ་འདུལ་གྱི་རྒྱུད་ལས་བྱུང་བའི་འཁོར་ལོ་ཆེན་པོའི་ལྷ་[ཚོགས]་………བརྒྱུད་པ་དང་བཅས་པ་གྲུབ་ཆེན་ས་རི་པ་དང་། ཛྙ་རི་པའི་དགོངས་པ་དང་། དམར་ཆོས་ཀྱི་རྒྱལ་པོའི་ཡིག་ཅ་བཞིན་བཀོད་པ་འདི་ནི། མིའི་དབང་པོ་ཆོས་ཀྱི་རྒྱལ་པོ་ཆེན་པོའི་ཐུགས་དམ་དུ་བཞེངས་པའོ། །རི་མོ་མཁས་པ་འཁར་དགའ་པ་དཔོན་བཙུན་སང་རིན་པ་དཔོན་སློ[བ་ཀྱིས་བ]ཟབས།

〔1〕 译者注：壁面磨损，括号内的文字参照其他题记加。

དགེ་བས་འགྲོ་ཀུན་རྡོ་རྗེ་འཆང་ཐོབ་ཤོག།

[6] ༄༅། །ན་མོ་……

འདི་ནི་རྣམ་འབྱོར་རྒྱུད་དཔལ་གསང་བ་འདུས་པ་འཇིག་རྟེན་དབང་ཕྱུག་ལྷ་བཅུ་བདུན་གྱི་བདག་ཉིད་ཅན་གྱི་ལྷ་ཚོགས……………………ཐུགས་དམ་དུ་བཞེངས་པའོ། །རི་མོ་མཁས་པ་རྡོ་ནང་དཔོན་བཙུན་དཀོན་མཆོག་བཟང་པོ་བས……………

[7] ༄༅། །………།

འདི་ནི་རྣལ་འབྱོར་ཆེན་པོ་ཐབས་ཀྱི་ཆ་གཙོ་བོར་སྟོན་པ་ཕའི་རྒྱུད་ལས་རྣམ་སྣང་གི་རིགས་ཀྱི་ཁྲོ་བོ། གཤིན་[རྗེ་གཤེད་ནག་པོའི་རྒྱུད་ལས]་འབྱུང་བའི། གཤིན་རྗེ་གཤེད་འཇམ་པའི་རྡོ་རྗེ་ཞེས་བྱ་བའི་གཙོ་འཁོར་ལྔའི་ལྷ་ཚོགས་རྣམས་ཀྱི་བཀོད་པའོ། འདི་ཡང་མིའི་དབང་པོ་ཆོས་ཀྱི་རྒྱལ་པོ་ཆེན་པོ་རབ་བརྟན་ཀུན་བཟང་འཕགས་བའི་ཐུགས་དམ་དུ་བཞེངས་པའོ། །རི་མོ་མཁས་པ་རྡོ་ནང་པ་དཔོན་བཙུན་དཀོན་མཆོག་བཟང་པོས་བཟབས།།

ཤུ་བྷཾ།།

[8] ༄༅། །ན་མོ་ཤྲི་ཡ་མན་ཏ་ཀ་ཡ།

འདི་ནི་རྣལ་འབྱོར་ཆེན་པོ་ཐབས་ཀྱི་ཆ་གཙོ་བོར་སྟོན་པ་ཕའི་རྒྱུད་ལས་རྣམ་པར་སྣང་མཛད་ཀྱི་རིགས་ཀྱི་ཁྲོ་བོ་གཤིན་རྗེ་གཤེད་ནག་པོའི་འཁོར་ལོའི་ལས་ཐམས་ཅད་བསྒྲུབས་པར་བྱེད་པའི་རྒྱུད་ལས་འབྱུང་བའི་ཞི་སྟང་གཤིན་རྗེ་གཤེད་པོ་ཉ་བརྒྱད་དང་བཅས་པའི་རི་མོའོ། འདི་ཡང་མིའི་དབང་པོ་ཆོས་ཀྱི་རྒྱལ་པོ་ཆེན་པོ་རབ་བརྟན་ཀུན་བཟང་འཕགས་[ཀྱི]་ཐུགས་དམ་དུ་བཞེངས་པའོ། །རི་མོ་མཁས་པ་ལྷ་རྩེ་བ་དཔོན་ལྷུན་གྲུབ་དཔོན་སློབ་ཀྱིས་བཟབས།

[9] ༄༅། །ན་མོ་ཤྲཱི་རཀྟ་ཡ་མནྟ་ཀ་ཡ།

འདི་ནི་རྣལ་འབྱོར་ཆེན་པོ་ཕར་རྒྱུད་ཀྱི་གཤིན་རྗེ་གཤེད་དམར་པོའི་རྒྱུད་ལེའུ་ཉི་ཤུ་རྩ་གཉིས་པ་ལས་འབྱུང་བ། བཅོམ་ལྡན་འདས་དཔལ་གཤིན་རྗེ་གཤེད་དམར་པོ་ལྷ་བཅུ་གསུམ་གྱི་བདག་ཉིད་ཅན་གྱི་ལྷ་ཚོགས་དབང་བཀའི་རྒྱུད་པ་དང་བཅས་པའི་རི་མོའོ། འདི་ཡང་ཆོས་རྒྱལ་ཆེན་པོ་རབ

བསྟན་ཀུན་བཟང་འཕགས་ཀྱི་ཐུགས་དམ་དུ་བཞེངས་པའོ། །རི་མོ་མཁས་པ་ལྷ་རྩེ་བ་དཔོན་ལྷུན་གྲུབ་དཔོན་སློབ་[ཀྱིས་བཟབས།]

[10] ༄༅། །ན་མོ་ཤྲི་ཀཱ་ལ་ཡ་མནྟ་ཀ་ཡ།

འདི་ནི་རྣལ་འབྱོར་ཕའི་རྒྱུད་དེ་བཞིན་གཤེགས་པ་ཐམས་ཅད་ཀྱི་སྐུ་གསུང་ཐུགས་གཤིན་རྗེ་གཤེད་ནག་པོའི་རྒྱུད་ལས་འབྱུང་བ། བཅོམ་ལྡན་འདས་འཇམ་དཔལ་གཤིན་རྗེའི་གཤེད་དགྲ་ནག་པོ་ལྷ་བཅུ་གསུམ་གྱི་བདག་ཉིད་ཅན་གྱི་ལྷ་ཚོགས་དབང་བཀའི་བླ་མ་རྒྱུད་པ་དང་བཅས་པའི་བཀོད་པའོ། འདི་ནི་མིའི་དབང་པོ་ཆོས་ཀྱི་རྒྱལ་པོ་ཆེན་པོ་རབ་བསྟན་ཀུན་བཟང་འཕགས་པའི་ཐུགས་དམ་དུ་བཞེངས་པའོ། །རི་མོ་མཁས་པ་ལྷ་རྩེ་བ་དཔོན་མོ་ཆེ་ཐར་པ་བ་དཔོན་སློབ་ཀྱིས་ལེགས་པར་བཟབས།

[11]འདིའི་ངོས་འདི་ལ་གཤིན་རྗེ་གཤེད་དམར་ནག་གི་དགོས་ཀྱི་ཆོས་སྐྱོང……བཙོ་ལྔ་ལས་གཤིན་དང་བཅས་པ་རྣམས་བཞུགས་སོ།།

དགེ་བས་འགྲོ་ཀུན་གཤིན་རྗེའི་གཤེད་གྱུར་ཅིག།

མཾ་ག་ལ།།

八 山 顶 层[1]

[1] ༄༅༅། །ན་མོ་ཤྲཱི་ཀཱ་ལ་ཙ་ཀྲཱ་ཡ།།

གང་ཞིག་ཁྱོད་སྐུ་ཤིན་ཏུ་ཕྲ་བའི་རྡུལ་ཕྲན་ལས་ཀྱང་རྣམ་པར་འདས།།

གང་གི་གསུང་ནི་བརྗོད་པ་ལས་འདས་གཞོམ་མེད་རྣམ་པ་ཐམས་ཅད་པ།།

གང་གི་ཐུགས་ནི་རྟག་ཏུ་མི་འགྱུར་མཆོག་ཏུ་མི་འགྱུར་བདེ་བས་གང་།།

དཔལ་ལྡན་དུས་ཀྱི་འཁོར་ལོ་དེའི་མཛད་པས་ཀུན་ནས་སྐྱོང་གྱུར་[ཅིག]།།

དཔལ་ལྡན་ཁྱོད་ཀྱི་ཞིང་བཀོད་ཁྱད་པར་འཕགས།།

[བཀོད་ལེགས་རྣམ་བཀྲ་དབང་པོའི་གཞུ་འདྲ་བ།།

ཐུགས་ཀྱི་དཀྱིལ་འཁོར་ཡོངས་སུ་རྫོགས་པའི་ལྷ།།

---

〔1〕 方括号中的阿拉伯数字对应于《梵天佛地》第四卷，第一册，第 241 页，插图 59 中的各壁面编号。

རི་མོའི]་བཀོད་པར་བྱོན་པའི་ཞིང་ཁམས་འདི།།
འདི་ན་ཡངས་པའི་ཁྲི་ལ་རབ་བཞུགས་པ།།
རིགས་ཀྱི་ནྲྀ་བ་བསྒྲུན་པའི་ལྷག་བསམ་ཅན།།
གང་གི་མ་མ་ཉེ་མ་ཁྲེ་འདྲེན་པས།།
མཐུན་པའི་ཡོ་སྦྱད་ཀུན་ནས་སྦྱར་བྱས་ཏེ།།
ལེགས་པར་གྲུབ་པ་འདི་ནི་དགེ་ལེགས་འཕེལ།།
འདི་དག་བཞེངས་པའི་རི་མོའི་འདུ་བྱེད་པ།།
ཉང་སྟོད་གནས་རྙིང་མཁས་པ་དཔལ་འཕེལ་བ།།
སྐུ་མཆེད་ལག་པའི་འདུ་བྱེད་དག་ལས་འོངས།།
དགེ་བས་ཀུན་མཁྱེན་གོ་འཕངས་ཐོབ་པར་ཤོག།།

མཾགླ་ལ།།

[2] ༄༅། །[ན་མོ་ཙ་ཀྲ་བ་རྡྲ།]

དཔལྡན་ལྡན་ཅིག་སྐྱེས་གང་མི་འགྱུར་བདེ་བ་ཆེ།།
ཤེས་རབ་བདག་མེད་ཡུམ་དང་རྣམ་ལྡན་ཡུམ་གྱིས་འཁྱུད།།
སྐུ་གཉིས་ཟུང་འཇུག་ཆོས་དང་ལོངསྤྱོད་སྤྲུལ་པའི་སྐུས།།
ཐེག་མཆོག་ལམ་འོངས་དཔའ་བོ་གར་མཛད་དགེས་པ་ཆེ།།
གང་གི་ཞིང་བཀོད་རྣམ་བཀྲ་རྨད་བྱུང་དབང་པོའི་གཞུ།།
འཕགས་ཡུལ་གྲུབ་མཆོག་ཤེང་ཧ་གྲུབ་ཆེན་འབྲོམ་ཕྲི་སོགས།།
དེ་དག་བཞེད་བཞིན་རྒྱུད་སྡེའི་གཞུང་དང་མི་འགལ་བར།།
ལེགས་བཞེངས་འདིའི་འཐུན་པའི་ཚོགས་བཅས་ཕྱུན་ཚོགས་རྣམས།།
གང་ཞིག་མཐོ་རིས་བདུན་ལྡན་རིས་ཀྱི་ཉི་མའི་ཡུམ།།
ལྷག་བསམ་དཀར་ལྡན་བྱང་སེམས་ཉི་མ་ཁྲི་འདྲེན་པས།།

ལེགས་བཞེངས་འདི་ཡི་རི་མོའི་འདུ་བྱེད་མཁས་པའི་དཔལ།།
རིག་གནས་མཐར་ཕྱིན་ཤེས་བྱ་འདི་ལ་མཁས་པའི་དབང་།།
སྡོམ་བརྩོན་མཁས་པ་དཔལ་འཕེལ་སྐུ་མཆེད་སློབ་མར་བཅས།།
དེ་དག་ལག་པའི་འདུ་བྱེད་ལས་འོངས་དགེ་ལེ{གས་གྲུར།།}

[3] ༄༅། །ན་མོ་ཙ་ཀྲ་སཾ་བ་རཱ་ཡེ།

འོད་གསལ་མཁའ་དབྱིངས་ལྷ་ལམ་ལས་འོངས་བདེ་བ་ཆེ།།
གཞིག་མེད་འཇའ་ལུས་རྡོའི་སྐུ་དེ་[ཟུང་དུ་འཇུག]།།
ཆོས་དང་ལོ{ངས་སྤྱོད་རྫོགས་པ་གང་དེ་ཧེ་རུ་ཀ}[1]།།
ཤེས་{རབ་རྡོ་ཕག་མོ་གང་དེ་རྣམ་བཅས}[2]་ཡུམ།།
དྲུག་ཅུ་རྩ་གཉིས་ལྷ་ཡི་ཚོགས་དེ་[དབང་པོའི་གཞུ།།]
གང་ཞིག་བཀོད་ལེགས་རི་[མོར་བཀྲ་བའི་ཞིང་ཁམས་འདི།།
འཕགས་ཡུལ་གྲུབ་ཆེན་ནག་པོ་སྤྱོད་པའི་བཞེད་པ་ལྟར།།
རྒྱུད་སྡེའི་གཞུང་དང་རྒྱ་བོད་མཁས་པ་ལུགས་བཞིན་དུ།།
གང་ཞིག་ཆེན་པོར་ཁྲིར་བཞུགས་རིགས་ཀྱི་ཟླ་བའི་ཡུམ།།
ལྷག་བསམ་དཀར་ལྡན་བྱང་]སེམས་ཉི་མ་ཁྲི་འདྲེན་པས།།
ལེགས་བཞེངས་འདིའི་རི་མོའི་འདུ་བྱེད་མཁས་པའི་དཔལ།།
རིག་གནས་{མཐར་ཕྱིན་ཤེས་བྱ་འདི་ལ་མཁས་པའི་དབང་}།།
སྡོམ་བརྩོན་མཁས་པ་དཔལ་འཕེལ་སྐུ་མཆེད་སློབ་མར་བཅས།།
དེ་དག་ལག་པའི་འདུ་བྱེད་ལས་འོངས་དགེ་ལེག[ས་གྲུར།།]

[4] ༄༅། །ན་མོ་ཙ་ཀྲ་སཾ་ཧྲ་ར་ཡེ།

འོད་གསལ་མཁའ་དབྱིངས་ལྷག་བསམ་ལས་འོངས་བདེ་བ་ཆེ།།

---

〔1〕 译者注：括号中的文字据北壁内侧题记补。
〔2〕 译者注：括号中的文字据北壁内侧题记补。

གཞིག་མེད་འཇའ་ལུས་རྡོའི་སྐུ་དེ་ཟུང་དུ་འཇུག།
ཆོས་དང་ལོངས་སྤྱོད་རྫོགས་པ་གང་དེ་ཧེ་རུ་ཀ།།
ཤེས་རབ་རྡོ་ཕག་མོ་གང་དེ་རྣམ་བཅས་ཡུམ།།
དྲུག་ཅུ་རྩ་གཉིས་ལྷ་ཡི་ཚོགས་དེ་དབང་པོའི་གཞུ།།
གང་ཞིག་བཀོད་ལེགས་རི་མོར་བཀྲ་བའི་ཞིང་ཁམས་འདི།།
འཕགས་ཡུལ་གྲུབ་ཆེན་ལོ་ཨི་པ་ཡི་བཞེད་པ་ལྟར།།
རྒྱུད་སྡེའི་གཞུང་དང་རྒྱ་བོད་ལཁས་པའི་ལུགས་བཞིན་དུ།།
གང་ཞིག་ཆེན་པོའི་ཁྲིར་བཞུགས་རིགས་ཀྱི་བླ་བའི་ཡུམ།།
ལྷག་བསམ་རྣམ་དཀར་བྱང་སེམས་ཉི་མ་ཁྱེ་འདྲེན་པས།།
ལེགས་བཞེངས་འདིའི་རི་མོའི་འདུ་བྱེད་མཁས་པའི་དཔལ།།
རིག་གནས་མཐར་ཕྱིན་ཤེས་བྱ་འདི་ལ་མཁས་པའི་ཕུལ།།
སྟོམ་བརྩོན་མཁས་པ་དཔལ་འཕེལ་སྐྱུ་མཆེད་སློབ་མར་བཅས།།
དེ་དག་ལག་པའི་འདུ་བྱེད་ལེགས་འོངས་དགེ་ལེགས་གྱུར།།

མཾ་ག་ལ་བྷ་ཝནྟུ།།

[5]༄། །ན་མཿ ཤྲ་ཙཀྲ་ས་མྦ་ར།
གང་ཞིག་ཁྱོད་སྐུ་གཉིས་མེད་བདེ་ཆེན་ལྷན་ཅིག་སྐྱེས།།
གང་གི་གསུང་ནི་གཞོམ་མེད་རྣམ་པ་ཐམས་ཅད་པ།།
གང་གི་ཐུགས་ནི་ཧེ་ལྷ་ཧེ་སྙེད་སྤྱན་ཡངས་པ།།
ཧེ་རུ་ཀ་དཔལ་རྟེན་དང་བརྟེན་པར་བཅས་ལ་འདུད།།
ཁྱོད་ཀྱི་ཞིང་བཀོད་རྣམ་བཀྲ་དབང་པོའི་གཞུ།།
སྟོན་མེད་རི་མོར་བཀྲ་བ་རྨད་བྱུང་འདི།།
གང་ཞིག་ཆེན་པོའི་ཁྲིར་བཞུགས་རིགས་ཀྱི་ཡུམ།།

ལྷག་བསམ་དཀར་བའི་བ་དན་ཆེར་གཡོ་བ།།
བྱང་སེམས་ཉི་མ་ཁྱེ་འདྲེན་དད་ལྡན་གྱི།།
འཕྲུན་པའི་ཡོ་བྱད་བསྒྲུབས་ནས་ལེགས་པར་བཞེངས།།
རི་མོའི་འདུ་བྱེད་དཔལ་ལྡན་གནས་རྙིང་པ།།
ཤེས་བྱ་འདི་ལ་མཁས་པའི་ཕྱུལ་ཕྱིན་པ།།
སྟོམ་བརྩོན་དཔལ་འཕེལ་སྐུ་མཆེད་སློབ་བཅས་ཀྱི།།
ལག་པའི་འདུ་འགོད་དག་ལས་ལེགས་པར་འོངས།།

[6]…………………………

………འཇའ་ལུས་དབང་པོའི་གཞུ།།
ཟུང་འཇུག་བདེ་ཆེན་（ལྷ）གི་སྟོས་པའི་སྐུ།།
…………………（མདོན）མཛད་ཧེ་རུ་ཀ་དཔལ་དེར།།
ལན་ཅིག་མིན་པར་བཏུད་ནས་ཞིང་གི་བཀོད།།
དབང་པོའི་གཞུ་འདྲ་སྟོན་མེད་ཧེ་རུ་ཀ།།
འཁོར་གྱི་དཔའ་བོ་དཔའ་མོ་རྒྱུད་སྡེ་ནས།།
གང་ཞིག་རྡོ་རྗེ་འཆང་གིས་ལེགས་གསུང་པ།།
རྨད་བྱུང་ཞིང་བཀོད་འདིའི་སྦྱིན་པའི་བདག།
གང་ཞིག་ཡངས་བའི་ཁྲི་བཞུགས་ཆེན་པོའི་ཡུམ།།
ལྷག་བསམ་དཀར་ལྡན་ཉི་མ་ཁྱེ་འདྲེན་པས།།
དད་ལྡན་མདུན་པའི་སྒྲོ་ནས་ལེགས་པར་བཞེངས།།
རི་མོའི་འདུ་བྱེད་ཉང་སྟོད་གནས་རྙིང་པ།།
པིར་ཐོག་དབང་པོ་མཁས་པ་དཔལ་འཕེལ་བ།།
སྐུ་མཆེད་ལག་པའི་འདུ་འགོད་དག་ལས་འོངས།།

དགེ་བས་རྣལ་འབྱོར་ནམ་མཁའི་གནས་ཐོབ་ཤོག།

མཾགལ་བྷ་ཝནྟུ།།

[7] ༄༅། །ཨོཾ་བདེ་ལེགས་སུ་གྱུར་ཅིག།

གང་ཞིག་ཁྱོད་སྐུ་དབང་པོའི་གཞུ།།

ཁྱོད་ཐུགས་རྗེ་ལྷ་རྗེ་རྙེད་ཡེ་ཤེས་དེས།།

གང་དེ་རྟེན་དང་བརྟེན་པའི་དཀྱིལ་འཁོར་དུ།།

དག་པའི་ཐུགས་མངའ་དག་ལ·····················

·········དཔལ་ལྡན་རྣལ་འབྱོར་ནམཁའ་ག{ཙོ}ད··········〔1〕

[8] ༄༅། །ན་མོ་བུད་དྷ་ཀཱ་པ་ལ།

རབ་དཀར་ལྷ་ལམ་ལས་འོངས་ཤིང་།།

ཡེ་ཤེས་གཉིས་མེད་ཟུང་དུ་འཇུག།

བཅུ་ཕྲག་གཉིས་དང་ལྷ་ཡི་ཚོགས།།

དཔལ་ལྡན་བུད་དྷ་ཀ་པ་ལས།།

འགྲོ་འདིར་དགེ་ལེགས་དཔག་ཡས་མཛོད།།

ཁྱོད་ཀྱི་ཞིང་བཀོད་དབང་པོའི་གཞུ།།

སྐྱོན་མེད་བཀོད་ལེགས་རི་མོར་བགྱི།།

ཡུལ་བྱུང་ཁྱད་པར་འཕགས་འདི་དང་།། །།〔2〕

[9] ༄༅། །ན་མོ་ཕུ་ཀ་ཨེ་ཀ་ན་ཐ་ཡ།

གང་ཞིག་ཤེས་རབ་ཡངས་པའི་ལྷ་ལམ་ལས།།

སྟོང་ཉིད་སྙིང་རྗེའི་རྟ་བདུན་གྱིས་དྲངས་ཤིང་།།

ཐེག་མཆོག་པད་མོའི་ཚལ་རབ་རྒྱས་བྱེད་པའི།།

〔1〕 译者注：余下壁面重绘 140 厘米。

〔2〕 译者注：壁面于此结束。

མགོན་པོ་ཁྱོད་སྐུ་འཁོར་གྱི་རབ་བསྐོར་བའི།།
ཞིང་བཀོད་རྨད་བྱུང་གཉིས་ཀྱི་སྤྲིན་པའི་བདག།
རིགས་དང་འགྱུར་པའི་དཔལ་གྱི་མངོན་བར་མཐོ།།
དད་དང་སྦྱིན་སོགས་དགེ་ཚོགས་སྒྲུབ་ལ་བརྩོན།།
བྱང་སེམས་ཉི་མ་ཁྱི་འདྲེན་དད་པས་བཞེངས།།

མཾགལ།།

[10]༅། །ན་མོ་ཊཀི་པན་ཙན་ཐ་ཡ།

འོད་གསལ་ལྷ་ཡི་ལམ་ལས་འོངས།།
ཟུང་འཇུག་དབང་པོའི་གཞུ་[འདྲ་བ། །]
དཔལ་ལྡན་མཁའ་འགྲོ་ལྷ་ཡི་ཚོགས།།
ཁྱེད་ཀྱིས་འགྲོ་འདི་བདེ་ལེགས་མཛོད།།
ཉིད་ཀྱི་ཞིང་བཀོད་རྨད་བྱུང་འདི།།
བཞེངས་པའི་འཕྲུན་པའི་རྐྱེན་སྦྱོར་བ།།
བྱང་སེམས་ཉི་མ་ཁྱི་འདྲེན་པས།།
ལྷག་བ[སམ་དག]………པས་བཞེངས།། །།

[11]༅། །ན་མོ་ལོ་ཀི་ཤྭ་ར་ཡ།

ཐབས་མཁས་ཐུགས་རྗེའི་རྒྱ་གླང་རྣམས།།
བྱང་ཆུབ་སེམས་ཀྱི་རྒྱ་གཏེར་དུ།།
ཡོན་ཏན་དཔག་ཡས་ནོར་བུར་བཅས།།
འཕྲིན་ལས་དེད་དཔོན་སྤྱན་རས་གཟིགས།།
ཁྱེད་ཀྱིས་འགྲོ་འདིར་བདེ་ལེགས་མཛོད།།
ཁྱེད་སྐུ་འཁོར་ཀྱི་ཡོངས་བསྐོར་བའི།།

ན……………………………………………〔1〕།།

རི་མོ་མཁས་པ་གནས་སྙིང་པ།།

དཔོན་བཙུན་དཔལ་འཕེལ་སྐྱ་མཆེད་ཀྱིས།།

ལེགས་པར་གཟབས་ཏེ་བྲིས་པ་དགེ།།

〔1〕 译者注：壁面磨损58厘米。

第二部分

转　　写

萨　玛　达

sva sti / bder gshegs bstan 'dzin skyang[1] btsun zhe snga'i[2] mtshan /

dang po chos la bar gyi tshig /
myi mngon blo gros brgyan pa 'is[3] /
g.yas ru mdog kyi phyi 'brungs su / 1
'gon po 'jam dbyangs khru bzhi tshad /
'od mdangs 'dzom pa bzhengs[4] gyurd kyang /
phyogs 'dir bstan pa gnas phyir dang /
dang po'i bla ma skur gyurd pa / 2
zhe snga bkra shis 'gon po[5] dang /

---

[1] skyang 或 rkyang,上加字 s 与 r 在书写中常常互换。因此,此处的 rkyang 或 skyang 指的是 rkyang phu,即 sa ma mda'。

[2] 字典中没有 zhe snga——应该参考 zhe sa。zhe snga 亦见于第三颂,此处其意义十分清楚。托玛斯编辑的文书中出现了 zhe snga,但他没有翻译,可能将其当作地名,但说(其)"是一个通常表述,意思是'面前'"。F. W. Thomas, "Tibetan Documents Concerning Chinese Turkestan", p. 65. zhe snga 这种表达不能与 zhal snga 相分离。

[3] 清楚提到名字是法智慧(chos blo gros),在 chos 和 blo gros 之间缺少属格助词: kyi,'is 指的是 yis。

[4] bzhengs 不仅意味着亲自或让人做法事、塑像、建寺或绘画,也意味着发心。

[5] 'gon po 应读作 mgon po,前加字 'a 和 m 的互换很常见,例如 mgo 和 'go,等等。

rdo rje'i spun grogs rnal 'byord pa/
bsod nams mying la rgya mtsho 'is/
smras pa gnyIs kyi bsod nams su/ 3
bdag kyis 'bad pa drag po[1] 'is/
'jam dbyangs bzhengs pa'i dge ba 'dīs/
bstan pa ring du gnas pa dang/
'gro bas gnyis med don mthong shog/ 4

yongs kyi don du bshes gnyen mchog/
bsten las bdud rtsir ldan dge ba'i/
bshes gyurd dam pa rnams kyis bdud/
mthon dman kun gyi gnyen gyurd cing/ 1
chos phyir rnyad pa khyad gsod[2] pa/
tshul khrims kyi ni rgyan dang ldan/
bdud rtsi kha 'byed blo gros kyi/
zhal snga nas kyi thugs dam mdzad/ 2
dus gsuṃ rgyal ba ma lus pa'i/
sku gsung thugs kyi rnam sprul pa/
rigs gsum bzhengs pa'i dge ba yis/
srid gsum 'gro ba ma lus kun/ 3
snying rje sa gzhi la brten nas/
shes rab lo tog bdud rtsi yi/
mthu yis nyon mongs dug 'joms shing/
ye shes bdud rtsi 'thung bar shog/ 4

yongs kyi bla mar gyurd pa skyang btsun thugs dam 'dī/

[1] drag po 应读作 drag pa。
[2] 此处杀(gsod)的意思是蔑视(brnyas)；rnyad 应读作 rnyed。

dbus gtsang kun tu skad yi[1] myi mthun pa/
dod pa'i dbang gyis sku mkhan mang 'ongs kyang/
thugs mnyes bya phyīr gzhon nu 'od sogs kyis/ 1
mkhas pa chen po bram ze'i rigs/
pan tso rar skyes ma ti la/
dka' bas gnyer cing mgu byas pas/
na tshod 'das shing yan lag gyong gyurd kyang/ 2
gsang ba'i dbang kyis 'di las lhag pa myed/
de yang nyid gzhan byang chub thob phyir las/
tshe 'dir grags pa bzhed phyir tshig tsam myed// 3

艾 旺 寺

中殿

sva sti/ kye/ gling bzhi gling[2] mchog lho yi 'dzam[3] bu gling/
gling las khyad par 'phags pa bzhugs yul rgyang ro ru/
yon bdag khyad par 'phags pa kon rig bza' mi yis/
sangs rgyas khyad par 'phags pa rgyal ba byams pa'i skus/
bsod nams khyad par 'phags pa bla med byang chub thob//
rgyu sbyor yon bdag 'khor bcas dang/
bdag dang mtha' yas sems can rnams/
bla myed[4] byang chub thob par shog/
na mo buddha[5] ya/ ri mo snum 'tsher rgya gar lugs/
kho bo 'bri phrug rgyal mtshan grags//

---

〔1〕 应读作 yig。
〔2〕 译者注：原书漏写 gling。
〔3〕 译者注：原书写作 dzam。
〔4〕 译者注：原书写作 med。
〔5〕 译者注：原书写作 bu ddha。

无量寿佛佛殿

bde bar gshegs 'bri ba li lugs
mi mthun
lo chung dbang bang 'dugs[1]/
....
sa 'tsa'[2] gzigs
....
gtsang khang nang gi ri mo 'phas[3] 'jam dpal

江孜白居寺大殿

shar phyogs kyi skal[4] bzang brgya dang nyi shu rtsa lnga'i zhing khams 'di/ dad pa'i stobs 'chang ... bsod nams kyis sgrib gnyis sbyang phyir/ dgos kyi sbyin bdag chos rgyal dpal bzang gis bsgrubs/ ri mo mkhas pa dpon gang bzang gis bris/ dge ba 'di yis pha mas gtso byas pa'i mkha'i[5] dang mnyam pa'i sems can ma lus pas gzugs sku rnam gnyis thob pa'i rgyur gyur cig/ bla ma lhar bcas de star[6] 'grub par mdzod[7]//

lho phyogs kyi skal[8] bzang brgya dang nyi shu rtsa lnga'i zhing khams 'di'i dgos kyi sbyin bdag dpa' ba'i 'khur khyer rtse spe dge

---

〔1〕 拼写存疑。
〔2〕 原文如此,可能是 'ja sa?(蒙语的 jasak)。B. Laufer, "Loan-words in Tibetan", pp. 493–494, n. 174.
译者注:赵衍荪译,《藏语中的借词》,北京:中国社会科学院民族研究所少数民族语言研究室编印,1981 年。
〔3〕 'phas 应为 'phags 的误写。
〔4〕 应读作 bskal。
〔5〕 应读作 mkha'。
〔6〕 应读作 ltar。
〔7〕 参见布顿,夏鲁寺(zha lu)目录, tsa 函,第 12 叶背面。
〔8〕 应读作 bskal。

slong zhes byas bgyis/ ri mo mkhas pa snye mo bzang ri . . . gis bris/

bdag gi dge ba 'dis mtshon 'gro rnams kyis/
dus gsum dge ba ji snyed yod pa kun/
gcig tu bsdus te byang chub chen por bsngo/
skyabs mchog gsum gyi bden pas 'grub gyur cig//

江孜十万佛塔

第一层

第一层、第三间佛殿

na mo badzra pā na ye/

phyag na rdo rje 'byung po 'dul byed kyi lha khang 'di'i [lho] phyogs kyi ngos la/ phyag na rdo rje 'byung po 'dul byed lha sum cu rtsa bzhi'i bdag nyid can gyi lha tshogs kyi bkod pa/ dpung zur g.yas g.yon na rdo rje 'chang dang/ bla chen gyi sku 'dra dang bcas pa'i zhing [kha]m[s 'di'i] dgos kyi sbyin bdag [rdo rje] 'dzin pa chen po/ bla ma ma lung pa dpon slob kyis basm sbyor dad pas bsgrubs// //

nub phyogs kyi ngos la phyag na rdo rje ū tsa rgya sprul pa'i khro bo'i tshogs dang bcas pa/ steng gi dpung zur na bla ma'i sku 'dra gnyis dang/ bcas pa 'di'i dgos kyi sbyin bdag rgyang ro sa lu ba 'gar btsun gyis bgyis// //

byang phyogs [kyi ngos la] bya ba'i rgyud las gsungs pa'i/ gar mkhan mchog gi brtag pa las 'byung pa['i] . . . dbus na phyag na rdo rje gar mkhan mchog/ sku mdog sngon po zhal b{zhi} [phya]g bcu drug pa/ rol pa'i gar stabs . . . // 'byu{ng ba} 'i phyag na rdo rje lha bcu bdun ma dang/ gnod sbyin gar mkhan mchog gtso 'khor gsum/ g.yon phyogs na rdo rje sa 'og nas gsu[ng]s pa'i phyag na rdo rje sa 'og gtso 'khor bdun dang/ stod tshar la 'byung po 'dul byod kyi bla ma brgyud ris dang/ de rnams kyi 'og na/ phyag rdor gar mkhan mchog gi 'khor/ rgyal chen rnam thos sras/ gnod sbyin rta bdag brgyad/ sde dpon/ stobs chen/ ljongs chen dang/ yul 'khor skyong ba/ 'phrog ma/ ma mo/ srin mo rnams kyis yongs su bskor ba 'di rnams kyi dgos kyi sbyin bdag . . . gnyis kyis bgyis/ ri mo mkhas pa dpon mo che rgya kun dga' ba dpon slob kyis bzabs/

de'i dge bas yon mchod 'khor bcas rnams//
gnaskabs mithun phyogs kun zhi ba dang//
mthar thug rdoe 'chang gi go 'phang nyid//
myur ba nyid du gegs med 'grub par shog

第一层、第四间佛殿

na mo badzra bidha ra ṇa ye/

rme rtsegs kyi lha khang 'di'i dbus na/ chos rje sa skya paṇ ṭi ta mdzad pa'i khro bo rme rtsegs/ sku mdog dud kha zhal gsum phyag drug pa me ri'i dbus na bzhugs pa'i/ g.yas na mkha' 'gro rme rtsegs sngon mo phyag gnyis ma/ g.yon na khro mo rme rtsegs sku mdog nag mo gter ma lugs rnams lde skur bzhugs pa'i . . .

. . . [don lnga'i bdag nyid/ steng gi dpung zur la sa 'bir zhal sprod/ sa paṇ khu dbon/] 'og tshar la sge{g} . . . brgyad dang/ 'dod yon lnga'i lha mo dang/

lho phyogs kyi ngos . . . la khro {bo} [gshin rje] gshed zhal gsum phyag drug pa dang/ khro bo bgegs mthar byed sku mdog sngon po [zhal bzhi] phyag brgyad pa/ stod tshar la [ri khrod] lo ma gyon ma/ gdugs dkar can/ lha mo 'od zer can dang/ smad tshar la gur mgon lcam dral/ bum bzangs dpag bsam shing dang bcas pa dang/

ri mokhas pa/ shangs pa/ dpon shes {ra}b dpal bzangs dpon slobs kyi bris//[1]

nub phyogs kyi ngos la mdo nas gsungs pa'i khro bo rme rtsegs sku mdog ljang nag zhal gsum phyag drug pa/ rme rtsegs rigs bzhis

〔1〕 译者注：此为东壁南段题记第二行题记，我猜测可能指的是该小壁及门后壁画的画师。

bskor ba／ stod tshar la rnam 'joms kyi rgyud ris smad tsar la nyer spyod kyi lha mo／

sgo gong la rdo rje phreng ba nas gsung[s pa'i] gzungs . . . {lha} mo lnga dang bcas pa bkod pa 'di rnams kyi lde sku gtso 'khor gyi sbyin bdag rgyang 'khar thang dpe bas[1] bgyis// ri mo zhing khams gnyis kyi sbyin bdag bla ma sangs rgyas rgyal mtshan dang／ mkha' spyod pas byas／ lha bzo mkhas pa dpon brtson pa yab sras dang／ ri mo mkhas pa dpon dge sbyong shes rab dpal bzangs pa dpon slob kyis legs par bzabs//

dge legs 'phel//

第一层、第五间佛殿

na mo uṣṇi ṣa sidda ta ba trai ya／

gzhan gyis mi thub ma gdugs dkar mo can gyi lha khang 'di'i dbus na／ de bzhin gshegs pa'i yum gyi skor lha mo gdugs dkar mo can gza' thams cad 'joms par byed pa／ sku mdog dkar mo zhal gsum phyag drug ma lde sku gtso 'khor lnga／ rgyan pagis gi dbus na bzhugs pa dang／

shar phyogs kyi ngos la lha mo gdugs dkar mo can sku mdog dkar mo zhal gsum phyag brgyad ma／ lha mo gzhan gyis mi thub ma las sogs pa'i lha mo ri khrod ma phyag rgya'i tshogs kyis bskor ba dang／

lho phyogs kyi ngos la lha mo gdugs dkar can sku mdog dkar mo zhal lnga phyag brgyad ma phyogs skyong bcus bskor ba／ dpun zur na paṇ khu dbon／ 'og tshar la rnam sras 'dzam ser nag／ dpal chenmo rnams kyis bskor ba dang／

nub phyogs kyi ngos la lha mo gdugs dkar can sku mdog dkar mo zhal gsum phyag drug ma rnam bsgyings rdo rje ma las sogs pa'i lha mo bcu dang／ steng na khro bo'i tshogs dang／ 'og na nor rgyun ma dang dpal chen mo rnams kyis bskor ba dang／

---

〔1〕 dpe bas 应读作 dpe pas。

sgo gong na [gur mgon lca]m dral legs ldan mched gsum rnams kyis bskor ba 'di rnams kyi/ lde sku gtso 'khor rnams kyi sbyin bdag/ ri{gs} rus cho 'brang gis ma . . . chos rgyal chen po'i nang blon gnyer chen rje btsun pas lhag bsam rnam dag gi sgo nas bsgrubs/ lha bzo mkhas pa mkhar kha pa dpon mo che . . . ma ta sa bzangs/ ri mo zhing khams gnyis po'i dgos kyi sbyin bdag/ sde pa'i gzhis gnyer/ dbon bsaṃ/ dpon shes rdor/ nye gnas mgon rin/ rgyal ba nyi ma/ dpal chen/ namkha' dpal bzangs/ a legs/ bsod nams dpal/ 'gu ru/ rgyul po dar/ dpon bkras/ rine rgyal mtshan/ rine dpal/ ol dar/ a nam . . . / a grin/ a khu bkra shis bzang po rnams kyis bsam sbyor dad pas bsgrubs/ ri mo mkhas pa lha rtse ba dpon mo che thar pa ba dpon slob dang dpon dge slong sangs rgyas bzang po ba grogs mched kyis bzab//

de lta'i dge ba'i mthu stobs chen po yis//
rgyal ba'i bstan pa phyogs bcur rgyas pa dang//
bstan 'dzin skyes bu chos spyod 'phel ba dang//
chos rgyal chen po'i sku tshe brtan pa dang//
yangs pa'i rgyal khams bde zhing rab rgyas te/
'gro kun bla med byang chub myur thob zhog// //

maṃgalaṃ bhavatu//

第一层、第六间大殿

殿门入口处题记

. . . chos . . .
. . . bya'i 'dzin . . .
. . . 'dzin . . .
. . . chu gter che las . . .
. . . lhun grub ze'u . . .
. . . mtshan dpe'i . . . phyug//
skal lda{n} . . . 'dud//
lhag par . . . dpal 'dzin gang/

... pa tshungs med gcig//

gcig ... myur ba'i shugs kyis rgyu//

rgyu dang mi rgyu'i ... tshe dpag med mgon mchod//

gangs can khrod ' ... mchis mod de lta na'ang//

mi dbang rab tu brtan pa ... tu ... pa'i mtshan can gyis//

ston {pa} mgon med zas sbyin nyid kyi gsal ... byung pa ji bzhin 'dir//

lha sogs skye dgu'i dpal du byon 'di ae ... ngo mtshar dpal gyis brjid//

rab mdzes bkra shis sgo mangs mchod rten 'thong grol chen mo ni//

rab mdzes gnyis 'thung rta mchog rma bya shang shang sdod lnga pas bteg pa'i//

rab mdzes khri gdan rmang ni dge bcu'i rang bzhin ches cher brtan//

rab mdzes bang rim bzhi ni tshogs lam bzhi gsum bcu gnyis dbang po lnga//

rab mdzes bum rten 'gur chu stobs lnga'i rang bzhin mig gi bdud rtsir che//

rab mdzes bum pa byang chub yan lag bdun gyis rab tu brjid pa'i steng/

rab mdzes bre ni 'phags lam yan lag brgyad kyi dpal dang ldan//

rab mdzes sgo ni bcu phrag brgyad dang zung bzhis chos sgo du ma mtshon//

rab mdzes gdugs bcu stobs bcu'i rang bzhin lhag ma dran pa nyer bzhag gsum//

rab mdzes char khab thugs rje chen po'i rang bzhin rnam par dag//

rab mdzes srog shing shes pa bcu dang tog ni chos sku'i rang bzhin nyid//

rab mdzes gzi 'od dpal 'bar byin rlabs rten mchog gcig pu rgyal//
'jigs bcas 'gro ba 'jigs med bya phyir rdo reng rnams ni kun nas brjid//
bsrung med bzhi'i them skas rim pas phyogs su mdzes par yang dag spud//
bdud bzhi'i g.yul las rgyal phyir chu srin rgyal mtshan mdzes ba'i zur gad g.yo//
tshul khrims kyis bskrun mtshan dpe mtshon phyir me tog phreng ba'i zar bu can//
'gro bzhir phan 'dogs 'jig rte bskyong bas bden pa bzhi ldan bkra shis byed//
tshangs pa'i gsung dbyangs yan lag drug cu mtshon byed dril bu skad snyan 'byin//
bla med byang sems chen po'i snang byed zla tshes phreng ba'i do shal can//
nyon mongs gdungs pa ma lus bskyob byed dbyibs mdzes gdugs kyis kun nas phub//
mngon shes drug ldan mdzes pa'i tog ni 'od zer brgya pa zil gyis mnon//
ye shes bzhi mtshon ngos 'jam dri bral mdangs gsal me long kun nas mdzes//
bla med byang chub cod pan dbang po'i gzhu ltar bkra ba'i rgyan gyis brgyan//
chos kyi snyan grags rgya cher dpel phyir ba dan 'da{r} gyis rnam par brtsen//
'di ni rin chen khams las legs grub nam mkha' nyi zla'i gos bzang gyon//
bang rim bzhi dang 'tshaṃs sprin mdzes pa'i ska rags bcings phyir lhun por mtshungs//
'on kyang bre dang chos 'khor char khebs tog gis mngon bar

mtho ba dang//

blo ldan phyag dang mchod pa bgyid slad mtshungs par rang yang ma lags so//

nang gi lha khang bcu phrag mang po'i skyed tshal yangs pa der//

rin chen rtsi sman 'dum bur lugs dang lde sku ri mo phul skos kyi//

rgyal ba sras bcas sku gzugs pad mo bzo sbyangs rkyen gyis skyes pa rnams//

sngags 'chang nyin byed zer gyis phye bas byin rlabs sbrang rtsi pa mtha' yas//

thub stan ched du btang bar dka' ba'i sku yang gtong phod mi dbang gis//

gang la tshig tsam brnyad na'ang blo'i yul du shin tu dpag par dga' ba yi//

rlabs chen stobs kyis mchod rten phun tshogs lha'i bkod pa rmad byung 'di//

lhag bsaṃ dag pa'i mthu yis bar chad med/

khyad par blo 'bur nub phyogs bde ba can gyi zhing mtshungs pa'i//

dbus su chu skyes sar pa 'dab stong rnam rgyas ge sar g.yo ba la//

ra ga'i mdangs ldan zhal gcig phyag gnyis bum pa rnams mdzad tshe dpag med//

khyel gyis bzhugs shing rigs kyi bu khyod legs zhes dbugs 'byin mdzad pa snyam//

sras kyi thu bo spyan ras gzigs dbang zung gcig mgon po'i g.yas phyogs kyi//

ngos nas zur gyis gzigs shing 'gro la brtse bas snying rje'i gleng ba bsleng//

byang sems mthu chen thob dang sa'i snying po g.yon gyi

zur nas nyer btud nas//

bzhed pa ci lags myur du bsgrub ces zhu ba nan gyis 'phul ba 'dra//

logs la bde gshegs bcu phrag gsum dang zung gnyis lhag gcig sras bcas rnams//

gdul bya'i don slad 'gron du bos bzhin[1]...

....//

gzhan yang las rgyab zhal bkod lasogs mthun rgyen dgos dgu rnams//

blo ldan des pa'i ngang tshul 'dzin pa dpon btsun bram skyabs kyis sgrubs/

gang thugs bya lam rang bzhin rnam dag blo bur dri ma sprin gyis ... dben bar//

mkhyen pa'i dkyil 'khor cha shas yongsu rdzogs ba'i dri gzhon shugs kyi rgyu//

spangs rtogs nus mthu'i tsha zer phreng bas phan bde'i pad tshal rgyas mdzad pa'i//

rdo rje slob dpon mtshan nyid yongs rdzogs nyin byed mang po yongs lhags nas//

sa 'dzin rtse lnga ljongs dang bcas pa kho ra khor yug mu khyud ni//

mdzes pas yongs bskor rta babs gyis brgyan sgo mang phyogsu dod//

'bab chu lhung lhung sgra 'byin 'tshar du dngar ba'i ljon shing g.yur za zhing//

'thong bas yid 'phrog 'dug na blo phabs dpal 'khor sde chen 'dir//

rab tu gnas ba'i yo byad kun tshogs 'gro mangs dga' bas

---

〔1〕 译者注：殿门右侧题记于此结束，殿门左侧题记开始处近三分之一的壁面经修补后，题记不见。

lhags pa dang//
rgyud las byung bzhin cho ga mtha' phyin slar yang shis ba brjod pa dang//
me tog char chen babs pa 'di gsuṃ mnyam du byung ba ae ma mtshar//
sar gnas sems dpa' chen po'i mdzad 'phrin phul phyin 'di'i mig rkyen gyis//
gangs ri'i phreng ba yongs su bskor ba'i sa chen 'dir yang 'phags yul bzhin//
rgya chen chos kyi srol bzangs 'dzin la 'bad pa med par ngang gis 'jug//
de slad gang gi grags pa'i rnga chen rgya mtsho'i pha mthar son par gyur//
rmad byung mdzad pa nor bu'i phreng mdzes bde[1] sbyor gser gyi skud pa la//
brgyus te skal ldan mgrin pa'i brgyan dang dge ba'i mig rkyen ched du 'dir//
mtshan mo'i mkha'i la rgyu skar ji bzhin bkra ba'i yi ge phul phyin 'di//
nyi ma 'od zer gyis bris tshig gi bde[2] sbyor g.yu lung pa yis bgyis//
'dir 'bad dge ba nyi mo'i dbang phyug 'od stong dra ba gang de yis//
tshur rol bstan pa'i pad tshal phye nas skal ldan bung ba nyer 'tsho zhing//
pha rol log bsgrub bcom nas 'gro ba'i blo mun sel byed pa'i//
kun mkhyen snang ba sa skyong chen pos mngon du gyur

〔1〕 译者注：应读为 sdeb。
〔2〕 译者注：应读为 sdeb。

nas 'gro phan shog//

myur mgyogs thogs med rdzu 'phrul shugs ldan tshar gcod rjes 'dzin thugs rje dang//

legs nyes 'byed pa'i spyan mnga' bka' stod phrin las g.yel bar ma gyur cig//

don dam chos dbyings rnam par dag cing kun rdzob rten 'brel mi bslu ba'i//

bden ba gang des 'dir brjod smon lam mtha' dag 'grub ba'i bkra shis shog//

maṃghala //

壁画下面题记

na mo shākya mu na ye/ 'di yi khyam stod dbu khang dang bcas pa la/ phung po gsum pa'i mdo las 'byung ba'i de bzhin gshegs pa sum cu rtsa lnga'i sku gzugs ri mor bkod pa bzhugs pa'i g.yon phyogs kyi zhing khams che ba gnyis kyi dgos kyi sbyin bdag so khad pa/ gnyer chen dpon po dpa' bzangs pa dang/ dgon stag ri ba dang/ nying ro ba rgya dpon ra khyi rgyal rnams kyis lhag bsam rnam dag gi sgo nas lags par bsgrabs// // ri mo mkhas pa lha rtse ba/ dpon mo che thar pa ba dpon slob rnams kyis legs par bzabs/

na mo a mi ta bha ya/

bskal pa grangs med[1] du ma'i sngon rol du//

'dren ba gser 'od seng ge rnam rol gyi//

slob ma'i mchog gyur brtul zhugs bzang po can//

dge slong chos kyi 'byung gnas nyid gyur tshe// //

bsam yas rlabs chen smon lam btab pa bzhin//

bden tshig mngon gyur bde ldan zhing gi dpal//

[b]de gshegs 'od dpag med la phyag 'tshal lo//

dpag yas bskal pa mang po 'das pa'i dus//

bde gshegs rin chen snying po'i bstan pa la//

[1] 此处的 grangs med 是其数不能被计量(asaṃkhyeya)的一种说法。

gling bzhi'i dbang phyug lha sras yul 'khor skyong// //
rgyal sras mang po'i yab du gyur pa'i tshe//
dag pa'i zhing bzung rgya chen smon lam btab//
dgongs pa mthar phyin khyed la phyag 'tshal lo// //
bskal pa mang por dag pa'i snang ba la//
legs par sbyangs pa'i rgya chen bsod nams tshogs//
mthar phyin 'phags mchog gzigs pa dag pa'i yul//
bde ldan dag pa'i zhing la phyag 'tshal lo//

'di ltar/ khyams smad kyi phyogs gsum la/ bcom ldan 'das 'od dpag tu med pa'i zhing khams bde ba can gyi bkod pa phul du phyin par bzhugs pa 'di rnams kyi/ zhing khams che ba gsum gyi dgos kyi sbyin ba'i bdag po dpon legs rin gyis mgo byas/ brum ze ba rnams dang/ rgyang ro yul stod bcu dpon yon tan dpal/ dpal bkras/ blo gros/ 'om thang pa bla ma rtogs ldan/ don bzang/ dge shes[1] 'jam dpal/ mgar ba dpon gzhon rnams kyis bsam 'byor dad gus kyi sgo nas bsgrubs/ ri mo mkhas pa lha rtse ba p . . . pa dpon dpon slob kyis bris//

de'i dge ba ye shes rdo rje yis//
'chi bdag bdud kyi sde rnams rab bcom te//
'chi med rdo rje tshe dang rab ldan pa'i//
dgon po[2] tshe dpag med mgon 'grub par shog/// //

maṃgala//

. . . / 'di'i khya . . . kyis lhag bsam rnam dag gis sgrubs// // ri mo mkhas pa lha rtse ba dpon thar pa dpon slob kyis legs par bzabs///

de'i dge bas mtha' yas sems can rnams//
'od dpag med pa'i zhing du skye bar shog/

maṃgala bhavantu/ shubhaṃ// he he he he//

---

〔1〕 dge shes 应读作 dge bshes。
〔2〕 dgon po 应读作 mgon po。

第一层、第七间佛殿

na mo badzra parṇa shva ri ye/

lha khang 'di'i dbus na/ bsgrub[1] thabs rgya mtsho las 'byung pa'i ri khrod lo ma gyon ma' sku mdog ser mo zhal gsum phyag drug pa gtso 'khor gsum khri rgyab yol dang bcas pa'i sku gzugs 'bur du gtod pa bzhugs/

de'i g.yas shar phyogs kyi ngos la/ sa lugs kyi ri khrod lo ma gyon ma sku mdog ser mo zhal gsum phyag drug ma/ de'i g.yas tshar gyi mgo na phyir zlog ma chen mo sku mdog sngon mo phyag drug pa de'i g.yas na khro gnyer can zhal cig phyag bzhi/ de'i g.yas na gzhan gyis mi thub ma ser mo zhal cig phyag gnyis ma/ de'i 'og na ri khrod lo ma gyon ma dmar mo phyag gnyis ma/ de'i g.yas na lha mo ral cig ma nag mo zhal bcu gnyis ma phyag nyi shu rtsa bzhi ma/ de'i g.yas na ral cig ma nag mo zhal cig phyag bzhi ma/ de'i 'og na ral cig ma nag mo zhal cig phyag brgyad ma/ de'i g.yas na ral cig ma nag mo zhal cig phyag bzhi ma/ g.yon tshar gyi mgo na tsar rtsi ke dmar mo phyag drug ma/ de{i} 'og na ri khrod ma nag mo phyag bzhi ma/ . . .

第一层、第八间佛殿

na mo badzra gro dha hya gri ba ya[2]/

rta mgrin lha khang 'di'i dbus na/ sgrub thabs rgya mtsho las 'byung ba'i/ rta mgrin sku mdog dmar po zhal cig phyag gnyis pa gtso 'khor gsum khri rgyab yol dang bcas pa'i sku gzugs 'bur du gtod pa bzhugs/

de'i g.yas shar phyogs kyi ngos la/ rnal 'byor rgyud las gsungs pa'i rta mgrin sku mdog dmar po zhal gsum phyag brgyad pa/ de'i g.yas kyi mgo na rgyu 'phrul[3] dra ba'i rim pa'i spyan ras gzigs/ de'i

[1] 应读作 sgrub。

[2] 题记将梵文 ha ya grī vā ya 误写为 hya gri va ya。

[3] rgyu 'phrul 应读作 sgyu 'phrul。

g.yas ras gzigs ha la ha la/ de'i g.yas na spyan ras don yod zhags pa dkar po phyag drug pa/ de'i 'og gi dbus na don yod zhags pa phyag bcu gnyis pa/ de'i g.yas don yod lcags kyu phyag bzhi pa/ de'i g.yon na khro gnyer can ser mo phyag bzhi pa/ de'i 'og gi dbus na don zhags phyag bcu ba/ de'i g.yas na rta mgrin me dang nyi ma 'bar ba/ g.yon rta mgrin dmar po/ de'i 'og gi dbus na don zhags phyag bzhi pa/ de'i g.yas[1] na ral cig ma/ de'i g.yas na spyan ras gzigs dmar po/

byang gi gdong chung la rta mchog ye shes rdo rje/ de'i 'og gi dbus na don yod padma gtsug tor/ de'i g.yas na rta mgrin dmar po phyag bzhi pa/ g.yon na phyag rdor/

g.yon tshar gyi mgo na spyan ras gzigs gser mdog can/ de'i 'og na sgrol ma/ rig pa'i lha mo/ nor rgyun ma rnams so/

sgo rgyab na rta mgrin dmar po gnyis/ ral gcig ma/ bya rgyud pad dra las 'byung ba'i rgyal chen bzhi rnams dang/

nub phyogs kyi ngos la rta mgrin skya rgang lugs sku mdog dmar po zhal gsum phyag drug zhabs brgyad pa bzhugs pa'i g.yas tshar la/ rnam snang/ thub pa/ tshe dpag med rna[2] bzhugs/ g.yon tshar la mi g.yo ba dkar po/ dbyug sngon can rnams dang/ dpung zur gnyis la/ chos rje lo ras dang/ lha sgom pa gnyis/

shar gyi dpung zur gnyis la/ chos rje nam ston pa dang/ chos rje blo ldan pa gnyis bzhugs/

sgo gong la phyag na rdo rje mdo lugs lha dgu rnams dang/

'og tshar la bkra shis rtags brgyad/ sgeg sogs brgyad/ rin chen sna bdun/ gur mgon lcam gral rnams bzhugs so/

'di rnams kyi dgos kyi sbyin bdag dgon pa chu bzangs pa dpon slob rnams kyis lhag bsam rnam dag gi sgo nas bsgrubs// //lha bzo mkhas pa dpon tshan pa yab sras dang/ ri mo mkhas pa dpon shes rab dpal dpon slob kyis . . . legs par bzabs nas bris// //

---

〔1〕 译者注：g.yas应读作g.yon。

〔2〕 题记将 rnams 写作 rna。

de yi dge ba 'gro ba kun//

spyan ras gzigs kyi sa thob shog//

maṃgala// he he/

第一层、第九间佛殿

na mo a rya a tsa la ya/

mi g.yo ba'i lha khang 'di'i dbus na/ sgrubs thabs rgya mtsho las 'byung ba'i mi g.yo ba sngon po zhal gcig phyag gnyis pa me ri'i dbus na bzhugs pa/ lde sku gtso 'khor gsum dang/

byang phyogs kyi ngos la/ bya ba'i rgyud las gsungs pa'i/ de bzhin gshegs ba'i rigs kyi/ bka' nyan[1] du rtogs pa mi g.yo ba'i gzungs las 'byung ba'i/ mi g.yo ba sku mdog sngon po zhal gcig phyag gnyis pa/ lha bcu bdun gyi bdag nyid/ steng gi dpung zur na jo bo rje yab sras/

lho phyogs kyi ngos la/ spyod pa'i rgyud las gsungs pa'i/ de bzhin gshegs pa'i rigs su gtogs pa'i/ bka' nyan[2] mi g.yo ba brtul[3] phod pa'i rgyud [las byung] ba'i/ mi g.yo ba'i lha tshogs/ dbus na mi g.yo ba sngon po zhal gcig phyag bzhi pa la/ gtso bo shākya mgon po/ byams pa/ 'jam dbyangs/ kun bzangs/ phyag na rdo rje/ gnas kyi dbang phyug/ spyan ras gzigs/ mi g.yo ba/ yum chen mo/ byang sems g.yul las rnam rgyal/ pad ma'i yan lag/ la sogs pa lha sum cu rtsa brgyad/ steng gi dpung zur na/ bu ston yab sras/ 'og na 'dzam ser/ rnams kyis bskor ba dang/

nub phyogs kyi ngos la/ mi g.yo ba dkar po la/ mi g.yo ba rigs bzhi/ rnam sras zhi drag/ 'dzam nag/ dpal chen mo rnams kyis yongs bskor ba'i ri mo zhing khams/ ...[4]

...[5] lha bzo mkhas pa lha rtse ba dpon bsod nams rgyal mtshan

---

[1] 译者注：图齐认为 bka' nyan 应读作 bka' gnyan。

[2] 译者注：图齐认为 bka' nyan 应读作 bka' gnyan。

[3] 应读作 rtul。

[4] 译者注：以下约 33.5 厘米空白。

[5] 译者注：此为西壁起始，约 48.5 厘米空白。

dang/ ri mo mkhas pa don ri ston pa dpon slob dang/ lha rtse ba dpon dge slong gnyis kyis bzabs// //

de lta'i dge ba'i ye shes mes//
'gro ba'i ma rig mun pa yi//
lta ngan tshang tshing rab bsregs te//
ye shes khro rgyal mi 'khrugs kyi//
go 'phang myur du thob par shog// //

第一层、第十间佛殿

na mo bu ddha ya/

'di ni de bzhin gshegs pa'i rigs kyi 'jig rten pa'i dkyil 'khor las gza' thams cad kyi yum rig pa chen mo sku mdog dkar mo zhal gsum phyag drug ma/ sto[d] kyi dpung zur na thub pa/ a bha ya ka ra/ paṇ ḍi ta rigs kyis byin/ 'gro mgon 'phags pa rnams dang/ sangs rgyas/ phyag rdor/ 'jig rten dbang phyug/ 'jam dbyangs/ gza' chen po dgu/ rgyal po chen po bzhi/ 'og tshar la mchod pa'i lha mo rnams kyis yongs su bskor ba dang// //

nub phyogs kyi ngos la/ de bzhin gshegs pa'i rigs kyi yum gtsug tor gyi[1] skor las/ bsrung bar byed pa'i lha mo gzhan gyis mi thub ma sku mdog nag mo zhal gcig phyag gnyis ma la/ lha mo gtum pa chen mo las sogs pa bcu drug gis legs [pa]r bskor ba'i logs bris zhing khams gnyis po'i dgos kyi sbyin bdag/ 'bri 'tshams glang phug pa/ brang lung dbu rtse ba gnyis kyis ma che ba byas/ zhu shongs pa ... dbang/ mon bde ba bla ma ye mgon rnams kyis 'degs stags[2] re byas nas dad pas bsgrubs/ ri mo mkhas pa lha rtse ba dpon mo che don ri ston pa don grub bzang po dang/ dpon mo che bkra shis bzang po grogs mched kyis legs par bzabs//

de'i dge ba'i mthu stobs rdo rje yis//
pha rol mi mthun phyogs rnams rab bcom te//

---

〔1〕 应读作 gyis。
〔2〕 'degs stags (stag) = zhal 'debs，捐助、贡献。

tshogs gnyis lha'i dpal la longs spyod pa'i//
thub dbang chos kyi rgyal po thob par shog//
maṃgalaṃ bha vaṃ tu/ shubhaṃ// sādhūḥ// //

第一层、第十二间佛殿

... drug ma/ de bzhin gshegs pa rdo rje 'dzin pa rgya mtsho nges par sgrogs pa las sogs pa lha bco brgyad kyis yongs su bskor ba dang/ de'i g.yas na khro bo rdo rje hūṃ mdzad sngon po phyag bzhi pa/ de'i 'og na sa lu[gs kyi] tshogs bdag dmar chen/ [de'i 'og na tshogs] bdag chags pa rdo rje dam tshig dkar [po]/ de'i g.yas tshar la tshogs kyi bdag po rigs bzhi 'khor dang bcas pa'o// //

shar phyogs kyi ngos la sgrub thab rgya mtsho nas 'byung ba'i nor rgyun ... {s} bskor ba dang/

sgo rgyab na gnod sbyin pho brgyad dang// //

byang phyogs kyi ngos la sgrub thabs rgya mtsho nas 'byung ba'i 'dzam bha la ser po zhal gsum phyag dru[g pa/] ... g.yon[1] na rje btsun chen po dang/ sa paṇ zhal sprod/ g.yon tshar la 'dzam bha dkar po// 'dzam lha [ser po] ...

... dpon mo che shes rab rgya mtsho sku mched kyi bzabs
de'i dge bas yon mchod sku 'khor rnams/
bla med byang chub mchog la myur 'god shog//

第一层、第十三间佛殿[2]

第一层、第十四间佛殿

na mo badzra kro dha ma hā ba la[3] ya//

mchod rten chen mo bkra shis sgo mngas kyi bang rim dang po'i

---

[1] 译者注：g.yon应改为 dpung zur。
[2] 译者注：原有题记几近剥落，无法识读。
[3] 应读作 lā。

byang shar gyi stobs po che'i lha khang 'di'i/ gtso bo rgyud las gsungs pa'i stobs po che sku mdog sngon po zhal gcig phyag bzhi pa gtso 'khor gsum lde skur bzhengs pa dang/ 'khor gyi lha rnams g.yas g.yon gyi tshar la ri mor bkod pa dang/

shar gyi ngos la sgrub thabs rgya mtsho nas 'byung ba'i khro bo stobs po che sku mdog dmar po zhal gcig phyag bzhi pa gtso bor bkod pa'i g.yas tshar la/ khro bo stobs chen/ rdo rje be con/ dbyug sngon can/ sgo gong na khro bo mi g.yo ba/ sgo bsrung gdul dkar nag po/ mngon phyogs dmar po/ khams gsum rnam rgyal sngon po/ g.yon tshar khro bo bdud rtsi thal sbyor/ mā ma ki/ rta mgrin/ gtsug tor 'bar ba/ 'og tshar la phyogs skyong tshangs pa/ nyi ma/ zla ba/ khyab 'jug/ dbang po/ gshin rje/ chu lha/ gnod sbyin/ me lha/ srin po rnams kyis bskor ba dang/

nub phyogs kyi ngos la gtso bo sgrub thabs rgya mtsho nas 'byung ba'i khro bo/ 'jig rten gsum las rnam par rgyal ba/ sku mdog sngon po zhal bzhi phyag brgyad pa/ de'i g.yas tshar gyi mgo na klu sgrub yab sras/ de'i 'og na khro bo gnod mdzes dang/ rdo rje lcags kyu/ de'i 'og na gos dkar mo/ sgrol ma/ de'i 'og na khro gnyer can/ g.yon tshar gyi mgo na sa chen dang rje btsun chen po zhal sprod/ de'i g.yon na sa skya paṇ ḍi ta dang 'gro mgon 'phags pa zhal sprod/ de'i 'og tshar la khro bo rdo rje me dang nyi ma 'bar ba/ de'i g.yon na khro bo'i rgyal [po dang sdi]g pa sngon po/ rta mgrin sku mdog dmar po/ 'jig rten gsum rgyal sku mdog sngon po/ de'i 'og tshar la khro [bo ka] la ka la ya sku mdog sngon po/ de'i g.yon du mi g.yo ba sku mdog ljang khu// // de'i g.yon du khro bo rdo rje h'uṃ mdzad sku mdog sngon po/ de'i g.yon du khro bo dbyug pa sngon po sku mdog sngon po/ de'i 'og tshar la khro bo gzegs ma sku mdog sngon po/ de'i g.yon du khro bo gshin rje gshed sku mdog nag po zhal drug phyag drug zhabs drug pa rnams/ rnam snang mngon byang/ don zhags cho ga zhib mo/ 'jam dpal rtsa rgyud rnams nas 'byung ba bkod pa dang/ gur gyi mgon po lcam dral/ 'og tshar la mchod pa'i lha mo sgeg sogs brgyad dang/ rin chen sna bdun spel mar bkod pa'o//

byang gi ngos la sgrub thabs rgya mtsho nas 'byung ba'i stobs po che sku mdog smug nag zhal gsum phyag drug pa/ dpung zur na sku 'dra gnyis/ 'og tshar la rgyal chen bzhi/ rlung lha/ dbar ldan/ 'dzam lha ser po dang bcas pa legs par bkod pa 'di rnams kyi/ dgos kyi sbyin bdag dgon pa go khyu pa/ dpon slob rnams kyis dad pa'i sgo nas bsgrubs/ [lde] sku ba mkhas pa dpon mo che lha'i rgyal mtshan [dang/] dpon {bsod} . . . gis bgyis/ ri mo mkhas pa don ri ston pa don grub bzang po grogs mched kyis bzabs//

de'i dge ba rnam dag tsha zer [gyis//
'gro rnams rmongs pa'i ma rig mun bsal te//]
ngan 'gro'i sdug bsngal chu srin gdug pa'i gnas//
srid pa'i rgya mtsho myur du skems par shog/

maṃ ga laṃ/ bha vaṃ[1] tu//

第一层、第十五间佛殿

. . . kyi ngos la/ 'jam dpal rtsa rgyud nas gsungs pa'i khro mo {ral g} cig ma phyag bzhi ma la bya rgyud pad ma dra ba nas 'byung ba'i/ khro bo mo dang/ sa paṇ khu dbon rnams kyis bskor ba dang/

nub phyogs kyi ngos la don zhags cho ga zhib mo las byung ba'i/ [lha mo] phyag brgyad ma la/ pad ma dra ba nas 'byung ba'i khro bo khro mo rnams dang/ dpung zur na sa chen yab sras/ bu ston yab sras rnams dang/

nub kyi ngos byang ma la sgrub thabs rgya mtsho las 'byung ba'i/ lha mo tsar tsi ka dmar mo phyag drug ma/ steng na gzhon nu rdo rje sde/ gtsug 'phya[ng/ lag bzangs rnams dang/

byang phyogs kyi ngos la] sgrub thabs rgya mtsho las 'byung ba'i rgyal mtshan rtse mo'i dpung brgyan/ khro mo sku mdog ser mo/ zhal bzhi phyag bzhi ma/ dpung zur na jo bo yab sras dang/

---

〔1〕 应读作 va。

sgo'i gong dang rgyab la bya rgyud las 'byung ba'i/ pho nya mo bdun rdo rje khro bo dang bcas pa dang/

'og tshar la/ pad ma dra ba las gsungs pa'i/ phyogs skyong bcu/ rgyal chen bzhi/ gur mgon lcam dral/ rnam sras/ mchod pa'i lha mo da[ng bca]s pa legs par bkod pa'i lha khang 'di'i dgos kyi sbyin bdag/ 'bri 'tshams khud po che pa dpon po nyi zla dpal bas bgyis/ lha bzo mkhas pa dpon dge shes rgyal she dang/ ri mo mkhas pa lha rtse bshag tshal ba/ dpon bkras dpon slob kyis bzabs//

dge bas 'gro kun sangs rgyas myur thob shog//

第一层、第十六间大殿

殿门入口处题记

...[1]pa'i ... ch{o}r ... gi s bsrubs ... chos// rgyal ... bo gsung skyes ... 'i tshogs bcas ... 'di srid bzhi'i rgyud ... pas phyag 'tshalo/

> ...pa'i thugs kyis rnam ... {dang}//
> rjod med zhing rdul grangs ... {m}nyam pa'i tshad med yon tan 'byor pa 'dzin
> phan bde'i lo thog rgyun bskrun byed mi zad snying rje'i chu gter che//
> rgyal sras thu bo mi pham mgon po bdag gi yid la gnas par mdzod//
> rin chen li khri'i lhun po ngos bzhi nas//
> rnam mang rgyan spras tshe dpag med gnyis dang//
> rab dkar sa'i snying po phyag g.yas na//
> rdo rje 'dzin sngon rgyal dang sras la 'dud//
> dbus khang g.yas g.yon thub mchog mar me mdzad//
> thogs med paṇ chen zhal gzigs byams pa gnyis//

[1] 译者注：殿门左侧写有题记的壁面从开始处约有一半重新粉刷，覆盖原有题记。

zhal gsum zhal gcig rin chen rgyan mangs mdzes//
dus gsuṃ sangs rgyas zhabs la phyag 'tshal lo//
khyaṃs stod g.yas na 'jig rtan dbang phyug dang//
don zhags lha lnga . . . {dang} dpal mo'i lugs//
bcu gcigs zhal gnyis spyan gzigs sgrol ma dang//
khyaṃs smad byams pa'i 'khrungs rabs ngo mtshar can//
lta bas mi ngoms mig gi bdud rtsi ste//
rnam mang sku yi gter la lhag par dad//
gnyis su med gsung gsung rab ma lus cig tu bsdus mdzad 'phags rnams dag//
bka' dang dgongs 'grel 'grel bshad dri med rigs lam nas drangs bstan[1]
. . . .
. . . bsod nams gter gyi ne'u le yongs su . . .
. . . mtshan sgrengs//
khrims gnyis nyi zla'i gzi . . . dpe'i cha shas yongs su rdzogs gyur pa//
{ch} . . . sa chen thig le kun bzangs 'phags kyis brtso{n} . . . skyongs// //

de yang 'di ltar / dpal ldan . . . kyi mchod rten dang kun nas mtshungs pa'i/ dpal ldan {bkra} shis sgo mangs mthong grol chen po'i bang rim dang po {shar} phyogs kyi dbus kyi 'bur chen/ byams pa lha khang gi . . . kyi byams chen gyi sku gtso 'khor lnga khri rgyab yol dang bcas pa 'bur tu gtod pa 'di//

rgyal dang rgyal ba'i rig{s} lugs 'dzin pa la//
mi phyed dad pa'i dpal 'byor rab rgyas shing//
chos rgyal bka' lung cod pan du byed {pa} 'i//
thugs sras nang gi blon chen kun gyi mchog//

[1] 译者注：殿门左侧题记结束于此，殿门右侧写有题记的壁面开始处亦有修补粉刷。

bsod nams dpal 'byor lhag bsam dag pas bsgrubs//
phul phyin yon tan rin chen dpal mnga' bas//
chos kyi rgyal po'i dgongs pa grub pa'i bshes//
de'i gsung bzhin sprul pa'i lha bzo ba//
lha'i rgyal mtshan zhes byas legs par gzabs//
rten 'di'i lang tsho rgyan gyi dpal 'thong bas//
dga' ldan pa rnams rje btsun 'dir bzhugs snyam//
lha'i me tog spos dang rol mo sogs//
mchod pa'i khyad par mi las 'das pa yis//
rgyun tu mchod pa'i ngo 'tshar ji snyed pa//
skye bo phal mos ches 'thong kun dgar byas//

de yang rin po che sna lnga'i tshon 'ba' zhig las bsgrubs pa'i logs bris rnams kyi sbyin bdag ni/ kun nas dge' ba'i thugs mnga' ba/ phyi nang gi rgyud sde'i du ma'i mnga' bdag/ rigs pa 'dzin pa chen po bla ma mgon rgyal ba dpon slob rnams dang/ bag rtse . . . nying ro ba dpon legs pa rnams kyis gus pas bsgrubs{/}

rab gsal rnam dpyod me long dangs pa la//
shes bya'i gnas la ri mo kun gsal ba//
dpal ldan mkhas pa . . . gyi gtsug gi brgyan//
rin chen dpal 'byor zhes bya yab sras dang//
rgyal mtshan zhes bya dpon slob rnams kyis bzabs//
de lta'i dge ba phun tshogs kun bsdus nas//
ma gyur 'gro ba mkha' mnyam thams cad kyis//
mi pham go[1] mgon po'i go 'phangs thob bya'i phyir//
'khor gsum dag pas rab tu bsngo par bgyi//
mi dbang byams chen sbrul pa'i rjes zhugs nas//
zag bcas nor la snying po blang ba'i blos//
dmigs med dge tshogs rgya chen sgrub pa la//
ngoms pa med pa'i bsaṃ pa brtan gyur cig//

---

〔1〕 译者注：应为衍文。

sa spyod lha'i glang po'i dgongs pa bzhin//
'dir 'bad 'chi med skye bo'i dge ba'i mthus//
gnas skabs mi 'thun nyer 'tshe'i lha min bcom//
mthar thub dga' ldan chos kyi rgyal por shog//
sku gsum dbyer med rgyal ba mar me mdzad//
bu ram shing pa rgyal tshab mi pham mgon//
dus gsum sangs rgyas sras dang bcas pa yi//
sku gsung thugs kyi bkra shis phun tshogs shog//
rgyal ba'i bstan pa dar zhing rgyas pa'i bkra shis dang//
bstan 'dzin gang zag chos spyod 'phel ba'i bkra shis dang//
de mthus 'gro kun bde zhing skyid pa'i bkra shis te//
bkra shis de gsum phyogs bcur dar ba'i bkra shis shog//

壁画下面题记

namaḥ aryamai tri ya/

shar phyogs kyi ngos la/ rje btsun byams mgon kyi sku zhal gsum phyag drug pa la/ byams pa'i skyes rabs kyi bkod pa'i gling drug gis bskor ba dang/

. . . phyogs kyi ngos la byams pa sprul sku khyel bzhugs la skyes rabs kyi gling bzhis bskor pa dang/

shar gzigs kyi ngos chung la byams pa grong khyer ma la skyes rabs kyi gling gnyis kyis bskor ba dang/

sgo gong la skyes rabs kyi gling gnyis dang/

sgo'i lho phyogs la byams chen sprul pa'i sku gzugs la byams pa'i mdzad pa brgyad kyis bskor ba dang/

lho phyogs kyi ngos la byams pa longs sku khyel bzhugs/

shar gzigs ngos chung la byams pa bzhengs sku la skyes rabs kyi gling rnams kyis bskor ba bzhugs so// //

'dir rnams kyi zhing khams gcigi sbyin bdag bag rtse nas mdzad// zhing khaṃs gcigi sbyin bdag nying ro ba dpon lags kyis mdzad// // ri mo mkhas pa gnas snying pa dpon mo che dpal 'byor ba yab sras kyi legs par gzabs//

dge bas sangs rgyas myur thob shog///

... che paṇ cha ... snying po rgyan ... gyur ... de'i 'og na bcu gcig rgyal po lugs/ de'i g.yon na spyan gzigs padma gar gi dbang phyugs gtso 'khor rnams bzhugs/ ...

... med kyis zhal gzigs kyi byams pa zhal gsum phyag bzhi pa/ de'i g.yon na rdo rje snying po brgyan gyi rgyu {d las} 'byung ba'i spyan ras gzigs zhal bzhi phyag bzhi rnams bzhugs/ de'i 'og na bcu cig zhal dpal mo ... {'khor} lnga/ de'i g.yon na spyan ras gzigs 'khar sa pa ṇi lha lnga/ de'i 'og na sgrol ma ... las sna tshogs kyi rgyud las 'byung ba'i sgrol ma gtso 'khor dgu/ phyag rdor gyi g.yas g.yon na byang chub sems dpa' brgyad rnams bzhugs so//

'di rnams kyi dgos kyi sbyin b{dag} ...

第一层、第十七间佛殿

na mo bai shra ba ṇa ye[1]/

rnam thos sras kyi lha khang 'dod [dgu'i char] 'bebs kyi dbus na/ gtso bo rgyal chen rnam thos sras ser chen zhi ba bde byed/ yab drang srong rnam mang thos pa/ yum lha mo dpal chen mo dang bcas pa gtso 'khor gsum khri rgyab yol gyi dbus na bzhugs pa'i sku gzugs 'bur du btod ba bzhugs pa'i sku gzugs 'bur du btod pa bzhugs/

nub phyogs kyi logs la/ rgyal chen rnam thos kyi pho brang lcang lo can gyi bkod [pa'o// d]bus pho brang sum rtseg 'khor sa riṃ pa gsum dang ldan pa/ stod kyi char la bla ma brgyud [pa dang b]cas pa bzhugs/

shar phyogs kyi ngos la rnam sras rgya nag lugs/ rta bdag brgyad dang/ phyag rdor gnyis rnam sras dmar po gsang sgrub mdung dmar can/ sras gar mkhan mchog rnams kyi bskor ba dang/

lho phyogs kyi ngos la/ rnam sras drag byed klu brgyad kyis [b] skor ba cha gnyis [gar mkhan mchog/]

---

〔1〕 ṇa ye 应读作ṇā ya。

... bar gsang sgrub yab yum/ nang ma mo ltar {sgru}b pa/ gsung ba bshin rje ltar sgrub pa/

sgo gong na/ sras kyi tshogs rnam dang/

sgo rgyab na dpal {lu}n rdo rje rab {brta}n ma dang/ {ri} phug ma gnyis kyi sku bzhugs so/

'di'i dbus kyi lde skur g ... dang/ lho phyogs ... rdo rje rab brtan ma/ rdo rje ri phug ma/ 'phags skyes po [ma]/ yul 'khor srung [ma/] bdud mo lag rings ma/ bdud mo mgo dgu ma/ bdud mo phung khrol ma/ bdud mo lag rgya ma/ mig mi bzang rnam thos sras ... na brgyad ... drag byed la sogs gtso bo bdun/ sgo gong na ... dang bcas pa rnams kyi dgos kyi sbyin bdag/ stag rtse rdzong dpon dpon drung rgya me ba yab sras kyis mdzad// shar nub kyi pho brang ma dang/ sprin gser ma ... {gcig} tu byas pa'i sbyin ... {sku} gcor gyi bgyis// ri mo mkhas pa gnas ... dpon btsun dpal 'phel ba sku mched kyis bzabs/

第一层、第十九间佛殿

... mgon khang bdug pa tshar gcod 'di'i e ka dza ti ... g.yo{n na '}dod {kham}s dbang phyug ma {mer 'bar ba'i} dbus na bzhugs ... gtso 'khor gsum bzhugs/

'di'i dgos kyi sbyin bdag nang so chen mo nas mdzad/ lde sku mkhas pa dpon mo che lha'i rgyal mtshan pa yab sras kyis bzabs/

maṃghala

mgon khang gi lho phyogs gi stod na phyag na rdo rje 'byung po 'dul byed de'i 'og na/ chos skyong chung ba bram ze'i sku gtso 'khor lnga/

byang phyogs kyi ngos la chos skyong gri gug ma sgo ma chen mo bzhi/ pu tra yab yum sras 'khor lnga du khrod kyi bdag po zhing skyong pho mo gnyis/ dkar mo nyi zla[/ ']dud rgyal thod 'phreng can/ srog bdud shan pa nag po/ ru 'dren gyi chogs dang phyogs skyong bcu du khrod chen po brgyad kyis bskor ba dang/ de rnams kyi steng gi phyogs rnams su rgyud pa'i bla ma rnams kyis bskor ba dang bcas pa bzhugso//

'di rnam . . . s kyi dgos kyi sbyin b. . . brtson sde snod 'dzin pa 'gro ba mang po'i 'dren pa theg . . . po bla ma yo. . . seng pa'i drung gyis spo blangs ma thus pa rnams nang so chen mo nas mdzad de legs par bsgrubs so / {ri mo} . . . pa dpon mo che dkon mchog bzang po . . . mched dpon slob . . . {bzabs} /

de'i dge ba'i mthu stobs chen po yis//
gtan dang bstan pa 'dzin pa'i gang zag la//
gnod cing 'tshe pa . . . . mas//
rdul phre{n} . . . . {s}ng med par tshar//
. . . . bcad nas//
'gro kun byan chub lam la 'god par shog//

maṃghala//

第一层、第二十间佛殿

na mo uṣṇi ṣa bi dzā ya/

'di ni de bzhin gshegs pa'i rigs kyi yum [gtsug tor gyi skor las/] rtog pa las 'byung ba'i gtsug tor [rnam pa]r rgyal ma lha dgu'i lha tshogs la/ kri ya sa mu tsa las 'byung ba'i rnam rgyal/ de bzhin gshegs pa'i rang bzhin rnam par rgyal ba'i gtsug tor las sogs pa'i lha sum cu rtsa gsum gyis bskor ba'i ri mo'o// //

lho phyogs kyi ngos la sgrub thabs rgya mtsho nas 'byung ba'i/ sgrol ma nor sbyin ma sku mdog [ljang gu/] . . .

shar phyogs kyi ngos la sgrub thabs rgya mtsho nas 'byung ba'i sgrol ma sku mdog ser mo zhal bzhi phyag brgyad ma/ g.yas g.yon gyi tshar la me tog sgrol ma sogs lha mo bcu dang/ steng [gi dpung zur la bu ston yab sras dang/ 'og tshar g.yas g.yon gur mgon lcam dral rnams kyis yongs su bskor ba'i ri mo zhing khams gnyis po'i] dgos kyi sbyin bdag/ 'bri 'tshams dgon pa bde chen pa dpon slob rnams kyis bgyis/ ri mo mkhas pa gnas rnying pa dpon che rgyal mtshan pa dpon slob kyis legs par bzabs/

['og tshar la] . . . gcig phyag bzhi ma rdo rje sgrol ma sogs {lha mo} bcu gnyis kyis bskor ba{r sku bgo} dpung zur la/ sa skya paṇ ṭi ta dang/ 'gro mgon 'phags pa zhal sprod/ de'i 'og na thub pa'i dbang po dang/ chod bag . . . [nye]r spyod kyi mchod pa'i lha mo bzhis yongs su bskor ba dang/

sgo gong na rigs kyi bdag po/ rnam snang[1]/ mi bskyod pa/ 'od dpag med/ rnams rang rang gi khri la bzhugs pa dang/ . . .

[de'i dge ba rnam dag nam mkha' las/
tshogs gnyis chu 'dzin rab tu 'khrigs gyur te/
'gro rnams dam chos char gyis tshim pa dang/
rnam par rgyal ma'i go 'phang thob par shog/]

第二层

第二层、第一间佛殿

na [mo] a mi ta bha ya[2]/

tshe dpag med kyi lha khang 'di'i/ dbus na/ slob dpon 'dz'e ta ri'i lugs kyi tshe dpag med/ 'chi med rnga sgra'i gtso bo rigs la/ khri rgyab yol gyi dbus la bzhugs pa'i {lde sku} gtso 'khor {lnga} 'i dgos kyi sbyin bdag 'dzal brag dmar ba/ bla ma bka' bcu pa dge . . . l ba dpon slob kyis dad pas bgyis/ lha bzo mkhas pa dpon mo che/ dpon tsan pa dpon slob kyis legs par bzabs// //

'di'i phyogs bzhi'i ngos la/ tshe dpag med 'chi med rnga sgra'i 'tshams kyi lha/ kun gzigs tshe dpag [med/] yon tan tshe dpag med/ ye shes tshe dpag med/ mi g.yo tshe dpag med [rnam]s dang/

zhal lhor g[zigs] kyi ngos chung la 'od dpag med kyi sku'i bkod pa dang/ de rnams kyi steng gi tshar la/ paṇḍi ta dz'e ta ri/ tshe dpag

---

〔1〕 rnam snang 是 rnam par snang mdzad 的缩写。
〔2〕 ta bha ya 应读作 tā bhā ya。

med grub rgyal ma'i[1]/ de bzhin gshegs pa rigs lnga/ yum lnga/ rigs kyi sems dpa' bcu drug/ mchod pa'i lha mo bzhi/ sgo ma bzhi rnams kyis yongs su bskor ba 'di rnams kyi dgos kyi sbyin bdag/ bla ma sgo mo ba dpon slob rnams kyis mdzad/ ri mo mkhas pa lha rtse bde chen pa dpon nam mkha' 'od zer sku mched kyis bzabs// //

de'i dge bas mtha' yas skye dgu'i tshogs//
dus min 'chi ba'i dgra las rnam rgyal te//
tshe dang ye shes dpal la dbang 'byor pa'i//
kun mkhyen tshe dpag med sku 'grub par shog/

第二层、第二间佛殿

na mo arya ta ra ye/

sgrol ma'i lha khang 'di'i dbus na/ rje btsun ma seng ldeng nags kyi sgrol ma gtso 'khor gsum khri rgyab yol dang bcas pa lde skur bzhengs pa/

'di'i dgos kyi sbyin bdag/ chos rgyal chen po'i nang blon/ gnyer chen mgon po skyabs pas mdzad/ lha bzo mkhas pa dpon lha'i rgyal mtshan gyis bzabs// //

'di'i byang phyogs kyi ngos la ngan song las sgrol ba'i sgrol ma gtso 'khor gsum la rnam dag gtsug nor gyi lha mo nyi shu rtsa gcig dang/ dpung zur g.yas g.yon na paṇḍi nyi ma sbas pa/ sgrol dkar phyag drug ma/ mi 'khrugs pa/ 'og gi khri zur na mgon po phyag drug pa lcam dral rnams kyis bskor ba dang/

nub phyogs kyi ngos la sgrub thabs rgya mtsho las 'byung ba'i mchog sbyin [sgrol ma] . . . zer can/ ral gcig ma/ rma bya chen mo/ dug sel ma ste lha mo bzhis bskor ba dang/

lho phyogs kyi ngos la sgrub thabs rgya mtsho las 'byung ba'i don thams cad grub pa rab tu sbyin pa'i sgrol ma/ khro mo sku mdog ser mo zhal brgyad phyag bcu drug pa la/ 'jigs pa brgyad skyob/ tshe

---

[1] 应读作 mo'i。

dpag med/ rdo rje sgrol ma/ spyan ras gzigs/ jo bo yab sras/ rta mgrin/ sgrol ma nor sbyin mo/ sgrol ma chen mo/ {sgrol ma dkar mo/ rgya nag} rim pa'i sgrol ma/ 'og na rnam sras/ 'dzam nag rnams kyis yongs su bskor ba'i ri mo zhing khams gnyis kyi/ dgos kyi sbyin bdag kyang gnyer chen mgon po skyabs pa yab sras kyis lhag bsam dag pas sgrubs// // ri mo mkhas pa lha rtse bde chen pa dpon dge ba sku mched kyis bzabs//

dge bas sgrol ma'i go 'phang myur thob shog//

第二层、第三间佛殿

na mo lo ki shva ra ya/

'di'i shar phyogs kyi ngos la bya ba'i rgyud las gsungs pa'i/ padma'i rigs don yod zhags pa['i] cho ga zhib mo las byung ba'i dkyil 'khor las/ don yod zhags pa'i snying po{'i cho ga bzhi} mo'i dkyil 'khor gyi lha tshogs rnams kyi bkod pa bzhugs/

lho phyog[s] . . . ng la spyan ras gzigs dbang phyug padma gar gyi dbang phyug . . . / steng na 'jig rten dbang phyug seng ge sgra rigs gnyis/ 'jig rten dbang phyug dmar po/ ha ri ha ri ha ri la zhon par gyur pa'i 'phags pa spyan ras gzigs . . .

. . . thugs kyi dgongs pa yongs su rdzogs par bya ba'i phyir du/ dpon dge shes chos skyong rin chen pa/ pha jo g.yu rung dpa . . . / pha jo blo gros/ dpon 'jam rdor/ dpon rgya mi/ dpon rgyal lu/ gzhon pa rnams kyis dge bskul dang do dam mdzad nas/ rdzong phyi nang gi mo dbyen [rnams] kyis lhag bsam rnam dag gi sgo nas sgrubs/ [ri] mo mkhas pa sngags 'chang rig pa 'dzin pa chen po pha jo'i jo sras blos slos dge ma ba yab sras kyis gzabs nas bris// //

de'i dge ba'i rtsa ba rgya chen 'dis//
{mtha'} . . . {tshogs} . . . /
{spyan ras} gzigs kyi go . . . {myur} . . .

['phags pa lo ke] shva ra [ya 'di'i sgo rgyab kyi logs chung] gnyis [dang/] nub phyogs kyi ngos la/ bya ba'i rgyud las gsungs pa'i gsung gi rigs kyi rtsa ba'i rgyud pad ma dra ba/ rgyas pa'i dkyil 'khor gyi lha tshogs/ spyan ras gzigs/ bcu gcig zhal pad ma dra ba'i dkyil 'khor rgyas pa'i/ gtso bo bsdus pa'i lha tshogs rnams dang/ rigs chung so so'i gtso bo drug dang gur mgon lcam dral/ klu rgyal bha ru ṇa dang bcas pa'i ri mo'o/ 'di'i dgos kyi sbyin bdag nang so chen mo nas mdzad/ ri mo mkhas pa lha rtse pa dpon dge snyen sku mched kyis bris//

dge bas spyan ras gzigs dbang myur thob shog

第二层、第四间佛殿

na mo ārya lo ki shva ra ya/

don zhags lha khang 'di'i dbus na/ rje btsun spyan ras gzigs dbang [phyug don yod zhags pa] lha lnga'i sku gzugs 'bur du gtod pa khri rgyab yol dang bcas par bzhugs pa/

'di'i dgos kyi sbyin bdag/ drung slob dpon kun dga' rgyal mtshan dpal bzang po ba'i thugs kyi dgongs pa yongs su rdzogs par bya ba'i phyir/ dge shes [shā ka yes lhag bsam] rnam dag gis sgrubs/ lha bzo mkhas pa dpon mo che/ lha'i rgyal mtshan pa dpon slob [kyis] bzabs/

logs bris phyogs gsum la spyod pa'i rgyud/ rnam par snang mdzad mngon bar byang chub pa'i rgyud las 'byu[ng ba'i d]kyil ['kho]r gsum las/ sku mi zad ba'i bkod pa byin gyis rlob pa snying rje chen po can gyi dkyil 'khor gyi lha tshogs rnams chang bar bzhugs/ stod tshar la rnam snang mngon byang gi d{ba} . . . [bla ma b]rgyud pa dang/

sgo gong la kha che paṇ chen gyi thugs dam don zhags lha lnga dang/

lho phyogs kyi 'og tshar la/ chos skyong gur mgon lcam dral dang/ rgyal po chen po rnam thos sras rnams bzhugs p[a'i ri] mo zhing khams gnyis kyi dgos kyi sbyin bdag nang so chen mo nas mdzad/ ri mo mkhas pa jo nang pa dpon btsun dkon mchog bzang po dpon slob dang/ lcags thang pa b[sa]m gtan bzang po rnams kyis legs par bzabs//

dge bas 'gro kun bla med byang chub myur thob shog/

第二层、第五间佛殿

oṃ sva sti/

rta mgrin nag po'i lha khang gi shar gyi 'debs chen gyi dbus na sgrub thabs rgya mtsho nas 'byung ba/ rgyud thams cad kyi snying po phyi ma'i rta mgrin sku mdog dmar po zhal gsum phyag brgyad pa lha mo gdong ma bzhis bskor ba/ de'i g.yas tshar la rta mchog ye shes rol pa/ spyan ras gzigs ha la ha la[1]/ de'i 'og tshar la gtsug tor 'bar ba/ phyag na rdo rje/ 'jig rten gsum dbang du byed pa'i 'jig rten dbang phyug/ de'i 'og na phyag bzhi pa lcam dral/ phyag drug pa lcam dral/ g.yon na rta mgrin/ rnam sras rnams kyis bskor ba dang/

nub kyi 'debs la sgrub thabs rgya mtsho nas 'byung ba'i rta mchog sku mdog dmar po/ zhal bzhi phyag brgyad pa/ zhabs bzhi pa'o/

byang gi ngos la dpal mo lugs kyi rta mgrin sku mdog dmar po zhal gsum phyag drug zhabs drug/

de rnams kyi stod tshar la rta mgrin nag po'i bla ma brgyud pa'i rim pa dang/ sgo gong na gzungs grva'i . . . lha mo lnga dang/ sgo'i rgyab na/ rgyal po chen po bzhi/ klu'i rgyal po ba ru ṇa/ lha mo dpal chen mo rnams dang/

'og tshar la mchod pa'i lha mo sgeg sogs brgyad dang/ rin chen sna bdun la sog[s pa rgyal srid bdun] legs par bkod pa'i/ logs bris zhing khams gnyis po'i dgos kyi sbyin bdag/ rgyang ro'i dgon pa dga' ldan pa dben logs pa/ za khud pa rnams kyis rnam dkar dge ba'i sems kyis bsgrubs/ ri mo'i 'du byed mkhas pa rgyal khang pa/ dpon mo che dge sbyong shes rab dpal bzangs pa dpon slob kyis legs par bzabs/

de yi dge ba'i mthu stob[s nus] pa yis /
sangs rgyas bstan pa phyogs bcur dar ba dang/
bstan 'dzin gang zag chos spyod 'phel ba dang/

---

〔1〕 译者注：ha la ha la 应读作 hā la hā la。

mi dbang chen po sku tshe brtan[1] pa dang/
yangs pa'i rgyal khams bde skyid rab rgyas nas/
mkha' mnyam sems can sangs rgyas myur thob shog/
maṃgalaṃ sādhūḥ/

第二层、第六间佛殿

na mo ku ru ku le ye[2]/

ku ru ku le'i lha khang 'di'i shar phyogs kyi ngos kyi dbus na/ rgyal po in tra bh'u tis mdzad pa'i lha mo ku ru ku le sku mdog dmar mo zhal gcig phyag brgyad ma lha mo bcu gnyis kyis bskor ba dang/

nub kyi ngos la rnal 'byor gyi rgyud sgyu 'phrul dra ba stong phrag bcu drug pa nas 'byung ba'i ku ru ku le sku mdog dkar mo zhal gcig phyag drug ma/ de'i g.yon na khar sa pa ṇi/ ku ru ku le dkar mo zhal gcig phyag gnyis ma dang/

byang gi ngos la sgrubs thabs rgya mtsho nas 'byung ba'i rje btsun ma ku ru ku le sku mdog dmar mo zhal gcig phyag drug ma dang/ kye rdo rje'i rgyud las/ 'jig rten gsum po dbang du byed pa'i/ ku ru ku le dmar mo phyag bzhi ma/ kye rdor rgyud las rang byin gyis brlab pa'i rig byed ma/ kye rdor rim pa'i ku ru ku le/ rje btsun ma ku ru ku le/ lha mo rig byed ma/ rgya nag rim pa'i sgrol ma/ ri khrod lo ma gyon pa/ khro mo ral gcig ma/

de rnams kyi stod tshar la ku ru ku le'i bla ma rgyud rims/ smad tshar la gur mgon lcam [dral rnam] sras zhi drag/ stag zhon lcam dral/ mchod lha/ 'dzam ser nag/ nor rgyun ma/ dpal chen mo/ rnams kyis bskor ba'i ri mo zhing khams gnyis po'i dgos kyi sbyin bdag dgon pa brag thog pa dang/ spang me long pa gnyis kyis dad pas bgyis/ ri mo mkhas pa nyug rgyal khang pa dpon mo che shes rab dpal bzangs pa dpon slob kyis bzabs//

---

〔1〕 brtan 是法王名字的一部分。

〔2〕 le ye 应读作 llā yai。

de'i dge ba tshogs gnyis rine gyis//
mi dge bdud kyi dpung rnaṃs rab bcom te//
zag med bde ba'i dpal la longs spyod pa'i//
kun mkhyen chos kyi rgyal po thob par shog//
maṃgalaṃbhavaṃtu//

第二层、第七间佛殿

na mo manydzu gho ṣa[1] ya/

'di ni sgrub thabs rgya mtsho nas 'byung ba'i 'jam dpal chos dbyings gsung gi dbang phyug sku mdog dkar po zhal bzhi phyag brgyad pa la/ rdo rje snying po rgyan gyi rgyud las 'byung ba'i sems dpa' brgyad/ dpung zur na lo paṇ gnyis/ 'og tshar la mchod pa'i lha mo drug ste lha bcu bdun gyis bskor ba'i zhing khams 'di dang/

lho phyogs kyi ngos la/ mtshan yang dag par brjod pa'i 'jam dpal ye shes sems dpa' sku mdog dmar ser zhal gcig phyag bzhi pa la/ dpung zur na sa paṇ khu dbon/ g.yas tshar la 'jam dpal ye shes sems dpa'/ byams pa/ rdo rje snying po ... 'byung ba'i/ 'jam dbyangs rigs mi gcig pa dgu sbyin {ras gzigs} gsum/ rnam sras zhi drag/ 'dzam ser nag/ rta bdag brgyad/ mchod lha gsum/ rnams kyis bskor ba dang/

nub kyi ngos la sgrub thabs rgya mtsho nas sems can thams cad dbang du byed pa'i 'jam dbyangs sku mdog dkar dmar zha[l] bzhi phyag brgyad ma'i ... b sras[2]/

sgo gong na rigs gsum mgon po/ sgo rgyab na nor bdag rnams kyis yongs su bskor ba'i zhing khams gnyis kyi dgos kyi sbyin bdag/ 'bri 'tshams dgon pa gser thog pas dad pas bgyis/ ri mo mkhas pa snye mo bzang ri ba/ dpon mo che ban chen skyabs pa yab sras kyis bzabs//

---

〔1〕 应读作ṣā。
〔2〕 译者注：据实地考察，可能是 dpung zur na jo bo yab sras。

de'i dge bas yon mchod 'khor bcas rnams//
bcom ldan 'jam dbyangs myur thob shog//
maṃgalaṃbhavaṃtu/ a tshe// //

第二层、第八间佛殿

na mo badzra bhi dha ra na ye/

rnam 'joms kyi lha khang 'di'i dbus na/ rnam 'joms shol po lugs gtso 'khor gsum me ri'i dbus na bzhugs pa lde skur bzhengs pa/

'di'i dgos kyi sbyin bdag . . .

lho phyogs kyi ngos la rdo rje rnam par 'joms pa shol po lugs khro bo bcu/ lha mo brgyad/ sgo ma bzhi/ dpung zur na/ rdo rje 'chang/ mkha' 'gro ma seng ge'i gdong can/ dang/ rnam 'joms kyi sku/ gsung/ thugs/ phrin las kyi khro bo bzhi/ 'og tshar la sgeg sogs bzhi/ gur mgon 'dod khams dbang phyug/ sbo[1] tshar la/ bya rgyud kyi mi g.yo ba'i gzungs las 'byung ba'i khro bo khams gsum rnam rgyal/ gshin rje gshed/ rta mgrin/ bdud rtsi 'khyil pa rnams kyis bskor ba dang/

nub phyogs kyi ngos la/ rnam 'joms ba ri lugs/ sku mdog ljang khu/ zhal gcig phyag gnyis pa/ steng gi dpung zur na/ rje btsun chen po dang/ sa paṇ zhal sprod/ 'og tshar la/ 'dzam ser nag/ nor rgyun ma/ dpal chen mo/ rnams kyis bskor ba dang/

byang phyogs kyi ngos la/ mi dra lugs kyi rnam 'joms/ rigs kyi khro bo bzhi/ phyogs skyong bcu/ bkra shis kyi lha mo brgyad/ rnams kyis bskor ba dang/

sgo gong na/ bya ba'i rgyud kyi rigs kyi khro bo/ gshin rje gshed/ rta mgrin/ bdud rtsi 'khyil pa/ phyag rdor ljang khu dang bcas pa/ legs par bkod pa'i/

ri mo zhing khams gnyis kyi/ dgos kyi sbyin bdag/ sgo ru sprin

[1] 应读作 spo。

zam pa/ sram dgon thung pa/ gad rgyang 'khar[1] ba/ ri lung g.yu lung pa rnams kyis bgyis/ lha bzo mkhas pa stag sna ba dpon mo che dpon slob kyis bzabs// //

de'i dge bas mtha' yas sems can rnams//
las dang nyon mongs sgrib pa kun byang ste//
bsod naṃs ye shes tshogs gnyis myur rdzogs nas//
rdzogs pa'i sangs rgyas myur du thob par shog// //

第二层、第九间佛殿

na maḥ shākya mu na ye/

'di ni bya ba'i rgyud kyi 'phags pa kun nas sgor 'jug pa'i 'od zer gtsug tor dri ma med par snang ba/ de bzhin gshegs pa thams cad kyi snying po dang/ dam tshig la rnam pa[r lta ba zhes bya ba'i] gzungs las 'byung ba'i dkyil 'khor rgyas pa'i lha tshogs thub chen zhal bzhi phyag brgyad pa la/ lha mo bcu gnyis/ skal bzangs kyi sangs rgyas/ sems dpa' bcu drug/ nyan thoskyi tshogs/ sgo ba bzhi/ phyogs skyong bcu rnams kyis bskor ba lho phyogs kyi ngos la bzhugs//

shar phyogs kyi ngos la gtsug tor dri med kyi/ gsang sngags kyi lha tshogs gtso bo rnam snang zhal bzhi phyag/ . . . {brgyad}/ g.yas na nyi ma rnam snang/ g.yon na zla ba rnam snang/ sangs rgyas rig[s] . . . / yum bzhi/ gzugs rdo rje ma la sogs pa bzhi/ phyogs kyi sems dpa' brgyad/ sgo ba bzhi rnams kyis bskor ba dang/

byang phyogs kyi ngos la thub chen zhal bzhi phyag brgyad pa/ sgo ma bzhi/ rig pa chen mo rnams kyis bskor ba dang/

sgo'i rgyab na rnam thos sras/ 'dzam ser dang bcas pa bkod pa 'di rnams kyi/

dgos kyi sbyin bdag rdoe gdan pas zhing khaṃs gcig/ dbu re pa/ brag pa/ bla ma r. . . 'dzin/ phagsuṃ pa rnaṃs kyis gcig byas/ ri mo mkhas pa gnas rnying pa pha jo tsan nes bris//

---

[1] rgyang 'khar 应读作 rgyan mkhar。

de'i dge ba'i ye shes mes//
'gro ba'i sgrib gnyis kun bsregs te//
rnam grol rdzogs pa'i sangs rgyas kyi//
go 'phangs myur du thob par shog//
shubhaṃ//

第二层、第十间佛殿

na mo arya ta ra[1]/

sgrol ma dkar mo'i lha khang 'di'i dbus na gtso mo sgrol ma dkar mo lde sku gtso 'khor lnga/ me tog rgyan phigs[2] kyi dbus na bzhugs pa dang/

lho phyogs kyi dbus na jo bo chen po rje a ti sha'i thugs dam zhal gzigs kyi sgrol ma/ sku mdog sngo ljang zhal gsum phyag brgyad ma dang/

byang phyogs kyi ngos la/ sgrub thabs rgya mtsho nas 'byung ba'i/ sgrol ma dkar mo zhal gsum phyag drug ma/ steng gi dpung zur na bla ma'i sku 'dra gnyis/ 'og gi zur na lha mo nor rgyun ma . . .

. . . sgrub thabs rgya mtsho nas 'byung ba'i/ sgrol ma dkar mo zhal gcig phyag bzhi ma/ g.yas g.yon na 'od zer can dang/ rma bya chen mo'i ldem dang bcas pa/ 'di rnams la/ rgyud las 'byung ba'i mtshan rgya rtsa brgyad pa'i sgrol ma dang/ 'jigs pa b[rgyad las skyob pa'i sgrol ma rnam]s dang/ lha mo brgyad dang bcu phrag gcig gis yongs su bskor pa'i/

ri mo zhing khams gnyis dang bcas pa'i lha khang 'di'i dgos kyi sbyin bdag/ dgon pa shing lung pa dpon slob rnams kyis rab tu dge ba'i bsam pas bsgrubs/ lde sku mkhas pa lha rtse rgyang mkhar ba dpon d . . . gyis bzabs/ ri mokhas pa bzang ldan pa dpon mo che shes rab rgya mtsho ba sku mched kyis bzabs/

---

[1] ta ra 应读作 tā rā yai。

[2] rgyan phigs = rgyab yol。

de las byung ba'i dge ba rgya chen 'dis//
yon mchod 'khor bcas gnas skabs thams cad du//
dus min 'chi sogs 'jigs pa brgyad spangs te//
mthar thug sgrol ma'i go 'pha[ngs myur thob shog//
maṃ ga laṃ/]

第二层、第十一间佛殿

na maḥ sa manta bha dra ye[1]/

kun tu bzang po'i lha khang 'di'i gtso bo byang chub sems dpa' kun tu bzang po lde sku gtso 'khor gsum/

shar phyogs kyi ngos la spyan ras gzigs sems nyid ngal bso la/ rnam snang mngon byang nas 'byung ba'i byang chub sems dpa' bcu drug dang mchod pa'i lha mo drug gis bskor ba dang/

nub phyogs kyi ngos la 'jam pa'i dbyangs la rnam snang mngon byang dang/ rdo rje snying po rgyan gyi rgyud las 'byung ba'i/ byang chub sems dpa'i tshogs rnams dang/ stod tshar la de bzhin gshegs pa rigs lnga dang/ 'og tshar la nyer spyod kyi lha mo bdun rnams kyis bskor ba dang/

byang phyogs kyi ngos la rdo rje snying po rgyan gyi rgyud las 'byung ba'i byang chub sems dpa' phyag na rdo rje sku mdog [sngo]n po/ zhal bzhi phyag gnyis pa/ steng gi dpung zur la/ klu dbang gi rgyal po dang/ klu sgrub/

sgo gong la khro bo 'dod rgyal/ mi g.yo ba/ rta mgrin/ phyag rdor rnams kyis {yongs su b}skor ba'i . . .

. . . {ri mo zhing khaṃs gcig} . . . / lha bzo mkhas pa dpon . . . tsan pa yab sras kyis bzabs/ ri mo zhing khams gcig gyi dgos kyi sbyin bdag bya rgan pa/ lha phu dgon gsar pa rnaṃs kyis byas/ ri mokhas pa gnas rnying pa pha jo btsan ne dang/ snye mo bzang ri ba dpon ban chen skyabs dang/ dpon dge bsnyen bla ma mgon rnams kyis bzabs/

---

[1] dra ye 应读作 drā ya。

de'i dge bas yon mchod 'khor bcas rnaṃs//
rgyal sras kun tu bzang dang mtshungs par shog

第二层、第十二间佛殿

na mo badzra pāṇa ye/

phyag rdor 'gro bzangs kyi lha khang 'di'i dbus na/ phyag na rdor rje 'gro bzangs lde sku gtso 'khor gsum/

shar phyogs kyi ngos la/ mi dra lugs kyi phyag na rdo rje [lcags sbu] gs sku mdog sngon po zhal gsum phyag bzhi pa/ lha bcu gsum nor rgyun ma dang bcas pas bskor ba dang/

nub phyogs kyi ngos la mi dra'i lugs kyi phyag na rdor rje 'gro bzangs lha bcu bdun gyi bdag nyid stod tshar la/ phyag rdor 'gro bzangs kyi bla ma rgyud pa'i rim pa/ 'khor mar bkod pa dang/ 'og tshar la rgyal po chen po rnam thos sras kyi khyad par gyi sras bzhi/ phul du byung ba'i sras gsum/ mchog gyur bla na med pa'i sras gcig rnams kyis bskor ba dang/

byang phyogs kyi ngos la/ slob dpon klu sgrub kyi rjes su 'brangs pa'i/ phyag na rdor rje mdo gzungs kyi lha dgu'i bdag nyid dang/

shar gyi ngos chung la phyag rdor 'gro bzangs/ rgyal chen rnam thos sras/ yab drang srong rnam mang thos/ yum lha mo dpal/ 'og tshar la mdung dmar can/ g . . . [rta] bdag brgyad rnams kyis yongs su bskor ba'i/

lde sku gtso 'khor rnams kyi dgos kyi sbyin bdag mkhar chen brag paspo blangs/ sdong nag pa/ lha bzo mkhas pa dpon mo che lha rtse ba [nam] mkha' bzang gis bzabs ri mo zhing khams gnyis kyi dgos kyi sbyin bdag rdza ba sdong pa rnaṃs kyis ri mo bcas pa bgyis/ ri mo mkhas pa dpon mo che pha jo tsan ne dang/ dpon nam mkha' dpal gnyis kyis legs par bzabs/

de lta'i dge ba rin chen sna bdun gyis//
mi mthun bdud kyi dpung las rnam rgyal te//

zag med rgyal srid dpal la longs spyod pa'i//
kun mkhyen rdo rje 'chang dbang 'grub gyur cig///
maṃgalaṃbhavaṃtu// shubhaṃ/

第二层、第十三间佛殿

na ma akṣo bhyaḥ
gang sku utpala sngon po'i lhun po bzhin//
gang gsung yan lag drug cu 'brug sgra bzhin/
gang thugs shes bya mtha' dag 'khyud pa bzhin/
gang gi phrin las [dbyar gyi] chu klung bzhin/
gang gi mdzad pa de yiskye dgu rnaṃs/
gang dag srid pa kun du bde legs mdzod//
skyob pa khyod kyis bdagir mdzad pa'i zhing//
ngan song gsuṃ gyi ming yang mi grag cing//
sdug bsdal gsuṃ gyi me gsuṃ rab zhi ba//
theg pa gsuṃ gyi bde ba gya nom pas//
rigs can ['gro ba] dga' ba bskyed mdzad pa//
rnaṃ dag zhing gi [bkod pa] phul byung ba/
gang zhig mthong dang thos [dang] reg pas kyang/
rnaṃ dag zhing der skye ba 'dzin 'gyur zhes/
skyob pas dpal gyi 'gur nas bka' stsal pa/
ri mor bris dang 'bur du gtod pa la/
ches cher phul byung bde ba bskyed mdzad pa/
de lta'i zhing bkod rnaṃ bkra rmad byu{ng pa}/
{rgya} chen tshogs gnyis dpal gyis mngon mtho 'di//
rigs gzugs 'byor . . . . . . {dgo}s dgos rdo rje rgyal/
gang de'i rnaṃ dkar dgongs pa rdzogs phyir du//
dpon yig hor sog dad dang gus pas bzhengs/
'di dag bzhengs pa'i ri mo'idu byed kyang/
bskyed riṃ lha sku'i ngang la mi g.yo zhing//
rdzogs riṃ zab mo'i ngang du zhugs pa [yi/]

........................'dzin pa slo na dge ma ba/
yab sras lag pa'idu byed bsgyur las so//
dge ba 'dis kyang chung can ....p/
rnaṃ dag zhing gi phul byung deng skyes nas/
kun kyang de lta'i gnas la 'god par shog// //

na ma akṣo bhyaḥ

dpaldan 'og min gzhal yas nyaṃs dga' bar/
dang por tsho ma'i ye shes .... du mdzad/
slar yang sa bcu'i rgyal sras dba' bo rnaṃs/
theg mchog gtaṃ gyis dga' ba bskyed slad du/
srid pa ['di ni ji] srid gnas kyi bar/
yongs rdzogs gzug sku mtshan dpe'i 'od 'bar bas/
rgyal sras grangs med migi bdud rtsir byas/
de lta'i thub dbang mi 'khrugs mgons skyongs//
skyob pa khyod kyi sku gzug 'bur dod pa/
rgyal sras seṃs dpa' seṃs mas yongs bskor ba'i/
zhing bkod rmad byung rnaṃ bkra bkod legs 'di/
dad dang mngon par mtho ba'i dpal yon can/
mtho ris gnas song dgos dgos rdo rje rgyal/
khang de'i rnaṃ dkar dgongs pa rdzogs phyir du/
dpon yig hor sog dad dang gus pas bzhengs/
rignas phul phyin snye mo g. yag sde ba/
dpon btsan yab sras slob mar bcas pa yi/
lag pa'i 'du byed dag las legs 'ongs par//
'di dag kun gyi mig gi bdud rtsi'o//
dpaldan zhing der bdag cag 'gro ba rnams//
theg pa mchogi lam gyi rgyud sbyangs nas//
'bras bu sku bzhi'i gnas la dbang bsgyur ba//
mi 'khrugs skyob pa'i go 'phangs thob par shog/

maṃgalabhavatu/ / shu bhaṃ//

第二层、第十四间佛殿

na mo pa nytsa ra kṣa de ba ya/

'di'i lho phyogs dang nub phyogs kyi ngos la bcom ldan ma bsrung ma lnga'i/ gtso mo rig sngags kyi rgyal mo {rma} bya chen mo dang/ bcom ldan 'das ma gsang sngags rjes su 'dzin ma chen . . . das. . . ng . . . la ba . . . tshal chen . . . 'khor phyogs . . . dang/ slob . . . gur mgon lcam dral sta gzhon beng gra gug ma rnams kyi bskor ba'i . . . chen po 'di'i/

dgos kyi sbyin bda{g} . . . chung mi dpon/ dpon po a dhe ra bas lhag bsam rnam dag//

de las byung ba'i dge tshogs . . . . 'dis//
nam mkha'i mthas glas . . . gyu . . . . . . 'gro ba rnams//
srid zhi'i rgud pa mtha' . . . .
. . . . sa rgyas go 'phangs myur tho sog//

maṃghalabhavantu/ shubhaṃ//

na mo pa {nytsa kṣa} de v'i ya/

'di'i byang phyogs kyi ngos dang shar phyogs kyi ngos la gtso mo bcom ldan 'das ma so sor 'brang ma chen mo dang/ stong chen mo [rab] tu 'jom[s] rna gnyis bzhugs so//

'di gnyis kyi dgos kyi sbyin bdag d. . . 'a ston pa dpon po . . . dang/ rta dpon o lo dpon btsun pa rnam pa gnyis kyis rab dkar dge ba'i bsam pas legs par bsgrubs//

'di'i sbo tshar dang/ 'og tshar dang/ dra mig dang/ sgo'i bar rnams la/ phyog skyong bcu/ gza' chen po dgu/ rnam thos sras . . . sgyu . . . 'i lha tshags z . . .

. . . .
. . . . n . . . dgra' sa ba rgyal nas/
zag med bde ba'i dpal {la} dbang 'byor pa'i//
kun mkhyen chos kyi rgyal po myur thob [sh]og//

maṃghalabhavantu

第二层、第十五间佛殿

na mo manydzu gho ṣā ya/

sku 'bum chen mo bkra shis sgo mangs kyi/ bang rim gnyis pa'i lho shar/ 'jam dbyangs lha khang kun gyi [yid 'phrog pa] de'i/ [dbus na 'jams dbyangs smra ba'i] seng ge/ g.yas phyogs na dam pa rgya gar dang/ gzhon nu nor bzangs/ g.yon phyogs na drang srong rgan po dang/ sog po'i rgyal po seng ge khrid pa dang bcas pa gtso 'khor lnga seng khri rgyab yol dang bcas pa/ rgyan dang bkod pa du mas mdzes shing spud pa dang/

phyogs kyi ngos rnams la 'jam dpal rtsa ba'i rgyud las gsungs pa'i dkyil 'khor chen po sgo bzhi sgrag[1] yod pa'i/ gzhal yas khang dbus ma'i lha tshogs/ bcom ldan 'das thub pa chen po dbus na bzhugs pa'i rtsa ba'i lha dgu bcu go brgyad/ mtshan ma bcu gsum dang bcas pas bskor ba'i ri mo/

tshon sna brgya rtsa gcig gis rnam par bkra ba/ phyag [tsha]d dang rgyan dang bkod [pa phu]l du phyin pas nye bar mdzes pa'i lha khang 'di'i/ [dgos kyi sbyin] bdag chos sde chen po dpal 'khor sde chen gyi nye gnas chen po dang/ gus brtson 'grus [dang] ldan pa yon [tan bzang po bas[2]/ bsam sbyor dad gus dang ldan pa'i sgo nas legs par sgrubs//] ri mo mkhas [pa sdom brtson ngur smrig 'dzin pa/ pir thogs] rgyal po dpal gnas snying pa dpon mo che dpal 'byor rin chen pa dang/ [dpon dge bshes bsod nams dpal 'byor pas legs par] bzabs/ sde sku dpon mo che shes bya'i gnas la phul du phyin pa sprul pa'i lha [b]zo' mkhas pa chen po lha'i rgyal mtshan pa dpon slob rnams kyis legs par bzabs//

de'i dge bas yon mchod 'khor bcas thams cad 'jam pa'i dbyangs kyi sa thob shog/

---

〔1〕 应读作 grag?

〔2〕 应读作 pas，bzang po 之后的后缀 pa 在江孜题记中并不少见。

第二层、第十六间佛殿

na mo lo ki[1] shva ra ya/

spyan ras gzigs kyi lha khang 'di'i dbus na/ thugs rje chen po 'gro ba 'dul ba zhal [ci]g phyag bzhi pa gtso 'khor [gsum] brag ri'i dbus na bzhugs pa'i/

lde sku gtso 'khor 'di rnams kyi dgos kyi sbyin bdag sngags 'chang rdo rje 'dzin pa slob dpon rin chen dpal bas mdzad/ lha bzo mkhas pa dpon mo che lha'i rgyal mtshan pas legs par bzabs/

'di'i gung zhal lhor gzigs kyi dbus na/ 'phags pa klu bsgrub kyi lug[s kyi spyan ras gzigs] ... phyug zhal bcu gcig/ rtsa phyag bzhi bcu zhe gnyis pa/ lha sum cu rtsa bdun/ dpung zur na '[phags] pa klu bsgrub kyi sku 'dra dang bcas pa dang/

de'i shar gyi logs chung la don zhags cho ga zhi[b] mo las 'byung ba'i spyan ras gzigs khro bo don yod lcags kyu lha dgu dang/ 'dod lha rnam thos sras dang bcas pa legs par bkod pa'i/

dgos kyi [sbyin bdag] dad ldan dge slong nam mkha' tshul khrims kyis bgyis/ ri mo mkhas pa lha rtse ba dpon mo che thar pa dpon slob kyis legs par bza[bs/]

'di'i sha[r phyo]gs kyi ngos la sgrub thabs rgya mtsho las 'byung ba'i/ spyan ras gzigs dbang phyug mkha' spyod/ lha bcu bzhi'i bdag nyid can [gyi zhing] khams phyed po 'di'i dgos kyi sbyin bdag/ sdo bzo pa dpon bu dar dang/ dpon rdo rje rgyal gnyis kyis bgyis//

lho phyogs kyi ngos la bya rgyud padma dra ba las 'byung ba'i spyan ras gzigs yid bzhin nor bu zhal gsum phyag drug pa gtso 'khor lnga dang/

sgo gong na yod zhags pa klu'i sten bzhugs pa gtso 'khor lnga dang/ seng ge sgra phyag drug pa 'di rnams kyi dgos kyi sbyin

---

〔1〕 应读作 ke。

bdag / . . .〔1〕

'di'i dge bas yon mchod 'khor bcas sangs rgyas thob par shog/

第三层

第三层、第一间大殿

殿门入口处题记

oṃ sva st i/

rnam dag mkha' la nyi shar ji bzhin khyod kyi thugs rje'i 'od zer gyis//

'gro ba kun gyi mi shes mun 'joms rtog pa'i dra ba rnam bsal nas//

tshe dang ye shes zag med bde ba'i longs spyod mi zad mchog rnams nges stsol mdzad//

'di dang gzhan du bde ba'i 'byung gnas mgon po tshe dpag med la phyag 'tshal lo//

mgon po khyod kyi thugs kyi rnam 'phrul rmad byung dpag yas mtshon pa'i mchod rten ni//

rgyal ba kun gyi rang rig yin mod so skye rmongs pas brjod par ga la nus//

'on kyang phyogs tsam brjod pas . . . nus pa 'jog . . .

. . . . brjod la bdag yid spro bar gyurd//

rnam mang dge ba'i sa gzhi rab brtan zhing//

rnam brjid mi 'jigs bzhi ldan gdong lnga'i khri//

rnam mdzes byang chub sems gyi dge bcu'i steng//

rnam dag so so rigs bzhi'i bang rim can//

rnam dkar thugs rje mtshon pa zla ba'i gdan//

zag med bde ba rgyas pa'i bum pa mtho//

mnyam nyid rnam dag gru bzhi bre yis mdzes//

〔1〕 译者注：壁面空白16厘米，施主姓名可能很早就被涂去。

bcu gsum rnam par dag pa'i chos 'khor la//
skye dgu'i tsha gdung skyob pa'i gdugs kyis mdzes//
mtha' bral stong nyid rdo rje'i tog gis spras//
gzhan yang rgyan gyi bye brag dpag med kyis//
legs par spras pa'i mchod rten phul byung ba//
'dzaṃ gling rgyan mchog mthong grol chen mo 'di//
sa chen kun nas mdzes pa'i rgyan gyurd cig//
thub pa chen pos rmi lam lung bstan las//
thub pa'i mchod rten rdzogs par rmi lam du//
mthong bas sa brgyad thob par zhal bzhes na//
'gro bas dngos su mthong na smos ci 'tshal//
mchod rten mthong grol chen po' i lho phyogs ngos//
bang rim gsum pa'i 'bur chen gzhal med khang//
rgyal ba'i sku gzugs 'bur du btod pa dang//
rnam bkra ri mo'i bkod pa 'di lta ste//
rgyan bkod du mas mdzes pa'i rgyab yol dang//
rma bya'i khri dang chu skyes ze 'bru'i steng//
tshed dpag med mgon rin chen rgyan gyis spras//
sgeg pa'i nyams can 'dzum bag ldan ba yi//
dus min 'chi ba 'joms shing tshe dang ni//
ye shes bsod nams dngos grub ma lus pa//
'gro la mchog stsol mdzad de bzhugs par gyurd//
de'i glo dang dpaung zur g.yas g.yon du//
'dab stong ge sar rgyas pa'i gdan stengs su//
rdo rje chos rab rdo rje 'khor lo dang//
rdo rje rnon po rdo rje smra ba rnams//
sku gzugs 'bur du btod pa bzhugs par gyurd//
tshe dpag med mgon g.yas su shar phyogs la//
mngon par phyogs pa'i rdo rje s eṃs dpa' ni//
dpal mchog dum bu dang po rigs bsdus las//
'byung ba ji bzhin gtso 'khor tshang bar bzhugs//

de ’og hūṃ mdzad gtso bor gyurd pa ni//
rigs bsdus shar dkyil lha tshogs ji lta bar//
gtso ’khor shar la gzigs te tshang bar bzhugs//
de’i g.yon du lho la zhal mngon phyogs//
namkha’i snying po gtso ’khor bcas pa ni//
rigs kun
bsdus pa’i lho’i dkyil ’khor la//
ji ltar ’byung ba’i tshul bzhin ’khod par gyurd//
hūṃ mdzad gyas su byang la zhal gzigs pa’i//
nam mkha’ mdzod kyi gtso ’khor lha tshogs rnams//
rigs kun bsdus pa’i lho nub dkyil ’khor nas//
ji ltar ’byung ba’i tshul bzhin ’khod par gyurd
de’i g.yas phyogs stod kyi cha la ni//
rigs bsdus lho nub ma mo’i dkyil ’khor gyi//
lha tshogs ji bzhin tshang bar bkod pa dang//
de’i ’og tu nub byang ’tshams kyi ni//
ming po gsum gyi dkyil ’khor lha tshogs rnams//
rigs bsdus nas ’byung gtso ’khor tshang bar bkod//
tshe dpag med mgon g.yon du nub phyogs la//
gzigs stangs mdzad pa’i ’jig rten dbang po ni//
chags pa’i nyams can ’dzuṃ pa’i bzhin ras can//
rigs bsdus nub kyi dkyil ’khor nas gsungs bzhin//
gtso ’khor tshang mar rang rang gdan la bzhugs//
’jig rten db{ang phyug} …… phyogs la//
………………………………
’khor dang bcas te dpal mchog rigs sdus kyi//
byang shar dkyil ’khor nas sung tshang bar bzhugs//
de’i g.yas kyi lho la zhal mngon phyogs//
rdo rje ’khor lo gtso bor gyur pa ni//
rigs kun bsdus pa’i nub byang dkyil ’khor nas//
ji ltar ’byung bzhin lha tshogs tshang bar bzhugs//

gnod sbyin g.yon du byang la zhal gzigs pa'i//
rdo rje khu tshur gtso bar gyurd pa ni//
dpal mchog rigs kun bsdus pa'i byang dkyil las//
ji ltar 'byung bzhin lha tshogs tshang bar bzhugs//
'jig rten dbang phyug g.yon du byang phyogs la//
zhal gzigs 'jam dpal gtso bor gyurd pa yi//
lha tshogs yi ge mtshan mar bcas pa rnams//
rigs bsdus shar lho'i lha tshogs gtso 'khor bzhugs
rdo rje khu tshur lha tshogs g.yon phyogs kyi//
stod la rigs bsdus lha snam shar lho yi//
zhi ba mdung gis mtshan pa'i lha tshogs dang//
sring mo bzhi yi lha tshogs mtshan mar bcas//
rang rang gdan la tshang bar bkod pa'o//
stod kyi tshar la dpal mchog rigs bsdus kyi//
bla ma rgyud pa'i rim pa tshang bar bzhugs//
smad kyi tshar la dpal mchog rigs bsdus kyi//
phyi rol rdo rje'i rigs kyi lha tshogs dang//
ye shes mgon po phyog bzhi lcam dral dang//
stag zhon lcam dral g.yas kyi tshar la bzhugs//
g.yon gyi tshar la rnam sras zhi drag rnams//
rang rang gzhung nas 'byung bzhin legs bkod pa'i// //
rnam bkra ri mo'i 'du byed mdzes byed dag//
rnam dag khrims la rten nas bslab shes kyi//
yon tan phul du phyin pa'i blo gros can
mkhas pa'i dbang po dpal 'byor rin chen dang//
de'i sras dpon slob gnas rnying pa yis bzabs//
sku gzugs 'bur du dod pa'i rnam gyur ni//
mkhas rlom khrod na ri dags dbang po bzhin//
'jigs med spongs pa'i mchog gyur gdan sa pa//
lha'i rgyal mtshan zhes grags mkhas pa gang//
stobs ldan de'i yid kyis sprul te bzhag//

dbus kyi tshe dpag med mgon gtso 'khor lnga//
khri rgyab steng 'og shing rtsi dang bcas pa'i//
'thun rkyen sbyor ba'i dgos kyi sbyin bdag ni//
rigs rus bsod nams bstobs kyis legs 'byor zhing//
dkar po dge ba'i las la brtson 'grus ni//
nam yang lhod pa med pa'i snying stobs can//
dpon btsun bla ma skyabs pa lags par khuṃs
sku gzugs ri mos mdzes pa'i 'thun rkyen dag//
chos kun stong nyid rdzogs pa'i ri khrod pa//
rgyu skar dkyil 'khor bdag po bde chen pa//
sum pa'i rgyud 'khrungs shing bzo'i dpon mo che//
dge bshes shes rab byang chub zhes grags dang//
'byor ldan phyug po'i rigs skyes don rig pa//
dge ba'i las byed stobs ldan thabs dpon ni//
snyen ne zhes bya rnams kyis legs par sbyar// //
de ltar bsgrubs pa'i dge ba'i mthu stobs kyis//
'gro ba kun gyi phan bde 'byung ba'i gnas//
sangs rgyas bstan pa dar zhing rgyas pa dang//
bstan 'dzin skyes bu sku tshe brtan gyurd cig//
bsod nams dpal gyis mngon par mtho ba yi//
chos rgyal yon mchod sku tshe ring ba dang//
chab srid che zhing brtan la rgyas pa dang//
mtha' yas sems can thams cad bde ba dang//
bsod nams ye shes rgyas pa'i bkra shis shog//

壁画下面题记

'di ni dpal mchog dang po rigs bsdus pa'i nub phyogs/ 'jig rten dbang phyug lha bcu gsum mtshan ma bzhi dang bcas pa'i lha tshogs kyi ri mo'o// //

de'i g.yon na 'jam dpal/ de bzhin gshegs pa brgyad/ yi ge'i phreng brgyad/ mtshan ma brgyad dang bcas pa'i lha tshogs kyi ri mo'o// //

'di'i dgos kyi sbyin bdag thab dpon[1] snyen ne bas bsam sbyor dad gus kyi sgo nas bsgrubs// //

dge bas 'gro kun rdo rje chos kyi go 'phangs thob par shog// //

shubhaṃ// sādhu//

'di ni dpal mchog dang po rigs bsdus pa'i nub byang sems bskyed ma thag tu chos kyi 'khor lo bskor ba'i lha tshogs/ 'jig rten . . .

'di ni dpal mchog dang po rigs bsdus pa'i byang shar/ rdo rje gnod sbyin lha dgu mtshan ma brgyad [da]ng bcas pa'i lha tshogs kyi ri mo'o// //

'di'i dgos kyi sbyin bdag sum pa mkhas pa'i gdung rgyud/ dpon mo che dge bshes shes rab byang chub kyis bsam sbyor rnam dag gis bsgrubs//

'di ni dpal mchog dang po rigs bsdus pa'i byang phyogs/ rdo rje khu tshur gyi lha tshogs lha bcu bdun gyi bdag nyid can gyi ri mo'o// //'di'i g.yon na rigs bsdus pa'i 'jig rten pa'i zhi ba mdung gis mtshan pa'i lha tshogs dang/ sring mo bzhi mtshan ma dang bcas pa'i ri mo'o// //

'di'i dgos kyi sbyin bdag/ chos kun stong pa nyid du rdzogs pa'i/ rdzogs pa chen po'i rnal 'byor pa/ dgon pa ldan yul ri khrod pa dpon slob rnams kyi[s] lhag bsam dad pas bsgrubs//

'di ni dpal mchog dang po rigs bsdus pa'i 'jig rten pa'i ma mo'i dkyil 'khor gyi lha tshogs dang/ de'i 'og tu ming po gsum gyi dkyil 'khor gyi lha tshogs rnams kyi bkod pa'o// //

'di ni dpal mchog dang po rigs bsdus pa'i lho nub namkha' mdzod kyi dkyil 'khor gyi lha tshogs/ lha bcu gsum mtshan ma bzhi dang bcas pa'i lha tshogs dang/ 'og tshar la sgo phyi ma'i sgo ba 'khor los bsgyur ba bzhi/ phyag bzhi pa lcam dral/ stag zhon lcam dral/ rnams kyi bkod pa'o//

'di ni dpal mchog dang po rigs bsdus pa'i shar phyogs/ rdo rje

---

[1] thab dpon = thab ka ba, ma chen，可能是寺院的膳食官。

h'uṃ mdzad kyi dkyil 'khor gyi lha tshogs/ lha dgu mtshan ma bzhi dang bcas pa'i/ lha tshogs rnams kyi bkod pa'i ri mo'o// //

maṃ ga laṃ bha vatu// //

'di ni dpal mchog dang po rigs bsdus pa'i/ lho phyogs namkha'i snying po'i dkyil 'khor gyi lha tshogs/ lha dgu mtshan ma brgyad dang bcas pa'i lha tshogs rnams kyi bkod pa'o// //

'di rnams kyi [dgos kyi sbyin bda]g/ dgon pa bde chen pa dpon slob rnams dang/ gong gsum pa rnams kyis rnam dkar dge ba'i bsam pas bsgrubs//

dge bas 'gro kun khyab bdag rdo rje sems dpa'i go 'phangs thob par shog///

'di ni dpal mchog dang po rigs thams cad bsdus pa'i dkyil 'khor gyi gtso bo/ bde ba chen po rdo rje sems dpa'i dkyil 'khor lha nyi shu rtsa dgu'i bdag nyid can gyi ri mo'o//

'di'i dgos kyi sbyin bdag dus mchod pa nye gnas don rin gyis/ lhag bsam rnam dag gi sgo nas bsgrubs//

dge bas 'gro kun rdo rje 'chang gi go 'phangs thob par shog// //

maṃgala bhavatu//

第三层、第二间佛殿

na mo lo ki[1] shva ra ya/

['di ni] dpal mchog dum bu gnyis pa/ sngags kyi dum bu las/ dum bu gnyis pa rtog pa thams cad bsdus pa'i rtsa ba'i rgyud las '[byung . . . gsang ba ras ris] kyi dkyil 'khor gyi gtso bo dkon mchog gsum gtso 'khor gsum khri rgyab yol dang bcas pa'i sku gzugs 'bur du gtod pa b[zhugs]/

de'i g.yas phyogs [zha]l lhor gzigs kyi ngos la dpal mchog dang po'i rgyud dum bu bzhi las/ dum bu dang po kun gzhi rnam par shes pa'i gnyen po/ me long lta bu'i ye shes kyi ngo bo nyid phyag rgya

---

[1] 应读作 ke。

chen po gtso bor gyur ba shes rab kyi pha rold tu phyind pa'i dum bu las/ rigs so so ba'i/ gti mug gi gnyen po 'gro ba 'dul ba'i dkyil 'khor gyi lha tshogs rnams tshang bar bzhugs// //

nub phyogs kyis ngos la rigs [thams ca]d kyi dkyil 'khor du 'jug pa'i rgyu gyur pa/ rdo rje 'khor lo'i dkyil 'khor gyi lha tshogs rnams tshang bar bzhugs// //

lho phyogs kyi ngos la sangs rgyas thams cad kyi sku gsung thugs gcig tu byed ba/ brtson 'grus gtso bor byed pa rdo rje khu tshur [kyi dkyil 'khor gyi lha] tshogs [rnams] tshangs bar bzhugs//

byang phyogs kyi stod g.yas g.yon la/ dpal mchog rdor sems kyi dbang bka'i bla ma rgyud pa'i rim pa bzhug[s/]

'og g.yas g{. yon} . . . kyi {mchod} pa . . . 'o . . . mchod pa . . . dang/ . . . {sbyod} rol mo dang bcas pa dang/

sgo'i gong dang rgyab la mchod pa nyi shu [rtsa lnga] pa'i mchod pa dang/ sgo mdun [rnam sras] zhi drag gnyis dang bcas pa rna[ms bzhugs/] //

'dir rnams kyi dgos kyi sbyin bdag kyang drung bdag mo dpal chen pa yum sras pa'i drung nas [mdzad] . . . sogs kyis legs par bzabs// //

de'i dge bas 'gro kun rdo rje 'chang gi go 'phags myur thob shog// //

maṃ gha la//

第三层、第三间佛殿

[na mo] badzra sa tvā ya/

'di'i dbus na dpal [mchog dum bu gnyis] pa sngags kyi dum bu las/ [rtog pa thams cad] bsdus pa'i rgyud las 'byung ba'i dkyil 'khor las/ las kyi dbang gis ma grub na bsgrub par byed pa me ltar 'bar ba phra mo'i dkyil 'khor gyi gtso bo gtso 'khor gsum khri rgyab yol dang bcas pa'i sku gzugs 'bur du gtod pa bzhugs//

de'i g.yas phyogs kyi zhal lhor gzigs kyis ngos la/ dpal mchog dum bu dang po shes rab kyi pha rol du phyin pa'i dum bu las/ rigs so so ba'i/ ser sna'i gnyen po rdo rje rin chen gyi dkyil 'khor gyi lha chogs rnams tshang bar bzhugs//

nub phyogs kyi zhal lhor gzigs kyi ngos chung la shes rab kyi pha rol tu phyin pa gtso bor gyur ba 'jam dpal kyi dkyil 'khor gyi lha tshogs yi ge'i mtshan ma dang bcas pa tshang bar bzhugs// //

lho phyogs kyi ngos la tshogs yongs su rdzogs pa'i rgyur gyur pa nam mkha' mdzod kyi dkyil 'khor gyi lha tshogs mtshan ma dang bcas pa bzhugs// //

byang phyogs dang lho phyogs kyi stod tshar g.yas g.yon rnams la dpal mchog . . . // . . .

nub phyogs {m}ngon gyi stod la ming po gsum gyis gdul bar bya ba'i don du ming po gsum gyi lha tshogs rnams tshang bar bzhugs// //

de'i 'og na sri[ng] mo bzhis gdul bar bya ba'i don du [sring] mo bzhi'i lha tshogs mtshan ma dang bcas pa tshang [bar bzhu]gs/

'og tshar la mchod pa nyi shu [rtsa lnga] . . . dang/

'di rnams kyi dngos kyi sbyin sbdag kyang drung bdag [mo dpal chen] po'i[1] drung [nas dad pas bsgru]bs// //lha bzo mkhas pa lha rtse mtsho po ba dpon dpal la dpon slob dang/ ri mo mkhas pa lha rtse rdzong shos pa dpon po dpal chen gyis bzabs// //

第三层、第四间佛殿

na mo manydzu gho ṣa ya/

'di 'i dbu[s] na rnal 'byor rgyud las gsungs pa'i/ de bzhin gshegs pa thams cad kyi sku gsung thugs gsang ba rgyan bkod pa'i dkyil 'khor gyi gtso mo yum chen mo gtso 'khor gsum khri rgyab yol dang bcas pa'i sku gzugs 'bur du gtod pa bzhugs//

'di'i g.yas phyogs kyi ngos la/ nam mkha' dri med kyi rin chen 'byung ldan dbugs dbyung ba'i dkyil 'khor gyi lha tshogs rnams tshang

---

〔1〕 注意此处的不规则形式：以 po 代替 mo。

bar bzhugs// //

'di'i shar phyogs kyi ngos la/ rdo rje dbyings kyi dum bu cha 'thun zhing/ gtso cher dpal mchog gi bshad rgyud du gyur pa/ rdo rje snying po brgyan gyi rgyud kyi dkyil 'khor nang ma'i [dkyil 'khor gyi lha tshogs/] chos kyi dbyings kyi rdo rje chen po snying po'i rgyan/ [de bzhin g]shegs thams cad kyi gsang ba'i dkyi[l 'khor che]n po zhes bya ba/ sgo brgyad sgrag[1] yod pa'i dkyil 'khor nang ma dbang che[n] ... gyi rtsa ba'i lha tshogs rnams tshang bar bzhugs// //

'di'i lho phyogs kyi ngos la 'jam dpal [rgyu[2] 'phrul] dra ba las 'byung ba'i/ mi bskyod [pa'i ... dkyil '] khor gyi lha tshogs rnams tshang bar bzhugso// //

'di rnams kyi dgos kyi sbyin bdag kyang/ ... byang sems bdag mo dpal chen rgyal mo bas mdzad/ ri mo mkhas pa lha rtse khab gsar ba dpon khro rgyal dbang phyug gis legs par bzabs/

> [de yi dge bas yon m]chod 'khor bcas rnam{s}/
> mi shes mun pa'i tshogs rnams rab bcom nas//
> ye shes chos kyi snang ba rab rgyas te/
> khyab bdag rnam snang go 'phangs thob par shog// //

maṃ ga la sā dhu// shu bhaṃ// //

第三层、第五间佛殿

na mo manydzu gho ṣa ya/

'di'i dbus na rdo rje dbyings kyi dum bu las 'khros shing de dang cha 'thun pa 'jam dpal gyi mtshan yang dag par brjod pa/ rnal 'byor gyi rgyud du dgongs pa bkral ba/ slo dpon 'jam dpal bshes gsnyen gyis mdzad pa'i 'grel ba namkha' dri med chung ba'i dkyil 'khor gyi gtso bo rnam snang gtso 'khor gsum khri rgyab yol dang bcas pa'i sku gzugs 'bur du gtod pa bzhugs//

---

〔1〕 应读作 grag?

〔2〕 译者注：应读作 sgyur。

de'i g.yas phyogs kyi ngos la byang {sem}s rdo rje dbugs dbyung ba'i dkyil 'khor gyi lha tshogs rnams tshang bar bzhugs//

shar phyogs kyi ngos la/ rdo rje dbyings kyi dum bu las dphro[s] shing de dang cha mthun pa/ 'jam dpal gyi mtshan yang dag par brjod pa/ rnal 'byor gyi rgyud du dgongs pa bkral ba/ slob dpon 'jam dpal bshes snyen gyi mdzad pa'i 'grel . . .

. . .〔1〕grogs mched kyis legs par gzabs nas bris//

de yi dge bas yon mchod 'khor bcas kyi//
sgrib gnyis mun pa'i tshogs rnams rab bcom te//
yang dag ye shes snang ba rab rgyas nas//
'jam pa'i dbyangs kyi go 'phangs myur thob shog//

maṃ ga la bha van tu// //

第三层、第六间大殿

殿门入口处题记

oṃ sva sti/

chos dbyings kun gsal mtha' las 'das kyang gang gi blo gros gcig pus mkhyen//
phrin las dri bsung phyogs bcur 'phro yang shes bya'i pha mtha'i khyon la thug//
gnas gsum gzhal bya'i yul la mkhas kyang mkhas pa'i khengs pa rnam par spangs//
bla na ma mchis chos kun mkhyen pa bla med bla pa'i tshogs la 'dud//
rgyal ba rgya mtsho'i sku yi bkod pa dang//
zhing khaṃs rgya mtsho'i rgyal sras dam can dang//
ring srel rgya mtshos byur bur gtams pa yi//
chos sku yon tan rgya mtshor phyag 'tshalo//
srid bzhi'i mtha' spangs ye shes rgya mtshor 'khrungs//

---

〔1〕 译者注：大约222厘米的墙面被修补，题记全部丢失。

thugs rje'i rgya mtsho dgos 'dod kun 'byung ba//
rin chen rigs kyi rgya mtsho'i dpal gyur ba//
rgyal ba rin chen 'byung ldan rgya mtshor bskyong//
rdo rje rin chen gzi brjid rgyal mtshan bzhad//
rang rang rigs mtshon sku mdog rab tu mdzes//
yid 'ong rgyan dang sna tshogs gos kyis bkra//
dag pa'i sems dpa' bzhi la phyag 'tshal lo//
'jam dpal chos dbyings gsung dbang lha tshogs dang//
'jaṃ dpal gsang ldan dkyil 'khor lha rnams la//
rine rgyan spras lha rdzas na bza' blubs//
rmad byung bas[1] sku rnams la phyag 'tshal lo//
rigs gzugs mthu stobs dpal 'byor phun tshogs shing//
byaṃs brtse'i mnga' bdag 'gro ba'i yab gcig pu//
pha mtha' yas pa'i dge ba'i thugs mnga' ba//
sa skyongs dbang phyug dpag bsam ljon pa rgyal// //

de yang/ rdo rje gdan nas byang phyogs su dpag tshad brgya dang brgyad bgrod pa'i sa yi cha/ gangs can 'dzin ma'i lte ba/ rigs par smrab ba bgrangs las 'das pas bsti ba'i gnas/ bkra shis pa'i dge mtshan dpag tu med pas mngon par mtho ba dpal 'khor bde chen gyi gtsug lag khang gi chos kyi sku mthong grol chen po'i 'bur chen nub steng/ rin chen lha khang gi rin chen 'byung ldan gtso 'khor lnga 'bur ma khri rgyab yol/ log ris mchod pa'i rdzas dang bcas pa'i sbyin bdag

chos kyi rgyal po'i bka' lung ngal so'i gnas//
mi phyed dad pas bstan dang bstan 'dzin mchod//
dpal 'byor rnam thos bu la 'gran bzod pa'i//
blon po'i dbang po gnyer chen chos rgyal ba//
mchod gnas 'tsho byad 'khor 'bangs bcas pas mdzad//
ngur smrig rgyal mtshan rtse la yon tan gyi//
rin chen bkod pas lha mi'i dpal grub pa'i//

---

〔1〕 译者注：题记有修改的痕迹，可能为 ba'i。

gsung bzhin[1]
lha bzo mkhas pa bsod nams rgyal mtshan dang//
ri mo mchog gyur nyang stod mkhar ga ba[2]//
dpon btsun don grub skyab pa dpon slob kyis//
shes bya 'di la legs pa'i tshad thub bzabs//
de'i {dge} bas bstan pa yun gnas shing//
{b}dag po'i rtsa lag dpung bcas bde ba dang//
'gro la phan bde rgyun du 'byung ba dang//
rin chen rigs kyi bdag por 'gyur bar shog//
chos kyi rgyal po chos kyi blon por bcas//
chos kyi dgongs pa byams dang snying rje yis//
chos bzhin chab srid bskyangs pas skye dgu'i tshogs//
rdzogs ldan dus bzhin[3] chos la sbyong par shog//
chos sku gtsang bde rtag bdag ngo bo nyid//
longs sku nges pa lnga ldan rang bzhin dang//
sprul sku bgra{ng} yas zhing du 'gro don mdzad//
sku gsuṃ yangs su rdzogs pa'i bkra shis shog//
chosku mthong grol lha ra[4] bcas mchod pa'i rten//
tha snyad brda'i sku 'di skyid mtha'i bar//
bstan srung lcam dral bran dang g.yog bcas kyis//
g.yel med srungs la brtson par mdzad du gsol//
bsod nams dpal gyis legs par 'byor pa yis//
chos rgyal yon mchod sku tshe brtan pa dang//
yul khams bde zhing mi nad phyugs nad dang//
lo nyes dgra yi gnod pa zhi bar shog//
rgyal po blon po chos bzhin byed pa dang//

---

〔1〕 译者注：殿门右侧题记于此结束，但未写完的偈颂不见于殿门左侧，殿门左侧题记似有修补痕迹。
〔2〕 译者注：壁面有修补痕迹，ga ba 应读作 kha pa。
〔3〕 译者注：应读作 bzhi。
〔4〕 译者注：lha ra 应读作 lhar。

dge ba'i gshes rnams sku tshe ring ba dang//
lha klu rnams kyis dus su char 'bebs shing//
lo tog phun tshogs 'jig rten dar bar shog//
sbyin pa'i bdag po 'khor dang bcas pa yang//
sku khams bzang zhing sku tshe brtan pa dang//
chab srid che zhing yid kyi bsam pa kun//
chos dang mthun bar bde blag 'grub par shog//
chab 'og gtogs pa'i 'bangs dang 'khor rnams kyang//
rnam pa kun tu bde zhing skyid pa dang//
lus ngag yid gsum chos dang 'thun pa dang//
dkon mchog mchod la mi skyo brtson par shog//

maṃghalaṃ// //

壁画下面题记

na mo manydzu gho ṣa ya/

'di ni rtsa rgyud dum bu dang po rdo rje dbyings kyi dum bu las 'phros shing de dang cha 'thun pa mtshan yang dag par brjod pa rnal 'byor gyi rgyud du dgongs pa bkral ba/ 'grel pa bar pa slob dpon sgeg pa rdo rjes mdzad pa'i rjes su 'brangs pa/ 'jam dpal gsang ldan rigs bsdus pa'i dkyil 'khor gyi lha tshogs rnams kyi bkod pa'i ri mo'o// //

'di ni chos kyi dbyings gsung gi dbang phyug gi dkyil 'khor gnyis pa/ gzungs kyi dkyil 'khor gyi/ nub phyogs dang/ byang phyogs kyi lha/ dba . . . / gzungs bcu gnyis . . . mtshams gyi lha mo glu ma/ gar ma/ rnams kyi bkod pa'i mo'o// //

maṃgalaṃbhavatu// //

'di'i ngos la chos kyi dbyings gsung gi dbang phyug gi dkyil 'khor gsum pa/ chos kyi dkyil 'khor gyi/ nub phyogs dang/ byang phyogs kyi lha/ byang chub sems dpa' brgyad/ phyogs mtshams kyi khro bo lnga/ mar me ma/ dri chab ma/ rdo rje dri/ rdo rje ro/ stod tshar la/ bla ma brgyud pa dang bcas pa rnams kyi bkod pa'i ri mo'o// //

manghalaṃbhavantu// //

'di'i ngos la chos kyi dbyings gsung gi dbang phyug gi dkyil 'khor bzhi pa/ rdo rje rigs kyi dkyil 'khor gyi/ nub phyogs dang/ byang phyogs kyi lha/ sgo skyong khro bo bzhi/ srin po/ chu lha/ rlung lha/ lus ngan/ rgyu skar nyi shu rtsa brgyad/ tshangs mo/ drag mo/ khyab 'jug ma/ gzhon nu ma/ dbang mo/ phags mo/ rgan byad ma/ bhring gi ri ti/ tshogs bdag/ sa'i lha mo rnams dang/ 'dod lha/ rnam sras/ 'dzam ser/ 'dzam nag/ dpal chen mo rnams dang bcas pa'i bkod pa'i ri mo bzhugs so//

shubhaṃ// sādhuḥ//

'di'i ngos la/ chos kyi dbyings gsung gi/ dbang phyug gi dkyil 'khor bzhi pa/ rdo rje rigs kyi dkyil 'khor gyi/ shar phyogs dang/ lho phyogs kyi lha/ phyogs skyong/ sgo bsrungs khro bo bzhi/ lha chen brgyad/ gza' dgu/ klu chen brgyad/ ming po gsum/ lha ma yin/ nam mkha' lding/ mi 'am ci/ dri za/ rigs 'dzin/ gnod sbyin brgyad/ 'phrog ma bu dang bcas pa rnams dang/ 'dod lha/ chos skyong gur mgon lcam dral dang bcas pa rnams kyi bkod pa'i ri mo bzhugs so//

dge'o//

'di'i ngos la chos kyi dbyings gsung gi dbang phyug gi dkyil 'khor gsum pa/ chos kyi dkyil 'khor gyi shar phyogs dang/ lho phyogs kyi lha byang sems brgyad/ khro bo lnga/ bdug pa ma/ me tog ma/ sgo ba/ rdo rje gzugs/ rdo rje sgra/ steng gi tshar la bla ma rgyud pa dang bcas pa'i lha tshogs rnams kyi bkod pa'i ri mo'o//

'di ni chos kyi dbyings gsung gi dbang phyug gi dkyil 'khor gnyis pa/ gzungs kyi dkyil 'khor gyi shar phyogs dang/ lho phyogs kyi lha/ sa bcu gnyis dang/ phar phyin bcu gnyis/ 'tshams kyi sgeg mo/ phreng ba ma/ sgo ma bzhi chos so so rig ma/ don so so rig ma/ rnams kyi lha tshogs kyi bkod pa'i ri mo'o// //

shubhaṃ//

na mo manydzu gho ṣa ya/

'di ni rtsa rgyud de nyid bsdus pa'i rdo rje dbyings kyi dum bu las 'phros shing/ de dang cha 'thun pa mtshan yang dag par brjod pa/ rnal 'byor gyi rgyud du dgongs pa bkral ba/ slob dpon 'jam dpal grags pas mdzad pa'i 'grel chen gyi rjes su 'brangs pa namkha' dri ma med pa shin tu rnam par dag pa chos kyi dbyings gsung gi dbang phyug gi dkyil 'khor chen po'i dkyil 'khor dbus ma snying po rtsa ba'i dkyil 'khor gyi lha tshogs [rna]ms kyi ri mo'i bkod pa'o/

maṃgalaṃ/

第三层、第七间佛殿

na maḥ a rya manydzu shri ye/

'di'i dbus na 'jam dpal ye shes sems dpa' gtso 'khor gsum khri rgyab yol dang bcas pa'i sku gzugs 'bur du gtod pa bzhugs//

nub phyogs kyi ngos la 'jam dpal rgyu 'phrul[1] dra ba'i/ rnam par snang mdzad dbu[gs] dbyung ba'i dkyil 'khor gyi lha tshogs rnams tshang bar bzhugs so//

shu bhaṃ/

'di'i byang phyogs kyi ngos la 'jam dpal rgyu 'phrul dra ba'i/ 'od dpag med dbugs dbyung ba'i dkyil 'khor gyi lha tshogs rnams tshang bar bzhugs// //

shar phyogs kyi ngos la/ rdo rje dbyings kyi dum bu las 'phros shing/ de dang cha 'thun 'jam dpal gyi mtshan yang par brjod pa/ rnal 'byor gyi rgyud du dgongs pa bkral ba/ dbu rgyan gyi slob dpon a ba dhu t'i pas mdzad pa'i/ 'brel pa'i rjes su 'brangs pa'i/ 'jam dpal rgyu 'phrul dra ba'i rigs bsdus pa'i dkyil 'khor gyi lha tshogs rnams tshang bar bzhugs//

rigs bsdus kyi g.yon phyogs kyi stod dang ... [na]m mkha' dri med kyi dbang bka'i rgyud rigs kyi bla ma rnams bzhugs so// //

['di] rnams kyi dgos kyi sbyin bdag kyang drung byang sems bdag mo pa'i drung gis mdzad// // ri mo mkhas pa jo nang pa dpon {btsu}n dkon mchog bzang po grogs mchod kyis leg[s par gzabs nas bris/]//

---

〔1〕 整个题记中的 rgyu 'phrul 应读作 sgyu 'phrul。

de ltar bsgrubs pa'i dge ba b[rgya[1] chen] 'dis//
sbyin bdag chen po sku 'khor bcas rnams dang//
.... mtha' klas mar gyur 'gro ba rnams//
kun mkhyen 'jam dbyangs go 'phangs thob par shog//
maṃ ga la bha va na tu// shubhaṃ//

第三层、第八间佛殿

na mo badzra sa tva[2] ya/

'di'i dbus na dkyil 'khor cho ga yon tan byung gnas nas 'byung ba'i byang sems rdo rje gtso 'khor gsu khri rgyab yol dang bcas pa sku gzugs 'bur du gtod ba bzhugs//

nub phyogs kyi ngos la/ rdo rje dbyings kyi dum bu dang cha/ 'thun zhing/ gtso cher dpal mchog gi bshad rgyud du gyur pa/ rdo rje snying po rgyan gyi rgyud las 'byung ba'i/ rdo rje snying po'i dkyil 'khor gyi dkyil 'khor nang ma'i dlha tshogs rnams/

ngos 'di dang/ byang gi gdong chung gi nub phyogs kyi bstod la ... tshang bar bzhugs//

[sgo] rgyab dang smad tshar la/ [rgyal srid rin chen sna bdun dang bkra shis rtags brgyad dang bcas pa bzhugs so/

shar phyogs kyi ngos la rdo rje dbyings kyi dum bu las 'phros shing de dang cha mthun pa/] 'jam dpal gyi mtshan yang dag par brjod pa/ rnal 'byor gyi rgyud du dgongs pa bkral ba/ slob dpon sgeg pa rdo rjes mdzad pa'i 'grel pa/ dkyil 'khor cho ga yon tan 'byung gnas nas bshad pa'i mtshan brjod kyi mtshan lhar bslang ba bzhin bkod pa/ rigs bsdus pa['i d]kyil 'khor gyi [lha tsho]gs rnams tshang bar bzhugso//

'di rnams gyi dgos kyi sbyin bdag kyang/ byang sems bdag mo dpal che ... m{dzad}//{ri mo mkhas pa} ... dpon btsun s ... par bzabs nas bris// //

---

[1] 应读作 rgya。
[2] 应读作 ttvā。

de lta'i dge bas .... //
bdud snge mi 'thun tshogs rnaṃs kun bcom nas//
rgyal srid tshogs gnyis dpal longs spyod pa'i//
kun mkhyen lha'i dbang po 'grub gyur cig//
maṃ ga la sādhu//

第三层、第九间佛殿

na mo badzra sa tva〔1〕ya/

'di ni rtsa ba'i rgyud de nyid bsdus pa'i/ ngan 'gro dgug cing sdig pa sbyong ba las 'phros pa/ ngan song thabs cad yongs su sbyong ba gzi brjid kyi rgyal po'i brtag pa las/ brtag pa phyi ma las gsungs ba'i 'jig rten pa'i dkyil 'khor drug las/

'di'i lho phyogs kyi ngos la lha chen po brgyad kyis gdul ba'i don du/ rdo rje hūṃ mdzad la ha chen brgyad yum dang bca [s/] ... {sto} bs bzang la sogs pa bzhi/ sgo ba bzhi dang bcas pa {stod tshar} la kun rig gi rgyud pa bar pa dang/ smad tshar la gur mgon lcam dral/ phyag bzhi pa lcam dral/ rnam sras zhi drag/ 'dzam ser nag/ dang bcas pa dang/

nub phyogs kyi ngos la rgyal chen bzhis gdul [bar bya ba'i don du phya]g na rdo rje la rgyal po chen po bzhi/ sgo ba bzhi dang bcas pas bskor ba'i lha tshogs dang/

byang phyogs kyi ngos la phyogs skyong bcus gdul bar bya ba'i don du phyag na rdo rje la/ phyogs skyong bcu/ sgo ba bzhi/ dpung gzur na pa ṇḍi ta gnyis kyi sku 'dra dang bcas pa'i ri mo'o//

'di'i ri mo zhing khmas gnyis po'i dgos kyi sbyin bdag kyang byang sems bdag mo dpal chen rgyal mo ba yum sra[s kyis] legs par bsgrubs/// ri mo mkhas pa snye mo bzang ri ba/ [slob] dpon ban chen skyabs yab sras kyis bzabs// //

de'i dge bas sbyin bdag 'khor bcas kyi//

〔1〕 应读作 ttvā。

ngan song rgyu dang bcas pa rnams sbyangs nas//
khyab bdag rnam snang chen po'i go 'phangs mchog//
tshe 'di nyid la gegs med 'grub par shog///

maṃghala//

第三层、第十间佛殿

na mo badzra hūṃ ka ra ya/

lha khang 'di'i lho phyogs kyi ngos la/ rtsa rgyud de nyid bsdus pa'i ngan 'gro dgug cing sdig pa sbyang ba la 'phros pa/ ngan song thams cad yongs su sbyong ba gzi brjid kyi rgyal po'i brtag pa phyi ma las gsungs pa'i/ khro bas khro ba spang bar bya ba'i phyir/ khro bo me ltar 'bar ba'i lha tshogs/ dbu{s na khro} bo rdo rje me ltar 'bar ba sku mdog sngon po/ zhal gcig phyag drug pa/ 'jig rten gsum snang lasogs pa'i/ khro bo khro mo'i tshogs kyis bskor ba/ stod tshar la 'chi bdag 'joms pa'i rgyud ris dang/ smad tshar la gur mgon gtso 'khor gsum/ '[dzam] ser nag nor rgyun ma rnams kyis bskor ba dang/

byang phyogs kyi ngos la de bzhin gshegs pa thams cad kyi sku gsung thugs gsang ba rgyan bkod kyi rgyud las 'byung ba/ de bzhin gshegs pa rnams kyi yum chen mo ye shes kyi dkyil 'khor gyi lha tshogs/ yum . . . [1] phyag bzhi ma la/ mtha' yas zhal ma lasogs pa lha mo bcvo brgyad kyis bskor ba dang/

nub phyogs kyi ngos la sku gsung thugs gsang ba rgyan bkod kyi rgyud las 'byung ba'i yum chen mo/ las kyi dkyil 'khor gyi lha tshogs/ dbus na khro mo sku mdog dmar mo zhal bzhi phyag bzhi ma/ mtha' yas zhal ma lasogs lha sum bcu rtsa gnyis kyis bskor ba/

'di rnams kyi ri mo'i dgos kyi sbyin bdag kyang drung bdag mo dpal chen pa[2] yum sras pa'i drung nas mdzad// ri mo mkhas pa don

〔1〕 译者注：此处壁面断裂且有修补约22厘米，据内容，题记似乎应为 shes rab kyi pha rol tu phyin ma zhal bzhi。

〔2〕 应读作 mo。

ri ston pa dpon slob rnams kyis bzabs//

dge bas yon mchod 'khor dang bcas pas byang chub thob par shog// //

第三层、第十一间大殿

殿门入口处题记

na mo ghu ru bhyaḥ

rgyal ba kun dngos thun mongs thun mongs ma yin dngos grub kun gyi gter//

nyes tshogs mtha' las rnam grol rnam grol lam bzang ston mdzad cing//

spangs rtogs mthar phyin mthar phyin yon tan kun rdzogs bla ma mchog rnams dang//

mi mjed zhing gi ston pa ston pa zas gtsang sras mchog de la phyag 'tshalo//

sa yi dbang phyug yid mkha' dri med bde gshegs thugs rje'i chu 'dzin 'khrigs//

skaldan chu bya'i dag byed bsil ba'i rang bzhin shes bya yi//

bud shing sreg byed rang bzhin chags bral skabs gsum bdag po'i chags pa'i gnas//

rang bzhin rgyan spud sna tshogs rgyan mdzes sprul pa'i mchod rten phyag 'tshal lo//

bya ba grub pa'i ye shes me tog rab 'bar ba//

phra dog bud shing sgra'i lhag mar byas pa yis//

rgyan ba kun gyi don kun grub pa las kyi rigs//

rdo rje mar gad ri dbang rgyal la phyag 'tshal

ye shes ngo bo rdo rje las rab dang//

rdo rje khu tshur bsrung ba gnod sbyin la//

lha'i gos dang rin chen brgyan gyis brgyan//

ldems dang mkhar gnas rgyal sras bzhi 'dud//

stod smad khyams logs kun rig rtsa ba yi//

dkyil 'khor lha tshogs gtsugs gtor dgu pa dang//
shākya seng ge sku'i dkyil 'khor gyi//
lha tshogs 'ja' tshon ltar bkra rnams la 'dud//
chab srid dpung tshogs gling bzhi'i dbus na lhun po lta bur rab tu brtan//
'gro kun bzang po'i khrims kyis bskyangs pas gzhan sde'i dpal las cher 'phags pa//
dpa' zhing brtul phod sgyu rtsal rig gnas 'phags nor gser gyi ri bos bskor//
des pa lasogs dam pa'i yon tan mtha' dag rdzogs pa de yis skyongs// //

de yang 'di ltar/ legs par spyad ba'i rdzas kyis/ phan bde'i nor bu nyo ba'i don 'thun rnams kyi/ ded dpon dam pa/ chos kyi rgyal po 'di'i smon lam rnam par dag pa'i mthu las bskrun pa'i sti gnas// ri bo rtse lnga dang tshul kun nas mtshungs pa ni/ seng ge dang/ glang po che dang/ rma bya lasogs pa'i dbyibs dang kha dog 'dzin pas lngas mngon bar bskor ba/ de dag kyang rlung 'khris bad kan 'dus pa lasogs pa'i nad sel bar byed nus pa'i ro nus phun tshogs/ rtsa ba/ lo ma/ 'bras bus gang ba ji snyed ba dang/ padma dang/ man dha ra dang/ udpa la dang/ ku mud ta lasogs pa dang/ yal 'dab dang/ me tog dang/ 'bru sna tshogs pa g.yur za zhing ldem pa dbag tu med pa'i ljon pa du mas dkrigs pa rin po che sna tshogs pa'i mdog can gyi bye'u dang/ ngang pa dang/ ngur pa dang/ bzhad dang/ khrung khrung dang/ khu byug/ ri skeg/ ne tso/ ka la bing ka/ gar mo/ rma bya/ gtsug phud can/ chu bya lasogs pa skad snyan pa nye bar sgrogs shing/ rab tu mdzes pa'i spu'i gos gyon nas/ 'jigs med du lding zhing 'bab pas gang ba dang/ gang pa bzang po lasogs pa gnod sbyin gyi tshogs kyis/ ga ga la 'dran pa'i[1] yon chab kyi rgyun las zegs ma gnam du 'thor ba las mu tig gi phreng ba 'thor ba dang/ phyag rgya

[1] 译者注：ga ga la 'dran pa'i 应读作 gang gā la 'dren pa'i。

bzhi las brtsams pa'i sgra snyan sgrogs pa'i rdza rnga'i sil snyan 'bul ba dang/ klu'i rgyal pos yan lag brgyad dang ldan pa'i chus gang ba'i lteng ka dang/ yongs 'du sa rdol la 'gran pa'i dpag bsam g.yu'i rang bzhin du gyur ba ji snyed pa'i rgyun dang/ chos kyi rjes su 'thun par sgrub pa rnams la/ 'tsho ba'i yo byad nye bar sbyor ba sogs yon tan gyi khyad par dang ldan zhing lhag par du yang/ mkhan po dang/ sbyin bdag rje btsun 'jam dbyangs kyi rnam 'phrul/ rgya che chos kyi spyan ldan bar ma chad du bzhugs pa dang/ khams gsum las 'dod chags dang bral ba/ dgra bcoṃ ba/ sa bla'i lha/ grub pa/ rigs pa 'dzin pa/ dka' thub mthar phyin pa/ gnas bdun la mkhas pa/ rten cing 'brel 'byung gi tshul khongs su chud pa/ sde snod gsum rig pa[1]

//lasogs pa'i lha mi dpag tu med pas bsten cing/ mthu stobs dang rdzu 'phrul gyi shugs 'chang ba bstan pa la mngon bar dga' bas rjes su skyong ba/ skye bo mang po'i nyer 'tsho/ dra srong gi rgyal mtshan sgreng ba rnaṃs kyi 'dun sa/ bang mdzod 'bum phrag bskrun pa'i nor can rnams kyis gang ba/ sems can rnams kyang phan tshun khong khro ba spangs pa/ dbang po yongs su dul ba lasogs pa'i yon tan khyad par bgrang ba las 'das pa'i skye bo mtha' dag ga ngal bso'i gnas dpal 'khor lo bde chen gyi chos grva chen po'i rgyal mtshan gyi tog/ chos sku mthong grol bkra shis sgo mangs kyi 'bur chen byang stengs don grub lha khang gi/ gtso 'khor lnga khri rgyab yol dang bcas pa'i dgos kyi sbyin bdag/

dad pa'i dpal mnga' 'byor pa'i stobs rgyas shing//
bka' lung ngal bso blon chen kun gyi mchog//
bsod nams dpung gis dgra las rnam rgyal ba'i//
dpal rgyal grags pa'i 'od dkar rgyas pas mdzad//
mkhas pa'i dbang po rin chen dpal grub ces//
mtshan gyi me tog gsal ba'i gsung bzhin du//
sprul pa'i lha bzo dpal ldan mkhar kha ba//

[1] 译者注：殿门右侧题记于此结束。

dbon po manydzu shr'i yis legs par bzabs//

log bris zhing khaṃs rnams kyi sbyin bdag ni//grub chen gtsang pa'i gdung rgyud ma lung rin po che drung shes rab pa'i zhal mnga' nas dang/ rta dpon a dar ba/ nang chen gzhonu tsan dar/ g.yang lung ba sram grog po ba/ chos sde'i dgos ru ba/ rgyan mkhar sman mo ba spun/ bla ma bya phrug pa spun/ bzo bo chos rgyal nye 'khor dang bcas pa rnaṃs kyis lhag bsam rnam dag gis sgrubs//

ri mo phul phyin nyang stod mkhar kha ba//
dpon btsun sangs rgyas rin chen sku mched kyis//
bde 'jam lag pa'i rnam 'phrul gsal bar byas/
phun tshogs dge ba'i chu bo 'dis mtshon nas//
dus gsum legs spyad rgya mtshor ji snyed kun//
lhag bsam rgya mtshos gcig tu bsdus nas ni//
sems can rgya mtsho'i tshigs kyi rgyal ba yi//
go 'phang thob phyir tshogs gnyis rgya mtshor bsngo//
ye shes lnga yi rgya mtshor 'jug par shog//
sbyin bdag 'khor bcas tshe rabs thams cad du//
rigs gzugs dpal 'byor dbang phyug phun tshogs shing//
tshe ring nad med srid pa'i bde legs kun//
pad dkar 'tsho la ngang pa bzhin du shog//
chos kyi rgyal po'i rnaṃ dkar 'phrin las kyi//
gser yig rdo rje'i pho nya namkha'i mthar//
thogs med bgrod nas rnam dag dge bcu'i khrims//
yar ngo'i zla ba bzhin du rgyas gyur cig//
sangs rgyas bstan pa'i mkhar gnas tsha zer can//
nag phyogs rtsad nas gcod pa'i 'od stong ldan//
chos kyi rgyal srid rgyas mdzad sthu stobs can/
bka' stod daṃ can rgya mtshos g.yel med bsrungs//
rgyu 'bras slu ba med pa'i bden pa dang//
kun gyi re gnas mi dbang bsod nams kyis//
bstan pa yun rings gnas pa'i bkra shis shog//

壁画下面题记

'di ni rtsa ba'i rgyud de nyid bsdus pa'i ngan 'gro dgug cing sdig pa sbyang ba la 'phros pa/ ngan song tham[s cad] yongs su sbyong ba gzi brjid kyi rgyal po'i/ brtag pa phyogs cig pa las gsungs pa'i/ slob dpon kun dga' snying pos mdzad pa'i/ ngan song thams cad yongs su sbyong ba/ shākya seng ge gtsug tor dgu pa'i dkyil 'khor gyi lha tshogs rnams kyi bkod pa'i ri mo'o//

'di'i dgos kyi sbyin bdag . . .

'di ni ngan song thams cad yongs su sbyong ba'i rgyud las gsungs pa'i/ gtso bor ngan song yongs su sbyong ba'i don du/ shākya thub pa lha bcu bdun gyi bdag nyid can gyi dkyil 'khor gyi lha tshogs kyi bkod pa'i ri mo'o/

. . . ng bzhi la/ dbus su/ ngan song thams cad yongs su sbyong ba kun rig rtsa ba'i dkyil 'khor gyi/ sgo phyi ma'i sgo bsrung khro bo 'jig rten gsum snang lasogs pa'i khro bo khro mo bzhi bzhi phyogs phyogs kyi dbus su bkod nas/ de rnams kyi mtha' bskor du/

phyi'i dkyil 'khor phyi rol du/
bgling bzhi pa ni bri bar bya/
'dzam bu'i gling du tshangs pa bri/
byang phyogs su ni dbang phyug che/
shar dang nub kyi gling du ni/
brgya byin rtogs 'dod thams cad kyang/
'khor dang bcas ba bri bar bya/
gzhan dag kyang ni de bzhin te/
lha min dri za namkha' lding/
gnod sbyin srin po lto 'phye che/
'byung po yi dags 'dre rnams dang/
klu dang sbrul dang rigs rnams dang/
rgyal po bzhi rnams bri bar bya/
gza' dang skar ma rgyu skar dang/
khro bo ma rungs 'tshe ba yi/

bgegs dang byi na ya ka rnams/
sems can kun la phan byed pa'i/
drang srong bskal pa chen po rnams/
mkha' 'gro ma dang bud med bri/
de bzhin sring mo rnal 'byor ma/
'byung ba chen po'i lha chen po/
khyim dang ri la gnas pa dang/
shing dang kun dga' gnas lasogs/
dur khrod grong khyer gnas pa rnams/
ming dang brda dang yang na ni/
thig le rnams kyang bri bar bya/

zhes pa'i 'jig rten pa rnams/ sa skya pa dang/ rtsva skya pa dang/ 'dzims pa rin shes lasog rnams kyi bzhed lugs 'thad ldan du bkod pa'i/ kun rig rtsa ba'i dkyil 'khor gyi lha tshogs/ jo bo chen po rje'i man ngag rgyud pa la rten pa/ bu ston thams cad mkhyen pa chen pos mdzad pa'i lha 'bum gyi lugs bzhin du bkod pa'i ri mo'o//

'di rnams kyi dgos kyi sbyin bdag . . .

'di ni ngan song thams cad yongs su sbyong ba/ kun rig rtsa ba'i dkyil 'khor gyi 'gron thabs kyi lha sems dpa' bcu drug/ nyan thos chen po . . . gnyis rnams kyi bkod pa'i ri mo'o//

'di ni rtsa ba'i rgyud de nyid bsdus pa'i ngan 'gro dgug cing sdig pa sbyang ba las 'phros pa/ ngan song thams cad yongs su sbyong ba gzi brjid kyi rgyal po'i brtag pa dang po las gsungs pa'i/ kun rig rtsa ba'i dkyil 'khor las/ rtsa ba'i dkyil 'khor gyi lha tshogs/ lha sum cu rtsa bdun gyi bdag nyid can gyi lha tshogs rnams kyi bkod pa'i ri mo'o//

'di'i dgos kyi sbyin bdag grub chen gtsang pa rgya ras kyi gdung [rabs] rin po che shes rab pa'i zhal mnga' nas mdzad//

第三层、第十二间佛殿

na mo ba dzra sa tva[1] ya/

'dir rtsa ba'i rgyud de kho na nyid bsdus pa'i ngan 'gro dgug cing sdig pa sbyang ba las 'phros pa/ ngan song thams cad yongsu sbyong ba gzi brjid kyi rgyal po'i brtag pa phyi ma las gsungs pa'i/ 'jig rten las 'das pa'i dkyil 'khor drug las/

'di'i lho phyogs kyi ngos la/ sngags dang/ rig pa dang/ snying po thams cad brtan par byed pa'i 'khor los bsgyur ba bzhi'i dkyil 'khor gyi lha tshogs dbus na rdo rje sems dpa'/ g.yas na kun tu bzang po/ g.yon na bde ba chen po la 'khor los bsgyur ba bzhi/ rigs lnga/ 'das pa'i sangs rgyas bdun/ sems dpa' bcu drug/ bskal bzangs bcu drug/ nyan thos bcu drug/ rang rgyal bcu gnyis/ lha chen brgyad/ gza' brgyad rgyu skar dang bcas pa/ rgyal chen bzhi/ phyogskyong bcu/ sgo ba bzhi/ mtshan ma bzhi dang bcas pas bskor ba'i lha tshogs dang/

shar phyogs kyi ngos la/ mthong chos la tshe bsring zhing/ phyi mar ngan song las grol ba'i don du tshe dpag med la/ 'khor los bsgyur ba [bzhi/] mchod pa'i lha mo bzhi/ sgo ba bzhi rnams kyis bskor ba dang/

byang phyogs kyi ngos la/ tshe thung zhing skal ba chung ba rnams kyi don du gsungs pa/ phyag na rdoe 'chi bdag 'joms pa la/ de bzhin gshegs pa bzhi/ lha mo bzhi/ sgo ba bzhi/ rnams kyis bskor ba dang/ dpung zur la klu sgrub dang/ bu ston gyi sku 'dra/ [byang sems dang] bcas pa legs par bkod pa'i ri mo/ zhing khams gnyis kyi/ dgos [kyi] sbyin bdag [kyang] rgyang 'khar sman mo ba[2] dpun/ bya phrug pa spun/ gos bzo ba/ chos rgyal nye 'khor rnams kyis gus pas bgyis/ ri mo'i 'du byed nyug [rgyal] khang pa dpon mo che dge

[1] 应读作 ttvā。
[2] 应读作 pa。

sbyong shes rab dpal bzangs pa dpon slob kyis legs par gzabs nas bris///

dge ba 'di yis ngan song 'gro ba yi//
sdug bsngal rgyu dang bcas pa rnams sbyang nas//
ji ltar ji snyed mngon sum rig pa yi//
kun mkhyen rnam snang go 'phang thob par shog///

maṃgalabhavatu// //shubhaṃ//

第三层、第十三间佛殿

na mo ba dzra sa tva ya//

'di ni rtsa ba'i rgyud de nyid bsdus [pa'i] ngan 'gro dgug cing sdig pa sbyang ba las 'phros pa/ ngan song thams cad yongs su sbyong ba gzi brjid kyi rgyal po'i brtag pa phyi ma las gsungs pa'i 'jig rten las 'das pa'i dkyil 'khor dang/ 'jig rten pa'i dkyil 'khor gyi lha tshogs gnyis las/

'di'i lho phyogs kyi ngos la/ gza' brgyad rgyu skar dang bcas pas gdul bar bya ba'i sems can gyi don du/ rdo rje hūṃ mdzad la/ gza' chen po b[rgyad/] rgyu skar nyi shu rtsa brgyad/ sgo ba bzhi/ mtshan ma bzhi ste/ lha bzhi bcu rtsa lngas bskor ba'i lha tshogs dang/

sgo [thad] kyi ngos la/ phyag na rdo rje la klu chen po brgyad/ rig ma dang bcas pas bskor ba'i lha tshogs dang/

byang phyogs kyi [ngos la] ... {rgyad kyis} ... rnam par rgyal ba la/ 'jigs byed chen po brgyad/ bud med dang bcas pa dang/ sgo ba bzhi dang bcas pa/ lha nyi shu rtsa gsum gyis bskor ba'i lha tshogs dang/

gtso bo'i dpung {zur} g.yas g.yon la bu ston yab sras bzhi dang/

sgo rgyab na/ las bzhi'i me lha {nor rgyun} ma dang bcas pa legs par bkod pa'i ri mol zhing khams gnyis kyi/ dgos kyi sbyin bdag kyang drung bdag mo dpal chen rgyal mo yum sras pa'i drung nas mdzad// ri mo mkhas pa nyug rgyal khang pa dpon dge sbyong shes rab dpal bzangs pa dpon slob kyis mdzad//

'di yi dge bas mtha' yas sems can rnams//

ngan song rgyu dang bcas pa rnams sbyangs te//
theg mchog 'phags pa'i lam la rab sbyangs nas//
kun mkhyen chos {kyi} rgyal po thob par shog/

maṃgalaṃ//

第三层、第十四间佛殿

na mo badzra sa tvā[1] ya/

'di'i dbus na rnal 'byor rgyud kyi bshad rgyud rdo rje rtse mo'i rtog pa thams cad bsdus pa las 'byung ba'i rigs bsdus pa'i dkyil 'khor chen po'i las kyi rigs kyi dkyil 'khor gyi gtso bo sangs rgyas chos 'dzin rgyal po gtso 'khor gsum khri rgyab yol dang bcas pa'i sku gzugs 'bur du gtod pa bzhugs// //

nub phyogs kyi ngos zhal shar gzigs la bshad pa'i rgyud rdo rje rtse mo'i rtog pa thams [cad] {bsdus pa las '} byung ba'i rigs so so ba'i dkyi{l 'khor} las/ khro bas khro ba spang bar bya ba'i phyir rdo rje'i rigs kyi dum bu'i dkyil 'khor las/ rgyas pa la dga' ba'i sems can rjes su bzung ba'i don du dkyil 'khor rgyas pa [las]/ gsung chos kyi phyag rgya gtso bor gyur pa/ chos kyi dkyil 'khor gyi lha tshogs rnams tshang bar bzhugs// //

shar phyogs kyi ngos la thugs dam tshig gi phyag rgya gtso bor gyur pa gzungs kyi dkyil 'khor las/ gzugs[2] ma phyag rgya'i dkyil 'khor gyi lha tshogs rnams tshang bar bzhugs//

byang phyogs kyi ngos la . . . 'phrin las las kyi phyag rgya gtso bor gyur ba/ las {kyi dkyi}l 'khor gyi lha tshogs rnams tshang bar bzhugs// //

nub phyogs kyi dpung zur g.yon na thams cad mkhyen pa bu ston yab sra[s] zhal sprod du bzhugs/

shar phyogs kyi 'og tshar g.yon na chos skyong gur mgon [lcam]

---

〔1〕 应读作 ttvā。

〔2〕 译者注：应读作 gzungs。

dral spu ṭa dang bcas pa bzhugs so// //

'di rnams kyi dgos kyi sbyin bdag kyang/ [myang stod sa yi lte ba'i mkhan po shes rab grags dang/][1] lha bzo mkhas pa lha rtse sde chen pa dpon nam mkha' bzang po dpon slob kyis gzabs/ ri mo mkhas pa lha rtse ba don ri ston pa dpon slob gyis bris// //

de'i dge bas 'gro ba kun//

mi 'gyur bde ba chen po'i sku//

khyab bdag rdo rje sems dpa'i yi//

go 'phang myur du thob par shog//

maṃ ga laṃ siddhi ku ru/ shu bhaṃ// he he he/

第三层、第十五间佛殿

na mo badzra kro dha hūṃ ka ra ya/

'di'i dbus na rnal 'byor rgyud kyi bshad rgyud rdo rje rtse mo'i rtog pa thams cad bsdus pa las 'byung ba'i rigs bsdus pa'i padma'i rigs kyi dkyil 'khor gyi gtso bo sangs rgyas sna tshogs [gtso 'khor][2] gsuṃ khri rgyab yol dang [bcas] pa'i sku gzugs 'bu[r du] gtod pa bzhugs// //

nub phyogs kyi ngos bshad pa'i rgyud rdo rje rtse mo'i rtog ba thams cad bsdus pa'i . . . 'i rigs so so ba'i dkyil 'kho[r] las/ khro bas khro ba spang bar bya ba'i phyir rdo rje rigs kyi dkyil 'khor la{s}/ rgyas pa la dga' ba'i sems can rjes su bzung ba'i phyir/ dkyil 'khor rgyas pa . . . {che}n po gtso bor gyur pa khams gsum rnam rgyal gyi rtsa ba'i dkyil 'khor gyi lha tshog rnams tshang bar bzhugs// //

byang phyogs kyi ngos la/ thugs dam tshig gi phyag rgya gtso bor

---

〔1〕 译者注：括号中的句子今完全不见，壁面破损20厘米并修补后有如下字迹：drung byang sem . . . bdag mo . . . pa'i drung nas mdzad//。

〔2〕 译者注：此处因为安装护栏而被破坏，根据破损面积以及 *rgyal rtse chos rgyal gyi rnam par thar pa dad pa'i lo thog dngos grub kyi char 'bebs zhes bya ba bzhugs so*［江孜法王传·成就信之稼穑之雨霖］，主尊的名号应为 sangs rgyas sna tshogs gzugs can。

gyur pa gzungs kyi dkyil 'khor las/ gzungs ma lha mo'i dkyil 'khor gyi lha tshogs rnams tshang bar bzhugs// //

shar phyogs kyi [ngos la] bshad rgyud rdo rje rtse mo'i dog pa thams cad bsdus pa las 'byung ba'i rigs so so pa'i de bzhin gshegs pa'i rigs kyi dkyil 'khor rgyas pa las [gtso] bor las kyi dkyil 'khor gyi lha tshogs rnams tshang bar bzhugs// // shar gyi dpung zur g.yas g.yon la slob dpon kun dga' snying po/ slob dpon sangs rgyas gsang ba gnyis kyi sku 'dra dang/ 'og tshar la rdo rje rtse mo las dkyil ['khor] gyi lha tshogs yab yuṃ rnams tshang bar bzhugs so// //

'di rnams kyi dgos kyi sbyin bdag kyang drung byang sems bdag mo dpal chen rgyal mo ba yum sras pa'i drung nas mdzad// //lha bzo mkhas pa lha rtse bde chen pa dpon mo ches[1] nam mkha' bzang po dpon slob dang/ ri mo mkhas pa lha rtse bde cen pa dpon mo che don ri ston pa dang/ bshag tshal ba dpon chos skyong bkra shis gnyis gyis legs par gzabs//

dge'o he/

第三层、第十六间大殿

殿门入口处题记

na mo gu ru ve/
mkhyen pa'i bya lam pha mtha' mi mngon zhing//
tshad med yton nyi zla'i 'od rgyas mdzes//
bshad bsgrub sprin gyi phreng ba phyogs mthar son//
dpal ldan bla ma lha'i lam la 'dud//
bde gshegs chos sku'i dpag bsaṃ tshad med yal ga'i khyon//
bgrang yas sku dang ring bsrel me tog phreng ba rab rgyas shing//
dri bral sku dang rgya che kun bzang 'od zer 'bras bus lci//
mthong grol yongsu sa rdol 'chi med dpal du brtan//

[1] 应读作 che。

sbrang rtsi rgyas pa'i rgyal mtshan rtse la bsil zer byed pa'i bung ba 'khrigs

in tra ni la'i ri dbang rgyal po sna tshogs brgyan gyi mtshas sprin g.yo//

sgrib pa'i lha ma'i yan lag bzhi 'joms srid pa'i brag bshig ye shes kyi//

mchod sbyin brgya bas legs par 'dzin pa mi skyod rdo rje'i zhabs la 'dud//

rdoe sems dpa' rdo rje legs pa dang//

rdo rje rgyal po rdo rje chags pa rnams//

lang tsho'i dpal 'dzin yid 'ong rgyan dang ldan//

gtso bo gus pas mchod la phyag 'tshalo//

dbu khang khyams kyi phyogs bzhi'i ngos rnams la//

bshad rgyud rdo rje rtse mo rigs bsdus pa'i//

dkyil 'khor chen po'i lha tshogs ji snyed pa//

tshang bar bzhugs pa rnams la phyag 'tshal lo//

rab mang dpung tshogs kha ba'i gyen 'phyur gzhan sde 'joms pa'i stobs rgyas shing//

rnam mang 'byor pa'i g.yu ral rgyas shing spobs pa'i zhabs brtan 'jigs med gdong//

kun tu bzang po'i phrin las do shal dge bcu'i bka' lung seng ge'i sgras//

nag phyogs va tshogs kun las 'phags pa mi dbang ri dags rgyal pos skyongs//

de yang 'dir/ rlabs po che'i brtson 'grus kyi sgo nas byang chub chen po bsnyes pa shākya'i rgyal po de nyid kyis/ nyon mongs pa brgyad khri bzhi stong gi gnyen por chos kyi 'khor lo bskor ba'i gnas bya rgod phung po'i ri dang mtshungs par mdo sngags kyis bsdus pa'i bka' dang dgongs 'grel 'grel bshad dang bcas pa'i legs bshad rgyun du sgrogs pa'i tshal/ dpal 'khor sde chen gyi gtsug lag khang gi/ chos sku bkra shis sgo mangs mthong grol chen po/ sna tshogs pad ma'i gdan/

khri/ bang rim/ bum gdan/ bum pa/ bre/ chos 'khor/ gdugs char khebs/ tog dang bcas pa'i steng 'og gi dbus dang/ phyogs so so dang/ glo 'bur gyi gzhal yas khang thams cad kyang ming mangs res su bres pa/ de rnams kyang rin po che'i ka bas bteg pa'i rin po che'i gdung baidurya dang/ gser dang/ dngul dang/ mu tig dang/ mu tig dmar po dang/ mu men dang/ me shel dang/ chu shel dang/ byi ru dang/ nal dang/ pug dang/ g.yu dang/ man shel dang/ dung dang/ indra n'i la lasogs pa'i 'phra du mas spras pa/ bum pa/ bre/ char khebs dang bcas pa'i bya mdabs kyis mdzes par phub pa//chos 'khor thams cad kyang baidurya las grub pa/ 'dzaṃ bu chu bo'i gser gser gyi za ra tshags nor bu rin po che kha dog sna tshogs pas spras pa yongsu 'phyang ba/ nyi ma bye ba'i gzi brjid rgyas pa'i 'gan ji ra rdoe nor bu rin po che'i tog rnam par 'tsher ba/ phyi nang thams cad kyang nor bu sbom po dbus na yod pa'i mu tig dkar po dang dmar po lasogs pa'i dra ba dra phyed dang/ lha'i nor bu rin po che'i phreng ba dang/ me tog sna tshogs pa'i phreng ba dpag tu med pa 'phyang ba// rnga yab nor bu'i yu ba can dang/ zla phyed rdo rje rin chen gyis spras pa dang/ lha'i gos panytsa li ka lasogs pa/ rdo rje me long lasogs pas yongsu brgyan pa/ gser gyi dril bu g.yer kha'i sgra snyan[1]

pa sgrogs dang ldan pa/ mdor na mtshan nyid thams cad yongs su rdzogs pa'i chos sku'i mchod rten chen po 'di'i 'bur chen shar stengs mi bskyod lha khang gi bcom ldan 'das mi bskyod pa gtso 'khor lnga khri rgyab yol dang bcas pa'i dgos kyi sbyin bdag/

> kun la bsil ba'i bdud rtsi ster byed sa spyod zla ba'i dbang po yi//
> bka' lung 'od brgya'i me tog phreng ba gus pas gtsug na 'dzin byed cing//
> mkhyen dgongs namkha'i tshad ltar yangs pas 'khor 'bangs rgya mtsho'i mgon gyur pa//

[1] 译者注：殿门右侧题记于此结束。

blon chen ’jam dbyangs btsun pa yab sras rnams kyis mi dbang bka’ bzhin sgrubs//
tshon brgya’i chu gter legs ’ongs pa’i//
logs ris pad ma dkar po’i phreng//
bang mdzod bskrun pa’i blon po che//
gzhan sde ’joms pa’i dmag dpon mchog//
rdzong dpon mdzod pa dpon rgyal dang//
rdzong dpon dpon skyong zhes grags pa’i//
rdzong dpon rnams gnyis sogs kyis bsgrubs//
rin chen dpal grub zhal bkod ltar//
pir thogs rgyal po gnas rnying pa//
dpal ’byor rin chen yab sras dang//
rin chen sna tshogs ’byim pa la//
mtshan dpes spras pa’i rgyal ba’i sku//
bskyed byed lha’i rgyal mtshan pa//
dpon slob rnams kyis legs par bzabs
chos kyi rgyal blon thugs dgongs gangs ri legs ’ongs pa’i//
rab dkar dge tshogs bsil byed gaṃ ga’i chu bo’i rgyun//
rnam mang tshogs gnyis chu klung stong dang lhan cig tu//
sna tshogs ro cig thugs kyi rigs bdag rgya mtshor bsngo//
gnyis med ye shes gnyis ’dzin rtog pas mi phyed cing//
bdag med don rtogs bdag ’dzin ri bo ’jig byed pas//
dug gsum lha min g.yul las rgyal byed dus gsuṃ gyi//
rgyal ba’i lha dbang mi bskyod rdo rje nyid gyur cig//
gnas skabs kun tu sbyin bdag rnams//
mtho ris yon tan kun rdzogs shing//
skyon rnams kun nas rab spangs te//
don kun chos bzhin ’grub par shog//
bstan pa skyon med yun rings gnas pa dang//
bstan ’dzin phrin las phyogs bcur rgyas pa dang//
bstan pa’i sbyin bdag chos rgyal ’khor dang bcas//

bstan pa 'di la kun mkhyen nyid gyur cig//
sku gsuṃ brnyes pa ston pa sangs rgyas dang//
stong nyid snying rje dbyer med dam chos dang//
don gnyis khur 'dzin rgyal sras 'phags pa ste/
skyabs gnas dkon mchog gsum gyi bkra shig shog//
rmad byung yon tan dpal mnga' bla ma dang/
dpag yas dngos grub stsol mdzad yi dam lha//
mthu stobs phrin las gter chen chos skyong gis//
phun tshogs bkra shis dpal yon deng 'dir stsol// //

maṃghala//

壁画下面题记

na mo pa dpa sa tva ya/ 'di ni bshad rgyud rdo rje rtse mo rigs bsdus pa'i dkyil 'khor gyi/ nub phyogs kyi padpa'i rigs kyi dkyil 'khor gyi lha tshogs lha gsum cu rtsa gsum/ gtso bo'i gandho la'i bum pa'i nang na rgyud ris kyi bla ma dang/ steng sto'i byang gi ngos la/ nub byang dang/ byang shar gyi 'khor los bsgyur ba rdo rje rin chen dang/ las kyi sems dpa' gtso 'khor lnga lnga dang/ stod tshar lho byang la rgyud ris kyi bla ma dang bcas pa rnams legs pa'i bkod pa'i ri mo'o//

'di'i dgos kyi sbyin bdag rdzong dpon dpon skyong ba sku mched kyis/ lhag bsam rnam dga gis bsgrubs// //

shu bhaṃ//

'di'i ngos la khro bo rdo rje hūṃ mdzad la/ las kyi hūṃ mdzad/ khro bo'i sems dpa' bcu drug/ dpung zur la bla ma'i sku 'dra cig dang bcas pa legs par bkod pa'i ri mo'o//

'di'i gdong shar bstan gnyis po'i dgos kyi sbyi[n bdag] . . .

'di'i ngos la/ bshad rgyud rdo rje rtse mo rigs bsdus pa'i byang phyogs kyi/ las kyi rigs kyi dkyil 'khor gyi lha tshogs/ lha sum cu rtsa gsum gyis bskor ba rnams kyi bkod pa'i ri mo'o//

'di'i ngos la/ bshad rgyud rdo rje rtse mo rigs bsdus pa'i/ gzhi'i dkyil 'khor phyi ma'i nub phyogs dang/ byang phyogs kyi phyogs mtshams kyi lha/ bskal bzangs kyi sems dpa' brgyad/ mar me ma lnga/ lcags sgrog lnga/ dri chab ma lnga/ 'bebs pa lnga/ phyi rol rdo rje rigs kyi lha yab yum nyi shu rtsa lnga rnams kyi bkod pa'i ri mo'o//

'di ni bshad rgyud rdo rje rtse mo rigs bsdus pa'i gzhi'i dkyil 'khor phyi ma'i/ shar phyogs dang/ lho phyogs kyi phyogs mtshams kyi lha/ bskal bzangs kyi sems dpa' brgyad/ bdug pa ma lnga/ sgo ba lcags kyu lnga/ me tog ma lnga/ sgo ba zhags pa lnga/ 'byung bzhi'i lha bzhi/ phyi rol rdo rje rigs kyi lha yab yum nyi shu rtsa gcig/ mgon po beng rnams kyis bskor ba'i ri mo bzhugs//

'di ni bshad rgyud rdo rje rtse mo rigs bsdus pa'i/ lho phyogs rin chen rigs kyi dkyil 'khor gyi lha tshogs/ sangs rgyas nyi ma la rin chen rigs kyi lha sum cu rtsa gnyis kyis bskor ba'i ri mo'o//

na mo ba dzra hūṃ ka rā ya/

'di'i ngos la bshad rgyud rdo rje rtse mo rigs bsdus pa'i shar phyogs rdo rje hūṃ mdzad kyi dkyi{l} ... chos kyi rdo rje hūṃ mdzad/ khro bo 'khor los bsgyur pa bzhi/ khro bo seṃs ma bzhi/ khro mo sgeg sogs bzhi rnams dang/ 'dod lha gur mgon lcam bral/ rnam sras zhi drag gnyis rnaṃs kyi bskor ba dang//

na mo ba jra stva ya/ 'di ni rnal 'byor rgyud kyi bshad pa'i rgyud/ rtog pa thams cad bsdus pa'i rgyud las 'byung ba/ rdo rje rtse mo rigs bsdus pa'i dkyil 'khor chen po las/ dkyil 'khor dbus ma de bzhin gshegs pa'i rigs kyi lha tshogs [lha gsum cu rtsa gsum gtso bo'i] gandho la'i bum pa'i nang na rgyud ris kyi bla ma dang/ steng sgo'i lho phyogs na 'khor los bsgyur ba rdor sems dang padma'i sems dpa' gtso 'khor lnga lnga rnams kyi bkod pa'i ri mo'o//

'di'i dgos kyi sbyin bdag rdzong dpon dpon rgyal bas sgrubs/

第三层、第十七间佛殿

na mo badzra satvā ya/

'di'i dbus na rnal 'byor rgyud kyi bshad rgyud rdo rje rtse mo'i rtog pa thams cad bsdus pa las 'byung ba'i rigs bsdus pa'i rin chen rigs kyi dkyil 'khor gyi gtso bo sangs rgyas nyi ma gtso 'khor gsum khri rgyab yol dang bcas pa'i sku gzugs 'bur du gtod pa bzhugs//

de'i g.yas phyogs zhal shar gzigs kyi {ngo}s la/ bshad rgyud rdo rje rtse mo'i rtog pa thams cad bsdus pa las 'byung ba'i rigs so so ba'i dkyil 'khor las/ chags pas chags pa spang ba'i phyir dum bu dang po de bzhin gshegs pa'i rigs kyi dum bu las/ rgyas pa la dga' ba'i sems can rjes su bzung pa'i don du/ dkyil 'khor rgyas pa'i/ sku phyag rgya chen po gtso bor gyur pa'i de bzhin gshegs pa'i rigs kyi rtsa ba'i dkyil 'khor chen po'i lha tshags rnams tshang bar bzhugs// //

lho phyogs kyi ngos la gsungs chos kyi phyag brgya gtso bor gyur pa chos kyi dkyil 'khor gyi lha tshogs rnams tshang bar bzhugs// //

shar phyogs kyi ngos la de bzhin gshegs . . . kyi/ thugs dam tshigi phyag rgya [chen] por 'gyur pa gzungs ma lha mo'i dkyil 'khor gyi lha tshogs rnams tshang bar bzhugs so// //

'di rnams kyi dgos kyi sbyi[n bdag] kyang drung byams[1] sems bdag mo dpal . . . mo yum sras kyi drung nas mdzad// //[lha] bzo mkhas pa lha rtse bde chen pa dpon nam mkha' bzang po pa dpon slob dang// . . . lha rtse bshag tshal pa dpon bkra shis bzang po pa dpon slob gyis bris// //

de'i dge bas yon mchod 'khor bcas rnams//
gnas skabs mi mthun rkyen rnams zhi ba dang//
mthar thug rdo rje sems pa'i go 'phangs nyid//
gegs med tshe 'di nyid la 'grub par shog// //

maṃ ga laṃ//

第三层、第十九间佛殿

正对殿门壁面(北壁东段)题记

oṃ svasti/

thugs rje'i mkha' la mkhyen pa'i dkyil 'khor rgyas

[1] 如前述佛殿中的题记,此处题记中的 byams 无疑是 byang 的误写。

brtse ba'i 'od dkar phyogs bcur 'phros pa yis//
'gro ba'i nyon mongs mun pa sel mdzad pa'i//
dpal ldan bla ma bdud rtsi'i rgyal mtshan rgyal//
dad pa'i rin chen khri brtan zhing//
tshad med bzhi ldan bang rim rnams//
chos sgo brgyad khri bzhi stong phye//
rigs gsuṃ rigs lnga rigs brgya'i lha//
pha rgyud ma rgyud gnyis med rgyud//
nges don rdzogs rim so so yi//
rgyud rim bla ma rdo rje 'chang//
thub chen 'od srungs rim bstan gtad//
sdam gsuṃ rgyud pa pha rol phyin//
byang chub phyogs kyi buṃ pa bzang//
gzungs dang ting 'dzin mngon mtho'i bre//
chos kyi 'khor lo sa bcu gsuṃ//
so gnyis yon tan gser gyi gdugs
bde gshegs snying po'i tog 'bar ba'i//
chos kyi sku la phyag 'tshalo//
gang zhag mthong ba tsam gyis kyang//
dad pa'i chu skyes rgyas byed cing//
lag pa'i ku mud zum byed pa'i//
mthong 'grol rta ljang can der 'dud//
gang gi phun tshogs yon tan gyi//
snyan grags 'chi med rnga sgra yis//
lha'i laṃ du sad pa'i gnyen//
legs bshad sha ri'i rtse nas lhags//
dga' bas tog tu 'khod pa ni//
bde 'byung gtsug na zla ba bzhin//
dpag med yon tan byed pa po'i//
phrag brgya'i zhing gi dge legs rnams//
gcig tu bsdoms par byas gyur nas//

chos sku 'di la bkod do zhes//
'og min bar du grags pa snyam//
skabs gsuṃ gzhonu dga' ma'i tshogs//
rab mdzes dpal rnaṃs 'dis gzung nas//
bdag cag yal bar mdor ram zhes//
yang yang 'dus nas me tog 'thor//
gdengs can gnod sbyin dbang po'i dgra//
'byung po rigs sngags 'chang sogs kyi//
cod pan mchog la phyag 'tshal lo//
bshad rgyud rdo rje rtse mo yi//
so so'i rigs kyi lha tshogs dang//
dpal mtshog dum bu dang po yi//
rigs ni so so'i lha tshogs dang//
nam mkha' dri med rigs bsdus dang//
'jam dpal sgyu 'phrul dra ba dang//
yon tan 'byung gnas rigs bsdus dang//
rigs lnga byang sems rdo rjer bcas//
dbugs dbyung dkyil 'khor drug gi lha//
so so'i rigs kyi lha tshogs dang//
rdo rje snying po'i lha tshogs dang//
sbyong rgyud dkyil 'khor bcu gnyis dang//
gsang ba rgyan bkod rtsa ba'i lha//
las dkyil lha tshogs ji snyed pa//
rnam pa gtso 'khor pho mo dang//
mchod lha phyogs skyong zhing skyong dang//
'jig rten 'das dang 'jig rten pa//
sna tshogs 'ja' tshon ltar snang yang//
ngo bo bde bar gshegs pa lngar//
bzhugs pa rnams la phyag 'tshalo// //
legs spyad chu klung bye bas mi ngoms shing//
rab dkar dge tshogs rba rlabs cher g.yo ba//

mi phyed dad pa'i 'dzin ma brtan pa'i stengs//
byang chub sems kyi nor bus gtams gyur pa//
sprul pa'i chos rgyal phan bde'i chu gter mchod//
skye dgu gdengs can dpal du rgyas gyur cig//

ces mchod par brjod nas/ skabs kyi don ni/ chos sku bkra shis sgo mangs mthong grol chen po'i/ bang rim gsuṃ pa 'di'i 'bur chen gyi lha khang bzhi ma gtogs// rnal 'byor rgyud kyi lha khang bcu drug pa'o/ lde sku/ logs ris dang bcas pa'i sbyin bdag

dri med byang chub sems kyi ri bong 'dzin//
dpal 'byor 'od brgya'i khur gyis mi ngal zhing//
zag med bde ba'i kun dga' bskrun par byed//
chen po'i rigs 'khrungs sa skyongs btsun mo mchog//
bstan pa'i sbyin bdag chen mo yum sras kyis//
kun kyang rdo rje theg pa'i sgor zhugs nas//
rdo rje 'chang gi go 'phangs thob phyir dang//
chos kyi rgyal po'i rjes su 'jug pa dang//
chos kyi btsun mo dam par mtshon pa'i phyir//
dad gus chen pos mthun rkyen ma lus sgrubs//
dge ba tshogs gnyis rgya mtshos bsdus pa yis//
mkha' mnyam sems can byang chub ma thob bar//
chos cu'i 'byor ldan zag med bde ba rgyas//
thabs shes zung 'brel rgyal ba mnyes par shog//
gnas skabs kun tu rdo rje theg pa yi//
lam bzang 'di dang kun nas mi 'bral zhing//
rnam thos bu'i sbyin 'bras dpal thob nas//
kun bzang mchod sprin rgya mtshos mchod par shog//
dbang bzhi'i chu bos dri ma kun dag cing//
thun bzhi'i rnal 'byor dge la rje yi rang//
sku bzhi'i 'byung gnas theg pa mchog ston cing//
phrin las rnam bzhi rgyun mi 'chad par shog//

de yang

mdo rgyud bya lam yangs pa la//
blo gros gom pa mdor byed pa'i//
rin chen dpal grub zhal bkod ltar//
lha bzo mkhas pa nam bzang dpon slob dang//
rnam dpyod pir gyi rtse mo la//
shes bya'i gzugs brnyen kun gsal ba//
ri mo mkhas pa lha rtse bo//
thar pa dpon legs dkon mchog bzang//
nam 'od dpal chen bsam gtan bzang//
khro rgyal sang rin don ri ba//
dpon bkras shes rab dpal bzang rin chen skyabs//
mkhas pa rnams kyis legs par bzabs//
mi dbang rab tu dge ba'i thugs dgongs bzhin//
sprul pa'i bka' 'bangs dpon btsun bla ma skyabs//
zhes grags dge ba'i khur gyis mi ngal zhing//
dad gus nor bu'i drvad bas spras pa des//
cho . . . dge ba rgya mtsho'i don . . . //
skyo dub ngal ba spangs nas rgyun du mdzad//
dkar chag 'phrul yig mu tig phreng ba rnams//
rgyang ro'i mkhas pa nyi ma zhes byas bris//
mthong ba tsam gyis sdig pa'i tshogs 'byang ba'i//
rgyud sde kun tshogs sku'i bkra shis shog/

maṃghala//

壁画下面题记

na mo badzra satvā ya/

'di'i dbus na dpal mchog dang po'i rgyud dum bu gnyis pa/ nyon yid kyi gnyed po mnyid[1] pa nyid kyi ngo shes kyi ngo bo dam tshig gi phyag rgya gtso bor gyur pa sngags kyi dum bu las rtog pa thams cad bsdus pa'i rtsa ba'i rgyud las/ lus kyi dbang gis ma grub na bsgrub par byed pa g . . . b ras ris kyi dkyiro las/ me ltar 'bar ba gsang ba ras

〔1〕 译者注：应读作 mnyam。

ris kyis dkyil 'kho{r} . . . bkod par bzhugs//

byang phyogs kyi ngos la dpal mchog dum bu gnyis pa sngags kyi dum bu las rtog pa thams cad bsdus pa'i rtsa ba'i rgyud las 'byung ba'i dkyil 'khor las/ khror bas khro ba spangs ba'i phyir rdoe me ltar rab tu 'bar ba'i dkyil 'khor gyi lha tshogs rnams bzhugs// //

lho phyogs kyi ngos la dpal mchog dum bu dang po shes rab kyi pha rol tu phyin pa'i dum bu las/ rigs so so ba'i bsrung ba'i las kyi cho ga'i rang bzhin rdo rje gnod sbyin gyi dkyil 'khor gyi lha tshogs rnams tshang bar bzhugs// //

shar phyogs kyi ngos kyi stod la 'jig rten pa'i dkyil 'khor bzhi las/ dbang phyug gi gdul bar bya ba rnams kyi . . . dkyil 'khor gyi lha tshogs rnams tshang bar bzhugs/ de'i 'og na/ . . . 'i ma mos gdul bar bya ba'i don du / ma mo'i dkyil 'khor gyi lha tshogs tshang bar bzhugs// //

'og tshar la dpal mchog gi rdo rje rigs kyi lha tshogs rnams dang/ nyer spyod dang 'dod yon lnga'i mchod pa bzhugso// //

lha bzo mkhas pa lha rtse ba dpon namkha' bzang po ba dpon slob dang/ ri mo mkhas pa lha rtse bsa' lung pa dpon legs pa dpon slob kyis legs par gzabs//

maṃ ga la//

第三层、第二十间佛殿

na mo badzra satva〔1〕ya/

rdor sems lha khang gi dbus na/ dpal mchog dang po rigs bsdus pa'i/ dngos grub myur du 'grub par byed pa/ rdo rje sems dpa' gsang ba'i dkyil 'khor gyi gtso bo/ rdo rje sems dpa' gtso 'khor gsum khri rgyan phib . . . pa lde skur bzhengs pa dang/

lho phyogs kyi ngos la/ dpal mchog dum bu dang po/ kun gzhi'i rnam shes kyi snyanyen po me [long lta bu'i ye] shes kyi ngo bo

---

〔1〕 应读作 ttvā。

nyid/ phyag brgya chen po gtso bor gyur pa shes rab kyi pha rol tu phyin pa'i dum bu las gsungs pa'i/ rigs so so ba dang/ rigs bsdus pa'i dkyil 'khor gnyis las/ rigs so so ba'i zhe sdang gi gnyen por khams gsum rnam rgyal gyi dkyil 'khor gyi lha tshogs dang/

byang phyogs kyi gung la/ 'dod chags kyi gnyen por rdo rje sems dpa' dbugs dbyung ba'i dkyil 'khor gyi lha tshogs rnams dang/ rang bzhin bzang zhing cha mnyam pa la spyod pa'i gnyen por de bzhin gshegs pa dbugs dbyung ba'i dkyil 'khor ste/ ... de bzhin gshegs pa sprul sku brgyad/ phyogs mtshams kyi sems dpa' brgyad brgyad/ sgo bzhi'i mtshan ma bum pa bzhi/ rin po che'i snod lasogs pa mtshan ma bzhi dang bcas pa'i bkod pa dang/ 'og tshar la/ rdo rje sems dpa' [dang/] khro bo rdo rje hūṃ mdzad kyi dkyil 'khor ... rnams gyi bkod pa dang bcas pa bzhugs//

lha khang 'di'i gtso bo 'bur du gtod pa dang/ logs kyi ri mo zhing khaṃs gnyis po dang bcas pa thams cad [kyi] dgos kyi sbyin bdag/ chos rgyal chen po'i blon chen dmag dpon chen po dpon po jo legs pas rab dkar dge ba'i bsam pas bsgrubs/ lha bzo mkhas pa lha rtse ba dpon mo che namkha' bzang po ba dpon slob dang/ ri mo mkhas pa dpon mo che thar pa ba dpon slob rnams kyis legs bar gzabs//

de'i dge bas yon mchod 'khor bcas thams cad khyab bdag rdo rje seṃs dpa'i sa thob shog/

maṃ gha la/

第四层

第四层、第一间佛殿

oṃ bde legs [su] gyur gcig[1]/

gang gi 'gro ma[ng] don du tshogs gnyis phul du [phyin] pa'i mthus//

[1] 应读作 cig。

shākya'i bstan [la] rgyal ba [ji] bzhin rab dkar dam chos kyi//
dga' ston mi za[d] 'gro la rgya chen spel ba'i rin chen grub//
mtshungs med bla ma bu ston kha che zhes byas bdag yid skyobs//
rnam dag shes bya'i bya lam yang pa las//
thabs mkhas thugs rje'i chu 'dzin rab 'khrigs nas//
skal ldan gdul bya'i re ba skong mdzad pa'i//
thugs sras lo tstsha'i zhabs pad spyi bos 'dud//
rnam zhi'i dbang gis thugs rgyud rab smin cing//
grol byed rim gnyis goms pa mthar phyin nas//
zung 'jug phyag rgya chen po mngon du gyur//
sku zhang chos rje'i zhabs la'ang bdag 'dud do//
rgyal ba'i gsung rab dri med rab dkar gyi//
de nyid gzigs nas gzhan la 'doms pa la//
khams gsum 'gran zla bral ba chos kyi rje//
'jam dbyangs rin rgyal de la lhag par [dad]//
mdo rgyud rgya mtsho'i de nyid legs gzigs shing//
sgrub la brtson pas rtogs pa mchog tu gyur//
phyogs las rnam rgyal spyod mdzad dbu rgyan du//
…………………………………〔1〕
rnam 'phrul lag pa'i rtse la len pa gang//
gangs can 'di na dpal sdan gnas rnying pa//
mkhas pa'i dbang po rin chen dpal 'byor dang//
de'i sras dang lha'i rgyal mtshan lags//
kun gyi mig la bdud rtsi'i dga' ston 'gyed//
kun slong spro bas bzhengs pa'i sbyin bdag ni//
btang snyoms lus kyang dam chos dri med kyi//
de nyid lta ba'i mig can lha bo pa//

〔1〕 译者注：以下磨损 12×45 厘米。

ki rti'i ming can 'khor dang bcas pa lags//
dge bas mkha' mnyam 'gro kun ma rnams kyang//
sdug bsngal srid pa'i mtsho las rab thar zhing//
myang 'das dman pa'i lam las rab 'das te//
rdo rje 'chang gi lam la rab bslabs nas//
rje btsun bla ma'i go 'phangs rab mnyes shog//
maṃgalaṃbhava tu// sādhuḥ// //

第四层、第二间佛殿

殿门右侧题记

oṃsvasti sidhaṃ{/}
. . . bkra shis kyi dge mtshan lhan du rgyas . . . pha mthar son par gyur cig//
. . . . bar brgyan pa'i sku//
drug cu'i sgra pa . . . . pa'i gsung//
shes bya ma lus . . . . thugs//
dpal ldan bla ma'i sku . . . . skyongs//
sgyu ma'i gar gyis sa chen . . . . . .
. . . . . . bden pa'i tshi gis[1] ga ga gyen du bzlog/
. . . . pas nyin byed rengs mdzad pa'i//
. . . . dpal ldan chos skyong rgyal//
sva skya'i . . . . rgyud pa yi//
kha bas yongs spud bshad . . . . . . byed kyi//
zer gyis phye bas gzhan phan chu . . . . . .
gangs can khrod pa'i bla ma gangs ri rgyal//
chos . . . . . . grol sngar med nyi ma 'di//
nag phyogs sgra gcan . . . . . . pas rab dben zhing//
byin brlabs tsha ze{r} . . . . . . rgyas pa yi//
dad ldan pad tshal slar yang . . . . . . cig//

---

〔1〕 译者注：tshi gis 以小字加于该行下方，应读作 tshig gis。

thub pa'i mngags pa pho nya mthu bo che/
. . . . . . nag po chen po lcam dral kyis//
bstan dang bsta{n} . . . mchod rten mthong grol dang//
mi dbang chab srid b{cas pa} legs par skyongs//
rab brtan dad pa 'dzin ma'i khya . . . yongs par//
kun bzang dge ba'i ljon shing sar ' . . . pa//
khyad 'phags bde dga'i 'bras bus brjid pa yang//
mtho ris la 'dir srid rtse'i bar du rgyal// //

de yang yul mā ga dha rdo rje gdan gyi byang phyogs/ ri bo gangs can kyi ljongs las/ nyang stod rig pa'i 'byung gnas kyi sa'i char/ chos grva chen po' dpal 'khor sde chen gyi dbus na/ sku 'bum mthong grol chen mo byin rlabs kyi gzi 'od 'bar bar bzhugs pa'i lho nub dbang rgyal lha khang gi dbus na/ rje btsun rnal 'byor gyi dbang phyug bir ba pa theg pa mchog gi chos ston pa la/ sngon byang chub sems dpa' sbyin pa dpal zhes bya bar gyur nas// ston pa shākya'i rgyal po mnyes par byas shing//lung bstan pa nom pa'i {rnal} 'byor pa sa chen kun dga' snying po dang/ grub chen {thub} dka' zla ba'i sku skye tha ma yon tan mang po'i dpal gyi mngon par mtho ba rje btsun bsod nams rtse mo dang/ sku skye nyi shu rtsa lngar 'jam pa'i dbyangs kyis rjes su bzung zhing/ mthar mngon dga'i zhing du de bzhin gshegs pa dri ma med pa'i dpal zhes bya bar 'gyur ba/ gnas lnga rig pa'i paṇṭita chen po kun dga' rgyal mtshan dpal bzang po dang/ . . . chen po sa ston ri pa'i sku skye mtha' yas pa'i . . . ' ba/ 'phags pa rin po che . . . bcas pa'i . . .[1] sgrubs// . . . sbyin bdag . . . // rgyu 'bras slu . . . {smras} pa'i bden . . . ntu sarbadzaga taṃ//

殿门左侧题记

sviti rastu/

lha yi rigs las mi yi rjer gyur sa skya pa//
bcu phrag zung dang zung gnyis lhag bcas grub thob kyi//

[1] 译者注：壁面有 20 × 23 厘米的损毁。

gdung rabs bstan pa'i pad tshal 'byed mkhas 'od brgya pa//
go 'phang nges mtho'i[1] mkha' la rtag tu rgyal gyur cig//
dge legs byed po 'jig rten mdzes sdug kun bsdus nas//
chos sku' i rten gcig sa chen mdzes phyir byas so zhes//
tshangs pa'i bar du grags pas lha dbang yid mgu ste//
me tog char phab bzhed dgu 'grub pa'i bkra shis byas//

de yang/ lha khang 'di'i/ logs kyi zhing khaṃs rnam par dag pa/ rin po che indra n'i la dang//padma ra ga'i sa gzhi la/ yan lag brgyad dang ldan pa'i 'bab chu dang/ lteng kar bcas shing/ ljon shing yid du 'ong pa dang/ bya'i tshogs dbyibs mdzes shing skad snyan pas rnaṃ par rtsen pa'i dbus su/ rin po che'i khri mu tig gi 'phreng bas g.yogs pa'i steng du/ rdo rje 'dzin pa'i sku skye btud mar bdun phrag gcig bzhes pas/

'dir grub pa thob pa'i rnal 'byor par gyur cing/ mthar gser mdog can zhes bya ba'i 'jig ten du/ 'bras bu mngon du mdzad pa'i lung stan brnyes pa rje btsun chen po grags pa rgyal mtshan dang/ lung rigs rgya mtsho'i pha mthar son cing chos kyi 'khor lo chen po lan gsum gyis/ gdul bya'i tshogs bsam gyis mi khyab pa/ smin grol gyi laṃ la 'god par mdzad pa'i dpal ldan bla ma dam pa bsod nams rgyal mtshan dpal bzang po gnyis zhal sprod du bzhugs pa dang/ rgya nag po'i rgyal po chen po chen po ta ming lasogs pa gdul bya mang po'i 'dren mchog dam pa/ spangs rtogs kyi yon tan bsam gyis mi khyab pas rnam par rtsen pa'i theg chen chos kyi rgyal po kun dga' bkra shis rgyal mtshan dpal bzang po rnams la/ lha gnam lha spyi rings nas brtsams te/ dpal ldan sa skya pa'i gdung rabs grub thob kyi rgyud pa/ zar ma chad par byon pas bskor ba dang/ kye rdo rje lam 'bras bu dang bcas pa'i rgyud pa/ bde mchog lo hi pa'i rgyud pa'i/ bla ma rnams tshon rtsi 'dzam bu chu bo'i gser la sogs pa las grub pa ni/

---

〔1〕 nges = nges par legs pa（niḥśreya，决定胜），mtho 对应于 mngon mtho（abhyudaya，增上生）。

rin chen dpal grub gsung bzhin mkhar kha ba//
don grub skyabs shes bya ba'i bzo sbyangs kyis//
dbang po'i gzhu ltar mtshungs pa'i tshon ris can//
yid kyi rnam sprul lta bu'i ri mo bkod//
'jam mgon sprul pa'i gdung rabs dri med la//
snying nas dad pa'i shugs kyis yid g.yo nas//
sngon gyi dam pa'i sku yi bskod pa yang
mngon gsum[1] lta bur gyur pa'i lha khang 'di//
'byor pa'i chu klung brgya phrag 'du ba'i gzhi//
phan bde rin chen ma lus 'byung ba'i gnas//
mkhas mang gdeng can tshogs kyis yongs bzung pa'i//
mi dbang dad pa'i chu gter gang des sgrubs//
las rgyab do dam bla ma skyabs kyis mdzad//
ngo mtshar mtshon tshig g.yu lung pa yis bsdebs//
yi ge pa ni blo ldan nyi ma 'o//
dge ba gang des 'gro kun kun mkhyen shog//

bkra shis dang bde legs kyis phyogs dus gnas skabs thams can du khyab pa ni//mi dbang chen po'i lhag bsaṃ rnam par dag pa'i mthu yis mthong ba'i chos 'dir mngon gyur gcig//

de ltar sbyin bdag chen po 'khor bcas dang//
phyag len pa dang mkhas pa'i dbon rnaṃs kyis//
mchod rten 'di dag legs par bsgrubs pa yis//
dge bas bla med byang chub myur thob shog//
gang dag mchod rten chen po bsgrubs pa yi//
zhabs tog lus ngag yid kyi byed pa dang//
srog dang yo byad 'di[2] don btang pa dang//
'di don gom cig dor ba yan chad kun//
mthar thug rdzogs pa'i sangs rgyas 'grub cing//

---

〔1〕 应读作 sum。
〔2〕 应读作 'di'i。

gnas skabs yon tan bdun dang ldan pa yi//
dal 'byor thob nas rtag du chos spyod cing//
bar chad bdud kyi dgra las rgyal gyur cig//
rgyu 'bras bslu ba med pa'i bden stobs kyis//
ji skad smras pa'i bden tshig 'grub gyur cig//
maṃgha labhavastu sarva ja ga ta// //

第四层、第四间佛殿

nub phyogs kyi blo 'bur bar pa byang/ dam pa lha khang gi dbus na/ rje btsun dam pa rin po che/ rten 'brel gyi phyag rgya mdzad pa/ g.yas na dam pa kun dga'/ g.yon na ma cig labs sgron ste/ gtso 'khor gsum khri rgyab yol dang bcas pa lde skur gzhengs pa dang/

g.yas phyogs kyi ngos la/ paṇḍi ta rdo rje gdan pa niska langka dve ba la/ gshin rje gshed dmar po'i/ d{pyal} lugs dang/ sa lugs kyi rgyud pas skor ba dang/

g.yon phyogs kyi ngos la/ dpyal lo tstsha ba chos kyi bzang po la/ dpyal lugs kyi phag {mo dang/ 'khor} chen brgyud pas skor ba dang/

gung gi g.yas g.yon la/ zhib byed rgyud phyi dang/ gcod kyi rgyud pa dang/

yar khyul bde gshegs brgyad/ rigs lnga/ rigs gsum sogs/ 'dod lha sna tshogs kyis skor ba 'di rnams kyi dgos kyi sbyin bdag/ dad brtson shes rab tshul khrims dang ldan pa'i/ dge ba'i bshes gnyen slon tshul khrims bzang po bas/ lhag bsam rnam dag gis bsgrubs/ ri mo mkhas pa sngags 'chang . . .

/na mo a rya ta ra ye/

rje btsun seng ldan nags kyi sgrol ma la/ phyag 'tshal nyi shu rtsa gcig gi lha mos skor ba'i zhing khams 'di ni/ mdzod pa dge bshes . . .[1]

---

[1] 译者注：该段题记题于殿门右侧度母壁画下方。

第四层、第五间佛殿

a ho suka ho/

rnal 'byor 'dus pa'i pho khrom ngo mtshar rtse dga'i dpal du gyur cig//
bka' rgyud bla ma mkhyen pa'i spyan stong can//
skal ldan gdul bya nye dbang gis brten cing//
ting 'dzin bdud brtsi'i dpal la rol ba dang//
gzhan don rtse 'jo'i gar gyis rtsen pa rgyal//
rnal 'byor dbang phyug te lo shes rab bzang//
mgon skyabs gyen phyur me tog thod kyis bcings//
cang te'i sgra sgrog thod pas bdud rtsi gsol//
sgyu ma'i gar gyis rol pa gang de rgyal//
bcu phrag dka' bas mnar yang lam mchog tshol//
bde drod gos dang ldan kyang mi lpags gyon//
spros bral dbu mar gnas kyang spyod pa mdzad//
na ro paṇ chen skye dgu'i gtsug na rgyal//
rmi lam sgyu ma dri za'i grong khyer sprin//
mig yor chu zla mig sgyu'i rnam ba bzhin//
chos kun bden med rtogs kyang gzhan don slad//
legs bshad sgra bsgyur mar pa lo tstsha rgyal//
nus pa mthar phyin rdo rje thog ser 'bebs//
dka' .... zas la rol//
spang .... dngos drub rnyes//
.... rgyal//
dge .... klu//
thos .... spud//
.... yi//
.... //
chos .... //
mtshan .... s bklubs pa yis//

... pad tshal ge sar rgod pa la ....//
legs b[shad] bcud len bung ba dga' bar gsal//
dad sogs yan lag bdun gyis mdzes pa'i sku//
phas rgol dmag sde'i g.yul las rgyal byed cing//
bstan pa'i khur chen khyer la mi ngal ba'i//
mi dbang gnyis 'thung gnas skabs kun tu rgyal//

de yang/ mngon mtho dang nges legs kun gyi 'byung gnas/ kun mkhyen thub pa'i bstan pa dang/ mar gyur sems can gyi don la dgongs te/ sa spyod lha'i dbang po rab rtan kun bzang 'phags kyi mdzad 'phrin phul du phyin pa'i mthu las/ mchod rten mthong grol chen mo sa chen mdzes pa'i dpal du grub ba ni/ ches ngo mtshar dang ldan pa'o/

'di na mtho ris 'dzeg pa'i skas/
thar pa'i gling du 'phrid pa'i grogs//
srid mtsho skems pa'i nyi ma ste//
tsha gdung sel ba'i zla ba'ang lags//

ces brjod de/ bang rim bzhi pa'i nub byang dbang rgyal lha khang gi dbus na/ grub chen te lo pa/ na ro pa/ mar pa lo tstsha/ mi la ras chen/ dags po rin po che rnams khri rgyab yol dang bcas pa 'bur du dod pa'i lde sku bzo sbyangs kyi yon tan phul du[1] phyin pa'i blo gros can lha rtse ba nam mkha' bzang po dpon slob rnams kyis bzabs shing/ logs ris la bde gshegs phag mo grub pa/ gling ras pa/ gtsang pa rgya ras rnaṃs la phyag rgya chen po lhan cig skye sbyor gyi rgyud pa cha gsuṃ/ phyag rgya chen po brda'i brgyud pa/ grub rnying gi bla ma brgyud pa rnams kyis bskor ba 'di/ thugs rigs shin tu gsal ba'i me long blo gros kyi ri mos bkra ba'i lha rtse ba dpon mo che thar pa dpon slob kyis bzabs pas gtsug lag khang phul du phyin par grub pa'i lde sku gtso 'khor rnams kyi sbyin bdag mgar ba bsod naṃs dar gyis sgrubs shing logs ris kyi sbyin bdag kyang/

rab brtan dad pa'i chu mtsho las//

---

〔1〕 应读作 tu。

kun bzang lha khang me tog 'khrungs//
'phags pa'i byin brlabs mdangs kyis mdzes//
'di yang bsod naṃs skal bar ldan//
'dir 'bad dge ba'i gang ga dang//
srid zhi'i dge tshogs chu gter gnyis//
lha cig byed pas kun mkhyen gyi//
dpag bsam ljon pa rgyas gyur cig//
chos nyid rnam dag byin brlabs dang//
chos can rten 'bren mi bslu bas//
mi dbang chen po'i thugs bzhed dang//
smon lam lhan cig 'grub par shog//
thub pa'i spyan sngar dam bcas pa'i//
'jig rten skyong pa rnam bzhi svogs//
bka' srungs ma hā ka〔1〕las g.yel med srungs//
maṃghala// //

第四层、第六间佛殿

gang zhig dge tshogs dpal las nyer thob sku//
sku gsung thugs mchog sku gsum 'dus pa'i dpal//
dpal ldan rdo rje 'chang dang dbyer med mchog//
mchog gyur gsum ldan rtsa rgyud bla ma dang//
mi 'gyur bde chen dpal ldan dus 'khor la//
dngos po kun gyis brtag tu phyag 'tshal lo//
mchod rten chen po bkra shis sgo mangs kyi//
bang rim bzhi pa'i byang gi blo〔2〕'bur bar//
nub phyogs bla ma lha khang bde chen gyi//
dbus kyi phyogs na dpal ldan bla ma mchog//
mchog tu mi 'gyur bde ba chen po'i sku//

〔1〕 应读作 kā。
〔2〕 应读作 glo。

kun mkhyen chen po'i sku 'dra byin brlabs kyi//
gzi 'od rab tu 'bar bas rgyan pa dang//
g.yas kyi phyogs na mkhas grub chen po ni//
phyogs las rnam par rgyal ba'i sku 'dra dang//
g.yon gyi phyogs na mkhas mchog nya dbon gyi//
sku 'dra dang bcas gtso 'khor rnam pa gsum//
khri dang rgyab yol rgyan gyi rnam pa kun//
gzhan las ches mchog phul du[1] phyin pa 'di'i//
dgos kyi mthun rkyen sbyor ba'i sbyin bdag mchog//
rigs rus dpal 'byor yon tan du ma'i bdag//
rims gnyis lam la ting 'dzin brtan pa thob//
gsang sngags grub mtha' rgya mtsho'i mthar phyin pa'i//
dpal ldan bla ma dpaldan legs pa yis//
sangs rgyas bstan pa rgyun du gnas phyir dang//
bla ma rnams kyi thugs dgongs rdzogs phyir dang//
bstan 'dzin rnams kyi sku tshe bstan phyir dang//
chos rgyal yon mchod sku 'khor bcas pa rnaṃs//
sku khams bzang zhing chab srid bstan pa dang//
mtha' yas 'gro la phan bde 'byung ba'i phyir//
rab dkar dge ba'i thugs kyis legs par [sgrubs/]
. . . sbyangs . . . . 'i mkhas mchog//
g. . . . . dpaldan . . . . //
namkha' bzang po dpon slob rnams kyis bzabs//
'di'i g.yas kyi phyogs kyi ngos la ni//
dus kyi 'khor lo rva pa'i lugs kyi ni//
dbang bka' bshad bka' man ngag dang bcas pa'i//
dpal ldan bla ma'i rgyud pa ring thung[2] rnams//
legs par bstar ba'i bkod pa bzhugs pa'o//

---

〔1〕 应读作 tu。
〔2〕 ring thung = nye ba dang ring ba。

'di'i g.yon gyi phyogs kyi ngos rnams la//
dus kyi 'khor lo 'bro dang shong gi lugs//
dbang bka' bshad bka' man ngag dang bcas pa'i//
bla ma rgyud pa ring thung nyer rgyud dang//
bcas pa'i ri mo'i bkod pa legs bzhugs so//
'di'i ri mo'i dgos gyi sbyin bdag ni//
dpal ldan dus kyi 'khor lo'i rnal 'byor pa//
dpal ldan bla ma dpal ldan legs pa yis//
dpal ldan bla ma'i thugs dgongs rdzogs phyir dang//
sangs rgyas bstan pa dar zhing rgyas pa'i phyir//
rab dkar dge ba'i bsam pas sgrubs//
ri mo mkhas pa lha rtse bde chen pa//
blo gros rab bsal mkhas pa dpon dge ba//
sku mched gnyis kyis legs par bzabs te bris//
de'i dge bas yon mchod 'khor bcas dang//
mtha' yas skye dgu'i tshogs rnams thams cad kun//
dpal ldan bla ma rnams kyi rjes 'dzin cing//
rdo rje 'chang gi go 'phang myur thob shog//
bla med bla ma mchog gi thugs rje dang//
bslu med rin chen gsum gyi bden stobs dang//
chos dbyings rnam dag bden pa'i byin brlabs gyis//
bdag gi smon lam btab pa 'grub par shog//

maṃghala//

第四层、第八间佛殿

oṃ svasti/

bla ma dang dkon mchog gsum la gus pas phyag 'tshal lo//
'jam pa'i dbyangs kyi blo gros las//
'dran par brtsom pa'i mkhyen rab can//
mkhas mchog bo dhi svatva de//
sa chen 'gro ba'i slad du rgyal//

rdzu 'phrul stobs kyis mu stegs bcom//
brtse ba'i stobs kyis 'das grongs spangs//
smon lam stobs kyis phrin las mdzad//
thugs rje'i stobs mnga' pad 'byung rgyal//
rgya gar bal po rgya nag li//
yul phyogs gang na'ang mtshungs med pa'i//
mkhas mchog ka ma la sh'i la//
'gro ba'i sa mkhan gang de rgyal//
bod yul mun pa'i dmag ruṃ du//
dam chos sgron me spor ba la//
ngang gis 'jug pa'i thugs rje can//
lo chen rin chen bzang po rgyal//
thub bstan gangs ri la gnas shing//
lung rigs seng ge'i nga ro yis//
log smra'i va tshogs 'joms mdzad pa'i//
rngog lo g.yu ral 'dzin pa rgyal//
mchod rten rgyu skar mang na yang//
mthong grol mtshan mo'i mgon po dang//
mtshungs pa ma mchis de yi slad//
me tog char chen 'beb pa rgyal//
chos rgyal nyin mo'i dbang phyug ni//
rgyal phran rgyu skar dpal phrog cing//
thub bstan pad tshal bskyed pa dang//
phas rgol ku mud 'joms mdzad rgyal/// //

ces mchod par brjod nas/ skabs kyi don bkod pa ni/ yul gngas can gyi ljongs/ nyang stod rig pa'i 'byung gnas kyi sa'i cha/ mang pos bkur ba'i rgyal po/ mnga' bdag dpal 'khor btsan gyi bzhugs gnas/ rgyal mkhar rtse'i lha zhol/ chos grva chen po dpal 'khor sde chen gyi dbus su/ bde bar gshegs pa'i chos sku'i mchod rten mthong grol chen mo bkra shis pa dang dge ba'i mtshan ma mang po'i dpal gyi mngon par 'tho zhing/ lhun bstugs par bzhugs pa las/ bang rim bzhi pa'i byang shar gyi dbang rgyal lha khang gi dbus na/ mkhan chen bo dhi satva/ slob dpon padma sambha va/

mkhas mchog ka ma la sh'i la/ lo chen rin chen bzang po/ rngog lo tstsha ba blo ldan shes rab rnams kyi sku 'dra khri rgyab yol dang bcas pa 'bur du gtod pa dang/ logs bris paṇ chen shaṃnti gha rba dang/ slo dpon sangs rgyas gsang ba zhal sprod la rgyan drug mchog gnyis dang/ sngags 'chang dharma kirti/ bi ma la mi dra lasogs bod du byon pa'i paṇ chen rnams kyis bskor ba dang/ lo tsha ba dka' ba[1] dpal brtsegs la/ bod kyi lo tstsha ba mthon mi sambho tra dang/ dharma ko ṣa lasogs pa bka' drin can rnams kyis bskor ba rnams kyi dgos kyi sbyin bdag/

snyen pa'i 'brug sgra cher sgrogs cing//
sbyin pa'i char rgyun g.yos pa yis//
dge ba'i lo tog skyed mkhas pa'i//
mi dbang chen pos bka' bstsal dang//
nang so chen mos legs par sgrubs//
bzo sbyangs mkhas pa'i dpon mo ches//
nam mkha' bzang po dpon slob dang//
ri mo'i gnas la phul phyin pa'i//
mkhas pa dpon btsun don grub skyabs//
dpon slob rnams kyis legs par bzabs//
'dir 'bad dge ba'i me shel las//
kun mkhyen nyin byed legs grub te//
gzhan phan 'od stong dra ba yis//
'gro blo'i mi shes mun sel shog//
de . . . smras pa'i smon lam yang//
gang gi lhag bsam rnam dag dang//
dkon mchog gsum gyi bden pa dang//
myong ba'i chos 'dir mngon gyur cig//

---

〔1〕 更常见的形式是 ska ba。

nyin mo bde legs mtshan bde legs//
nyi ma'i gung la bde legs shing//
nyin mtshan kun tu bde legs pa//
dkon mchog gsum gyis deng 'dir stsol//
bka' sdod pho nya drag shul mthu rtsal can//
ma hā ka la dam can rgya mtsho'i tshogs//
mchod rten tsug lag khang dang bcas 'di la//
'byung bzhi'i gnod pa bsrung phyir ma g.yel cig//

第四层、第十间佛殿

na mo gu ru budha bodhi [satve bhyoḥ]

tshogs gnyis rab rdzogs rdzogs pa'i [sangs rgyas] 'gro ba'i mgon//
mgon po de [yis legs] gsungs gsung rab lung dang rtogs [pa'i chos//]
chos tshul zab mo rtogs phyir phyir mi ldog pa'i dge 'dun mchog//
mchog gsum [rab] dad dad pa'i sgo nas phyog 'tshalo//
gang zhig yon tan dpa' 'bar 'gro ba migi bdud rtsi'i [sku//]
sku gsuṃ ngo bo chos kyi dga' ston 'gyed mdza[d] tshangs pa'i gsung//
gsung rab rgya mtsho['i don] rnams ji bzhin ma lus mkhyed pa'i thugs//
thugs rje'i bdag nyid lo pan rnams kyi zhabs rdul spyi bos mchod// //

de yang sa chen po'i lte ba 'dir/ sa skyongs chen po'i thugs bzhed/ mchod rten chen po yongsu rdzogs par grub pa las bang rim bzhi pa'i shar gyi glo 'bur lho ma'i dbus na/ paṇ chen shākya shri/ mkhan chen byang chub dpal/ 'jam dbyangs rine rgyal mtshan gsum kyi sku 'dra khri rgyab yol dang bcas pa'i sbyin bdag cha lu ba dpon dbang chen dar gyis sbyar nas/ bzo sbyangs mkhas pa lha rtse ba dpon nam mkha' bzang po dpon slob kyis bzabs / ri mo'i bkod pa ni / mtshungs med shākya'i rgyal po la bstan pa gtad rabs kyis bskor ba / gung gi g.yas tshar la snyen rdzogs sdom brgyud / mkhan chen rdo rje dpal ba la 'dul ba'i bshad kha'i brgyud pas bskor ba / dgra bcom ba yon tan blo gros la / dge 'dun sgang ba'i mkhan brgyud rnams kyis bskor ba'i ri mo yid kyi glang po 'ching bar byed pa'i zhags pa 'di mkhar kha ba dpon btsun don grub skyabs dpon slob rnaṃs kyis bzabs shing / 'di'i dgos kyi sbyin bdag rdzong dpon grags pa 'bum gyis mdzad //

'dir 'bad las byung dge ba'i chu rgyun gyis //
mi dbang bzhed pa'i ldum ra brlan byas nas //
bstan pa'i chu skyes ge sar rgod pa yis //
skal ldan bung ba nyer 'tsho rgyas gyur cig //
chos nyid rnam par dag pa'i byin rlabs dang //
chos can rgyu rkyen bslu ba med pa dang //
mi dbang lhag bsam rnam par dag pa'i mthus //
smon lam mthar phyin bkra shis phun tshogs shog //
de ltar ngo mtshar mtshan pa'i dkar chag 'di //
snyoms las ngang la rgya cher chos tshul la //
blta ba'i mig can g.yu lung pa yis sdebs //
dge bas sa bskyong dges pa 'phel gyur cig //
bka' sdod pho nya drag shul mthu stsal can //
ma hā ka la dam can rgya mtsho'i tshogs //
mchod rten gtsug lag bcas pa 'di dag [la] //
'byung bzhi'i gnod pa bsrung [phyur ma g.yel] cig //

maṃ ga laṃ sarba dza ga ta //

第四层、第十二间佛殿

oṃ sva sti / 'dir smras pa /

gang gi blo gros mar gyi snying po las //
legs bshad me chen bskyed nas 'gro ba yi //

ma rig sel mdzad las nyon bud shing bsreg//
lhag pa'i lha yis rjes bzung gang de rgyal//
sa chen 'dir yang rgyal ba'i gdung bsob cig//
srid bzhi'i dge legs 'byung ba'i dpal mnga' bas//
'gro kun thar pa'i gnas su khrid mkhas pa'i//
'brom ston rgyal ba'i 'byung gnas gang de rgyal//
tshul chos[1] lasogs 'jig rten chos kyi dben//
khrims bzang tshangs spyod rgyal mtshan rtser 'dzin cing//
rgyal ba'i bstan pa khur du bzhes pa la//
ngal ba med pa'i blo chen gang de rgyal//
gzhan yang rgyal sras spyod pa rlabs chen gyis//
mi nub bstan pa'i rgyal mtshan 'dzin pa yi//
gsang sngags brgyud pa'i bla ma mtshungs med rnams//
lus can kun gyi gtsug na rgyal gyur cig//
chos sku mthong grol ngo mtshar rmad kyi chos//
a la la zhes brgya byin gad mo 'byin//
lha bu gzhon nu me tog char 'bebs shing//
'gro kun dga' ba'i gar gyis rtsen par mchog//
mi'i dbang po 'khor lo bsgyur ba rgyal//
rgyal dang rgyal ba'i bstan pa bstan 'dzin kun//
kun nas mchod cing bsnyen bkur phu dud mdzad//
mdzad phrin phul phyin 'phags pa'i mtshan can mchod//

de yang mchod rten bkra shis sgo mang mthong grol chen mo'i bang rim bzhi pa'i lho'i glo 'bur shar ma'i lha khang gi dbus na/ jo bo chen po rje a ti sha/ de'i g.yas na 'brom ston rgyal ba'i 'byung gnas dang/ g.yon na nags mtsho[2] lo tstsha ba rnams/ rgyu rin po che dang rtsi sman du ma las rkyen bzo sbyangs kyi shes bya mthar phyin pa mkhar ba manydzu shri yis bzabs/ logs bris la/

---

〔1〕 译者注：应读作 'chos。
〔2〕 更常见的形式是 nag tsho。

dge ba'i

bshes gnyen po to ba rin chen gsal la bka' bsdams gzhung lung brgyud pa'i bla mas bskor ba/ spyan mnga' pa tshul khrims 'bar la/ bka' bsdams bsdams ngag lugs kyi brgyud pa'i bla mas bskor ba/ gzhan yang/ blo sbyong kyi brgyud pa'i bla ma/ 'dod lha tshe dpag med/ spyan ras gzigs seng ge sgra/ sgrol ma/ rnam thos sras/ dzambha lha ser po dang bcas pa'i bskor ba'i dgos kyi sbyin bdag nying ro nas lung pa dpon g.yog rnams kyis mdzad/ ri mo mkhas pa lha rtse ba dpon dge gnyen sku mched kyis mkhas pa'i dbang po rin chen dpal grub gsung gi bkod pa ji lta ba bzhin du yongs su rdzogs par sgrubs//

'dir 'bad dge ba'i chu klung gis//
lus can dri ma sbyong ba dang//
dge legs lo tog rgyas byas nas//
dga' bde'i dpal 'byor 'phel gyur cig//
thub dbang bka' yi pho nya ba//
ma hā ka la mthu chen dang//
dam can rgya mtsho'i tshogs rnams kyis//
ma g.yel sangs rgyas bstan pa dang//
mthong grol sbyin bdag bcas pa bsrungs//
bkra shis dang bde legs kyis
phyogs dus kun tu khyab pa ni//
mi dbang chen po'i lhag bsam gyi//
stobs kyis myur du 'grub par gyur gcig//
dkon mchog rin chen gsum gyi byin rlabs dang//
rgyu 'bras bslu ba med pa'i bden pa dang//
chos dbyings rnam par dag pa'i byin brlabs kyis//
smon lam ji ltar btab bzhin 'grub par shog//

maṃ gha laṃ// he he//

塔　瓶

塔瓶、第一间佛殿(东殿)

殿门入口处题记

oṃ bde legs su gyur cig

bla ma dam pa rnams dang dkon mchog gsum la gus pas phyag 'tshal lo/

'jig rten khams na pad ma'i gnyen gyur ji snyed pa//

de snyed ma lus gcig tu bsdus pa'i gzi brjid las//

khyad par 'phags pa'i thugs rje mkhyen brtse'i 'od zer phul byung can//

dpal ldan bla ma brtse chen de la phyag 'tsal lo//

rnam grol gling nas 'phags tshogs gdengs can dbang po yis//

rtag par rgyun du dad pa'i sgo nas gus rten pa'i//

'jigs pa kun sel bsam pa thams cad rdzogs mdzad pa//

ston pa sangs rgyas yid bzhin nor bu la phyag 'tshal//

'khor ba'i mtsho las rigs ldan skye bo sgrol ba'i gru//

bden gnyis gzings chen bslab gsum nyag thag gis gdams nas//

sgrub pa'i ba dan brtson 'grus rlung gis rab g.yos pas//

rnam grol gling du phyin byed dam pa'i chos la 'dud//

thar lam grur zhugs blang dor bcos legs legs par byas//

'thun pa'i lam nas byang chub gling du phyin mdzad nas//

skal ldan rnams kyis 'dod dgu'i rin chen thob byed pa//

'phags pa'i dge 'dun ded dpon mchog la phyag 'tshal lo//

rgyal ba'i spyan mngar bstan pa bsrung bar khas blangs shing//

so so rang gi snying po phul te dkyil 'khor du//

rdo rje 'chang gis mngon par dbang bskur rdo rje'i rigs//

bstan bsrung rnams kyis bstan pa legs par skyong gyur cig//

sngon bsags dge ba'i mthu stobs chen po yis//

rigs gzugs 'byor ldan rgyud du sku 'khrungs shing//

dkon mchog gsum la mi phyed dad pa can//
khrel yod ngo tsha'i go bgos gtong la dpa'//
rgyal po'i khrims lugs chos dang 'thun par skyong//
bstan 'dzin kun gyi sbyin bdag thabs mkhas pa//
chos rgyal rab brtan kun bzang 'phags pa yis//
phan bde'i 'byung gnas bstan pa dar ba dang//
bla ma rnams kyi thugs dgongs rdzogs phyir dang//
bstan 'dzin rnams kyi sku tshe brtan pa dang//
yab mes rnams kyi thugs dgongs rdzogs phyir dang//
mtha' yas sems can sangs rgyas thob bya'i phyir//
chos grva chen po dpal 'khor bde chen du//
'dzam bu gling du khyad par 'phags pa yi//
thugs dam bkra shis sgo mangs chen po gzhengs//
de'i bum pa'i nang gi phyogs bzhi yi//
gzhal yas khang gi dbus na bzhugs pa yi//
rgyal ba'i sku gzugs 'bur du stod pa dang//
ngos la rnal 'byor rgyud kyi rtsa rgyud dang//
bshad rgyud cha 'thun rgyud sogs nas gsungs pa'i//
dkyil 'khor chen po rnaṃs kyi rnam grangs dang//
legs par bris pa'i bkod pa 'di ltar lags// //

'di ltar mi'i dbang po stobs kyi 'khor los sgyur ba'i chos kyi rgyal po chen po rab brtan kun bzangs 'phags pa de nyid kyi thugs dam sku 'bum mthong grol chen mo'i bum pa'i shar phyogs gi gzhal yas khang gi dbus na bcom ldan 'das snang mdzad kyi sku rgyu rin po che gser las grub pa sku tshad nyid kyi phyag mtho nyi shu rtsa gcig pa rin po che'i rgyan sna tshogs kyis brgyan pa/ mnyam bzhag gi phyag rgya can/ bkod pa phul du phyin pa/ nang de bzhin gshegs pa'i 'phel gdung bcu phrag gsum dang/ rgya bod kyi mkhas grub byin brlabs can rnams kyi rin bsrel rnam pa bzhis thog grangs/ de bzhin gshegs pa'i sku gsung thugs kyi rten byin brlabs can rnams kyis legs par bltams pa/ skye 'gro rnams kyi phyag gi gnas/ mchod pa'i rten bsod nams sog pa'i dpal mgon du gyur pa/ bzhugs khri rgyab yol dang bcas pa'i sku gzugs 'bur du stod pa bzhugs so/

ri mo'i bkod pa ni/ byang phyogs kyi gung la rnal 'byor rgyud kyi rtsa ba'i rgyud de nyid bsdus pa'i dum bu dang po rdo rje dbyings kyi sku phyag rgya chen po gtso bor gyur pa'i rtsa ba'i dkyil 'khor chen po der zhugs te mthong na sdig pa can rnams ngan 'gro'i rgyu dang bral bar 'gyur ba dang/ sangs rgyas nyid kyi 'bras bu thob pa lasogs pa'i phan yon bsan gyis mi khyab pa dang ldan pa'i rtsa ba'i dkyil 'khor chen po bzhugs/〔1〕

'di la slob dpon sangs rgyas gsang ba dang shākya bshes gnyen dang kun dga' snying po dang/ 'jigs med 'byung gnas sbas pa rnams kyi bzhed tshul gyi rnam bzhag mi 'dra ba bzhi las 'dir slob dpon kun dga' snying po'i bzhed lugs gtso bor byed do〔2〕/ de la kun dga' snying po'i gzhung las rta babs sgo'i sum 'gyur du gsungs pa ma rtogs pa rta babs kyi snam bu lasogs pa'i nges pa ma gsungs la/ shra ddha dang/ shākya bshes gnyen gyi rta babs lasogs pa'i rnal gzhag gsungs mod kyi/ 'dir slob dpon a bha ya'i bzhed lugs kyi rta babs gsum [po'i rnam gzhag gsungs mod kyi〔3〕/] kun dga' snying po'i gzhung dang mi 'gal bar 'dug par〔4〕/ dkyil 'khor so so la ci rigs par [bkod do] a

---

〔1〕 从此以下直到第269页第1行 gsal bar gsungs pas de bzhin du byas so，其中的段落摘录自布顿所著的夏鲁寺目录(第3叶正面，第1行)。
译者注：*zha lu'i gtsug lag khang gi gzhal yas khang nub ma shar ma lho ma rnams na bzhugs pa'i dkyil 'khor sogs kyi dkar chag*［夏鲁祖拉康之无量宫西东南面曼荼罗目录］，tsa 函。

〔2〕 byed do 布顿写作 byas so。

〔3〕 译者注：从 shra ddha dang shākya bshes gnyen 至 rnam gzhag gsungs mod kyi，据布顿，应为 shraddha'i bzhed pas，shākya bshes gnyen gyi bzhed pa dang bstun nas rdo rje dbyings sgo rkyang du byas nas, de'i lugs kyi rta babs la sogs pa'i rnam gzhag gsungs mod kyi, 'dir slob dpon 'jigs med 'byung gnas sbas pa'i bzhed lugs kyi rta babs gsum po。

〔4〕 布顿写作 pas。

bha yas〔1〕rin chen snam bu'i gzhi dmar po dang ba ku la'i〔2〕gzhi nag po la/ ba ku la〔3〕dkar por gsungs mod kyi/ sngar gyi dkyil 'khor rnying pa rnams la rin chen snam bu'i gzhi ser po dang ba ku la'i〔4〕gzhi dmar por 'dug cing/ bla ma dam pa'i gsung gis kyang de ltar byas na 'thad gsung la/ kun dga' snying po'i gzhung gsal kha can dang 'gal ba yang mi snang bas de ltar byas so/

klan chos 'byung〔5〕lasogs pa kha cig nang gi rdo rje phreng ba dkyil 'khor gyi nang nas bskor zhing/〔6〕rdo rje rtse mo las rdo rje ra ba'i phyi rol du zhes pa dang 'byung bar/ 'od kyi dkyil 'khor phyi rol zhes gsungs pa la rten nas rdo ra me ri dang/ 'grel par sna tshogs rdo rje'i rang bzhin du byin gyis brlab ces gsungs pa la rten nas/ sna tshogs rdo rje byas shing/ bla ma gong ma rtsva skya pa dang/ 'jims pa'ang

de ltar bzhed do/ kun dga' snying pos 'od kyi dkyil 'khor gyi phyi rol du〔7〕khor yug chen po gsungs pa la/ 'di bri'i dmigs gsal ma gsungs kyang/ shra ddhas/ mtsho dang shing dang me tog dang/ bya〔8〕lasogs pa bri bar gsungs pa bzhin du byas so/

nang gi lha/ gar ma dang/ byug pa ma dang/ rdo rje 'bebs pa rnams/ rdo rje 'byung ba nas/ ljang khur gsungs kyang/ 'dir 'grel pa'i lugs bzhin sna tshogs mdog du byas so/ rdo rje chos lasogs pa sku mdog dkar dmar du gsungs pa rnams bla ma dam pa rnams kyi bzhed pa bzhin dkar la dmar ba'i mdangs can du byas so/ sgo ba rnams rdo rje 'byung bar/ res 'ga' lha mor bshad kyang/ 'grel pa nas lha pho ru

---

〔1〕 译者注：a bha yas 布顿写作 'jigs med 'byung gnas sbas pas/。

〔2〕 译者注：ba ku la'i 布顿写作 ba gu li'i。

〔3〕 译者注：ba ku la 布顿写作 ba gu li。

〔4〕 译者注：ba ku la'i 布顿写作 ba gu li'i。

〔5〕 译者注：klan chos 'byung 布顿写作 klan chos kyi 'byung gnas。

〔6〕 题记中遗漏了布顿的一句话：[nang gi rdo rje phreng ba dkyil 'khor nang ma'i phyi nas bskor ba dang/ sna tshogs rdo rje dang/ rdo ra me ri med par bzhed mod kyi/ 'dir rdo rje 'byung ba'i gzhung la brten nas] nang gi rdo rje phreng ba dkyil 'khor gyi nang nas bskor zhing/。

〔7〕 译者注：布顿未写 du。

〔8〕 译者注：布顿写作 dar dpyangs。

gsal bar gsungs pas de bzhin du byas so/

dkyil 'khor chen po de'i phyi'i shar lho'i grva na 'od dpag med phyag rgya bzhi pa'i dkyil 'khor/ lho nub kyi grva na mi bskyod pa phyag rgya bzhi pa'i dkyil 'khor/ nub byang gi grva na rin chen 'byung ldan phyag rgya bzhi pa'i dkyil 'khor/ byang shar gyi grva na don yod grub pa phyag rgya bzhi pa'i dkyil 'khor rnams bzhugso/

shar sgo'i byang phyogs kyi 'og na/ rdo rje dbyings kyi gsung chos kyi phyag rgya gtso bor gyur pa'i chos kyi dkyil 'khor chen po bzhugs/ de'i steng na rdo rje dbyings kyi thugs dam tshig gi phyag rgya gtso bor gyar pa'i gzungs gi dkyil 'khor chen po bzhugs/ sgo gong na rdo rje dbyings kyi phrin las kyi phyag rgya gtso bor gyur pa'i las kyi dkyil 'khor chen po bzhugs/

nub kyi gung gi g.yon phyogs gi steng na/ rnam par snang mdzad phyag rgya bzhi pa'i dkyil 'khor bzhugs/

dkyil 'khor chen po 'di rnams kyi steng phyogs gi mtshams rnams na/ rdo rje dbyings gi dbang bka'i bla ma brgyud pa rnams bzhugs/ bar gyi mtshams rnams na/ rdo rje dbyings gi gsang ba yum bzhi/ sgegs sogs brgyad/ rig ma bcu drug rnams dang/ rtsa ba'i dkyil 'khor chen po'i 'og na/ dkyil 'khor gyi dbus dang grva bzhir 'debs pa'i phur pa khro bo rgyal ba/ mtha' yas/ rnam rgyal/ sprin sgra/ gsus po che rnams dpal mchog 'grel par sku mdog phyag mtshan/ khro bo 'khor los sgyur ba lasogs pa la kha 'phangs pa ltar sgyu 'phrul drva ba'i rgyud dang mtshungs par bkod pa bzhugs/

shar gyi 'og na gzhal yas khang gsang ba'i khro bo dang/ mchod pa'i tshogs dang/ sbyin bdag chen po'i sku 'dra rnams bzhugs so/

nub kyi gung gi lho phyogs gi steng na rdor sems phyag rgya gcig pa'i dkyil 'khor bzhugso/// //

lho sgo'i sgo gong gi dbus na/ rtsa rgyud dum bu gnyis pa 'jig rten gsum las rnam par rgyal ba'i sku phyag rgya chen po gtso bor gyur ba'i rtsa ba'i dkyil 'khor chen po bzhugs/ 'di'i rdo rje rigs kyi lha rnams kyi 'god tshul la/ lha yi snam bu las lha dang gzhon pa gnyis ka'i lus phyed 'thon phyed ma 'thon pa'i bzhed tshul dang gdan dang sku gnyis ka rdzogs pa'i bzhed tshul gnyis las/ phyi mi'i lugs su byas so//

dkyil 'khor chen po de'i steng gi dpung zur g.yas na/ khams gsum rnam rgyal gyi rnam snang phyag rgya pa'i dkyil 'khor/ g.yon na rdo rje hūṃ mdzad phyag rgya bzhi pa'i dkyil 'khor bzhugs/

shar sgo'i lho phyogs kyi 'og na khams gsum rnam rgyal gyi gsung chos kyi phyag rgya gtso bor gyur pa chos kyi dkyil 'khor chen po bzhugs/ de' steng na khams gsum rnam rnam rgyal gyi thugs dam tshig gi phyag rgya gtso bor gyur pa'i gzungs kyi dkyil 'khor chen po bzhugs//

gung gi byang phyogs kyi 'og na khams gsum rnam rgyal gyi rdo rje'i rigs kyi rtsa ba'i dkyil 'khor/ de'i 'og[1] na rdo rje rigs kyi gzungs kyi dkyil 'khor/ gung gi lho phyogs kyi 'og na rdo rje rigs kyi chos kyi dkyil 'khor/ de'i steng na rdo rje rigs kyi las kyi dkyil 'khor rnams bzhugso//

dkyil 'khor chen po 'di rnams kyi steng phyogs kyi bar mtshams rnams na khams gsum rnam rgyal gyi dbang bka'i bla ma brgyud pa rnams dang/ bar gyi grva mtshams rnams na khro mo'i rig ma bcu drug dang/ sgeg sogs brgyad dang/ 'og gi grva rnams na khro bo rdo rje me ltar 'bar ba dang/ bsrung 'khor gyi khro bo/ rdo rje 'jigs byed spyan/ rdo rje gnod sbyin/ rdo rje gtsug tor/ rdo rje zhags pa/ rdo rje ba dan/ rdo rje nag mo/ rdo rje rtse mo/ rdo rje las/ rdo rje hūṃ mdzad rnams sku mdog phyag mtshan sngon gyi chan rnying pa las byung pa bzhin bkod pa dang/

lho sgo'i g.yas kyi 'og na chos skyong rgyal chen rnam thos sras zhi drag gnyis dang/ g.yon na mgon po beng gi sku rnams bzhugso// //

'di'i rten gyi gtso bo bcom ldan 'das rnam par snang mdzad chen

---

〔1〕 译者注：根据壁画，此处应为 steng。

po'i sku 'di/ mi yi dbang po bdag po nang chen rab 'byor bzang po 'phags pa'i nang rten du nang so chen mo nas bzhengs pa yin cing/ gzhal yas khang gi ri mo rnams kyi dgos kyi sbyin bdag gi dkar chag ni dkyil 'khor rang rang gi 'og na bkod pa bzhin yino// //

rnal 'byor rgyud tshul rgya mtsho chen po yi//
de nyid bsdus pa'i rtsa brgyud gling mchog[1] nas//
dkyil 'khor bcu phrag gnyis kyi nor bu blangs//
ri mo'i rgyal mtshan rtse la bkod pa 'di//
rdo rje 'chang dngos bu ston kha che yi//
lha 'bum nang bzhin legs par bkod pa'o//
bkod pa bzhin du lha bzo mkhas pa yi//
ri mor 'god par byed pa'i zhalta ba//
dge ba'i bshes gnyen rin chen dpal grub gyis//
dag par bgyis nas legs par bsgrubs pa yin//
de ltar bsgrubs pa'i dge ba rgya chen 'dis//
sbyin bdag chen po 'khor dang bcas pa dang//
gus par zhabs tog bsgrub par byed pa rnams//
myur du bla med byang chub thob par shog//
gang dag mchod rten chen po 'di bsgrub pa'i//
phyogs su lus srog yo byad gtong ba dang//
'di yi don du gom pa 'dor ba sogs//
kun kyang sangs rgyas nyid du myur 'grub shog//
gang dag mchod rten che 'di mthong ba dang//
thos bsam dran nas dad dang yid rang ba//
de dag kun kyang byang chub mchog reg gyur//
gnas skabs kun tu bstan pa rin po che//
phyogs 'tshams kun tu dar zhing rgyas pa dang//
mtha' yas sems can skye dgu'i tshogs rnams kyang//
'phral dang yun du bde bskyid ldan par shog//

---

[1] gling mchog = 'byung khungs。

bsod nams dpal gyis legs par 'byor pa yi//
chos rgyal yon mchod sku tshe brtan pa dang//
yul khams bde zhing mi nad phyugs nad dang//
lo nyes dgra'i gnod pa zhi bar shog//
lha klu char 'bebs lo tog phun tshogs shing//
chab srid che zhing dar la bsam pa kun//
chos dang 'thun par bde blag 'grub par shog//
chab 'og gtogs pa'i 'khor 'bangs thams cad kyang//
lus ngag yid gsum chos 'thun bde skyid pas//
dkon mchog mchod la mi skyo brtson bzhin pas//
sangs rgyas tshe 'di nyid la thob par shog//
dkon mchog rin chen gsum gyi byin brlabs dang//
rgyu 'bras bslu ba med pa'i bden pa dang//
chos dbyings rnam par dag pa'i byin brlabs kyis//
smon lam ji ltar btab bzhin 'grub par shog//
phyogs dang dus dang gnas skabs thams cad du//
bkra shis dang bde legs chen pos khyab par gyur cig// //

maṃgala sādhuḥ shu bhaṃ//

壁画下面题记

gung gi g.yon phyogs kyi steng na bar ma la dga' ba'i sems can rjes su bzung ba'i phyir bstan pa rnam snang phyag rgya bzhi pa'i dkyil 'khor bzhugs// de'i 'og na dum bu gnyis pa'i rdo rje'i rigs kyi gzungs dkyil bzhugs// de'i 'og na rdoe'i rigs kyi sku phyag rgya chen po gtso bor gyur pa'i rtsa ba'i dkyil ['khor bzhugs/]

byang phyogs kyi gung na rnal 'byor rgyud kyi rtsa ba'i rgyud de nyid bsdus pa'i duṃ buṃ dang po rdo je dbyings kyi sku phyag rgya chen po gtso bor gyur pa'i dkyil 'khor chen 'po bzhugs/ de'i shar lho'i gra na 'od dpag med phyag rgya bzhi pa'i dkyil 'khor bzhugs// lho nub gyi gra na mi bskyod pa'i phyag rgya bzhi pa'i dkyil 'khor bzhugs/ nub byang gi gra na ren chen 'byung ldan gyi phyag rgya bzhi pa'i dkyil 'khor bzhugs// byang shar gyi gra na gsung chos kyi phyag rgya gtso bor gyur pa'i dkyil 'khor chen po bzhugs// dkyil 'khor chen po 'di snaṃs kyi steng phyogs kyi mtshams rnams na/ rdo rje dbyings kyi dbang bka'i bla ma rgyud pa rnaṃs bzhugs// bar mtshams rnaṃs la rdo rje dbyings gyi bsang ba yum bzhi/ sgegs sogs brgyad ... dang gra bzhir 'debs pa'i phur pa lnga rnaṃs bzhugsvo//

'di[1] ltar bsgrugs pa'i dge ba rgya chen 'di/
sbyin bdag chen po 'khor dang bcas pa dang/
gus pas zhabs tog bsgrubs par byed pa rnaṃs/
myur du bla med byang chub thob par shog//

sarba manggalaṃ//

{dkyil} 'khor chen po 'di'i stod cha/ dpung zur g.yas na mi skyod pa phyag rgya bzhi pa'i dkyil 'khor/ g.yon na rin 'byung phyag rgya bzhi pa'i dkyil 'khor/ 'og gi g.yas na 'odpag med phyag ... / g.yon na don grub phyag rgya bzhi pa'i dkyil 'khor rnams bzhugso//

sgo'i byang phyogs {kyi ste} ng na thugs dam tshig {pa} phyag rgya gtso bor gyur {pa}/ gzungs kyi dkyil 'khor bzhugs// de'i 'og na gsung chos kyi phyag rgya gtso bor gyur pa chos kyi dkyil 'khor chen po bzhugs// sgo gong na phrin las las kyi phyag rgya gtso bor gyur pa las kyi dkyil 'khor chen po bzhugso// //

'di'i dkyil 'khor che chung bcvo brgyad la zhing khams chen po phyed dang bdun dkyil chung phyed dang brgyad kyi sa dang bcas pa 'di r[nams kyi dgos] kyi sbyin bdag/ chos sde chen po dpal 'khor sde chen gyi/ tshul khrims gser gyi lte ba brtan// thos bsam sgom pa'i mu khyud mdzes// rnam dag rigs pa'i rtsibs stong rgyas pa'i dge 'dun spyi pas mdzad/// //

shes bya'i gnas la blo gros rab tu rgyas pa'i ri mo mkhas pa dpal gnas snying pa dpon mo che dge bshes bsod nams dpal 'byor ba dpon slob kyis bzabs// //

dge bas khyab bdag rnam [snang] sa thob shog// maṃghala//

---

〔1〕 应读作 'dis。

shar sgo'i lho phyogs kyi steng na/ dum bu gnyis pa khams gsum rnam par rgyal ba'i gzungs kyi dkyil 'khor chen po bzhugs/ de'i 'og na [khams] gsum rnam rgyal gyi chos kyi dkyil 'khor chen po bzhugso//

lho phyogs kyi sgo gong na khro bas khro ba spang pa'i phyir bstan pa/ rdo rje'i rigs chen po dum bu gnyis pa'i dkyil 'khor rgyas pa khams gsum rnam par rgyal ba'i sku phyag rgya chen po gtso bor gyur ba'i rtsa ba'i dkyil 'khor chen po bzhugso// // dkyil 'khor chen po [de rnams] gyi dpung zur g.yas na rdoe'i rigs chen po'i rnam snang phyag rgya bzhi pa'i dkyil 'khor bzhugs/ dpung zur g.yon na rdo rje hūṃ mdzad phyag rgya bzhi pa'i dkyil 'khor bzhugso// //

. . . gung gi g.yas phyogs kyi steng na dum bu dang po'i rdo rje sems dpa' phyag rgya gcig pa'i dkyil 'khor bzhugso// de'i 'og na dum bu gnyis pa'i rdo rje rigs kyi las kyi dkyil 'khor bzhugs [so/ de'i] 'og na rdo rje rigs kyi chos kyi dkyil 'khor bzhugso// //

dge bas 'gro kun rdo rje hūṃ mdzad nyid gyur cig///

maṃ {ghala}

塔瓶、第二间佛殿（南殿）

殿门入口处题记

bla ma dang sangs rgyas dang byang chub sems dpa' thams cad la phyag 'tshal lo//

'phags pa'i lam gyis sgrib gnyis chu 'dzin legs par bcom pa'i spros bral chos nyid mkha' dbyings su//

bsod nams ye shes rin chen las grub mkhyen pa'i dkyil 'khor nam mkha'i nor bu rab mdzes pa//

thugs rje'i 'od gzer kun nas 'phro ba dpag yas smon lam rta bdun gyis bskyod 'gro ba yi//

ma rig mun sel yang dag don ston thar pa'i lo tog smin mdzad bla ma la phyag 'tshal//

sems bskyed bzhi dang spyod pa rnam bzhi'i bsam sbyor gyis bsgrub sku bzhi'i bdag nyid {sangs rgyas} dang//

bden pa bzhi ston zag pa bzhi srong bdud bzhi dang bral lung lam 'gog rten dam pa'i chos//
'bras bu bzhi thob rnam bzhis sa drug rnal 'byor bzhi ldan slob ma rgyal sras rnam gnyis tshogs//
phrin las bsdu bzhis 'khor ba'i chu bzhi'i 'jigs pa bzhi sgrol dkon mchog gsum la phyag 'tshal lo//
skye 'gag gnas med chos nyid rang bzhin rtag par yang//
mkhyen brtse gnyis med mthu las gzhan don bsgrub mdzad gang//
thub dbang mchog las phyogs bcu'i rgyal ba 'phags pa'i gnas brtan rgyal sras sogs//
'khor gyis yongs bskor thub dbang chen po rgyal gyur cig//
dkyil 'khor chen por rdo rje 'chang gi dbang bskur zhing//
dam tshig bzung nas bstan pa bsrung par zhal bzhes pa'i//
bka' stod dam pa rdo rje'i rigs rnams thams cad kis//
skye dgu kun dang bstan pa rin chen legs par skyongs//
rgyal ba'i bstan pa yun du gnas phyir dang//
chos rgyal yon mchod sku tshe brtan phyir dang//
mtha' yas sems can bde la bgod phyir dang//
rdzogs pa'i sangs rgyas myur du thob bya'i phyir//
legs byas mtsho las dal 'byor me tog 'khrungs//
rigs gzugs 'byor pa'i yal 'dab rab rgyas shing//
dad dang stong ba'i dri gsung ro bcud kyis//
bstan 'dzin rkang drug ldan pa dga' bskyed pa//
mi dbang rab brtan kun bzangs 'phags pa yi//
thugs dam mthong grol chen mo'i lho phyogs kyi//
dbus na thub chen gtso 'khor lasogs pa'i//
sku gzugs 'bur du stod pa sna tshogs dang//
ngos la rnal 'byor rgyud las 'byung ba yi//
shes rab pha rol phyin pa'i dkyil 'khor rnams//
legs par bris pa'i bkod pa 'di ltar lags// //

'di ltar mi dbang chen po'i thugs dam chos sku'i mchod rten 'dzam gling rgyan mchog gi lho phyogs kyi gzhal yas khang gi dbus na/ thub pa chen po'i sku rgya gar rdo rje gdan gyi ma hā bo dhi'i sku'i 'dra 'bag ji lta ba bzhin gtso 'khor gsum khri rgyab yol rgyan na drug gi dbus na bzhugs pa byin brlabs kyi gzi 'od 'bar ba bzhugs/

shar phyogs dang nub phyogs kyi logs la/ steng na phyogs bcu'i sangs rgyas khri rgyab yol 'ja' 'od kyi dbus na bzhugs pa dang/ 'phags pa'i gnas brtan chen po bcu drug dbang hvo zhang dang/ dge bsnyen po dharma ta la dang bcas pa brag ri'i dbus na bzhugs pa/ rgya nag gi lug nyan thos dang dge bsnyen lasogs pa'i 'khor grangs med pas bskor ba/ bzo'i bkod pa sna tshogs phul tu phyin pa [skye 'gro thams cad]〔1〕dad pa bskyed pa rnams bzhugs so// //

lho sgo gong gi dbus na/ rnal 'byor {rgyud kyi cha mthun gyi rgyud dpa} l〔2〕mchog gi shes rab kyi pha rol tu phyin pa'i dum bu dang cha 'thun zhing/ {'phros pa'i rgyud}〔3〕de bzhin gshegs pa thams cad kyi sku dang gsung dang thugs/ gsang ba rgyan bkod pa'i rgyud dang/ sher phyin tshul brgya lnga bcu pa las 'byung ba'i sku gsung thugs gsang ba rgyan bkod pa'i dkyil 'khor chen po bzhugs/

sgo'i shar phyogs kyi steng na sher phyin tshul brgya lnga bcu pa nas 'byung ba'i/ de bzhin gshegs pa rnams kyi yum chen mo ye shes kyi dkyil 'khor chen po bzhugs/ de'i 'og na de bzhin gshegs pa thams cad kyi sku gsung thugs gsang ba rgyan bkod pa'i rgyud dang/ sher phyin tshul brgya lnga bcu pa nas 'byung ba'i 'dod pa'i dbang phyug gi dkyil 'khor chen po bzhugso/

sgo'i nub phyogs kyi steng na/ de bzhin gshegs pa thams cad kyi sku gsung thugs gsang ba rgyan bkod pa'i rgyud dang/ sher phyin tshul brgya lnga bcu pa nas 'byung ba'i yum chen mo'i bsgrub thabs rgyas

〔1〕译者注：刮擦 11 厘米，但似乎不是这几个字，而是 skye bo rnams kyi . . . zhing。

〔2〕译者注：壁面有刮擦，括号中的文字据壁画下面题记补。

〔3〕译者注：壁面有刮擦，括号中的文字据壁画下面题记补。

pa'i dkyil 'khor chen po bzhugs/ de'i 'og na/ sher phyin tshul brgya lnga bcu dang/ gsang ba rgyan bkod kyi rgyud las 'byung ba'i yum chen mo shes rab kyi pha rol tu phyin pa rgyas pa'i dkyil 'khor chen po bzhugs so/

dkyil 'khor chen po de rnams kyi steng gi bar mtshams rnams na/ rtse mo rigs bsdus kyi dbang bka'i bla ma brgyud pa rnams dang/ 'dod yon lnga'i mchod pa'i lha mo rnams bzhugs/

sgo'i 'og gi shar nub rnams na/ rgyal po chen po bzhi gur gyi mgon po gtso 'khor gsum rnams bzhugs so// //

'di'i thub chen gtso 'khor gsum khri rgyab yol dang bcas pa'i ldi sku ngo bo bzhengs pa'i dgos kyi sbyin bdag/ sprul pa'i lha bzo mkhas pa dpon mo che lha'i rgyal mtshan pas mdzad/ gtso 'khor khri rgyab yol dang bcas pa'i mtshon gsol ba dang/ shar nub kyi phyogs bcu'i sangs rgyas/ gnas brtan chen po bcu drug/ hva ba zhang/ dharma ta la rnams/ 'khor brag ri dang bcas pa thams cad kyi ldi sku dang mtshon gsol ba dang bcas pa'i sbyin bdag nang so chen mo rang gis mdzad/ thub pa chen po'i sku gser gyi sbyin bdag byams sems chen mo nyi ma khye 'dren pas dad pas kun nas bslangs nas mdzad pa lagso// //

rnal 'byor rgyud kyi chu gter las/
'khrungs pa'i shes rab pha rol phyin//
rgyud chen las byung dkyil 'khor rnams//
rdo rje mchang dngos bu ston gyi//
lha 'bum nang nas 'byung ba yi//
dkyil 'khor man ngag bzhin du bkod//
legs sbyangs phyag bzo mkhas pa'i dpon rnams kyis//
sku gzugs 'bur du stod pa'i bkod pa dang//
ri mor 'god par byed pa'i zhalta ba//
dge bshes rin chen dpal grub zhes bya ba//
de yis gus pa'i blo yis bgyis pa yin//
de ltar dad gus ldan pa'i sbyin bdag dang//
sprul pa'i lha bzo gus pa'i zhabs tog pa//

rnams kyis mchod rten chen mo legs bsgrubs pa'i//
dge ba rgya chen dri med sngon 'gro des//
phan bde'i 'byung gnas bde legs gun gyi gzhi//
lhar bcas 'jig rten gtsug gi rgyan gyur pa'i//
thub pa'i bstan pa dar zhing rgyas pa dang//
bstan 'dzin bshes bsnyen sku khams bzang ba dang//
bstan pa'i sbyin bdag bsod nams dpal 'bar ba//
chos rgyal yab sras sku tshe brtan pa dang//
sems can thams cad bde skyid ldan par shog//
rgyal blon chos bzhin byed cing lha klu yis//
dus su 'thun pa'i char 'bebs lo tog rgyas//
skye rgu dar zhing bsam pa dge bar shog//
chab 'og rtogs pa'i 'khor 'bangs thams cad kyang//
rnam pa kun tu bde bskyid ldan gyur te//
rtag tu mi dge sems dang bral nas kyang//
lhag pa'i bsam pa rnam par dag gyur cig//
mdor na bdag gzhan sems can thams cad kun//
nyes pa'i dgra bcom yon tan kun rdzogs te//
phrin las lhun grub rgyun chad med pa can//
sangs rgyas nyid du nges par 'gyur bar shog//
bla med bla ma mchog gi byin brlabs dang//
bslu med rin chen gsum gyi bden pa dang//
chos dbyings rnam dag bden pa'i byin brlabs kyis//
smon lam btab pa ji bzhin 'grub par shog//

phyogs dus gnas skabs thams cad du bkra shis dang bde leṭ chenos khyabr gyuig〔1〕//

壁画下面题记

na mo arya pradznyā pa ra mi ta ye//

dus gsum sangs rgyas skyed pa'i yum//

〔1〕 译者注：即 legs chen pos khyab par gyur cig。

shes rab lha mo'i dkyil 'khor mchog//
gsang dbang brgyan bkod las 'byung ba'i//
dkyil 'khor lha tshogs rnams la 'dud// //

'dir thugs dam sku 'bum bkra shis sgo mangs mthong grol chen mo'i/ bum pa'i lho phyogs kyi gzhal yas khang gi lho'i sgo gong gi dbus na rnal 'byor rgyud kyi cha mthun gyi rgyud dpal mchog gi shes rab kyi pha rol tu phyin pa'i dum bu dang cha 'thun zhing 'phros pa'i rgyud/ de bzhin gshegs pa thams cad kyi sku dang gsung dang thugs gsang ba rgyan bkod pa'i rgyud dang/ shes rab kyi pha rol du phyin pa tshul brgya lnga bcu pa las 'byung ba'i/ sku gsung thugs gsang ba rgyan bkod pa'i dkyil 'khor chen po bzhugs so/

'di dang 'og gi sgo'i g.yas g.yon gyi rgyal po bzhi dang/ chos skyong gur gyi mgon po lcam bral gtso 'khor gsum dang bcas pa 'di rnams kyi dgos kyi sbyin bdag chen po/ dad pa'i sa bzhir bsod nams kyi sdong po brtson pa'i yal kha can dpal 'byor gyi lo 'dab gtong ba'i 'bras bus legs par brgyan pa 'khar dga' nang so nas rab dkar dge ba'i bsam pas legs par bsgrubs//

de las byung ba'i dge ba rgya chen 'dis//
nam mkha'i mthas [klas] mar gyur 'gro ba rnams//
srid zhi'i rgud pa mtha' dag las skyabs nas//
bla med byang chub mchog la myur 'god shog/// // //
ri mo'i 'du byed dpal ldan 'khar dga' ba//[1]
blo gsal phyag bde yid gzhungs brtson 'grus ldan//
dpon mo che pa don grub skyabs pa ni//
khu dbon dpon slob rnams kyis legs par bzabs//
dge bas 'gro kun byang chub myur thob shog// // //

sgo'i shar phyogs kyi steng na/ shes rab kyi pha rol du phyin pa tshul brgya lnga bcu pa nas 'byung ba'i/ de bzhin gshegs pa rnams kyi yum chen mo ye shes kyi dkyil 'khor chen po bzhugs so// // // de'i

---

〔1〕 译者注：以下五句为南壁东段绿色边框内的题记。

’og na de bzhin gshegs pa thams cad kyi sku gsung thugs gsang ba rgyan bkod pa’i rgyud dang/ shes rab kyi pha rol du phyin pa tshul brgya lnga bcu nas ’byung ba’i ’dod pa’i dbang phyug gi dkyil ’khor chen po bzhugs so/// dkyil ’khor ’di gnyis zhing khams che ba gcig yin pa’i sum gnyis kyi dgos kyi sbyin bdag/ sde pa’i gnyer chen chen mo dge bshes pas lhag bsam rnam dag gi sgo nas bsgrubs// // sum cha’i dgos kyi sbyin bdag/ dpon yig gzhon nu don grub/ shing gnyer dpon tshang thi mur ba/ dge bshes dpal ldan mgon/ dgar bsnyen pa rnams kyis dad pas bsgrubs// //

de’i dge bas mtha’ yas ’gro ba kun//
bla med rdzogs pa’i byang chub thob par shog//

maṃgala//

sgo’i nub phyogs kyi steng na de bzhin gshegs pa thams cad kyi sku gsung thugs gsang ba rgyan bkod pa’i rgyud dang/ shes rab kyi pha rol du phyin pa tshul brgya lnga bcu pa nas ’byung ba’i yum chen mo’i sgru[b thabs rgyas pa’i d]kyil ’khor chen po bzhugs so// ’di’i dgos kyi sbyin bdag ’phrang rings pa dpon po man dar ra/ rtse dman rdzong dpon/ dpon bkras pa/ nying ro ba dpon gye god ’phel rnams kyis rab dkar dge ba’i sems kyis bsgrubs// //

de’i ’og na shes phyin tshul brgya lnga bcu pa dang sku gsung thugs gsang ba rgyan bkod pa’i [rgyud las ’byung ba’i] yum chen mo shes rab kyi pha rol du phyin ba rgyas pa’i dkyil ’khor chen po bzhugs so// // ’di’i dgos kyi sbyin bdag bsol ja ba dpon bzangs[/] nying ro ba dpon phyag ’phel nye gnas mgon rin/ phyad mangs pa dpon lhun grub/ rdo bzo ba dpon rgyal po dar/ bskog thang pa dpon tshe thag/ dbu gnyis pa bkra shis mag gyos rnams kyis lhag bsa[m dad gus kyis b]sgrubs// //

de las byung pa’i dge ba rgya chen ’dis//
mtha’ yas skye dgu’i tshogs rnams thams cad kyis//
bla med rdzogs pa’i sangs rgyas thob par shog//

ri mo mkhas pa nyang stod stag tshal pa//[1]
dpon mo che don grub skyab{s} . . .
. . . slob rnams kyis legs par bzabs//
dge bas 'gro kun mkhyan myur thob shog// //
maṃghala/

塔瓶、第三间佛殿(西殿)

壁画下面题记

gung gi lho phyogs kyi steng na dum bu gsum pa 'gro ba 'dul ba'i rnam snang phyag rgya bzhi pa'i dkyil 'khor bzhugs so// de'i 'og na 'gro ba 'dul ba phyag rgya gcig pa'i dkyil 'khor bzhugs// de'i 'og na 'jig rten gsum las rnam par rgyal ba'i rtog pa las bshad pa'i de bzhin g[shegs] pa thams cad kyi dkyil 'khor chen po pad mo zhes bya ba bzhugso// 'di rnams kyi dgos kyi sbyin bdag gnas chen pa/ dbu ri dbon po/ mda' dpon pad ma rgyal/ dpon nor bu rgyal/ la mo ba dpon chos/ rtsa phu gzhis gnyer rnams kyis gus pas bgyis/

na mo ba dzra dharmā ya/

lho phyogs kyi dbus na rtsa rgyud dum bu gsum pa gti mug gi gnyen por gyur pa shes rab kyi pha rol tu phyon pa chos kyi phyag rgya gtso bor gyur ba pad ma'i rigs kyis 'dul ba'i sems can rjesu bzung ba'i don du 'gro ba 'dul ba'i dum bu la gsum las/ 'di ni dkyil 'khor rgyas pa'i 'gro ba 'dul ba sku phyag rgya chen po gtso bor gyur pa'i rtsa ba'i dkyil 'khor chen po bzhugso// dkyil 'khor chen po 'di'i shar lho'i grva na 'gro ba 'dul ba phyag rgya bzhi pa'i dkyil 'khor bzhugs/ lho nub kyi grva na gtsug phud sangs rgyas phyag rgya bzhi pa'i dkyil 'khor bzhugs/ nub byang gi grva na padma tinge 'dzin phyag rgya bzhi pa'i dkyil 'khor bzhugs/ byang shar gyi grva na padma nges pa'i dbang phyug phyag rgya bzhi pa'i dkyil 'khor bzhugso/ 'di rnams kyi dgos kyi sbyin bdag nang so chen mo nas mdzad//

---

[1] 译者注：以下四句为南壁西段绿色边框内的题记。

maṃgala

sgo'i lho phyogs kyi steng na 'gro ba 'dul ba thugs dam tshig gi phyag rgya gtso bor gyur pa gzungs kyi dkyil 'khor chen po bzhugs// de'i 'og na 'gro ba 'dul ba gsung chos kyi phyag rgya gtso bor gyur pa chos kyi dkyil 'khor chen po bzhugso// 'di rnams kyi dgos kyi sbyin bdag skya dpon a khro ba/ dpon yig gsnyene/ [g]sol dpon zhal ngo/ yul stod mi dpon/ rdzong dpon sangs rgyas/ 'uṃ bu chung ba dpon dge bsnyen rnaṃs dkyiro cig/ [ye shes] 'buṃ/ dpon bsod naṃs mgon/ sog khang pa/ dpon chos bkras/ gzhon nu btsan dar/ brag dmar ba/ sde chen pa/ brag dkar dpon bzangs/ cha dkar jo 'buṃ/ rgyang gling pa lnga dar/ stag rtse gzhu mkhan rnaṃs kyi dkyiro cig/[1] ri mo mkhas pa dpal gnas rnying pa dpon mo che dpon btsun dpal 'phel ba dpon slob rnams kyis legs par bzabs//

maṃgala/

sgo gong na 'gro ba 'dul ba phrin las las kyi phyag rgya gtso bor gyur pa las kyi dkyil 'khor chen po bzhug[s so]// 'di'i dgos kyi sbyin bdag gur dpon pa[2]/ khang dmar ba mo ston/ rta dpon dar ba lnga/ dpon dpal bzangs/ gzhis sgo gsuṃ gyi gnyer ba/ ras bzangs pa/ na hun rdzong pa/ g.yag lung pa mgon bzangs/ dus sna ba blo gros grags rnaṃs byas/

sgo'i byang phyogs kyi steng na 'jig rten gsum las rnam par rgyal ba'i rtog pa las 'byung ba'i phyag na rdo rje'i dkyil 'khor chen po bzhugso// de'i 'og na 'jig rten gsum las rnam par rgyal ba'i rtog pa las 'byung ba'i de bzhin gshegs pa thams cad kyi dkyil 'khor chen po 'jig rten gsum gyi 'khor lo zhes bya ba'i dkyil 'khor chen po bzhugs so/ ...[3] dkyil 'khor steng ma'i sbyin bdag/ dpon lhun po/ brag nag pa/ chang mo ba dpon sangs rgyas/ gser khang pa dpal mgon/

---

〔1〕 译者注：从[ye shes] 'buṃ至此为西壁南段绿色边框内的题记。

〔2〕 应读作 po。

〔3〕 译者注：壁面余下 96 厘米有修补痕迹。

phyug po srung ma/ dbal mo/ 'gar ba skyab pa/ brang lung pa/ . . .[1]

[byang] phyogs kyi steng na gsang ba nor bu thig le'i rgyud nas 'byung ba'i khams gsum rnam rgyal gyi dkyil 'khor chen po bzhugs so// de'i 'og na 'jig rten gsum las rnam par rgyal ba'i rtog pa las 'byung ba'i nam mkha'i snying po'i dkyil 'khor bzhugaso// de'i 'og na bshad rgyud thams cad gsang ba'i rgyud kyi dgongs pa . . . n ti bas bral ba'i rdo rje dbyings kyi dkyil 'khor chen po bzhugso// // 'di rnams kyi dgos kyi sbyin bdag ri bo brag pa chos skyong/ dpal dpal skyong/ gshes gnyer ba rjes po/ nying ro pa rdoe rgyaṃn/ blo bkras rnams kyis bgyis/

塔瓶、第四间佛殿(北殿)

殿门入口处题记

oṃ svasti pra dza bhya/

bla ma dam pa rnams dang sangs rgyas dang byang chub sems dpa' thams cad la phyag 'tshal lo//

gang zhig shes bya'i dkyil 'khor ma lus gzigs pa'i spyan stong mnga' ba po//

mtha' yas skye dgu 'chi med tshogs rnams phan bde la 'god thugs rje can//

srid zhi'i lha min 'jigs pa las skyob dpag yas phrin las mdzad pa po//

dpal ldan bla ma 'jam pa'i dbyangs la sgo gsum gus pas phyag 'tshal lo//

tshogs gnyis las bsgrubs sku gnyis dang ldan don gnyis mthar phyin sangs rgyas dang//

sgrib bnyis 'joms byed dag pa gnyis ldan bden gnyis chags

---

〔1〕 译者注：这段话为西壁北段绿色边框内的题记，壁面余下96厘米有修补痕迹。

bral dam pa'i chos//

bden gnyis don gzigs sgrib gnyis 'joms brtson sde gnyis phyir me ldog pa'i tshogs//

mtha' gnyis 'jigs sel don gnyis sgrub byed sde gnyis 'byung gnas skyabs gsum rgyal//

dri bral mdangs gsal pad zla'i steng du zab dang rgya che'i bdud rtsi'i gter dang a yig las//

yum chen gser mdog zhal cig phyag bzhi'i dang pos chos 'chad lhag mas rdo rje gleg bam 'dzin//

don gnyis nu 'bur sems dpa'i dpal 'bar rin chen rgyan spras lha yi gos kyis kun nas klubs//

rgyal ba ma lus skyed pa'i sher phyin phyogs bcu'i sangs rgyas bsras kyis yongs bskor rnam par rgyal//

rgyal ba'i thugs gang gnyis med ye shes khro bo chen po'i skur ston pa//

phyag na rdo rjes gdug sems bcom nas dkyil 'khor chen por dbang bskur ba//

sa brgyad mnyes shing 'jig rten gsum du bstan pa bsrung par bka' bgos pa'i//

rdo rje rigs kyi lha dang lha mo bstan bsrung kun gyis legs bar skyongs// //

bsod nams sa gzhir smon lam sa bon btab//

dal 'byor dpag bsam rigs mchog yal kha rgyas//

dal 'byor me tog 'bras bus mdzes pa can//

bstan pa'i sbyin bdag rab brtan kun bzangs 'phags//

chos kyi rgyal po chen po de nyed kyis//

thub pa'i bstan pa yun du gnas phyir dang//

bstan 'dzin skyes bu sku tshe brtan phyir dang//

'khor ba'i rgya mtshor bying ba'i sems can rnams//

kun mkhyen rin chen gling du bsgral ba'i phyir//

mchod brten chen mo'i bum pa'i byang phyogs kyi//

gzhal yas khang gi dbus na bzhugs pa yi//
rgyal ba'i sku gzugs 'bur du stod pa dang//
phyogs la rnal 'byor brgyud kyi dkyil 'khor rnams//
bris skur gzhengs pa'i bkod pa 'di ltar lags/// //

'di ltar/ mi dbang chen po'i thugs dam 'dzam gling rgyan mchog gi bum pa'i byang phyogs kyi gzhal yas khang gi dbus na/ dus gsum gyi sangs rgyas thams cad bskyed pa'i yum chen mo shes rab kyi pha rol tu phyin ma zhal gcig phyag bzhi ma/ phyogs bcu'i sangs rgyas kyi bskor ba/ khri rgyab yol bkod pa phul tu phyin pa byin brlabs kyi gzi 'od 'bar ba bzhugs/

phyogs rnams la rnal 'byor rgyud kyi dkyil 'khor chen po bzhugs pa ni/

nub phyogs kyi dbus na/ rtsa rgyud de nyid bsdus pa'i dum bu bzhi pa don thams cad grub pa'i sku phyag rgya chen po gtso bor gyur pa'i rtsa ba'i dkyil 'khor chen po bzhugs/ de'i zur bzhi na rdo rje don grub phyag rgya bzhi pa'i dkyil 'khor dang/ rin chen lta ba phyag rgya bzhi pa'i dkyil 'khor dang/ rin chen pad ma phyag rgya bzhi pa'i dkyil 'khor dang/ rin chen char 'bebs phyag rgya bzhi pa'i dkyil 'khor rnams bzhugs/

byang sgo'i nub phyogs kyi 'og na don thams cad grub pa gsung chos kyi phyag rgya gtso bor gyur pa'i chos kyi dkyil 'khor chen po bzhugs/ de'i steng na don thams cad grub pa'i thugs dam tshig gi phyag rgya gtso bor gyur pa'i gzungs kyi dkyil 'khor chen po bzhugs/

sgo gong na don thams cad grub pa'i phrin las las kyi phyag rgya gtso bor gyur pa'i las kyi dkyil 'khor chen po bzhugs/

gung gi nub phyogs kyi steng na don grub kyi dum bu las bshad pa'i rnam snang phyag rgya bzhi pa'i dkyil 'khor/ de'i 'og na don grub kyi dum bu las bshad pa'i don grub phyag rgya gcig pa'i dkyil 'khor rnams bzhugs/

dkyil 'khor chen po 'di rnams kyi bstod gyi bar mtshams rnams na dum bu gsum pa dang bzhi pa'i bshad dka'i brgyud pa'i bla ma rnams bzhugs/ nub phyogs dang lho phyogs kyi bar rnams la nor bu'i rigs kyi sgeg sogs brgyad dang rig ma bcu drug rnams bzhugs/ byang phyogs kyi bar rnams la dum bu bzhi pa'i gzungs dkyil nas bshad pa'i gzungs ma lha mo'i sku ru bris pa rnams bzhugs so//

shar phyogs kyi dbus na rdo rje dbyings kyi dum bu dang cha 'thun zhing gtso cher dpal mchog gi bshad rgyud du gyur pa/ rdo rje snying po rgyan gyi rgyud las byung ba'i/ chos kyi dbyings kyi rdo rje chen po snying po'i rgyan de bzhin gshegs pa thams cad kyi gsang ba'i dkyil 'khor chen po bzhugso//

dkyil 'khor chen po 'di'i steng gi dpung zur g.yas na rgyud 'di nyid nas byung ba'i dbang chen gyi dkyil 'khor bzhugs/ dpung zur g.yon na de bzhin gshegs pa thams cad kyi mnyam pa nyid sngon par dbang bskur ba'i dkyil 'khor bzhugs/ 'og gi g.yas zur na/ rgyud 'di nyid nas 'byung ba'i 'gro ba 'dul ba'i dkyil 'khor bzhugs/ g.yon zur na rgyud 'di nyid kyi rdo rje rin chen gyi dkyil 'khor bzhugs so//

sgo'i shar phyogs kyi steng na rdo rje snying po rgyan gyi rgyud nas 'byung ba'i theg pa chen po mngon par rtogs pa'i dkyil 'khor chen po bzhugs/ de'i 'og na rgyud de nyid las 'byung ba'i rdo rje snying po'i dkyil 'khor chen po bzhugs so//

gung gi shar phyogs kyi steng na rgyud 'di nyid nas 'byung ba'i 'jig rten gsum las rnam par rgyal ba'i dkyil 'khor bzhugs/ de'i 'og na rgyud 'di nyid kyi he ru ka'i dkyil 'khor bzhugs/ de'i 'og na rgyud 'di nyid kyi gshin rje gshed kyi dkyil 'khor bzhugs so/

gung nub kyi 'og na/ rgyud de nyid nas 'byung ba'i rdo rje las kyi dkyil 'khor bzhugso//

dkyil 'khor chen po de rnams kyi bar mtshams na rgyud de nyid nas 'byung ba'i/ khro bo rta mgrin dang/ khro bo gzegs ma dang/ khro bo mi g.yo dang/ khro bo gshin rje gshed rnams dang/ gtsug tor 'khor lo sgyur ba dang/ gtsug tor gzi brjid phung po/ gtsug tor gdugs dkar/ gtsug tor rnam par rgyal ba/ gtsug tor rnam par gsal ba/ gtsug tor steng 'gro/ gtsug tor steng 'gro chen po rnams dang/ mā ma ki/

sgrol ma/ khro gnyar can/ spyan ma/ 'dod yon lnga dang/ nyer spyod kyi lha mo bzhi rnams/ rgyud 'di nyid las 'byung ba bzhin legs par bkod pa rnams bzhugs so + h[1]//

...[2] dbus kyi sangs rgyas thams cad bskyed pa'i yum yum chen mo shes rab kyi ...[3] zhal gcig phyag bzhi ma sras phyogs bcu'i sangs rgyas kyis b[skor ba sku gzugs][4] 'bur du stod pa/ khri rgyab yol dang bcas pa mthong ba tsam gyi[s] ...[5] byed pa/ 'di'i dgos kyi sbyin bdag rigs rus chos 'brang du ma'i ...[6] mngon par mtho ba'i bdag mo byang sems dpal chen rgyal mo bas gus pa'i sgo nas mdzad/ ri mo rnams kyi dgos kyi sbyin bdag rang rang gi dkar chag na gsal//

rnal 'byor rgyud kyi chu gter che//
kun snying rnam spyod bsrubs shing las//
bsrubs pa las byung nor bu yis//
dgos 'dod char chen 'di phab po//
rtsa ba'i rgyud las 'byung ba yi//
dum bu bzhi pa'i dkyil 'khor bcu//
rdo rje snying po rgyan rgyud las//
'byung ba'i dkyil 'khor bcu gcig rnams//
bu ston thams cad mkhyen pa yi//
lha 'bum dkyil 'khor bkod pa bzhin//
sprul pa'i lha bzo du ma yis//
ri mor 'god pa'i zhalta ba//
dge bshes rin chen dpal grub kyis//

---

〔1〕 译者注：题记的写法为 so 下面加上 h。
〔2〕 译者注：此处被柱子挡住。
〔3〕 shes rab kyi 后应该加上 pha rol tu phyin pa。
译者注：此处被柱子挡住。
〔4〕 译者注：此处被柱子挡住，文字应为抄写的喇嘛所补。
〔5〕 译者注：此处被柱子挡住。
〔6〕 译者注：此处被柱子挡住。

dad brtson gus pa'i sgo nas bsgrubs//
de ltar mchod rten chen mo 'di bsgrubs pa'i//
sbyin bdag chen po sku 'khor bcas pa dang//
gzo dang zhabs tog sgrub par byed pa dang//
'di phyogs lus srog yo byad gtong ba rnams//
de yi dge ba dus mtha'i me dpung gis//
'khor ba'i sdug bsngal rgya mtsho legs skems shing//
zang zing ri sogs ma lus bsregs nas kyang//
mi gnas myang 'das myur du thob par shog//
'gro ba kun gyi pan bde 'byung ba'i gnas//
gnyis med bsrung pa'i bstan pa rin po che//
lha klu lha min mi 'am ci sogs kyi//
gus bas bkur zhing yun ring gnas par shog//
mtha' yas sems can skye rgu'i tshogs rnams kyang//
gnas skabs kun tu bde zhing skyid bzhin pas//
phan tshun byams pa'i sems dang ldan pa yis//
rgyun du bsod nams 'ba' zhig spyod par shog//
bstan pa mchod cing 'dzam gling chos bzhin skyong//
bsod nams dpal gyis mngon par mtho ba yi//
chos rgyal yon mchod sku tshe brtan pa dang//
rgyal blon thams cad chos bzhin spyod par shog//
dge ba'i bshes rnams sku tshe ring ba dang//
lha klus dus su char 'bebs lo tog rgyas//
mi nad phyugs nad dgra yi gnod pa med//
yul khams bde zhing 'jig rten dar bar shog//
chab srid che zhi brtan〔1〕la bsam pa kun//
chos dang 'thun par bde blag 'grub par shog//
chab 'og rtogs pa'i 'khor dang 'bangs rnams kyang//
'phral dang yun du bde bskyid ldan pa dang//

〔1〕 译者注：zhi brtan 据图齐所录读作 zhing bstan。

kun du sgo gsum chos dang 'thun pa yis//
skyo med mchod rten mchod la brtson gyur cig//
mchog gsum rin chen skyabs kyi bden pa dang//
chos dbyings rnam par dag pa'i byin brlabs dang//
rgyu 'bras bslu ba med pa'i bden pa yis//
ji ltar smon pa bzhin du 'grub par shog//

phyogs dang dus dang gnas skabs thams cad du bkra shis dang bde legs chen pos khyab par gyur cig// //

maṃgala bhavantu///

壁画下面题记

na mo badzra satva ya/

'di ni rtsa rgyud dum bu bzhi pa ser sna can rjes su bzung pa'i phyir nor bu'i ris kyi don thams cad grub pa'i dkyil 'khor las rgyas pa la dga' ba'i sems can rjes su bzung ba'i phyir dkyil 'khor rgyas pa bzhi las/ 'di'i dbus na sku phyag rgya chen po gtso bor gyur pa don thams cad grub pa rtsa ba'i dkyil 'khor chen po bzhugs so// de'i shar lho'i grva na don grub phyag rgya bzhi pa'i dkyil 'khor/ lho nub kyi grva na rine lta ba phyag rgya bzhi pa'i dkyil 'khor/ nub byang gi grva na rin chen pad ma phyag rgya bzhi ba'i dkyil 'khor/ byang shar gyi grva na rin chen . . .〔1〕

sgo'i nub phyogs kyi steng na don thams cad grub pa thugs dam tshig gi phyag rgya gtso bor gyur pa gzungs kyi dkyil 'khor chen po bzhugs// de'i 'og na gsung chos kyi phyag rgya gtso bor gyur pa don grub chos kyi dkyil 'khor chen po bzhugso// 'di'i dgos kyi sbyin bdag rine rtse'i gnyer chen po rdor bsam pa/ gnyer chen 'ba' ra ba/ dbu mdzad 'jam 'od pa rnams kyis mdzad///

'di'i sgo gong na phrin las las kyi phyag rgya gtso bor gyur pa don grub las kyi dkyil 'khor chen po bzhugs so// // 'di'i dgos kyi sbyin bdag zhing khams gi sum gnyis kyi sbyin bdag bag rtse ba dpon po

〔1〕 译者注：余下壁面修补 117 厘米。

chos rgyal ba sku mched kyis mdzad// sum cha'i phyed kyi sbyin bdag rgyags pa dpon dge sbyong ba yab sras kyis mdzad// sum cha'i phyed kyi sbyin bdag bag rtse rin chen gling pa dpon dge sbyong ba yab sras kyis mdzad// ri mo mkhas pa lha rtse ba dpon dge bsnyen sku mched kyis bzabs nas bris//

dge bas 'gro la rin chen char 'bebs shog//

maṃghala//

sgo'i shar phyogs kyi steng na rdo rje dbyings kyi dum bu dang cha 'thun zhing gtso cher dpal mchog gi bshad rgyud du gyur pa rdo rje snying po brgyan gyi rgyud las 'byung ba'i theg pa chen po mngon par rtogs pa'i dkyil 'khor chen po bzhugso// de'i 'og na rgyud de nyid las 'byung ba'i rdo rje snying po'i dkyil 'khor chen po bzhugso/ 'di rnams kyi dgos [kyi sbyin b]dag chang ma dpon btsun/ slob dpon lcags mo/ rtsis mkhan tshe dbang rgyal/ dgon gsar ba/ mi pho lha bsrungs rnams kyis bsgrubs/ ri mo mkhas pa jo nang pa dpon btsun dkon mchog bzang pos bzabs nas [bris/]

shar phyogs kyi dbus na rdo rje dbyings kyi dum bu dang cha mthun zhing/ gtso cher dpal mchog gi bshad rgyud du gyur pa/ rdo rje snying po brgyan gyi rgyud las byung ba'i/ chos kyi dbyings kyi rdo rje chen po snying po'i rgyan de bzhin gshegs pa thams cad kyi gsang ba'i dkyil 'khor chen po bzhugso// dpung zur g.yas na namkha'i snying po'i dkyil 'khor bzhugs/ g.yon na 'gro 'dul gyi dkyil 'khor bzhugs/ 'og gi g.yas zur na rdo rje hūṃ mdzad kyi dkyil 'khor bzhugs/ g.yon na rdo rje khu tshur gi dkyil 'khor bzhugs/ bar mtshams la rgyud de nyid dang 'brel ba'i bla ma bdun/ rgyal ba yab sras gsum/ mi dbang kun bzang 'phags dang/ tshe dpag med sogs lha tshogs gsum cu bskor bzhugs// // //

'di rnams sngon spyod rta bdun dbang po bzhin//
dbang po'i gzhu ltar mngon par bkra ba las//
bar skabs zhig bzos ngo mtshar rmad byung 'di//
bstan pa rgyas byed mchog gi sprul pa'i sku//

blo bzang 'jam dbyangs dpal 'byor don 'grub gis//
rgyal bstan de 'dzin 'gro kun bcas pa yis//
dga' ba'i pho brang 'dzam gling mngon mtho ba'i//
rtsa mor g.yo med brtan pa'i ched du bzhengs// //[1]

... steng gi shar phyogs kyi steng na rgyud de nyid las 'byung ba'i 'jig rten gsum las rnam par rgyal ba'i dkyil 'khor bzhugs so// de'i 'og na he ru kha'i dkyil 'khor bzhugso// de'i 'og na gshin rje gshed kyi dkyil 'khor bzhugso/

'di rnams kyi dgos kyi sbyin bdag/ nang so chen po nas kyis mdzad/

'di'i steng na rnam par snang mdzad [nor] bu'i rigs kyi phyag rgya bzhi pa'i dkyil 'khor chen po bzhugs so// // de'i 'og na don thams cad grub par phyag rgya ...[2]

八 山 底 层[3]

[1] ... ru dgu pa las 'byung ba/ rnam snang gi rigs kyi khro bo/ bcom ldan 'das gshin rje'i gshed dmar po lha lnga'i bdag [nyi]d can gyi lha tshogs bum pa dang bcas pa dbang bka'i bla ma rgyud pa/ [smad tshar la] chos [skyong] gur makona lcam bral rnam [sras dang bcas pa bzhugs/ 'di ni mi'i dbang po chos kyi] rgyal po chen po [rab brtan kun bzang 'phags kyi thugs dam du bzhengs pa'o/ ri mo mkhas pa jo nang pa dpon] btsun dkon mchog bzang po pa dpon slob rnams kyis legs par bzabs/

dge bas 'gro kun [gshin rje gshed kyi] ko 'phang myur thob shog//

[3] 'di rnal 'byor {chen po thabs kyi}[4] cha gyi gtso bor ston pa pha'i rgyud las/ mi bskyod pa'i rigs kyi/ dpal gsang ba 'dus pa'i rtsa

---

〔1〕 译者注：此偈颂为东壁绿色边框内的题记。
〔2〕 译者注：余下壁面修补78厘米。
〔3〕 方括号中的阿拉伯数字对应于《梵天佛地》第四卷，第一册，第237页，插图57中的各壁面编号。
〔4〕 译者注：壁面磨损，括号内的文字参照其他题记加。

rgyud chen po las byung ba'i / bcom ldan 'das gsang ba 'dus pa mi bskyod rdo rje [lha gsum cu so bdun] . . . dpon slob rnams kyis legs par bzabs //

de'i dge bas mkha' mnyam sems can rnams //

kun mkhyen chos kyi rgyal po thob pa shog ///

shu bhaṃ

[4] . . . de ni {rnal} 'byor chen po thabs kyi cha {gtso bor ston pa pha'i rgyud las / . . . rgyud chen po las 'byung ba'i} / . . . bcu bdun gyi bdag nyid can gyi {dkyil 'khor chen po'i} lha tshogs {dbang} bka'i {rgyud pa dang bcas pa'i ri mo'o} / 'di {yang} mi'i dbang po chos kyi rgyal po chen po {rab brtan kun bzang 'phags}〔1〕pa'i thugs dam du bzhengs pa'o // ri mo mkhas pa lha rtse ba dpon mo che thar pa bar dpon slob kyis legs par bzabs //

de lta'i dge ba'i nyin byed 'od zer gyis //

namkha' mtha' khyab sems can thams cad kyi //

sgrib gnyis mun pa'i tshogs rnams rab bcom nas //

'jam pa'i rdo rje'i go 'phangs myur thob shog //

shu baṃ

[5] na mo . . .

'di ni phyag na rdo rje drag po gsum 'dul gyi rgyud las byung ba'i 'khor lo chen po'i lha [tshogs] . . . brgyud pa dang bcas pa grub chen sa ri pa dang / dzā ri pa'i dgongs pa dang / dmar chos kyi rgyal po'i yig cha bzhin bkod pa 'di ni / mi'i dbang po chos kyi rgyal po chen po'i thugs dam du bzhengs pa'o / ri mo mkhas pa 'khar dga' pa dpon btsun sang rin pa dpon slo[b kyis b]zabs /

dge bas 'gro kun rdo rje 'chang thob shog //

[6] na mo . . .

'di ni rnam 'byor rgyud dpal gsang ba 'dus pa 'jig rten dbang phyug lha bcu bdun gyi bdag nyid can gyi lha tshogs . . . thugs dam du

〔1〕 译者注：壁面磨损，括号内的文字参照其他题记加。

bzhengs pa'o/ ri mo mkhas pa jo nang dpon btsun dkon mchog bzang po bas . . .

[7] . . .

'di ni rnal 'byor chen po thabs kyi cha gtso bor ston pa pha'i rgyud las rnam snang gi rigs kyi khro bo/ gshin [rje gshed nag po'i rgyud las] 'byung ba'i/ gshin rje gshed 'jam pa'i rdo rje zhes bya ba'i gtso 'khor lnga'i lha tshogs rnams kyi bkod pa'o/ 'di yang mi'i dbang po chos kyi rgyal po chen po rab brtan kun bzang 'phags ba'i thugs dam du bzhengs pa'o/ ri mo mkhas pa jo nang pa dpon btsun dkon mchog bzang pos bzabs//

shu baṃ//

[8] na mo shri ya man ta ka ya/

'di ni rnal 'byor chen po thabs kyi cha gtso bor ston pa pha'i rgyud las rnam par snang mdzad kyi rigs kyi khro bo gshin rje gshed nag po'i 'khor lo'i las thams cad bsgrubs par byed pa'i rgyud las 'byung ba'i zhe sdang gshin rje gshed pho nya brgyad dang bcas pa'i ri mo'o/ 'di yang mi'i dbang po chos kyi rgyal po chen po rab brtan kun bzang 'phags [kyi] thugs dam du bzhengs pa'o/ ri mo mkhas pa lha rtse pa dpon lhun grub dpon slob kyis bzabs/

[9] na mo shri rakta ya manta ka ya/

'di ni rnal 'byor chen po phar rgyud kyi gshin rje gshed dmar po'i rgyud le'u nyi shu rtsa gnyis pa las 'byung ba/ bcom ldan 'das dpal gshin rje gshed dmar po lha bcu gsum gyi bdag nyid can gyi lha tshogs dbang bka'i rgyud pa dang bcas pa'i ri mo'o/ 'di yang chos rgyal chen po rab brtan kun bzang 'phags kyi thugs dam du bzhengs pa'o/ ri mo mkhas pa lha rtse pa dpon lhun grub dpon slob [kyis bzabs/]

[10] na mo shri kā la ya manta ka ya/

'di ni rnal 'byor pha'i rgyud de bzhin gshegs pa thams cad kyi sku gsung thugs gshin rje gshed nag po'i rgyud las 'byung ba/ bcom ldan 'das 'jam dpal gshin rje'i gshed dgra nag po lha bcu gsum gyi bdag nyid can gyi lha tshogs dbang bka'i bla ma rgyud pa dang bcas pa'i bkod pa'o/ 'di ni mi'i dbang po chos kyi rgyal po chen po rab brtan kun bzang 'phags pa'i thugs dam du bzhengs pa'o// ri mo mkhas pa lha rtse ba dpon mo che thar pa ba dpon slob kyis legs par bzabs/

[11] 'di'i ngos 'di la gshin rje gshed dmar nag gi dgos kyi chos skyong . . . bcvo lnga las gshin dang bcas pa rnams bzhugs so//

dge bas 'gro kun gshin rje'i gshed gyur cig//

maṃ gha la//

八 山 顶 层[1]

[1] na mo shr'i kā la tsa krā ya//

gang zhig khyod sku shin tu phra ba'i rdul phran las kyang rnam par 'das//

gang gi gsung ni brjod pa las 'das gzhom med rnam pa thams cad pa//

gang gi thugs ni rtag tu mi 'gyur mchog tu mi 'gyur bde bas gang//

dpaldan dus kyi 'khor lo de'i mdzad pas kun nas skyong gyur [cig]//

dpaldan khyod kyi zhing bkod khyad par 'phags//

[bkod legs rnam bkra dbang po'i gzhu 'dra ba//

thugs kyi dkyil 'khor yongs su rdzogs pa'i lha//

ri mo'i] bkod par byon pa'i zhing khams 'di//

'di na yangs pa'i khri la rab bzhugs pa//

rigs kyi zla ba bskrun pa'i lhag bsam can//

gang gi ma ma nyi ma khye 'dren pas//

mthun pa'i yo spyad kun nas sbyar byas te//

legs par grub pa 'di ni dge legs 'phel//

'di dag bzhengs pa'i ri mo'i 'du byed pa//

nyang stod gnas rnying mkhas pa dpal 'phel ba//

---

[1] 方括号中的阿拉伯数字对应于《梵天佛地》第四卷，第一册，第 241 页，插图 59 中的各壁面编号。

sku mched lag pa'i 'du byed dag las 'ongs//
dge bas kun mkhyen go 'phangs thob par shog//
maṃghala//

[2] [na mo tsa kra ba dzra/]
dpaldan lhan cig skyes gang mi 'gyur bde ba che//
shes rab bdag med yum dang rnam ldan yum gyis 'khyud//
sku gnyis zung 'jug chos dang longspyod sprul pa'i skus//
theg mchog lam 'ongs dpa' bo gar mdzad dges pa che//
gang gi zhing bkod rnam bkra rmad byung dbang po'i gzhu//
'phags yul grub mchog sheng rta grub chen 'brom bhi sogs//
de dag bzhed bzhin rgyud sde'i gzhung dang mi 'gal bar//
legs bzhengs 'di'i 'thun pa'i tshogs bcas phun tshogs rnams//
gang zhig mtho ris bdun ldan ris kyi nyi ma'i yum//
lhag bsam dkar ldan byang sems nyi ma khye 'dren pas//
legs bzhengs 'di yi ri mo'i 'du byed mkhas pa'i dpal//
rig gnas mthar phyin shes bya 'di la mkhas pa'i dbang//
sdom brtson mkhas pa dpal 'phel sku mched slob mar bcas//
de dag lag pa'i 'du byed las 'ongs dge le{gs gyur//}

[3] na mo tsakra saṃ ba rā ye/
'od gsal mkha' dbyings lha lam las 'ongs bde ba che//
gzhig med 'ja' lus rdoe'i sku de [zung du 'jug]//
chos dang lo{ngs spyod rdzogs pa gang de he ru ka}[1]//
shes {rab rdoe phag mo gang de rnam bcas}[2] yum//
drug cu rtsa gnyis lha yi tshogs de [dbang po'i gzhu//]
gang zhig bkod legs ri [mor bkra ba'i zhing khams 'di//
'phags yul grub chen nag po spyod pa'i bzhed pa ltar//
rgyud ste'i gzhung dang rgya bod mkhas pa lugs bzhin du//
gang zhig chen por khrir bzhugs rigs kyi zla ba'i yum//

[1] 译者注：括号中的文字据北壁内侧题记补。
[2] 译者注：括号中的文字据北壁内侧题记补。

lhag bsam dkar ldan byang] sems nyi ma khye 'dren pas//
legs bzhengs 'di yi ri mo'i 'du byed mkhas pa'i dpal//
rig gnas {mthar phyin shes bya 'di la mkhas pa'i dbang}//
sdom brtson mkhas pa dpal 'phel sku mched slob mar bcas//
de dag lag pa'i 'du byed las 'ongs dge leg{s gyur//}

[4] na mo tsa kra saṃ bha ra ye/

'od gsal mkha' dbyings lhag bsam las 'ongs bde ba che//
gzhig med 'ja' lus rdoe'i sku de zung du 'jug//
chos dang longs spyod rdzogs pa gang de he ru ka//
shes rab rdoe phag mo gang de rnam bcas yum//
drug cu rtsa gnyis lha yi tshogs de dbang po'i gzhu//
gang zhig bkod legs ri mor bkra ba'i zhing khams 'di//
'phags yul grub chen lo i pa yi bzhed pa ltar//
rgyud sde'i gzhung dang rgya bod 'khas pa'i lugs bzhin du//
gang zhig chen po'i khrir bzhugs rigs kyi zla ba'i yum//
lhag bsam rnam dkar byang sems nyi ma khye 'dren pas//
legs bzhengs 'di'i ri mo'i 'du byed mkhas pa'i dpal//
rig gnas mthar phyin shes bya 'di la mkhas pa'i phul//
sdom brtson mkhas pa dpal 'phel sku mched slob mar bcas//
de dag lag pa'i 'du byed legs 'ongs dge legs gyur//

maṃ gha la bhavantu//

[5] na maḥ shri tsakra sa bha ra/

gang zhig khyod sku gnyis med bde chen lhan cig skyes//
gang gi gsung ne gzhom med rnam pa thams cad pa//
gang gi thugs ni ji lta ji snyed spyan yangs pa//
he ru ka dpal rten dang brten par bcas la 'dud//
khyod kyi zhing bkod rnaṃ bkra dbang po'i gzhu//
sngon med ri mor bkra ba rmad byung 'di//
gang zhig chen po'i khrir bzhugs rigs kyi yum//
lhag bsam dkar ba'i ba dan cher g.yo ba//
byang sems nyi ma khye 'dren dad ldan gyi//

'thun pa'i yo byad bsgrubs nas legs par bzhengs//
ri mo'i 'du byed dpal ldan gnas rnying pa//
shes bya 'di la mkhas pa'i phul phyin pa//
sdom brtson dpal 'phel sku mched slob bcas kyi//
lag pa'i 'du 'god dag las legs par 'ongs//

[6] . . .
. . . . . . 'ja' lus dbang po'i gzhu//
zung 'jug bde chen {lca} gi sdos pa'i sku//
. . . . {mngon} mdzad he ru ka dpal der//
lan cig min par btud nas zhing gi bkod//
dbang po'i gzhu 'dra sngon med he ru ka//
'khor gyi dpa' bo dpa' mo rgyud sde nas//
gang zhig rdo rje 'chang gis legs gsung pa//
rmad byung zhing bkod 'di'i sbyin pa'i bdag//
gang zhig yangs ba'i khri bzhugs chen po'i yum//
lhag bsam dkar ldan nyi ma khye 'dren pas//
dad ldan mdun pa'i sgo nas legs par bzhengs//
ri mo'i 'du byed nyang stod gnas rnying pa//
pir thog dbang po mkhas pa dpal 'phel ba//
sku mched lag pa'i 'du 'god dag las 'ongs//
dge bas rnal 'byor nam mkha'i gnas thob shog//
maṃgala bhavantu//

[7] oṃ bde legs su gyur cig/
gang zhig khyod sku dbang po'i gzhu//
khyod thugs ji lta ji rnyed ye shes des//
gang de rten dang brten pa'i dkyil 'khor du//
dag pa'i thugs mnga' dag la . . . .
. . . dpal ldan rnal 'byor namkha' g{co}d . . . [1]

[8] na mo bud dha kā pa la//

〔1〕 译者注：余下壁面重绘 140 厘米。

rab dkar lha lam las 'ongs shing//
ye shes gnyis med zung du 'jug//
bcu phrag gnyis dang lnga yi tshogs//
dpal ldan bud dha ka pa las//
'gro 'dir dge legs dpag yas mdzod//
khyod kyi zhing bkod dbang po'i gzhu//
sngon med bkod legs ri mor bkra//
phul byung khyad par 'phags 'di dang// //〔1〕

[9] na mo pu ka e ka na tha ya//
gang zhig shes rab yangs pa'i lha lam las//
stong nyid snying rje'i rta bdun gyis drangs shing//
theg mchog pad mo'i tshal rab rgyas byed pa'i//
mgon po khyod sku 'khor gyi rab bskor ba'i//
zhing bkod rmad byung gnyis kyi sbyin pa'i bdag//
rigs dang 'byor pa'i dpal gyi mngon bar mtho//
dad dang sbyin sogs dge tshogs sgrub la brtson//
byang sems nyi ma khye 'dren dad pas bzhengs//
maṃgala//

[10] na mo ḍaki pan tsa na tha ya//
'od gsal lha yi lam las 'ongs//
zung 'jug dbang po'i gzhu ['dra ba//]
dpal ldan mkha' 'gro lnga yi tshogs//
khyed kyis 'gro 'di bde legs mdzod//
nyid kyi zhing bkod rmad byung 'di//
bzhengs pa'i 'thun pa'i rkyen sbyor ba//
byang sems nyi ma khye 'dren pas//
lhag b[sam dag] . . . pas bzhengs// //

[11] na mo lo ki shva rā ya//
thabs mkhas thugs rje'i chu glung rnams//

---

〔1〕 译者注：壁面于此结束。

byang chub sems kyi chu gter du//
yon tan dpag yas nor bur bcas//
'phrin las ded dpon spyan ras gzigs//
khyed kyis 'gro 'dir bde legs mdzod//
khyed sku 'khor kyi yongs bskor ba'i//
zha ....〔1〕//
ri mo mkhas pa gnas rnying pa//
dpon btsun dpal 'phel sku mched kyis//
legs par bzabs te bris pa dge//

〔1〕 译者注：壁面磨损58厘米。

第三部分
译　　文

萨　玛　达

吉祥！

执持善逝教法之江尊，
其之名讳初为法，
中词无显饰智慧，
叶如朵之其仲处，[1] 1
安立怙主文殊像，
量为四肘光彩聚；
为使教法住于此，
及为现世根本师，2
尊号扎西贡布及，
金刚兄弟瑜伽士，[2]
索南名为嘉措之，[3]
此之二者之福德，3
吾以猛烈之精勤，
安立文殊以此善，
祈愿教法长久住，
众生睹见无二义！[4] 4

---

〔1〕 叶如是划分藏(gtsang)的两部分之一。
〔2〕 即接受同一个上师灌顶。
〔3〕 即 bsod nams rgya mtsho。
〔4〕 即超越是非、有无的胜义谛。

依胜师友而成为，
具足甘露善知识，〔1〕
诸等正士所顶礼，
一切贵贱之亲友， 1
为法蔑视诸利养，
具足戒律之庄严，
开启甘露智慧之，〔2〕
口之誓言得成办。 2
安立三世一切之，
诸佛身语意化现，
三姓怙主以此善，〔3〕
祈愿三有诸众生，〔4〕 3
依于悲之地基后，〔5〕
以般若谷甘露力，〔6〕
摧破诸等烦恼毒，
畅饮智慧之甘露！ 4

圆满上师江尊之誓愿，
卫藏一切语文不同者，
众多塑匠自愿来至亦，

---

〔1〕 善知识(kalyaṇāmitra)指正直而有德行，能教导正道之人；最胜善知识是开示解脱真谛的佛陀。

〔2〕 即由其智慧所产生的如甘露一般引导解脱的辩才；嘴被叫做甘露所依口(bdud rtsi'i rten kha)，见 *mngon brjod kyi bstan bcos mkhas pa'i rna rgyan*［藻饰词论·智者耳饰］，第 90 叶。颂扬法智慧(chos blo gros)功德的这几颂提及了他的名字。

〔3〕 即观音(spyan ras gzigs)、金刚手(phyag na rdo rje)和文殊('jam dbyangs)。

〔4〕 欲有、色有、无色有。

〔5〕 象征观音(spyan ras gzigs)，此处的发愿暗示该像座是最末一个，因此题记应该是三个中的最后一个。

〔6〕 般若谷象征文殊('jam dbyangs)，甘露力象征金刚手(phyag na rdo rje)。

为使心喜熏奴沃等等，[1] 1
于大智者婆罗门种姓，
生于班左拉地之玛底，
辛苦侍奉而使其满意。
虽已年高肢体变僵硬， 2
由密灌顶无人能越其，
复次为使自他获菩提，
此生丝毫不为贪名闻。 3

艾　旺　寺

中殿

吉祥！啊！四洲最胜南之赡部洲，[2]
洲中极其殊胜贵地江若处，
极其殊胜施主贡日夫妇俩，
以此极其殊胜弥勒佛身像，
愿获极胜福德无上之菩提！
供资施主及眷属，
吾与无量诸有情，
愿获无上之菩提！
顶礼佛陀！
绚烂绘画天竺式，
吾为画工坚赞扎。

无量寿佛佛殿

善逝绘画于阗式，

---

〔1〕 熏奴沃(gzhon nu 'od)经常在 *myang chung*［后藏志］中被提及，第 106 叶。另见《梵天佛地》第四卷，第一册，第 43 页。

〔2〕 四洲指东胜身洲(Pūrvavideha)、南赡部洲(Jambudvīpa)、西牛货洲(Aparagodānīya)、北俱卢洲(Uttarakuru)。

……………不同，
小译师旺邦堆，
………………
札萨……瞻视
………………
内殿中之绘画圣文殊

江孜白居寺大殿

东面贤劫一百二十五尊净土壁画，持虔信力……为以福德净治二障[1]，供资施主法王贝桑[2]成办。善巧画师岗桑绘。愿此善成为以父母为首的等虚空的全都有情获得两种身[3]之因！愿喇嘛天众亦如此成就！

南面贤劫一百二十五尊净土壁画，系供资施主、承担勇担之孜贝[4]比丘成办。尼木桑日善巧画师（仁钦札）[5]敬绘。

愿吾此善所表诸众生，
三世一切无余所有善，
齐聚一处回向大菩提，
胜三皈依之谛得成就！

---

〔1〕 指烦恼障和所知障。

〔2〕 即帕巴贝桑波（'phags pa dpal bzang po），饶丹衮桑帕巴（rab brtan kun bzang 'phags pa）之祖父。
译者注：此贝桑应为饶丹衮桑帕巴的侄儿扎西饶丹贝桑波（bkra shis rab brtan dpal bzang po），其在位期间对白居寺进行了修缮，参见 *rgyal rtse chos rgyal gyi rnam par thar pa dad pa'i lo thog dngos grub kyi char 'bebs zhes bya ba bzhugs so*［江孜法王传·成就信之稼穑之雨霖］，第 292 – 294 页。

〔3〕 即成佛。据佛教论典，佛有两身：生身（nirmāṇakāya）和法身（dharmakāya），例如《大智度论》卷八十八，《大正藏》第 25 册，经号 1509，第 683 页。关于其他的引述，参见望月信亨主编，《佛教大辭典》，东京：佛教大辞典发行所，1936 年，第五卷，第 4029 页。

〔4〕 看起来不像人名，而更像地名或家族名。

〔5〕 此据其他佛殿的题记而补。

江孜十万佛塔

第一层

第一层、第三间佛殿

顶礼金刚手[1]！

此调伏部多金刚手[2]神殿之南壁配列有调伏部多金刚手主从

---

〔1〕 皈敬颂在几乎所有的佛殿中通常都以梵文转写表示。

〔2〕 关于调伏部多(Bhūtaḍāmara)，有一部怛特罗即*Bhūtaḍāmaramahātantrarāja*［调伏部多怛特罗大王］，《西藏大藏经总目录》第747号；也有汉译即《佛说金刚手菩萨降伏一切部多大教王经》，《大正藏》第20册，经号1129。

关于该本尊的成就法(sādhana)亦见于*bstan 'gyur*［丹珠尔］，例如参见M. Lalou, *Répertoire du Tanǰur d'après le catalogue de P. Cordier*, Paris, Bibliothèque Nationale, 1933; B. Bhattacharyya, *The Indian Buddhist Iconography Mainly Based on the Sādhanamālā and Other Cognate Tāntric Texts of Rituals,* Calcutta, Oxford University Press, 1924, pp. 144–145; *Sādhanamālā* II, pp. 512, 515. 除了布顿的描述，*sgrub thabs kun btus*［成就法集］专门有一章可以参考：*dpal kye rdo rje'i bshad rgyud rdo rje gur gyi las rgyas pa'i lha gsum las phyag na rdo rje 'byung po 'dul byed kyi sgrub thabs rjes gnang man ngag dang bcas*［吉祥喜金刚释续金刚帐之业广大三神中所出调伏部多金刚手成就法随许并口诀］，作者是以修钦(zhu chen)闻名的德格(sde dge)的楚臣仁钦(tshul khrims rin chen)，cha函。调伏部多(Bhūtaḍāmara)最初是印度少数族群或边区部族的神，后来逐渐成为湿婆(Śiva)的众多化身之一。

很可能他代表了称之为部多(bhūta)的魔障的喧嚣(ḍāmara)的人格化：相应地，该名字指代一组恶神，其踪迹保留在印度教中，参见*Ḍāmaratantra*［调伏怛特罗］。佛教中——如其通常发生的——调伏部多(Bhūtaḍāmara)被改造成为驱除、战胜gnod、gdon、bgegs等鬼祟魔障的善的忿怒身形。

根据印藏文献——例如，参见楚臣仁钦(tshul khrims rin chen)的论书，第19叶——此种调伏以悲力引发，当其无法奏效时，调伏则以同一本尊发出的忿怒力实现。在这种情况下，对其身像的解释是象征性的：蓝色是如虚空一样无边的法界(dharmadhātu)；只有一面，因为诸法一味(ekarasa)，皆为自性空；四臂代表四无量(apramāṇa)；右手持九股金刚杵，因为有九法门用以对治前九地菩萨心识中所现的种种分别妄想；左手施三十四天众，（主尊）肩侧左右为金刚持和拉钦像[1]。此铺净土[2]系供资施主大金刚持[3]喇嘛玛珑巴师徒以虔信心成办。

西壁有邬孜甲金刚手[4]化现的忿怒众，上部肩侧有二喇嘛像。此系江若莎鲁供资施主噶尊[5]成办。

北壁系事续所述［殊胜舞者仪轨］[6]中所出……中为殊胜舞者金刚手，蓝色，（四）面十六臂，游戏舞姿……所出十七天女（之主尊）金刚手和殊胜舞者药叉主从三。左面为［地下金刚］[7]所述地下金刚手主从七，上部[8]为调伏部多金刚手上师传承次第，此等之下面

期剋印，持羂索，当平和的方法无法完全灭除恶障时，则以大悲之羂索牵引它们；调伏部多(Bhūtaḍāmara)的其他两手置与胸齐，表示灭除虚妄分别，证得空智合一（同上，第16叶）。其显示出这样一个事实：即使在这个例子中，佛教对众多本土神祇的象征性诠释也以其逐渐对大众的调伏有关。

〔1〕 可能是萨钦·衮噶宁波(sa chen kun dga' snying po)。
译者注：据榜题，应为札巴仁钦(grags pa rin chen)。

〔2〕 净土指绘有大众身像、曼荼罗(maṇḍala)等的平面。

〔3〕 大金刚持(Mahāvajradhara)是接受最高灌顶者的密名。

〔4〕 金刚手(phyag na rdo rje)的另一个化现，关于该本尊的仪轨论书见 *sgrub thabs kun btus*［成就法集］，ga 函：*dpal phyag na rdo rje u tsa rya'i sgrub thabs rjes gnang las tshogs dang bcas pa'i skor rnams*［圣邬孜甲金刚手成就法随许并羯磨］，从中可以看出该本尊是在清净和调伏魔障(gnod, gdon)——尤其是那些导致疫疠的魔障——的仪式上被呼召。很可能它是举行仪式时本尊或咒师神力化现的象征性代表。

〔5〕 或者直译为"噶('gar)的至尊"，莎鲁(sa lu)是萨玛达(sa ma mda')和雪朗(zho nang)间一个同名的小村庄。尽管 *myang chung*［后藏志］没有提及它，但该地十分古老：正是在莎鲁(sa lu)释迦师利(Śākyaśrī)编写了 *Bodhisattvamārgakramasaṃgraha*［菩萨道次第略摄］。Cordier III, p. 334, n. 15. *bstan 'gyur*［丹珠尔］，释经部(mdo 'grel)，khi 函。参见《梵天佛地》第四卷，第一册，第74页。
译者注：《西藏大藏经总目录》第3962号。

〔6〕 译者注：*gnod sbyin gyi sde dpon chen po gar mkhan mchog gi brtag pa*［药叉大将军殊胜舞者仪轨］，《西藏大藏经总目录》第766号。

〔7〕 *rdo rje sa 'og gi rgyud kyi rgyal bo*［地下金刚怛特罗王］，《西藏大藏经总目录》第744号，该经在那塘版(snar thang)中阙。

〔8〕 tshar 是曼荼罗(maṇḍala)中的术语，意思是"部分"和"分支"。此处对其的定义由布顿给出："由取左取右之方法（而分）左部右部"(g.yas len g.yon len byas pa'i tshul gyis g.yas tshar g.yon tshar)，*dkyil 'khor bkod ba rtsom 'phro*［曼荼罗庄严补遗］，*bu ston thams cad mkhyen pa'i bka' 'bum*［遍知布顿文集］，tsa 函，第3叶背面。

围绕有殊胜舞者金刚手之眷属、多闻子大王、八马主药叉[1]、聚落主[2]、大力、大域、护国、鬼子母、本母、罗刹女。此等系供资施主……二者成办。善巧画师本莫切[3]嘉衮噶瓦[4]师徒绘制。

愿以此善供施诸眷属，
眼前不顺诸事皆平息，
究竟于持金刚之果位，
迅速无有障碍而成就！

第一层、第四间佛殿

顶礼摧破金刚！

此秽迹（明王）神殿中塑像为（据）法主萨迦班智达（传规）所

---

〔1〕 见图版 129－132。

尊　号	颜　色	左　手	右　手
持聩(rmugs 'dzin)	黄	宝	吐宝兽
满贤(gang ba bzang po)	黄	如意宝瓶	吐宝兽
宝贤(nor bu bzang po)	白	宝	吐宝兽
俱毗罗(ku be ra)	黑	剑	吐宝兽
正念(yang dag shes)	黄	钺刀	吐宝兽
旷野('brog gnas)	黑	宝矛	吐宝兽
散支(lnga rtsen)	淡	塔	吐宝兽
柔漩('jam po 'khyil ba)	白	快刀	盾

参见布顿的 *gar mkhan mchog gi rgyud la brten pa'i rgyal po rnam thos sras kyi mngon rtogs dgos 'dod 'byung ba*［依殊胜舞者续之多闻子之现证·如意珠］，*bu ston thams cad mkhyen pa'i bka' 'bum*［遍知布顿文集］，pha 函。

〔2〕 可能是梃杖怙主(mgon po beng)，参见《梵天佛地》第四卷，第一册，第 69 页。

〔3〕 此处的 dpon mo che，或者 dpon chen po，以及布顿夏鲁寺(zha lu)目录中的 dpon mo chen mo（第 2 叶背面、第 13 叶背面）是一个尊贵的头衔，置于人名之前，例如在 *myang chung*［后藏志］中，王室和喇嘛的家族总是称为胄裔(dpon brgyud)，而 drung 也可置于人名之后。

〔4〕 即我们在涉及乃宁(gnas rnying)时所讨论的嘉氏(rgya)。

造之秽迹明王[1],烟色,三面六臂,立于火山之中。其右为秽迹空行母,蓝色,两臂。其左为秽迹忿怒母,黑色,以诸伏藏传规[2]……

……五境主[3];上部肩侧为萨钦和费卢波[4]对视像、萨班叔侄[5];下部为嬉(等)八(天女)及五妙欲天女[6]。

南壁为……忿怒阎摩敌,三面六臂,以及除障明王,蓝色,四面八臂;上部为山居叶衣佛母、白伞盖佛母和摩利支天,下部为兄妹宝帐怙主[7]、聚宝瓶、如意树。

西壁为经中所述秽迹明王,深绿色,三面六臂,由四部[8]秽迹(明王)围绕;上部为摧破金刚(上师)传承次第,下部为供养天女。

善巧画师香巴本协饶贝桑师徒绘。[9]

殿门上壁为[金刚鬘]所述陀罗尼[10]……及其五(天女)。

此等主从塑像系供资施主江卡塘贝瓦[11]成办。两铺净土系供资施主喇嘛桑杰坚赞和卡雪巴成办。善巧塑师本尊巴父子及善巧画师本格迥协饶贝桑巴师徒精心绘制。

愿善业隆增!

---

〔1〕 关于该本尊有许多成就法(sādhana):根据阿底峡(Atīśa)和萨迦班智达(sa skya paṇḍita)两种主要传规,*sgrub thabs kun btus*[成就法集]中可以发现 rme rtsegs, rme brtsegs, 'chol ba。

〔2〕 被莲花生(Padmasambhava)埋藏于地下,后来掘出的法藏。

〔3〕 即五根之对境。

〔4〕 即 Virūpā,参见《梵天佛地》第四卷,第一册,第 68 页。

〔5〕 衮噶坚赞(kun dga' rgyal mtshan)和八思巴('phags pa)。

〔6〕 见《梵天佛地》第三卷,第一册,第 105 页。

〔7〕 前面已经解释了为什么宝帐怙主(gur mgon)被叫做兄妹(lcam dral)而不是双身(yab yum),见《梵天佛地》第四卷,第一册,第 90 页。

〔8〕 即该本尊的四个身形,每个身形负责四业(karma)之一。
译者注:四业指密教的息、增、怀、诛四种修法。

〔9〕 译者注:此为东壁南段第二行题记,我猜测其可能指的是该小壁及门后壁画的画师。

〔10〕 即五部陀罗尼(gzungs lnga)或五护(pañcarakṣā)陀罗尼(dhāraṇī)。

〔11〕 如第二层第十间佛殿题记,江卡(rgyang mkhar)在拉孜(lha rtse)地区,塘贝(thang dpe)是位于江卡的一个小地方。

第一层、第五间佛殿

顶礼顶髻白伞盖母[1]!

此无能胜白伞盖佛母神殿中塑像为白色三面六臂摧破诸曜[2]白伞盖佛母主从五,于严饰中而立。

东壁为白伞盖天女,白色,三面八臂,无能胜天女等山居天女手印众围绕。

南壁为白伞盖天女,白色,五面八臂,十护方神围绕。肩侧为萨班叔侄,底部为多闻子,棕黑色瞻(巴拉)和吉祥天女围绕。

西壁为白伞盖天女,白色,三面六臂,奋迅金刚女等十天女围绕。上部为忿怒众围绕,下部为增禄天女和吉祥天女围绕。

殿门上壁围绕有兄妹宝帐怙主、具善三兄弟[3]。

此等主从塑像系供资施主门弟……大法王内相、大总管杰尊巴以清净增上意乐成办,卡喀善巧塑师本莫切……玛达萨立塑。两铺净土系供资施主第巴庄园管家、本桑、本协多、近侍贡仁、嘉瓦尼玛、贝钦、南卡贝桑、阿勒、索南贝、古如、杰波达[4]、本扎西、仁钦坚赞、仁钦贝、沃达尔、阿囊……、阿珍、叔叔扎西桑波以虔信心成办。拉孜善巧画师本莫切塔尔巴瓦[5]师徒以及本格隆桑杰桑波合力敬绘。

愿以如此善之大力量,
胜者教法弘传于十方,
持教士夫法行得增长,[6]

---

[1] 题记中为:u ni sha si ddha ta pa trai ya。
[2] 能产生煞气和导致中风的星曜。
[3] 即秽迹金刚(rme brtsegs)、空行母(mkha' 'gro)、秽迹忿怒母(khro mo brtsegs)。
[4] 藏文杰波(rgyal po)常常是大庄园主或地方小王的称号;古如('gu ru)可能是靠近堆纳(dud sna)的古如隆('gu ru lung)。
[5] 因此该塔尔巴(thar pa)不能与靠近夏鲁(zha lu)的塔尔巴相混淆,塔尔巴译师(thar pa lo tsā ba)以后者得名。
[6] 持教士夫即上师和僧众。

大法王之世寿得坚固，[1]
广大国境安乐而繁荣，
众生速获无上之菩提！
愿吉祥！

第一层、第六间大殿

殿门入口处题记

……法……
……执持……
……执持……
……由大水藏……
……任运所成蕊……
……相好之……富，
具缘……礼。
尤为……凡持瑞，
……独无等，
一……迅速间接因，
因及无因之……顶礼怙主无量寿！
雪域之中……虽有如此亦，
人主具极坚固……之名号，
导师给孤独之祈请……所出如同此，
莅临天等众生祥瑞噫嘻稀奇瑞焕发。
极妙吉祥多门见即解脱大佛塔，
极妙二饮宝马孔雀命命五面施设之，[2]
极妙座位基础十种善之自性最极依，
极妙四层阶基资粮道三四十二五根，[3]
极妙佛塔瓶座五力自性眼之大甘露，

---

[1] 坚固(brtan)暗示法王自己的名字：饶丹衮桑(rab brtan kun bzang)。
[2] 译者注：二饮指大象，命命指命命鸟，五面指狮子。
[3] 译者注：指四层阶基分别象征资粮道的四念处、四正勤、四神足、五根。

极妙塔瓶七种菩提分支极为显赫顶，
极妙八山具足八种圣道分支之祥瑞，
极妙塔门八十以及四双标显众法门，
极妙十伞十力自性余下为三种念住，
极妙挡雨伞盖伟大悲之自性极清净，
极妙托木十种智慧宝珠法身之自性，
极妙瑞光炽燃加持最胜所依唯一胜！
怖畏众生为使无畏诸等石柱遍显耀，
四种不护层级阶梯各处美妙善为饰，
为胜四魔摩竭鱼之宝幢美妙侧面摇，
为显戒律所成相好具有花鬘之璎珞，
利益四趣护持世间具足四谛作吉祥，[1]
标显六十分支梵天妙音铃发悦意语，
无上大菩提心光辉新月具有鬘璎珞，
烦恼忧戚无余作护形色美妙伞遍撑，[2]
具六神通美妙宝珠以百辉光而显耀，
标显四智面滑离垢光泽明亮镜极妙，
无上菩提宝冠犹如帝释之弓严饰饰，
为增法之广大声誉飞幡旗帜猎猎展。
此为宝界善成披戴虚空日月之妙衣，
四层阶基佩戴美妙云彩腰带等须弥，
然因八山法轮挡雨伞盖宝珠而极高，
众生顶礼及供养故与自相等者无有。
内之神殿众多百十宽阔林苑此，
宝贝颜料董布规及殊异塑画围绕之，
胜者佛子莲花身色工巧缘所生成诸，
持咒作昼光所开启加持作蜜者无边，
为了教法难以舍弃之身亦敢舍人主，

---

[1] 译者注：四趣指异生凡夫、预流、一来、不还。
[2] 译者注：伞喻佛陀，佛为一切众生中之最胜。

对何仅说一句亦于心域细思欢喜之，
伟大力量圆满佛塔神之庄严稀有此，
由净增上意乐力无碍，
特别西面向外凸出等同极乐净土之，
中央新鲜水生千瓣繁盛摇曳花蕊上，[1]
具红光泽一面两臂执持净瓶无量寿，
垂足而坐于意如曰善男善哉作安稳，
上首弟子观音自在一对从怙主右侧，
睆眼而视怜悯众生执持大悲之经函，
大势至及地藏菩萨从左侧面而礼敬，
犹如郑重祈白凡诸承许皆将速成就，
旁侧善逝三十两双余一以及诸佛子，
为了所化招待客人……………………
………………………………………
复次监工指示等等顺缘众所需，
本性聪明敦厚本尊常嘉所成办。
凡心虚空自性清净客尘污垢云无染，
智慧坛城支分完全圆满香乘力之因，[2]
断证力之灼热光鬘繁盛利乐莲苑之，
金刚上师相性圆满众多作昼至达后，
具有持地五顶境域周匝环绕之围墙，[3]
美妙环绕牌楼为饰多门各方而凸出，
流水发出潺潺之声成列树木全成熟，
见而摄人心魄赏心悦目贝廓德钦此，
开光资具完全齐备大众欢喜而至达，
根据续中所出究竟仪轨复又作祝及，
降大花雨此三共同出现嘻嘻真稀奇，

〔1〕 译者注：水生和千瓣均为莲花的异名。
〔2〕 译者注：香乘为风的异名。
〔3〕 译者注：持地是山的异名，持地五顶指五台山。

住地大菩萨之功勋卓著由此之眼缘，
雪山之鬘圆满环绕此大地亦如圣域。[1]
不由勤勉自然而入执持广大法良规，
由此之故究竟任何声誉大鼓海边际，
稀有事业宝之美鬘韵律黄金丝线上，
贯而串之为有缘者颈庄严及善眼缘，
犹如夜空闪耀繁星美轮美奂此文字，
尼玛沃色抄写词之韵律玉垅巴撰写。
勤勉于此由此任何善日自在千光网，
开启此方教法莲苑护养有缘蜜蜂及，
摧破彼方违逆之后消除众生蒙昧之，
遍知显现伟大国王现前而利益众生！
具足迅疾无碍神通力治随摄大悲及，
具有分辨善恶之眼护法事业勿忘失！
胜义清净法界以及世俗缘起无诳之，
谛义由其此之祈愿究竟成就而吉祥！

吉祥！

壁画下面题记

顶礼释迦牟尼佛！

此带顶阁之后廊中[2]，据[三蕴经][3]配列有三十五如来身像画[4]。左面两铺大型净土系供资施主索克总管本波巴桑巴、达日寺及宁若百夫长热吉嘉以清净增上意乐善为成办。拉孜善巧画师

---

〔1〕 译者注：圣域指印度。

〔2〕 顶阁指大殿的顶部，其升高并且占据了第二层对应佛殿的位置。

〔3〕 《西藏大藏经总目录》第284号。
译者注：应为 *'phags pa 'dul ba rnam par gtan la dbab pa nye bar 'khor gyis zhus pa zhes bya ba theg pa chen po'i mdo*[律决定优波离所问大乘经]中的一部分经文，后单独流通。参见《西藏大藏经总目录》第68号。汉译有三见，一为《大宝积经》第二十四会“优波离会”，一为《佛说决定毗尼经》，一为《佛说三十五佛名礼忏文》，《大正藏》第12册，经号310、325、326。

〔4〕 即忏罪仪式(ltung bshags)中所诵请的三十五佛。

本莫切塔尔巴瓦师徒善为绘制。

顶礼无量光佛！

往昔无量无数多劫中，
导师金光明狮游戏之，[1]
最胜弟子具贤善禁戒，
成为比丘曲吉迥乃时，[2]
许下无边大力之誓愿，
谛语成真具乐土之瑞，[3]
顶礼善逝无量光如来！
过去无量无数众劫中，
于此善逝宝藏传法处，
成为四洲自在诸天子，
众多护域王子之父时，
许下获致净土大誓愿，
究竟心意向汝作顶礼！
众多诸劫清净显现中，[4]
积聚善净广大之福德，
究竟瞻视圣尊清净域，
顶礼具乐清净之佛土！

如此，前廊之三面为极为殊胜之世尊无量光如来极乐世界庄严。此等三铺大型净土系供资施主本勒仁为首的种色瓦诸氏和江

---

〔1〕 根据 *Sukhāvatīvyūha*［无量寿经］，曲吉迥乃（Dharmākara，法藏）发成佛的誓愿并往生至净土时所值的佛是世自在王佛(Lokeśvararāja)，此处题记中"金光明狮游戏"的梵文应为Suvarṇasiṃhavikrīḍita。根据传统，有关他的许多世前身，参见"Amida"，*Hōbōgirin. Dictionnaire encyclopédique du bouddhisme d'après les sources chinoises et japonaises*, Tokyo, Maison Franco-Japonaise, 1929, premier fascicule, pp. 24－30。

〔2〕 曲吉迥乃指法藏(Dharmākara)。

〔3〕 具乐指 Sukhāvatī，bde ldan，因其谛语(satyavacana)，即发大誓愿时说的真实话语，他得以往生至极乐净土，此种成就是其意乐真实的证据。

〔4〕 显现(ābhāsa，snang ba)，因为所缘外境仅仅是如来藏虚妄不真的显现。

若上部地方十夫长永丹贝、贝扎西、洛卓、翁塘巴[1]具证喇嘛、顿桑、格西绛贝和噶尔瓦·本雄以虔敬之心成办。拉孜善巧画师……本师徒敬绘。

如此之善愿智慧金刚，[2]
摧破死主诸等众魔军，
成就不死金刚具寿之，
怙主无量寿佛之（果位）！

吉祥！

……以清净增上意乐成办。拉孜善巧画师本塔尔巴（瓦）师徒善为绘制。

愿以此善无边诸有情，
得生无量光佛之净土！

愿吉祥！清净！嘿嘿嘿嘿！

第一层、第七间佛殿

顶礼金刚叶衣佛母！

该神殿中央带宝座靠背之塑像为据［成就法海］之三面六臂黄色山居叶衣佛母主从三[3]。

此右面之东壁为萨迦派传规之三面六臂黄色山居叶衣佛母。其右面之顶部为六臂蓝色大回遮女，其右为一面四臂颦眉度母，其右为一面两臂黄色无能胜女；其下为两臂红色山居叶衣佛母，其右为十二面二十四臂黑色独髻天女，其右为一面四臂黑色独髻（天）女；其下为一面八臂黑色独髻（天）女，其右为一面四臂黑色独髻

---

［1］ 翁塘（'om thang）位于去拉萨（lha sa）的途中。

［2］ 金刚（vajra）也指闪电或佛教的护法神金刚手（Vajrapāṇi）的武器，金刚也是超越有为后所提升至的不坏实相境界的名字。参见《梵天佛地》第三卷，第一册，第34页以下。

［3］ 其成就法（sādhana）参见 Cordier III, p. 46, n. 234。*bstan 'gyur*［丹珠尔］，释怛特罗部（rgyud 'grel），du 函，第215叶。
译者注：原书写作第213叶。*Parṇaśabarīsādhana* (*ri khrod lo ma can gyi sgrub thabs*)［山居叶衣佛母成就法］，《西藏大藏经总目录》第3538号。

(天)女。左面之顶部为六臂红色杂孜噶[1],其下为四臂黑色山居母。

第一层、第八间佛殿

顶礼金刚马头明王!

此马头明王神殿中央带宝座靠背之塑像为据[成就法海]之一面两臂红色马头明王主从三。

此右面之东壁为瑜伽续中所述之三面八臂红色马头明王。其右面之顶部为[幻网次第][2]之观音,其右为诃罗诃罗观音,其右为六臂白色不空羂索观音;其下中央为十二臂不空羂索观音,其右为四臂不空钩观音,左为四臂黄色颦眉度母;其下中央为十臂不空羂索观音,其右为光焰炽燃马头明王,左为红色马头明王;其下中央为四臂不空羂索观音,其左为独髻女,其右为红色观音。

北小壁[3]为马胜智慧金刚。其下中央为不空莲花顶髻,其右为四臂红色马头明王,左为金刚手。

(东壁马头明王)左上部为金色观音,其下为度母、明天女和增禄天女。

门后[4]为两身红色马头明王、独髻女、事续[莲花网][5]所述四大天王。

西壁为迦岗式三面六臂八足红色马头明王。右部为大日如来、

---

〔1〕 见《梵天佛地》第三卷,第二册,第45页。

〔2〕 *Māyājālakramāvalokiteśvarasādhana*[幻网次第观自在成就法]和*Māyājālakramāryāvalokiteśvarasādhana*[幻网次第圣观自在成就法]。Cordier III, p. 20, n. 94; p. 27, n. 127. *bstan 'gyur*[丹珠尔],释怛特罗部(rgyud 'grel), du 函。
译者注:《西藏大藏经总目录》第3399、3432号。

〔3〕 字面意思为"脸"。

〔4〕 sgo rgyab 指门打开时遮住的墙壁。
译者注:此处指门后的小壁和殿门打开时面对的小壁。

〔5〕 *Padmāvalokiteśvarasya padmajālakrameṇa bhagavanmaṇḍalapūjāvidhi*[莲花观自在之莲花网次第薄伽梵曼荼罗供养仪轨]。Cordier II, p. 126, n. 71. *bstan 'gyur*[丹珠尔],释怛特罗部(rgyud 'grel), la 函。
译者注:《西藏大藏经总目录》第1751号。

释迦牟尼和无量寿佛;左部为白色不动明王、蓝杖护法;肩膀两侧为曲杰洛热和拉贡巴两身像。

东(壁马头明王)肩膀两侧为曲杰囊顿巴和曲杰洛丹两身像。

门上为金刚手修多罗式[1]九天(曼荼罗)。

下部为八吉祥徽、嬉等八(供养天女)、七宝和兄妹宝帐怙主。

此等系供资施主曲桑寺师徒以清净增上意乐成办。善巧塑师本赞巴父子、善巧画师本协饶贝师徒善为绘制。

愿以此善诸众生,

获得观音菩萨地!

吉祥!嘿嘿!

第一层、第九间佛殿

顶礼圣不动明王!

此不动明王神殿中央塑像为据[成就法海]立于火山之中的一面两臂蓝色不动明王主从三。

北壁为事续所述属于佛部护法[2]之[不动陀罗尼]中所出十七天之主尊一面两臂蓝色不动明王。上方肩侧为阿底峡师徒[3]。

南壁为行续所述属于佛部护法之[不动勇毅怛特罗][4]中所出不动明王天众。中央为一面四臂蓝色不动明王,(围绕有)主尊释迦怙主、弥勒、文殊、普贤、金刚手、处自在、观音、不动明王、般若佛母、斗战胜菩萨、莲支(菩萨)等三十八天。上方肩侧为布顿师徒,下部

---

[1] Cordier II, p. 325, n. 191. *bstan 'gyur* [丹珠尔],释怛特罗部(rgyud 'grel), nyu 函。
译者注: *phyag na rdo rje mdo lugs kyi man ngag lag tu blang ba'i sgrub thabs* [金刚手修多罗式优波提舍实修成就法],《西藏大藏经总目录》第2881号。

[2] 一类天众,其持守誓言并惩罚那些不守誓言之天众,他们与护法神(bstan srung)有密切关系。

[3] 种敦巴('brom ston pa)。

[4] *Āryācalamahākrodharājasya sarvatathāgatasya balāparimitavīravinaya-svākhyātanāmakalpa* [宣说一切如来圣不动明王之无量力勇毅调伏之仪轨],《西藏大藏经总目录》第495号。

围绕有黄色瞻(巴拉)。

西壁为白色不动明王,四周围绕四部不动明王[1]、静怒多闻子、黑色瞻(巴拉)、吉祥天女。

此铺净土……[2]拉孜善巧塑师本索南坚赞以及善巧画师顿日敦巴师徒、拉孜本格隆二人绘制。

如此善之智慧火,
众生无明冥暗之,
稠密恶见悉烧除,
智慧明王不动之,
果位迅速得获致!

第一层、第十间佛殿

顶礼佛陀!

此为佛部世间坛城之三面六臂白色一切曜之大明母。围绕(其)上部肩侧为(释迦)牟尼、无畏作(护)、拘罗达多班智达[3]、众生怙主八思巴[4]以及佛陀、金刚手、世自在、文殊、九大曜、四大天王;下部为供养天女。

西壁为佛部母顶髻中所出一面两臂黑色无能胜作护天女,围绕有大暴恶天女等十六(天女)。

以上两铺净土系供资施主止仓朗浦巴和昌垅乌策瓦二人牵头,徐雄巴……旺、门德喇嘛益贡捐资而虔敬成办。拉孜善巧画师本莫切顿日敦巴顿珠桑波和本莫切扎西桑波合力敬绘。

愿以此善之力量金刚,
相违解脱诸等均灭除,

---

〔1〕 负责息(śāntika)、增(puṣṭika)、怀(vaśya)、诛(māraṇa)四种修法之本尊。

〔2〕 施主的名字被删除了。

〔3〕 Kuladatta, *Kriyāsaṃgraha*[所作集]的作者。Cordier II, p. 265, n. 16. *bstan 'gyur*[丹珠尔],释怛特罗部(rgyud 'grel), shi 函。
译者注:《西藏大藏经总目录》第 2531 号。

〔4〕 即喇嘛八思巴(bla ma 'phags pa),他从忽必烈处得到了藏地的统治权。

受用二种资粮天祥瑞,[1]
获致法王能仁之(果位)!
愿吉祥！清净！善哉!

第一层、第十二间佛殿

六(臂增禄天女)……由如来、金刚持、海啸等十八天环围。其右为四臂蓝色忿怒金刚作吽,其下为萨迦派传规的大红色群主,其下为白色金刚誓贪欲群主,其右为群主及四部眷属。

东壁为依[成就法海]之增禄天女[2]……环绕。

门后为八男身药叉。

北壁为依[成就法海]之三面六臂黄色瞻巴拉……肩侧为杰尊钦波[3]和萨班对视像;左为白色瞻巴拉、黄色瞻巴拉[4]……

……本莫切协饶嘉措兄弟敬绘。

愿由此善诸供施眷属,
速速获证无上胜菩提!

第一层、第十三间佛殿[5]

第一层、第十四间佛殿

顶礼大力忿怒金刚!

吉祥多门大塔第一层东北大力(明王)神殿中立塑有依续部所

---

〔1〕 福德和智慧资粮。

〔2〕 Cordier III, p. 58, n. 299. *bstan 'gyur* [丹珠尔],释怛特罗部(rgyud 'grel), du 函,第271叶。
译者注:原书写作第229号,第270叶。*Devīvasudhārāsādhana* (*lha mo nor rgyun ma'i sgrub thabs*) [增禄天女成就法广述],《西藏大藏经总目录》第3603号。

〔3〕 札巴坚赞(grags pa rgyal mtshan),萨迦世系表,第5位。

〔4〕 Cordier III, p. 61, n. 314. *bstan 'gyur* [丹珠尔],释怛特罗部(rgyud 'grel), du 函,第283叶。
译者注: *Vistarajambhalasādhana* (*dzaṃ bha la'i sgrub thabs rgyas pa*) [瞻巴拉成就法广述],《西藏大藏经总目录》第3618号。

〔5〕 译者注:原有题记几近剥落,无法识读。

说之一面四臂蓝色大力明王主从三，眷属诸天绘于左右。

东壁据［成就法海］绘有主尊一面四臂红色大力明王[1]，其右部为大力明王、金刚杖（明王）和蓝杖（明王）。门上为不动明王、黑色难伏护门、红色明处、蓝色三界尊胜。（大力明王）左部为甘露军荼利明王、忙莽计母[2]、马头（明王）、顶髻炽燃；下部围绕有护方神梵天，日天、月天、遍入天、帝释天、阎摩天、水天、药叉、火天、罗刹等。

西壁主要根据［成就法海］绘有四面八臂蓝色三界尊胜明王[3]，其右部上方为龙树师徒[4]，其下为妙损明王和金刚钩，其下为白衣母、度母，其下为颦眉度母；其左部上方为萨钦[5]和杰尊钦波[6]对视像，此左为萨迦班智达和众生怙主八思巴对视像，其下为火焰炽燃金刚，此左为蓝色忿怒王恶、红色马头（明王）和蓝色三界尊胜（明王），其下为蓝色羯罗羯罗亚明王[7]；此左为绿色不动（明王），此左为蓝色忿怒金刚作吽，此左为蓝色蓝杖明王；此下为蓝色微尘明王，此左为六面六臂六足黑色忿怒阎摩敌，（均）按［大日如来现证］、［不空羂索仪轨细释］和［文殊师利根本怛特罗］配列[8]。（另有）兄妹宝帐怙主，下部为嬉等八供养天女和七宝相间庄严。

---

〔1〕 Cordier III, p. 61, n. 314. *bstan 'gyur*［丹珠尔］，释怛特罗部（rgyud 'grel），du 函，第 296 叶。
译者注：原书写作第 231 号。*Mahābalasādhana* (*stobs po che'i sgrub thabs*)［大力成就法］，《西藏大藏经总目录》第 3635 号。

〔2〕 Māmakī.

〔3〕 Cordier III, p. 62, n. 320. *bstan 'gyur*［丹珠尔］，释怛特罗部（rgyud 'grel），du 函，第 289 叶背面。
译者注：*Trailokyavijayasādhana* (*khams gsum rnam par rgyal ba'i sgrub thabs*)［三界尊胜成就法］，《西藏大藏经总目录》第 3624 号。

〔4〕 提婆(Āryadeva)。

〔5〕 衮噶宁波(kun dga' snying po)。

〔6〕 札巴坚赞(grags pa rgyal mtshan)，萨迦世系表，第 5 位。

〔7〕 译者注：题记为 ka la ka la ya，此处依据图齐：ki la ki la ya。

〔8〕 译者注：汉译分别为《大毗卢遮那成佛神变加持经》（《大正藏》第 18 册，经号 856）、《不空羂索神变真言经》（《大正藏》第 20 册，经号 1092）、《大方广菩萨藏文殊师利根本仪轨经》（《大正藏》第 20 册，经号 1191）。

北壁按[成就法海]绘三面六臂紫黑色大力（明王）〔1〕，肩侧有两身像。下部为四大天王、风天、大自在天和黄色瞻（巴拉）神。

此等善为庄严（之壁画）系供资施主果曲寺师徒虔敬成办，善巧塑师本莫切拉益坚赞和本索……敬塑，善巧画师顿日敦巴顿珠桑波合力敬绘。

愿此善之清净灼热光，〔2〕
驱除众生蒙昧无明暗，
恶趣痛苦摩竭栖身处，
有之大海迅速而干涸！

愿吉祥！

第一层、第十五间佛殿

……（东壁）为[文殊师利根本怛特罗]所述四臂独髻忿怒母，围绕有事续[莲花网]所出明王、忿怒母以及萨班叔侄。

西壁为[不空羂索仪轨细释]〔3〕所出之八臂天女，（围绕有）[莲花网]所出之诸明王及忿怒母，肩侧为萨钦师徒和布顿师徒。

西壁北边为[成就法海]所出之六臂红色杂孜噶天女〔4〕，顶部为童子金刚军、顶垂（佛母）和妙臂（佛母）等像。

---

〔1〕 Cordier III, p. 64, n. 332. *bstan 'gyur* [丹珠尔]，释怛特罗部(rgyud 'grel)，du 函，第 296 叶背面第 6 行起。
译者注：*Krodhamahābalasādhana* (*'phags pa khro bo stobs po che'i sgrub thabs*) [圣大力明王成就法]，《西藏大藏经总目录》第 3636 号。

〔2〕 灼热光(tsha zer)是太阳(nyi ma)的同义词。

〔3〕 *Amoghapāśakalparāja* [不空羂索仪轨细释王]，《西藏大藏经总目录》第 686 号，汉译为《不空羂索神变真言经》，《大正藏》第 20 册，经号 1092。

〔4〕 题记中误写为 ka。Cordier III, p. 54, n. 278. *bstan 'gyur* [丹珠尔]，释怛特罗部(rgyud 'grel)，du 函，第 257 叶背面。
译者注：*Vajracarcikāsādhana* (*rdo rje tsa rtsi ka'i sgrub thabs*) [金刚杂孜噶成就法]，《西藏大藏经总目录》第 3582 号。

北壁为[成就法海]所出之四面四臂黄色幢顶臂严忿怒母[1]，肩侧为阿底峡师徒。

门上和门后为事续所出之七女使和忿怒金刚像。

下部为依[莲花网]之十护方神、四大天王、兄妹宝帐怙主、多闻子和供养天女。

此神殿善为庄严之(净土)系供资施主止仓阔波切·本波尼达贝瓦成办，善巧塑师本格西坚协和拉孜夏才善巧画师本扎西师徒敬绘。

愿以此善众生速成佛！

第一层、第十六间大殿

殿门入口处题记

……搅动……法，
……语生[2]……众……四有相续……顶礼！
……语……，
离诠尘土数…等之无量功德圆满持，
恒常能生利乐稼穑无尽大悲之水藏，
上首佛子无胜怙主愿住吾之心田中！[3]
黄丹宝之须弥之四面，
众多庄严两身无量寿，
极白地藏位于右手边，
蓝金刚持胜者佛子礼！
正房左右胜牟尼燃灯，
无著班钦亲见两弥勒，
三面一面众宝饰妙严，

---

[1] Cordier III, p. 56, n. 288. *bstan 'gyur* [丹珠尔]，释怛特罗部(rgyud 'grel)，du 函，第261叶正面。
译者注：*Dhvajāgrakeyūrāsādhana* (*rgyal mtshan rtse mo'i dpung rgyan gyi sgrub thabs*) [幢顶臂严成就法]，《西藏大藏经总目录》第3592号。

[2] 译者注：声闻的异名。

[3] 译者注：无胜怙主是弥勒菩萨的异名。

顶礼三世诸佛之双足！
后廊右为世自在以及，
不空羂索五天…及贝莫规，[1]
十一面二观音度母及，
前廊稀有弥勒之本生，
观无餍足眼目之甘露，
于此众多身藏尤为信。
宣说无二经教无余集于一处诸圣者，
诠释言及密意无垢注疏引正理指明，
……………………………………………
……福德藏之宝兽…………………
………………………………（宝幢）竖，
二律日月光辉……喻之支分全圆满，
…………大地中心由衮桑帕精进护！

复次，与具瑞……之佛塔完全等同之具瑞吉祥多门见即解脱大（佛塔）第一层东面中央之凸出、弥勒神殿（中央）凸塑有带宝座靠背之大弥勒像主从五。

执持胜及胜者之理论，
不退信心富饶极增盛，
法王教敕宝冠顶戴之，
心子中之大臣一切胜，
索南班觉净心意成办。
具有殊胜功德仁钦贝，
成就法王密意之友伴，[2]
依彼之语幻化之塑师，
拉益坚赞善而为塑制。
睹见此塔盛饰之祥瑞，

[1] 译者注：此处汉译不得不加字，藏文仍为九个音节（其中一个音节有刮擦的痕迹，无法识读）。
[2] 译者注：暗含仁钦贝朱的名字。

诸喜者生至尊驻此想，
天之花香以及乐器等，
供养殊胜超逾于凡人，
恒常供养稀奇尽所有，
众人睹见悉皆生欢喜。

复次，唯以五宝颜料所成办之壁画之供资施主为：具有全善之心意、通达内外众多之经续、大持明喇嘛贡杰瓦师徒及巴孜……宁若瓦本勒巴等恭敬成办。

极净清澈智慧明镜中，
于所知处图画皆明净，
具瑞智者……之顶之饰，
称为仁钦班觉父子及，
称为坚赞诸师徒成办。
从此圆满聚集之善中，
一切如母等虚空众生，
为获无胜怙主之果位，
愿以三轮清净而回向！
人主大慈变化之随行，
于有漏宝以取精髓意，
成就无缘广大众等善，
无有餍足心意得坚固！
依王天之大象之密意，
勤此无死士夫善之力，
摧破暂违损挠之非天，
愿意究竟兜率法之王！
三身无分胜者燃灯佛，
甘蔗族裔补处无胜怙，
三世诸佛以及佛子之，
身语意之圆满而吉祥！
胜者教法弘扬增盛吉祥及，
持教士夫法行增长吉祥及，

由此之力众生悉安乐吉祥，
愿三吉祥弘于十方而吉祥！

壁画下面题记

顶礼圣弥勒！

东壁为至尊弥勒怙主三面六臂之身像，围绕有弥勒本生庄严六因缘。

……壁为垂足而坐化身弥勒，围绕有本生四因缘。

朝东之小壁为城邑之弥勒，围绕有本生二因缘。

门上为本生二因缘。

门南面为大化身弥勒，围绕有弥勒八行迹。

南壁为垂足而坐报身弥勒。

朝东之小壁为立姿弥勒，围绕有本生诸因缘。

此等之一铺净土壁画系供资施主巴孜成办，一铺净土壁画系供资施主宁若本拉成办。善巧画师乃宁本莫切班觉瓦父子善为敬绘。

愿以此善迅速得佛果！

……班（钦）……心庄严……其下为杰波传规之十一（面观音），其左为主尊莲花舞自在观音及诸眷属。……

……无（著）亲见之三面四臂弥勒，其左为［金刚心庄严怛特罗］〔1〕所出四面四臂观音，其下为贝莫传规之十一面（观音主）从五，其左为卡萨巴尼观音五天，其下为［度母诸业怛特罗］〔2〕所出度母主从九。金刚手左右为八大菩萨。

此等系供资施主……

第一层、第十七间佛殿

顶礼多闻子！

---

〔1〕 译者注：汉译为《佛说金刚场庄严般若波罗蜜多教中一分》，《大正藏》第18册，经号886。

〔2〕 译者注：可能为 *Sarvatathāgatamātṛtārāviśvakarmabhavatantra* (*de bzhin gshegs pa thams cad kyi yum sgrol ma las sna tshogs 'byung ba zhes bya ba'i rgyud*)［一切如来母度母诸业出现怛特罗］，《西藏大藏经总目录》第726号。

降妙欲雨多闻子神殿中央为主尊黄色静相作乐多闻子大王及其父多闻仙人和母亲吉祥天女主从三,凸塑于宝座靠背中央〔1〕。

西壁为多闻大王柳叶宫〔2〕之布局,中间是有三重围廊的三层宫殿。上部为上师传承次第。

东壁为汉式多闻子,由八马主〔3〕、两金刚手、红色秘密成就持红矛多闻子和殊胜舞者(多)闻子环绕。

南壁为八大龙王环绕的作怒多闻子,两殊胜舞者。

……双身秘密成就、内如本母成就、秘密如阎摩成就。

门上为(多闻)子众。

门后为吉祥金刚坚毅女、岩穴女两身像。

此中之塑像……及南壁……金刚坚毅女、金刚岩穴女、增长天女、持国天女、长臂魔女、九头魔女、祸殃〔4〕魔女、宽臂魔女、丑目天、多闻子……八……作怒等主(从)七,门上……此等……系供资施主达孜宗本本仲嘉美瓦〔5〕父子成办。东西壁的宫殿和云间……一之施主……古交成办,乃(宁)善巧画师本尊贝培瓦兄弟敬绘。

第一层、第十九间佛殿

……怙主殿……〔6〕此独髻……左为欲界自在女,主从三立于炽燃火焰中。

此系供资施主囊索钦莫成办,善巧塑师本莫切拉益坚赞父子敬绘。

---

〔1〕 译者注:今仅见一身塑像。

〔2〕 Aṭakāvaṭī, Alakāvatī 是其居住的须弥山上的城市之一,参见"Bishamon", *Hōbōgirin. Dictionnaire encyclopédique du bouddhisme,* p. 79; H. Hoffmann (hrsg.), *Bruchstücke des Āṭānāṭikasūtra aus dem zentralasiatischen Sanskrit-kanon der Buddhisten*, Leipzig, Deutsche Morgenländische Gesellschaft, 1939, pp. 8-9.

〔3〕 即上文的八马主药叉。

〔4〕 译者注:题记中为 phung khrol。

〔5〕 或者是嘉地(rgya)或嘉氏的美瓦(me ba),如果嘉美(rgya me)是地名,那么指的就是嘉美地区的人(rgya me ba)。

〔6〕 译者注:题记此处为 bdug pa tshar gcod,未详何义。

吉祥！

怙主殿之南面上部为调伏部多金刚手，其下为小护法神婆罗门身主从五。

北壁为护法神钺刀女，围绕有四大护门女、跋陀罗父母子从五、尸林主、二男女护境神、白色日月、具颇鬘之魔王、命魔黑屠、众导引以及十护方神、八大尸林。此等之上部围绕有上师传承次第。

此等……系供资施主……精进执持经藏、众多有情之导引者、（大）乘喇嘛……森巴仲从囊索钦莫处（集募诸开支）〔1〕而善为成办。（善巧）画师本莫切贡却桑波……师徒敬绘。

愿以此之善之大势力，
教法以及持教之士夫，
损害扰乱……………
微尘…………无有尽，
………………断除后，
一切众生置于菩提道！

吉祥！

第一层、第二十间佛殿

顶礼顶髻尊胜佛母！

此为佛部顶髻母仪轨中所出顶髻尊胜佛母九天众，围绕绘画为［所作集］中所出（顶髻）尊胜、如来自性顶髻尊胜等三十三天。

南壁为依［成就法海］之绿色施财度母〔2〕……

东壁为依［成就法海］之四面八臂黄度母，左右花度母等十天女，上部肩侧布顿师徒，下部左右兄妹宝帐怙主周匝围绕。

此两铺净土壁画系供资施主止仓德庆寺师徒成办。乃宁善巧画师本切坚赞巴师徒善为绘制。

---

〔1〕 译者注：题记此处为 spo blangs ma thus pa rnams。

〔2〕 Cordier III, p. 39, n. 196. *bstan 'gyur*［丹珠尔］，释怛特罗部（rgyud 'grel），du 函，第 182 叶。
译者注：原书写作第 181 叶。*Dhanadātārāsādhana*（*sgrol ma nor sbyin ma'i sgrub thabs*）［施财度母成就法］，《西藏大藏经总目录》第 3500 号。

下部……一(面)四臂金刚度母等十二天围绕,肩侧为萨迦班智达和众生怙主八思巴对视像,其下为牟尼主……四供养天女围绕。

门上为坐于各自宝座上之部主,大日如来、不动佛、无量光佛……

愿从此善清净虚空中,
弥漫二种资粮之雨云,
以正法雨餍足诸众生,
获致尊胜佛母之果位!

第二层

第二层、第一间佛殿

顶礼阿弥陀佛!

此无量寿神殿中央为阿阇梨胜敌传规之不死鼓音主部无量寿主从五[1],立塑于带靠背之宝座中。

(此)系供资施主哲札玛瓦、喇嘛噶居巴格……瓦师徒虔信成办,善巧塑师本莫切本赞巴师徒善为塑制……

四壁为无量寿不死鼓音(四)隅神[2]: 普见无量寿、功德无量

---

〔1〕 *Āryāparimitāyurjñāsādhana*[圣无量寿智成就法]和 *Aparimitāyurjñānavidhi*[无量寿智仪轨]。Cordier II, p. 299, n. 7, 8. *bstan 'gyur*[丹珠尔],释怛特罗部(rgyud 'grel), nyu 函。
译者注:《西藏大藏经总目录》第 2699、2700 号。

〔2〕 无量寿不死鼓音曼荼罗(tshe dpag med 'chi med rnga sgra maṇḍala)由除主尊外的其他八个化现组成,这些一起组成了九天曼荼罗,即无量寿九尊(tshe dpag med lha dgu):中央为无量寿佛(sangs rgyas tshe dpag med)。周边,从东开始:金刚无量寿(rdo rje tshe dpag med)、莲花无量寿(pad ma tshe dpag med)、宝无量寿(rin chen tshe dpag med)、业无量寿(las kyi tshe dpag med),这就是无量寿在五部(rigs lnga)中的五种化现。四隅:普见无量寿(kun gzigs tshe dpag med)、功德无量寿(yon tan tshe dpag med)、智慧无量寿(ye shes tshe dpag med)和不动无量寿(mi g.yo tshe dpag med),他们均为红色,手持甘露瓶,施禅定印(samādhimudrā)。参见 *tshe dpag med 'chi med rnga sgra'i dkyil cho ga tshe dpal ye shes bsam 'grub*[无量寿不死鼓音曼荼罗仪轨·寿智如愿成就], *bu ston thams cad mkhyen pa'i bka' 'bum*[遍知布顿文集], sa 函。

寿、智慧无量寿和不动无量寿。

朝南小壁面为无量光佛。

此等上部围绕有班智达胜敌、成就女王〔1〕传规之无量寿五佛、五佛母〔2〕、（同）部之十六菩萨〔3〕、四供养天女、四护门天女。

此等系供资施主喇嘛果莫瓦师徒成办。拉孜德庆善巧画师南卡沃色兄弟敬绘。

愿以此善无边诸众生，
战胜非时死亡之怨敌，
寿命智慧祥瑞自在之，
遍知无量寿身得成就！

第二层、第二间佛殿

顶礼圣度母！

此度母神殿中立塑有带宝座靠背之杰尊玛担木度母主从三。

（此）系供资施主、大法王内相、大总管工布查布成办。善巧塑师本拉益坚赞敬塑。

此北壁为救度恶趣度母主从三，四周为［清净髻珠］之二十一天女〔4〕，左右肩侧为班智达日护〔5〕、六臂白度母、不动佛，下部宝座旁侧为六臂兄妹怙主。

---

〔1〕 成就女王(Siddharājñī, grub pa'i rgyal mo)的 *Aparimitāyurjñānasādhana*［无量寿智成就法］。Cordier II, p. 197, n. 48. *bstan 'gyur*［丹珠尔］，释怛特罗部(rgyud 'grel)，phi 函。
译者注：《西藏大藏经总目录》第 2145 号。

〔2〕 即五部之明妃(śakti)。

〔3〕 即有二十六天之曼荼罗(maṇḍala)：5 + 5 + 16 = 26。

〔4〕 参考*Āryacūḍāmaṇināmadhāraṇī*［圣宝髻陀罗尼］，《西藏大藏经总目录》第 574 号，以及相同的第 922 号。
译者注：应参考 *Devītāraikaviṃśatistotraviśuddhacūḍāmaṇi* (*lha mo sgrol ma nyi shu rtsa gcig la bstod pa, rnam dag gtsug gi nor bu*)［二十一度母讚 · 清净髻珠］，《西藏大藏经总目录》第 1689 号。

〔5〕 非常有名的度母(Tārā)赞的作者，参见《梵天佛地》第三卷，第二册，第 86 页。

西壁为［成就法海］所出之胜施度母[1]，围绕有摩利支天、独髻女、大孔雀佛母、消毒度母四天女。

南壁为［成就法海］所出之八面十六臂黄色忿怒一切义成就施度母[2]，围绕有救八难（度母）、无量寿佛、金刚度母、观音（菩萨）、阿底峡师徒、马头（明王）、施财度母、大度母、白度母、震旦次第度母。下方为多闻子和黑色瞻（巴拉）。

两铺（净土）亦为供资施主、大总管工布查布父子以清净增上意乐成办。拉孜德庆善巧画师本格瓦兄弟敬绘。

愿以此善速证度母果位！

第二层、第三间佛殿

顶礼世自在！

此东壁为事续所述莲花部［不空羂索仪轨细释］之坛城所出不空羂索心髓仪轨细释坛城诸天众。

南壁系莲花舞自在观自在……上方为两种世自在狮子吼、红色世自在、骑狮诃梨诃梨圣观音……

为圆满心意，在本格西曲琼仁钦巴、帕觉[3]玉荣贝、帕觉洛卓、本绛多、本嘉米[4]、本杰鲁、熏巴诸位善督监管下，宗内外诸贵妇以清净增上意乐成办。善巧画师大持明咒师帕觉之公子洛略格玛瓦父子敬绘。

　　愿以此之广大之善根，
　　无边………众……
　　迅速获得观音之果位！

---

〔1〕 Cordier III, p. 36, n. 180. *bstan 'gyur*［丹珠尔］，释怛特罗部（rgyud 'grel），du 函，第 157 叶。
译者注：*Varadatārāsādhana* (*mchog sbyin sgrol ma'i sgrub thabs*)［胜施度母成就法］，《西藏大藏经总目录》第 3484 号。

〔2〕 译者注：*Sarvārthasādhanyāryaprasannatārāsādhana* (*don thams cad grub pa rab tu sbyin pa'i 'phags ma sgrol ma'i sgrub thabs*)［一切义成就圣施度母成就法］，《西藏大藏经总目录》第 3506 号。

〔3〕 pha jo 对应于 a jo：尊敬的父亲。这是尊称。

〔4〕 也可以指尊敬的汉人。

（顶礼）圣世自在！

门后两个小壁和西壁绘画为事续所述语部之根本续莲花网广大坛城天众，莲花网十一面观音广大坛城集摄天众，及别别小部六主尊、兄妹宝帐怙主、婆楼那龙王。

此系供资施主囊索钦莫[1]成办，拉孜善巧画师本格年[2]兄弟绘。

愿以此善速获观音果位！

第二层、第四间佛殿

顶礼圣世自在！

此不空羂索神殿中立塑有带宝座靠背之至尊不空羂索观自在五天。

此系供资施主格西释迦意希为圆满仲阿阇梨衮噶坚赞贝桑波[3]之心意，以清净增上意乐成办。善巧塑师本莫切拉益坚赞师徒敬塑。

三壁壁画为行续［大日如来现证怛特罗］所述三坛城之身无尽庄严加持大悲坛城圆满诸天众[4]，上部为［大日如来现证］灌顶上师传承次第。

门上为卡切班钦[5]的本尊不空羂索五天。

南壁下部为护法神兄妹宝帐怙主、多闻子大王。

此两铺净土壁画系供资施主囊索钦莫成办，觉囊善巧画师本尊贡却桑波师徒和嘉塘[6]（善巧画师）桑丹桑波善为敬绘。

愿以此善一切有情速证无上菩提！

---

〔1〕 该称号可能不同于 nang chen, nang so 指间谍、内哨，相当于总管。

〔2〕 优婆塞(upāsaka)，持守五戒之居士。

〔3〕《梵天佛地》第四卷，第一册，第 58 页。

〔4〕 曼荼罗列表中的第 277 号。

〔5〕 释迦师利(Śākyaśrī)。

〔6〕 该地现在是一个小村庄，在从拉孜(lha rtse)去日喀则(gzhis ka rtse)一天脚程之处，雅鲁藏布(gtsang po)河岸。

第二层、第五间佛殿

唵，吉祥！

黑色马头（明王）神殿东大壁中央为[成就法海]所出三面八臂红色一切怛特罗后心髓马头（明王），围绕有四面天女[1]，其右部为马胜智慧游戏、诃罗诃罗观音，其下为顶髻炽燃、金刚手、三界怙主世自在，其下为四臂兄妹（怙主）、六臂兄妹（怙主）；左为马头（明王）、多闻子。

西壁为[成就法海]所出之四面八臂四足红色马胜。

北壁为贝莫[2]传规的三面六臂六足红色马头（明王）。

此等之上部为黑色马头（明王）上师传承次第。

门上为五部[3]陀罗尼佛母。

门后为四大天王、婆楼那龙王、吉祥天女。

下部为嬉等八供养天女、七政宝。

此善为庄严之两铺净土壁画系供资施主江若（地区）甘丹寺、温罗寺和萨阔寺以白净善心成办。杰康善巧画师本莫切格迥协饶贝桑波师徒善为敬绘。

　　如此善之力量与功用，
　　佛陀教法遍弘于十方，
　　持教士夫增长诸法行，
　　伟大人主身命得坚固，
　　广阔国境安乐而昌盛，
　　量等虚空有情速成佛！

吉祥！善哉！

---

〔1〕很明显题记在此处有遗漏。参见 R.H. Van Gulik, *Hayagrīva. The Mantrayānic Aspect of Horse-cult in China and Japan*, Leiden, E.J. Brill, 1935, p. 33。

译者注：据实地考察，壁面上绘有野干金刚天女(lha mo lce spyang rdo rje ma)、马金刚天女(lha mo rta'i rdo rje ma)、亥金刚天女(lha mo phag mo rdo rje)、象金刚天女(lha mo glang po'i rdo rje ma)。

〔2〕Lakṣmī(karā), *bstan 'gyur*［丹珠尔］中保存有她所传的观音(Avalokiteśvara)成就法，但是没有任何关于马头明王(Hayagrīva)的。

〔3〕Pañcarakṣā.

第二层、第六间佛殿

顶礼拘留拘啰！

拘留拘啰[1]神殿东壁中央为据因陀罗菩提王所造之一面八臂红色拘留拘啰[2]，十二天女环围四周。

西壁为瑜伽续[一万六千颂幻网]所出之一面六臂白色拘留拘啰，其左为卡萨巴尼[3]和一面两臂白色拘留拘啰。

北壁为[成就法海]所出之一面六臂红色至尊拘留拘啰[4]，依[喜金刚怛特罗]之四臂红色制御三界拘留拘啰，依[喜金刚怛特罗]之自身加持拘留拘啰[5]，喜金刚次第拘留拘啰、至尊拘留拘啰、拘留拘啰天女、震旦次第度母[6]、山居叶衣佛母、独髻忿怒母。

此等上部为拘留拘啰之上师传承次第。下部为兄妹宝帐怙主、静猛（多闻子）、骑虎兄妹（护法）、供养天、棕黑色瞻（巴拉）、增禄天女、吉祥天女。

此两铺净土系供资施主札托寺和邦美垅寺虔信成办。吕杰康善巧画师本莫切协饶贝桑巴师徒敬绘。

愿以此善二种资粮宝，

---

〔1〕 拘留拘啰在题记中均写作 ku ru ku le。

〔2〕 Cordier III, p. 52, n. 268. *bstan 'gyur*［丹珠尔］，释怛特罗部（rgyud 'grel），du 函，第 243 叶。
译者注：原书写作第 267 号。*Aṣṭabhujakurukullesādhana* (*rigs byed ma phyag brgyad ma'i sgrub thabs*)［八臂拘留拘啰成就法］，《西藏大藏经总目录》第 3572 号。

〔3〕 khar sa paṇi，Khasarpaṇa通常的藏文写法。

〔4〕 Cordier III, p. 52, n. 266. *bstan 'gyur*［丹珠尔］，释怛特罗部（rgyud 'grel），du 函，第 241 叶。
译者注：*Ṣaḍbhujakurukullebhaṭṭārikāsādhana* (*rje btsun ma ku ru kulle phyag drug pa'i sgrub thabs*)［至尊六臂拘留拘啰成就法］，《西藏大藏经总目录》第 3570 号。

〔5〕 译者注：参见 *Hevajratantrakrame svādhiṣṭhānakurukullesādhana* (*dpal kye'i rdo rje'i rgyud kyi rim pa las/bdag byin gyis brlab pa ku ru ku lle'i sgrub thabs*)［吉祥喜金刚怛特罗次第中自身加持拘留拘啰成就法］，《西藏大藏经总目录》第 1314 号。

〔6〕 即 cīnakrama。

摧破诸等不善魔军众，
受用无漏安乐祥瑞之，
遍知法之国王得以证！
吉祥！

第二层、第七间佛殿

顶礼文殊菩萨！

此铺净土为[成就法海]所出之四面八臂白色法界语自在文殊，围绕有[金刚心庄严怛特罗]所出之八大菩萨，肩侧为译师和班智达两身像[1]，下部为六供养天女，(共)有十七天。

南壁为[名等诵]之一面四臂金黄色智慧萨埵文殊。肩侧为萨班叔侄，右侧为智慧萨埵文殊、弥勒[2]、[金刚心庄严]……所出之九部文殊、三观音、静猛多闻子、棕黑色瞻(巴拉)、多闻子、八马主及三供养天(女)环围。

西壁为依[成就法海]之四面八臂红白色制御一切有情文殊[3]，(肩侧为阿底峡师)徒。

门上为三怙主，门后财神环围。

此两铺净土系供资施主止仓的色多寺虔信成办。尼木桑日善巧画家本莫切完钦查布父子敬绘。

愿以此善诸供施眷属，
速得世尊文殊之果位！
愿吉祥！啊啧！

---

〔1〕 萨钦(sa chen)和萨迦班智达(sa skya paṇḍita)。
译者注：应为班智达名称月(Paṇḍita Kīrticandra)和雅隆译师札巴坚赞(yar lung lo tsā ba grags pa rgyal mtshan)。

〔2〕 译者注：据实地考察，没有弥勒像。

〔3〕 Cordier III, p. 31, n. 152. *bstan 'gyur*［丹珠尔］，释怛特罗部(rgyud 'grel)，du 函，第132叶背面。
译者注：*Sarvasattvavaśīkaraṇasamādhi* (*sems can thams cad dbang du byed pa'i ting nge 'dzin*)［制御一切有情三昧］，《西藏大藏经总目录》第3457号。

第二层、第八间佛殿

顶礼摧破金刚![1]

此摧破金刚神殿中塑有薛波传规立于火山中的摧破金刚主从三。

此系供资施主……

南壁为薛波传规摧破金刚，围绕有十明王、八天女和四护门天女，肩侧为金刚持、狮面空行母和摧破金刚之身、语、意、业四明王，下部为嬉等四（天女）、宝帐怙主、欲界自在，顶部为事续[不动陀罗尼]所出之三界尊胜明王、阎摩敌、马头明王和甘露军荼利明王。

西壁为依巴日传规之一面两臂绿色摧破金刚，上部肩侧为杰尊钦波和萨班对视像，下部围绕有棕黑色瞻（巴拉）、增禄天女、吉祥天女。

北壁围绕有弥勒护传规之摧破金刚四部明王、十护方神、八吉祥天女。

门上为事续之明王部，阎摩敌、马头明王、甘露军荼利明王和绿色金刚手。

此善为庄严之两铺净土壁画系供资施主果如·征桑巴、桑·贡通巴、格·金卡瓦和日垅·玉垅巴成办。善巧塑师达那瓦本莫切师徒敬塑。

愿以此善无边诸有情，
清净业与烦恼之障碍，
福慧二种资粮速齐备，
迅速获得圆满之佛果！

吉祥！

第二层、第九间佛殿

顶礼释迦牟尼佛！

---

[1] 题记中为 dha ra na ye。

此为事续[现入普门无垢顶髻光照一切如来心及三昧耶陀罗尼][1]所出广大坛城天众。大牟尼位于南壁，四面八臂，围绕以十二天女、贤劫诸佛、十六菩萨、声闻众、四护门、十护方神。

东壁为无垢顶髻密咒[2]天众主尊四面八臂大日如来，右为日光遍照、左为月光遍照，围绕以（四）如来部、四佛母、色金刚等四天女、八方菩萨、四护门。

北壁为四面八臂大牟尼，围绕以四护门天女、大拘留拘啰。

门后为多闻子和黄色瞻（巴拉）。

此等系供资施主多吉丹巴[3]成办一铺净土，伍热瓦、扎巴、喇嘛……增、帕松巴等人成办一铺（净土）。乃宁善巧画师帕觉赞勒绘。

以此善之智慧火，
众生二障悉烧灭，
解脱圆满之佛陀，
果位迅速得获致！

清净！

第二层、第十间佛殿

顶礼圣度母！

---

〔1〕 *Samantamukhapraveśaraśmivimaloṣṇīṣaprabhāsasarvatathāgatahṛdayasamayavilokitanāmadhāraṇī* (*'phags pa kun nas sgor 'jug pa'i 'od zer gtsug tor dri ma med par snang ba de bzhin gshegs pa thams cad kyi snying po dang dam tshig la rnam par lta ba zhes bya ba'i gzungs*)，《西藏大藏经总目录》第599号，及其注释 Cordier II, p. 296, n. 18。*bstan 'gyur*［丹珠尔］，释怛特罗部(rgyud 'grel)，chu 函。《西藏大藏经总目录》第2688号。
译者注：汉译为《佛顶放无垢光明入普门观察一切如来心陀罗尼经》，《大正藏》第19册，经号1025。

〔2〕 *gtsug tor dri med kyi gzungs cho ga*［无垢顶髻陀罗尼仪轨］。Cordier II, p. 359, n. 137. *bstan 'gyur*［丹珠尔］，释怛特罗部(rgyud 'grel)，tu 函。《西藏大藏经总目录》第3081号。
译者注：原书写作《西藏大藏经总目录》第3082号。

〔3〕 多吉丹(rdo rje gdan)是年地(nyang)两座佛寺的名字，即乃宁寺(gnas rnying)和玛格顶寺(mag dge ldng)。
译者注：玛格顶寺并非多吉丹寺，参见《梵天佛地》第四卷，第一册，第38页，注释4。

此白度母神殿中为白度母主从五身塑像，立于花鬘靠背中。

南壁中央为觉沃钦波杰阿底峡之亲见本尊三面八臂绿度母。

北壁为［成就法海］所出之三面六臂白度母，上部肩侧为两身上师像〔1〕，下侧为增禄天女……

……［成就法海］所出一面四臂白度母，左右为摩利支天和大孔雀佛母立像，四周环绕以续部所出一百零八名号度母、救八难度母和十八天女〔2〕。

有两铺净土壁画之此神殿系供资施主新垅寺师徒以极善之心成办。拉孜江卡善巧塑师本……敬塑，桑丹善巧画师本莫切协饶嘉措兄弟敬绘。

愿以此中所出广大善，
供施眷属于一切时期，
弃除非时死亡等八难，
究竟速致度母之果位！

吉祥！

第二层、第十一间佛殿

顶礼普贤菩萨！

此普贤神殿中塑像为普贤菩萨主从三。

东壁为心性安息观音，围绕以［大日如来现证］所出十六菩萨、六供养天女。

西壁为文殊菩萨，围绕以［大日如来现证］及［金刚心庄严怛特罗］所出诸菩萨众，上部为五部如来，下部为七供养天女。

北壁为［金刚心庄严怛特罗］所出四面两臂蓝色金刚手菩萨，上方肩侧为龙王和龙树。

门上围绕有欲帝明王，不动（明王）、马头（明王）、金刚手。

---

〔1〕 萨钦(sa chen)和萨迦班智达(sa skya paṇḍita)。
译者注：据实地考察，两身上师像未见榜题，但明显不是萨钦和萨班。

〔2〕 见《梵天佛地》第三卷，第二册，第85－88页。

……一铺净土壁画……善巧塑师本（莫切本）赞巴父子敬塑[1]。一铺净土壁画系供资施主恰更巴和拉浦·衮萨巴成办，乃宁善巧画师帕觉赞勒和尼木桑日（善巧画师）本完钦查布及本格年喇嘛衮[2]等敬绘。

由于此善供施诸眷属，
愿与佛子普贤而等同！

第二层、第十二间佛殿

顶礼金刚手菩萨！

此善趣金刚手神殿中塑像为善趣金刚手主从三。

东壁为弥勒护[3]传规之三面四臂蓝色铁管金刚手十三天和增禄天女。

西壁为弥勒护传规之十七天主尊善趣金刚手，上部回环庄严以善趣金刚手之上师传承次第，下部围绕以多闻子大王之四殊胜子、三胜妙子及一最胜无上子[4]。

北壁为依据龙树阿阇梨（传规）之九天主尊经咒金刚手。

东面小壁为善趣金刚手、多闻子大王及其父多闻仙人和其母吉祥天女，下部为持红矛、……八马主。

此等主从塑像之供资施主为卡钦扎巴·波朗和董那巴。拉孜善巧塑师本莫切南卡桑敬塑。两铺净土壁画系供资施主咱瓦董巴成办。善巧画师本莫切帕觉赞勒和本南卡贝二人善为敬绘。

愿以如此七种珍宝善，[5]
不顺魔军悉得以战胜，
受用祥瑞无漏王政之，

---

〔1〕 译者注：括号中的文字系译者所加，该塑师的名字亦出现在第一层第八间及第二层第一间佛殿。

〔2〕 译者注：格年意为“居士”，喇嘛衮是其名字。

〔3〕 题记中为 mi dra。

〔4〕 整个加起来为八马主(rta bdag)。

〔5〕 即由此项工作产生的功德将使施主转生为拥有七宝的转轮圣王，他们将依法统治，增长善行，使有情转生至人天善趣。

遍知金刚手主得成就！
愿吉祥！圆满！

第二层、第十三间佛殿

顶礼不动佛！
凡身皆如青莲之须弥，
凡语皆如十六支雷音，[1]
凡意皆如抱一切所知，
凡业皆如恒河之水流，
凡所行迹均为诸众生，
一切诸有安乐而造作！
救主汝所成办之净土，
三恶趣之名字亦未闻，[2]
完全熄灭三苦之三火，[3]
富足圆满三乘安乐者，[4]
成办具种众生之妙喜，[5]
清净佛土庄严尤殊胜。
凡等睹见听闻接触亦，
得以摄受生彼佛净土。
救主祥瑞妙喉中颁宣。
绘制壁画及与塑身像，
极其殊胜使安乐得生，
如此严土绚烂未曾有，
广大二瑞资粮而胜生，

---

〔1〕 根据怛特罗(tantra)体系，真言(mantra)的根本音节：a, ā, i, ī, u, ū, e, ai, o, au, ṛ, ṝ, ḷ, ḹ, ḥ, kṣ。

〔2〕 三恶趣指地狱、恶鬼、畜生。

〔3〕 苦苦、坏苦、行苦。

〔4〕 即声闻(śrāvaka)、缘觉(pratyekabuddha)、大乘(Mahāyāna)。

〔5〕 不动佛(Akṣobhya)的佛土称之为妙喜(abhirati)。

姓身圆满圭圭多吉杰，[1]
凡为圆满此白净密意，
本益霍索以虔敬而立。[2]
此等所立壁画造作亦，
生起次第神身性不动，
圆满次第入于甚深性，[3]
……执持洛那格玛瓦，[4]
父子手之诸行所成业。
愿由此善具小………
出生清净佛土之殊胜，
一切亦于此处得安置！

顶礼不动佛！

具瑞究竟无量妙喜土，
首先富足智慧…成办，
复次为使十地诸佛子，[5]
由此殊胜乘语生欢喜，
于此一切有住之有际，
圆满色身相好光显耀，
无数无量佛子眼甘露，
牟尼之王不动怙主佑！
救主汝之色身极凸显，
佛子男女菩萨相围绕，

---

〔1〕 即其所属的望族以及本人。

〔2〕 该名字值得特别关注。它由两个指代族别的名字所组成：霍(hor) = 鞑靼(Tartar)，索波(sog po) = 蒙古(Mongol)。他可能是蒙古王廷派遣的充任"本益"(大臣)一职的官员，或者是派至江孜(rgyal rtse)王子的特使。

〔3〕 修习密法的两个次第：生起次第(utpattikrama)，观想本尊并以其为对境的修习阶段；圆满次第(sampannakrama)，证得最胜喜乐之阶段。

〔4〕 译者注：可能是第二层第三间佛殿提及的洛略格玛瓦父子(blos slos dge ma ba yab sras)。

〔5〕 佛子指菩萨(bodhisattva)，题记此部分暗示了三身：自性身(svabhāvikakāya)、法身(dharmakāya)、受用身(saṃbhogakāya)。

此善庄严稀有绚烂土，
信及胜生之祥瑞施主，
至善趣处圭圭多吉杰，
凡为圆满此白净密意，
本益霍索以虔敬而立。
学识殊胜尼木雅德瓦，
本赞父子及与徒弟之，
手之造作而引出诸善，
此等是为一切眼甘露！
于彼瑞土吾等诸众生，
学习殊胜乘道相续后，[1]
于果四身之处得自在，[2]
不动救主果位得获致！

吉祥！

第二层、第十四间佛殿

顶礼五护！

此南壁与西壁为五护佛母之主尊，（围绕有）明咒女王大孔雀佛母、密咒大随持佛母……大（寒林佛母）……兄妹怙主、骑虎梃杖、钺刀女。

此系供资施主……穹米本、本波阿德然瓦以清净增上意乐（成办）。…………

由此所出众善…此，
无边虚空…诸众生，
究竟有寂衰败……
……佛果位速获致！

愿吉祥！善哉！

---

〔1〕 大乘(Mahāyāna)。

〔2〕 自性身(svabhāvikakāya)、法身(dharmakāya)、受用身(saṃbhogakāya)、化身(nirmāṇakāya)。

顶礼五护天女！

此北壁与东壁为大随求佛母和大千摧破佛母。

此系供资施主……俄巴本波与骑兵官哦洛本尊巴二人以极净之妙善心意善为成办。

此上部、下部、窗棂、门间为十护方神、九大曜、多闻子……幻……天众……

………………………

………………胜敌后，
受用无漏安乐之祥瑞，
遍知法王果位速获致！

愿吉祥！

第二层、第十五间佛殿

顶礼文殊菩萨！

此十万佛像吉祥多门大塔二层东南之无比悦意文殊神殿中为语狮子文殊，右面为当巴甲嘎[1]和善财童子，左面为耄耋仙人和御狮蒙古王，主从五身像带有靠背之狮子座，以种种华饰美妙庄严。

壁画为[文殊师利根本怛特罗]所述大坛城（中）有四门之无量宫天众。壁中为世尊大牟尼，九十八根本天和十三标识环围四周。

此一百零一种色彩斑斓绚丽，量度、庄严、配置无比殊胜之精美神殿系供资施主、贝廓德钦大法院大近侍、具足虔信精进的永丹桑波以虔诚心意善为成办。身披褐黄法衣、戒行精严之乃宁善巧画师、祥瑞画王本莫切班觉仁钦和本格西索南班觉精心敬绘。学识渊博、技艺精湛的善巧大塑师本莫切拉益坚赞师徒精心敬塑。

愿以此善一切供施眷属获致文殊菩萨地！

---

〔1〕 即帕当巴(pha dam pa)，定日朗可寺(ding ri glang 'khor dgon)的建立者，*'jam dbyangs smra ba'i seng ge'i sgrub thabs*［语狮子文殊成就法］的作者。Cordier III, p. 175, n. 2. *bstan 'gyur*［丹珠尔］，释怛特罗部(rgyud 'grel)，zu 函。
译者注：《西藏大藏经总目录》第 2703 号。

第二层、第十六间佛殿

顶礼观音菩萨!

此观音神殿中塑像为坐于山岩中之一面四臂调伏众生大悲(观音)主从三。

此等主从塑像系供资施主持密金刚持阿阇梨仁钦贝成办。善巧塑师本莫切拉益坚赞精心敬塑。

此中朝南之壁中央为圣龙树传规之十一面四十二臂观音三十七天,肩侧为圣龙树之身像。

其东侧小壁善为庄严(之壁画)为[不空羂索仪轨细释]所出不空钩忿怒观音九天,以及欲界天多闻子。

(此)系供资施主具信比丘南卡楚臣成办。拉孜善巧画师本莫切塔尔巴(瓦)师徒精心敬绘。

此东壁为[成就法海]所出主尊为空行观自在之十四天,此半铺净土系供资施主多索巴·本布达和本多吉杰两人成办。

南壁为事续[莲花网]所出三面六臂如意宝观音主从五。

门上为坐于龙上之不空羂索(观音)主从五,以及六臂狮吼(观音)。此等系供资施主……〔1〕

愿以此善供施眷属均获致佛果!

第三层

第三层、第一间大殿

殿门入口处题记

唵!吉祥!

净虚空中犹如日出汝之大悲之光芒,
摧伏众生无知冥暗消除分别之网幔,
决定颁宣寿智无漏安乐受用无尽诸殊胜,
顶礼此及余处安乐生处源泉怙主无量寿!

〔1〕 译者注:壁面空白16厘米,施主姓名可能很早就被涂去。

标显怙主汝之心意变幻无量稀有之佛塔，
虽为一切胜者自证愚痴凡夫云何能诠说？
然而少分诠说……安立能力……………
……………………………诠说吾意得欣喜。
众多善之地基极坚固，
极妙具四无畏五面座，
极美菩提心之十善顶，
极净别别四种之阶基，
极白标显大悲月之座，
无漏安乐增盛之高瓶，
平等洁净四角八山饰，
十三极为洁净之法轮，
护持众生烦热伞为饰，
离边空性金刚宝珠饰。
复次亦以无量饰差别，
善为庄严佛塔极殊异，
赡洲胜饰大见解脱此，
愿成装点大地之严饰！
由大牟尼梦中之授记，
承许于此圆满牟尼塔，
梦中睹见而获得八地，
众生现前得见何待言？
见即解脱大塔之南面，
第三阶基凸出无量宫，
向外凸出胜者身像及，
如此斑斓绘画之庄严，
众多严饰美妙之靠背，
孔雀座及水生莲蕊上，
怙主无量寿佛宝庄严，
妩媚姿态而喜笑颜开，
灭除非时死亡寿命及，

智慧福德无余而成就，
颁敕众生殊胜而安坐。
其胁以及肩侧之左右，
千瓣莲蕊盛开之座上，
金刚胜法以及金刚轮，
金刚利及金刚语诸等，
身像向外凸出而安住。
怙主无量寿佛之右侧，
面朝东方金刚萨埵为，
根据吉祥最上第一品，
摄部所出圆满之主从。
其下金刚作吽为主尊，
如同摄部东坛之天众，
主从朝东视之而圆满。
此之左侧朝南之方向，
主尊虚空藏及眷属为，
摄一切部南面之坛城，
如实生起而如理配列。
作吽右侧朝北而视之，
虚空库之主从诸天众，
摄一切部西南坛城中，
如实生起而如理配列。
此之右侧上面之部分，
摄部西南本母坛城之，
天众如实圆满配列及，
此之下面西北间隙为，
三昆仲之坛城诸天众，
摄部所出主从齐配列。
怙主无量寿佛之左侧，
表现西视姿态世自在，
婀娜多姿面容具微笑，

依据摄部西坛中所说，
圆满主从于自座安住。
于世自在之………方，
………………………
眷属吉祥最上摄部之，
东北坛城中出而圆满。
此之右侧朝南而视之，
金刚轮为（坛城）之主尊，
摄一切部西北坛城中，
如实生起圆满诸天众。
药叉左侧朝北而视之，
金刚拳为（坛城）之主尊，
吉祥最上摄部北坛中，
如实生起圆满诸天众。
世自在之左侧面朝北，
是为主尊文殊师利之，
天众及诸种子字标识，
摄部东南主从诸天众。
金刚拳诸天众左侧之，
上为摄部天众东南之，
寂静矛所标识天众及，
四姊妹之天众及标识，
各自座上圆满而配列。
上为吉祥最上摄部之，
圆满上师传承之次第。
下为吉祥最上摄部之，
外面金刚部诸天众及，
四臂兄妹智慧怙主及，
骑虎兄妹安住于右侧，
左为静猛多闻子诸等，
依自经中所出善庄严。

精美壁画功业造作者，
依于净戒而具学知之，
功德超凡殊异之智慧，
智者之王班觉仁钦及，
其子本洛乃宁巴敬绘。
向外凸出身像之气度，
犹如自诩者中之兽王，
无畏辩才殊胜登萨巴，
誉称拉益坚赞之智者，
具力其意变幻而安立。
中央无量寿佛主从五，
宝座靠背上下木漆之，
顺缘安排供资之施主，
种姓福德力所善圆满，
精进于此白净之善业，
具足毫不懈怠之毅力，
本尊喇嘛嘉巴善成办。
身像绘画为饰之顺缘，
圆满诸法空性日陲巴，
星宿坛城之主德庆巴，〔1〕
松巴世系中生本莫切，
誉称格西协饶降秋及，
富足种姓中生顿日巴，
造作善业具力司厨官，
称为聂勒诸人善成办。
愿以如此成就善势力，
一切众生利乐之生处，
佛陀教法弘扬且增盛，
持教士夫身命得坚固！

---

〔1〕 译者注：意为众多小寺之主寺。

由于福德祥瑞胜生之，
供施法王身命长久及，
王政广大坚固增盛及，
无量有情悉皆安乐及，
福德智慧广大之吉祥！

壁画下面题记

此绘画为［吉祥最上本初］摄部之西面世自在十三天众及四标识〔1〕。

其左侧绘画为文殊、八如来、八种子字鬘，及八标识天众〔2〕。

此系供资施主司厨官聂勒瓦以虔信之心意成办。

愿以此善一切众生获得金刚法果位！吉祥！善哉！

此为［吉祥最上本初］摄部之西北唯发心转法轮天众，世……

此绘画为［吉祥最上本初］摄部之东北金刚药叉九天众及八标识。

此系供资施主、松巴克巴之族裔、本莫切格西协饶降秋以清净心意成办。

此绘画为［吉祥最上本初］摄部之北面十七天主尊金刚拳天

〔1〕 根据布顿论书 *dpal mchog rigs bsdus kyi dkyil 'khor gyi bkod pa*［最上本初摄部曼荼罗庄严］，五种曼荼罗组成了五部之集合曼荼罗，中央为金刚萨埵(rdo rje sems dpa')，东面为金刚作吽(rdo rje hūṃ mdzad)，南面为虚空藏(nam mkha' snying po)，西面为世自在('jig rten dbang phyug)，北面为金刚拳(rdo rje khu tshur)。四隅分别为文殊('jam dpal)、虚空库(nam mkha' mdzod)、唯发心转法轮(sems bskyed ma thag tu chos kyi 'khor lo bskor ba)、金刚药叉(rdo rje gnod sbyin)，关于世自在曼荼罗的十三天和四标识，参见《梵天佛地》第四卷，第一册，第 169 – 170 页。

〔2〕 种子字是 a ra pa ca na，这是文殊(Mañjuśrī)的一个名号，八标识是：四隅为四般若(prajñāpāramitā)经函，即：
东南：中观类(dbu ma dum bu)
西南：空性类(stong pa nyid dum bu)
西北：清净类(rnam dag dum bu)
东北：真性类(de bzhin nyid dum bu)
四方的四门为：剑、短矛、钵、般若经函。这八个标识叫做 mtshan ma brgyad。

众。其左侧绘画为（摄部）之世间寂静矛所标识天众〔1〕、四姊妹及标识〔2〕。

此系供资施主、圆满诸法空性之大圆满瑜伽士、丹域寺日陲巴师徒以虔信之增上意乐成办。

此绘画为［吉祥最上本初］摄部之世间本母坛城天众〔3〕，其下为三昆仲坛城天众〔4〕。

此绘画为［吉祥最上本初］摄部之西南虚空库坛城十三天众及四标识〔5〕，下部为外门护法四转轮、四臂兄妹、骑虎兄妹。

此绘画为［吉祥最上本初］摄部之东面金刚作吽坛城九天众及

---

〔1〕 此处所指的曼荼罗(maṇḍala)是寂静短矛所标识(zhi ba mdung thung gis mtshan pa)，大自在天(dbang phyug chen po)的一个身形，参见布顿 *dpal mchog rigs bsdus kyi dkyil 'khor gyi bkod pa*［最上本初摄部曼荼罗庄严］，第13叶背面，第14叶正面。曼荼罗列表中的第206号。这是 *dpal mchog*［最上本初］第一品的世间('jig rten pa)第一曼荼罗。

〔2〕 这些标识是：东门弓箭；南门剑盾；西门宝藏瓶(gter gyi bum pa)；北门颅器和长刀。四姊妹(sring mo)曼荼罗(maṇḍala)的组成是：喜女(dga' ba mo)，红色，持弓箭；杀女(gsod ma)，黑色，持剑盾；亥母(phag mo)，金色，持金藏；成就女(grub pa mo)，白色，持颅器和长刀。参见布顿 *dpal mchog rigs bsdus kyi dkyil 'khor gyi bkod pa*［最上本初摄部曼荼罗庄严］，第15叶背面。曼荼罗列表中的第209号。

〔3〕 第一品世间('jig rten pa)四曼荼罗中的第二曼荼罗，有如下天众：大黑天(nag po chen po)，舞姿，十臂，两主臂持天杖(khaṭvāṅga)和莲花；猛厉女(drag mo)、梵天女(tshangs ma)、遍入天女(khyab 'jug ma)、童女(gzhon nu ma)、迦利(nag mo)、大迦利(nag mo chen mo)、食女(za ba mo)、罗刹女(srin mo)以及四护门(sgo ma bzhi)：寂静女(zhi ba mo)、畏惧女(Bheruṇḍā)、暴恶女(gtum mo)、怖畏女('jigs byed ma)。参见布顿 *dpal mchog rigs bsdus kyi dkyil 'khor gyi bkod pa*［最上本初摄部曼荼罗庄严］，第14－15叶。曼荼罗列表中的第207号。

〔4〕 三昆仲(ming po)曼荼罗(maṇḍala)的组成是：作胜(rgyal bar byed pa)，白色；作蜜(sbrang rtsir byed pa)，黄色；一切义成(don thams cad grub bar byed pa)，绿色。均披甲胄，右手持颅器，左手持弓箭；成就(grub pa)，白色，持三叉戟；增长('phel ba)，黄色，持宝藏瓶；钦波(chen po)，粉红色，持花篮；药叉(gnod sbyin)，黑色，持獠牙；暴恶(gtum po)，黑色，持杖；忿怒(khro bo)，黑色，持蛇；殊胜(mchog)，黑色，持轮；祟巴(gsod pa)，舞剑。曼荼罗列表中的第208号。

〔5〕 四标识(mtshan ma bzhi)是：铜钱(dong tse)、金、珍珠、红宝石(padmarāga)。

四标识[1]。

愿吉祥!

此绘画为[吉祥最上本初]摄部之南面虚空藏坛城九天众及八标识[2]。

此等系供资施主德庆寺师徒和贡松巴以白净善心成办。

愿以此善一切众生获得遍主金刚萨埵之果位!

此绘画为[吉祥最上本初]摄一切部根本坛城——二十九天之主尊大乐金刚萨埵坛城。

此系供资施主、期供[3]近侍顿日以清净之增上意乐成办。

愿以此善一切众生获得金刚持果位!

愿吉祥!

第三层、第二间佛殿

顶礼世自在!

此中带宝座靠背之塑像为[吉祥最上]第二品真言品中第二章[摄一切仪轨根本续][4]所出……秘密布绘坛城[5]主尊三宝[6]主从三[7]。

其右方朝南之壁为四品[吉祥最上]中第一品阿赖耶识之对治、大圆镜智性之本性大印为主之般若波罗蜜多品所出别部之愚痴对治、调伏众生坛城圆满诸天众。

---

〔1〕 此处的四标识(mtshan ma bzhi)是弓箭、剑、金刚杵、矛。

〔2〕 八标识(mtshan ma brgyad)是：四隅各有一瓶，四门上是宝冠、宝瓶、般若经函、装满饮食之宝器。

〔3〕 即固定日期举行的法会。

〔4〕 译者注：藏译为 *dpal mchog dang po'i sngags kyi rtog pa'i dum bu* [吉祥最上本初真言仪轨品]，《西藏大藏经总目录》第 488 号，汉译为《佛说最上根本大乐金刚不空三昧大教王经》(第十四至第二十五分)，《大正藏》第 8 册，经号 244。

〔5〕 曼荼罗可以用彩粉临时绘于地上，或者如唐卡(thang ka)一样绘于布上。

〔6〕 佛、法、僧。

〔7〕 曼荼罗列表中的第 232 号。
译者注：原书写作第 231 号。

西壁为入一切部之坛城之因、金刚轮坛城圆满诸天众。

南壁为集一切佛之身语意、精进为主之金刚拳（坛城圆满诸天众）。

北壁上方左右为［吉祥最上］金刚萨埵之灌顶上师传承次第。

下方左右侧……之供养……供养，以及……乐供[1]。

门上和门后为二十五供，门前为静猛多闻子两身。

此等亦系供资施主仲达姆贝钦母子[2]成办。……等善为绘制。

愿以此善一切众生迅速获致金刚持果位！

吉祥！

第三层、第三间佛殿

顶礼金刚萨埵！

此中带宝座靠背之塑像为［吉祥最上］第二品真言品中［摄一切仪轨续］所述坛城中成就羯磨灌顶所不成、如火炽燃微细坛城主从三。

其右方朝南之壁为［吉祥最上］第一品般若波罗蜜多品所出别部之悭吝之对治、金刚宝坛城圆满诸天众。

西面朝南小壁为根本般若波罗蜜多文殊坛城圆满诸天众及种子字标识。

南壁为圆满资粮之因、虚空库坛城诸天众及标识。

北壁和南壁之上部左右为［吉祥最上］……

西壁上部为三昆仲调伏众生的三昆仲之圆满诸天众，其下为四姊妹调伏众生的四姊妹圆满诸天众及标识。

下部为二十（五）供。

此等亦系供资施主仲达姆贝钦波虔信成办。拉孜措波善巧塑师本贝拉师徒和拉孜宗雪善巧画师本波贝钦敬为绘制。

---

〔1〕 这是布顿在 *dpal mchog*［最上本初］注释中所列出的十种乐器(rol mo)，在第24叶他列出了十二种：琵琶(pi wang)、腰鼓(gling rdza rnga)、大腰鼓(mu rdza)、球鼓(mukuṇḍa)、mukuṇṇa（原文如此）、钹(cha lang)、圆鼓(rnga zlum)、战鼓(paṭaha)、古恩札(gun dza)、底蜜纳(timila)。

〔2〕 如我们所见，drung（仲）总是用作表示尊敬的标记，儿子是法王饶丹衮桑帕巴(chos rgyal rab brtan kun bzang 'phags pa)。

第三层、第四间佛殿

顶礼文殊菩萨！

此中带宝座靠背之塑像为瑜伽续所述[一切如来身语意秘密庄严][1]坛城之般若佛母主从三。

此之右壁为无垢虚空之宝生佛休息坛城[2]圆满诸天众。

此之东壁为金刚界品之同分、主要为[吉祥最上]之释续、[金刚心庄严怛特罗]坛城内坛天众，称之为“法界大金刚心庄严、一切如来秘密大坛城”，称之为“八门”坛城内坛大灌顶……根本圆满诸天众。

此之南壁为[文殊师利幻网]所出不动佛……坛城圆满诸天众。

此等系供资施主……降赛[3]达姆贝钦杰姆成办。拉孜卡萨善巧画师本卓杰旺秋善为敬绘。

愿以此善供施诸眷属，
灭除诸等无知冥暗众，
极大增长智慧法之光，
获得遍主遍照之果位！

吉祥！善哉！清净！

第三层、第五间佛殿

顶礼文殊菩萨！

此中带宝座靠背之塑像为金刚界品中所出、与其同分之[文殊师利名等诵]瑜伽续上密意、阿阇梨文殊友所造注释(之)小无垢虚空坛城大日如来主从三。

其右壁为菩提萨埵金刚休息坛城圆满诸天众。

---

〔1〕 译者注：*Sarvatathāgatakāyavākcittaguhyālaṅkāravyūhatantrarāja* (*de bzhin gshegs pa thams cad kyi sku gsung thugs kyi gsang ba rgyan gyi bkod pa zhes bya ba'i rgyud kyi rgyal po*)[一切如来身语意秘密庄严怛特罗王]，《西藏大藏经总目录》第492号。

〔2〕 相关的表述见《梵天佛地》第四卷，第一册，第188页。

〔3〕 这是藏族贵族妇女的称号，如同 ma gcig ma 等。

东壁为金刚界品中所出、与其同分之[文殊师利名等诵]瑜伽续上密意、阿阇梨文殊友所造注释……

……亲友善为敬绘。

愿以此善供施眷属之，
灭除诸等二障冥暗众，[1]
极大增长无垢智慧光，
迅速获致文殊之果位！

愿吉祥！

第三层、第六间大殿

殿门入口处题记

唵！吉祥！

明净法界虽无边际孰之独一智慧知，
芬芳功勋虽布十方得至所知边际量，
虽知三处所量之域弃除聪慧之傲慢，
至高无上知一切法顶礼无上至上众！
胜者大海身之庄严及，
净土大海佛子护法及，
舍利大海充盈满溢之，
法身功德大海而顶礼！
弃四有边智慧海中生，
悲之大海诸事均如意，
宝贝种之大海之祥瑞，
胜者宝贝生处大海护！[2]
金刚宝光幢及金刚笑，[3]
标显自种身色极美妙，
悦意饰及诸种衣庄严，

---

〔1〕 烦恼障和所知障。
〔2〕 译者注：宝贝生处指的是宝生佛。
〔3〕 译者注：即金刚宝、金刚光、金刚幢、金刚笑。

顶礼四位清净之菩萨！
文殊法界语自在天众，
具密文殊坛城诸天众，
珠宝严饰披戴天衣物，[1]
顶礼诸等稀有之身像！
圆满富足种姓色身力，
慈悲之主众生唯一父，
具足无有边际善心意，
护地自在如意宝树胜！

复次，距金刚座北面一百零八由旬之地、雪域地母之中心、如理宣说不可称计之静修处、无量吉祥善相极为高胜贝廓德钦祖拉康之法身大见解脱上层西面凸出（之）仁钦神殿（中）向外凸出、带有宝座靠背之宝生佛主从五身像、壁画及贡物，系施主：

法之国王教敕休憩处，
无分信心供养教持教，
富足堪与多闻子媲美，
臣中自在聂钦曲杰瓦，
眷属百姓办应供资具。
依据功德宝贝所庄严，
袈裟幢顶天人贝朱之，[2]
教语[3]
善巧塑师索南坚赞及，
殊胜画师年堆卡喀巴，
本尊顿珠查布师与徒，
正确娴熟所知敬绘制。
愿以此善教法长久住，
君主亲属友伴安乐及，

〔1〕 译者注：原文 blubs 的词义不明，此处据上下文译为“披戴”。
〔2〕 译者注：这两句暗含仁钦贝朱的名字。
〔3〕 译者注：殿门右侧题记于此结束，但未写完的偈颂不见于殿门左侧，殿门左侧题记似有修补痕迹。

众生利乐不断而产生，
成为宝之种姓之主尊！
愿法国王及与法大臣，
凭借法之密意慈与悲，
如法护国由此有情众，
具足圆满四时修持法！
法身本性具常乐我净，
报身自性具五种决定，
化身无数刹土行利生，
三身无比圆满之吉祥！
神供所依法身见解脱，
假名施设此身乐尽间，[1]
祈愿兄妹护法及奴仆，
精勤无有懈怠之护持！
福德祥瑞善为圆满故，
供施法王身命坚固及，
境域安康人病畜病及，
灾年敌之损挠得平息！
国王大臣如法而行及，
诸善知识身命长寿及，
天龙降下适时之雨霖，
稼穑圆满世间得繁盛！
供资施主及与诸眷属，
贵体安康身命得坚固，
国政广大意之一切思，
与法相应顺遂而成就！
王治之下百姓眷属亦，
种种一切幸福安乐及，
身语意三与法随顺及，

[1] 译者注：意为佛塔的物质实体在世间存在期间。

无厌精勤于礼敬三宝!

吉祥!

壁画下面题记

顶礼文殊菩萨!

此绘画系依据根本续第一品金刚界品中所出、与其同分之[文殊师利名等诵]瑜伽续上密意注释、阿阇梨嬉金刚所造之中本注疏的具密文殊摄部坛城诸天众[1]。

此绘画为法界语自在第二坛城陀罗尼坛城西面和北面诸天……十二陀罗尼……隅之歌、舞天女等。

愿吉祥!

此壁绘画为法界语自在第三坛城法坛城西面和北面(诸)天:八大菩萨、方隅五明王、灯女、涂香女、金刚香、金刚味,上壁有上师传承次第。

愿吉祥!

此壁绘画为法界语自在第四坛城金刚部坛城西面和北面(诸)天:四护门明王、罗刹、水天、风天、丑身、二十八星宿、梵天女、猛厉女、遍入天女、童女、帝释天女、亥母、老女、卜力哩帝、群主、地母,以及欲天、多闻子、黄色瞻(巴拉)、黑色瞻(巴拉)、吉祥天女。

吉祥!善哉!

此壁绘画为法界语自在第四坛城金刚部坛城东面和南面诸天众:护方神、护门四明王、八大天、九曜、八大龙王、三昆仲、非天、金翅鸟、紧那罗、乾达婆、持明、八药叉、鬼子母子,以及欲天、护法神兄妹宝帐怙主。

善哉!

此壁绘画为法界语自在第三坛城法坛城东面和南面(诸)天:八大菩萨、五明王、烧香女、花女、护门神、金刚色、金刚声,上壁有上师传承次第。

此壁绘画为法界语自在第二坛城陀罗尼坛城东面和南面诸天

---

[1] 参见布顿 *mtshan brjod kyi dkyil 'khor gyi bkod pa* [名等诵曼荼罗庄严],第1叶和第12叶,曼荼罗列表中的第274号。

众：十二地、十二度、隅之嬉女、鬘女、法别别观察女、境别别观察女（等）四护门女。

顶礼文殊菩萨！

此绘画系依据根本续［真性集］之金刚界品中所出，与其同分之［名等诵］瑜伽续上密意注释、阿阇梨文殊称所造之大疏的无垢虚空极净法界语自在大坛城之中坛根本坛城诸天众。

吉祥！

第三层、第七间佛殿

顶礼圣文殊菩萨！

此中带宝座靠背之塑像为智慧萨埵文殊主从三。

西壁为［文殊师利幻网］〔1〕之大日如来休息坛城圆满诸天众。

清净！

此之北壁为［文殊师利幻网］之无量光佛休息坛城圆满诸天众。

东壁为依据金刚界品中所出，与其同分之［文殊师利名等诵］瑜伽续上密意注释、乌仗那阿阇梨阿婆度底巴所造注疏之文殊师利幻网摄部坛城圆满诸天众。

摄部之左面上壁和……为无垢虚空灌顶传承上师。

此等亦系供资施主仲降赛达姆阁下成办。觉囊善巧画师本尊贡却桑波亲友善为敬绘。

祈愿如此所成广大善，
伟大施主及其诸眷属，
……无量如母诸众生，
获致遍知文殊之果位！

愿吉祥！清净！

---

〔1〕 根据阿阇梨阿婆度底巴（Avadhūtipā）的传规。参见曼荼罗列表中的第276号。

第三层、第八间佛殿

顶礼金刚萨埵！

此中带宝座靠背之塑像为[曼荼罗仪轨功德生处][1]中所出菩提萨埵金刚主从三。

西壁为与金刚界品同分、主要为[吉祥最上]之释续、[金刚心庄严怛特罗]中所出金刚心坛城之内坛诸天众。

此壁和北小壁西侧上部为……圆满(诸天众)。

门后和下部为七政宝和八吉祥徽。

东壁为金刚界品中所出、与其同分之[文殊师利名等诵]瑜伽续上密意注释、阿阇梨嬉金刚所造注疏、[曼荼罗仪轨功德生处]中所述依降神时配列[名等诵]名号、摄部坛城圆满诸天众。

此等亦系供资施主降赛达姆贝钦(杰姆)成办。善巧画师……本尊……善为绘制。

如此之善…………
不顺魔军众悉摧伏后，
受用国政二资粮祥瑞，
遍知天之帝释得成就！

吉祥！善哉！

第三层、第九间佛殿

顶礼金刚萨埵！

此绘画为根本续[真性集]之勾召恶趣和净罪中所出[一切恶趣

[1] *Āryanāmasaṃgītiṭīkānāmamantrārthāvalokinī* (*'phags pa mtshan yang dag par brjod pa'i rgya cher 'grel pa mtshan gsang sngags kyi don du rnam par lta ba*)[圣名等诵广释秘密真言义观察]中的章节。Cordier II, p. 265, n. 2. *bstan 'gyur*[丹珠尔]，释怛特罗部(rgyud 'grel), si 函。《西藏大藏经总目录》第 2533 号。

清净威光王品][1]后分品所述之六世间坛城[2]中所出(曼荼罗)。

此之南壁为以八大天利益所化(徒众)之金刚作吽,(围绕以)带明妃之八大天、……力贤等四(天)、四护门。上部为普明(上师)中等传承(次第),下部为兄妹宝帐怙主、四臂兄妹(怙主)、静猛多闻子、黄色和黑色瞻(巴拉)。

西壁为以四大天王利益所化(徒众)之金刚手,(围绕)天众为四大天王、四(护)门。

北壁绘画为以十护方神利益所化(徒众)之金刚手,(围绕以)十护方神、四(护)门,肩侧有两身班智达画像[3]。

此两铺净土壁画亦系供资施主降赛达姆贝钦杰姆母子善为成办。尼木桑日善巧画师洛本完钦查布父子敬绘。

愿以此善施主眷属之,
诸等恶趣及因净治后,
遍主大遍照之胜果位,
于此之生无碍而成就!

吉祥!

第三层、第十间佛殿

顶礼金刚作吽!

---

[1] 译者注: *Sarvadurgatipariśodhanatejorājasya tathāgatasya arhato samyak-sambuddhasya kalpa* (*de bzhin gshegs pa dgra bcom pa yang dag par rdzogs pa'i sangs rgyas ngan song thams cad yongs su sbyong ba gzi brjid kyi rgyal po'i brtag pa*)[如来阿罗汉等正觉一切恶趣清净威光王品],《西藏大藏经总目录》第483号。

[2] 在布顿的 *kun rig gi dkyil 'khor gyi bkod pa*[普明曼荼罗庄严]中,普明后分曼荼罗(maṇḍala)没有像题记和第十二间佛殿一样被分成世间('jig rten pa)和出世间('jig rten las 'das pa)两部,但是这样的区分出现在 *gtsug dgu'i dkyil 'khor gyi bkod pa*[九髻曼荼罗庄严]中,该论书类似于[普明曼荼罗庄严],并且经常不加更改地重述其曼荼罗。它们分别对应于后分(phyi ma)和后分之后(phyi ma'i phyi ma),并且被布顿集于一处。

[3] 萨钦(sa chen)和萨班(sa paṇ)。
译者注:据实地考察,应为庆喜藏(kun dga' snying po)和无畏作护(Abhayākaragupta)。

此神殿之南壁为根本续[真性集]之勾召恶趣和净罪中所出[一切恶趣清净威光王品]后分所述为以忿怒去除忿怒，如火炽燃明王天众。中央为金刚如火炽燃明王，蓝色，一面六臂，围绕有现三世等忿怒王忿怒母众。上部为摧破死主(上师)传承次第，下部围绕有宝帐怙主主从三、黄色和黑色瞻(巴拉)、增禄天女。

北壁为[一切如来身语意秘密庄严怛特罗]中所出诸如来之大佛母智慧坛城天众。(四面)四臂(般若波罗蜜多大)〔1〕佛母围绕有无边颜女等十八天女。

西壁为[身语意秘密庄严怛特罗]中所出大佛母羯磨坛城天众，中央为忿怒母，红色，四面四臂，围绕有无边颜女等三十二天女。

此等壁画亦系供资施主仲达姆贝钦姆母子阁下成办。善巧画师顿日敦巴师徒敬绘。

愿以此善供施眷属均获致菩提！

第三层、第十一间大殿

殿门入口处题记

顶礼诸上师！

胜者悉显共通及不共通一切成就藏，
由众过失之边解脱宣说解脱之善道，
究竟断证圆满究竟功德诸殊胜上师，
娑婆刹土导师导师净饭王子作顶礼！
地之自在无垢意空弥漫善逝悲持水，〔2〕
具缘水禽能净清凉自性所知之，〔3〕
柴薪能焚自性离贪三时主之安居处，〔4〕

---

〔1〕 译者注：此处壁面断裂且有修补约22厘米，括号内的文字系译者据内容所补。

〔2〕 译者注：持水为云的异名。

〔3〕 译者注：能净为风的异名。

〔4〕 译者注：能焚为火的异名，前三句话暗含世界由地、水、火、风四大种所成。

自性诸饰庄严妙好幻化佛塔作顶礼！
成就所作智慧花朵极炽燃，[1]
妒忌柴薪声之剩余成办故，
一切饰之义皆成就羯磨部，[2]
对此金刚绿玉山王作顶礼！
智慧本性金刚胜业及，
金刚拳护及金刚药叉，
天衣以及宝饰为庄严，
顶礼住于虚空四佛子！
前后廊面普明根本之，
坛城诸天众及九顶髻，
释迦狮子语之坛城之，
如虹光辉天众作顶礼！
王政军众四洲之中犹如须弥极坚固，
善律护持众生比之余部祥瑞大殊胜，
坚强勇毅技艺明处殊胜金宝山环围，
圆满温良等等无边正善功德以此护！[3]

复次，以善行之实购买利乐宝贝之众商贾之正善商主、法王由其清净愿力所建之静修处，一切情形悉与五台山等同；执持狮子、大象、孔雀等身色（之五）现前围绕；此等亦圆满具足能够消除风胆涎杂合等病之味道功能；遍满根、叶、果之一切，以及莲花、曼陀罗花、青莲花、君陀花等等，及诸种无量枝叶、花朵、果实成熟摇曳之众多树木郁郁葱葱；具足诸宝显色之雀鸟、大雁、黄鸭、天鹅、仙鹤、杜鹃、八哥、鹦鹉、迦陵频伽、孔雀、水禽等发出婉转歌音，悉着极为美妙之羽衣，悠闲自在地上下翻飞；满贤等药叉众于虚空中抛洒恒河所引之净水滴，（犹如）抛洒珍珠之鬘，并奉上发出四印会集悦耳音声之腰鼓铙钹；龙王随顺于法成办八功德水盈满之池沼，及具有堪与毕

[1] 译者注：此处指不空成就佛所具有的成所作智。
[2] 译者注：暗含不空成就佛的名字。
[3] 译者注：暗含法王饶丹衮桑帕巴(rab brtan kun bzang 'phags pa)的名字。

集穿地(之大香树)相媲美之如意翠玉自性之一切水流;具足供给资生资具等功德之殊胜。尤其为堪布及施主至尊文殊之幻化、不断具足广大法眼、离三界贪、阿罗汉、善趣之天、成就者、持明、究竟苦行、善巧七处、通达缘起之情势、明了三藏等无量天人所依止;为执持力势及神通之力、于教法现前欢喜(之护法)所随护;众多士夫之近养;竖诸仙人宝幢之会所;十万库藏具足诸宝所盈满;诸有情亦相互弃除嗔恚;诸根极善调柔等不可称计功德殊胜之无量士夫休憩处、贝廓洛德钦大法院之幢顶、法身见即解脱吉祥多门之上层北面凸出(之)顿珠神殿(中)带宝座靠背之主从五身像系供资施主:

信之祥瑞圆满力增广,
教敕休憩诸大臣之胜,
以福德军全胜怨敌之,
称为贝杰沃噶杰巴办。
依据智王称仁钦贝朱,
明净名号花朵之言语,
幻化塑师具瑞卡喀巴,
本波文殊师利善塑制。

诸净土壁画系施主:清净大成就者之世系、玛珑仁波切仲协饶巴阁下、骑兵官阿塔瓦、囊钦熏奴赞塔、羊珑瓦桑卓波瓦、曲德桂如瓦、金喀门莫瓦昆仲、喇嘛恰楚巴昆仲、梭沃曲杰及诸亲近眷属以清净增上意乐成办。

绘画殊胜年堆卡喀巴,
本尊桑杰仁钦贤昆仲,
舒柔妙手幻化而显耀,
圆满吉祥河流所标显,
三世善行大海尽所有,
由意乐海汇集于一处,
为获有情海中胜者之,
果位回向两种资粮海,
愿入五种智慧之大海!
施主眷属生生世世中,

圆满种姓色身财与势,
长寿无病有之一切乐,
犹如白莲海中之天鹅!
祝愿法王极净功勋之,
金字金刚使者于空际,
无碍而行极净十善法,
犹如上弦之月而增广!
佛陀教法虚空之太阳,
具有根除黑暗之千光,
具有增广法政之力势,
具誓护法大海专心护!
因果无有欺诳之谛及,
众所望处人主福德故,
祝愿教法长久住于世!

壁画下面题记

此绘画为根本续[真性集]之勾召恶趣和净罪中所出[一切恶趣清净威光王品一分][1]中所述,阿阇梨庆喜藏所造之[一切恶趣清净]释迦狮子九髻坛城诸天众。

此系供资施主……

此绘画为[一切恶趣清净怛特罗]中所述以清净恶趣为主之十七天之主尊释迦牟尼坛城天众。

……四,中央为一切恶趣清净普明根本坛城外门护门现三世明王等,四忿怒明王、忿怒母分别配列于四方中央,围绕此等边上有:

于外坛城之外边,
应予绘制四大洲。

[1] 译者注:*Sarvadurgatipariśodhanatejorājasya tathāgatasya arhato samyaksambuddhasya kalpaikadeśa* (*de bzhin gshegs pa dgra bcom pa yang dag par rdzogs pa'i sangs rgyas ngan song thams cad yongs su sbyong ba gzi brjid kyi rgyal po'i brtag pa phyogs gcig pa*)[如来阿罗汉等正觉一切恶趣清净威光王品一分],《西藏大藏经总目录》第485号。

赡部洲中绘梵天,[1]
于北方为大自在,
东洲及与西洲处,
帝释那罗延天亦,
及其眷属应绘制。
其余诸等亦如此,
非天食香金翅鸟,
药叉罗刹大腹行,
部多饿鬼及诸鬼,
龙与蛇及诸部类,[2]
四天王众应绘制。
绘制曜及与星宿,
忿怒凶暴损挠之,
魔与毗拿夜迦等,
利益一切有情之,
仙人摩诃劫宾那,
空行母及其妇人。
如是姊妹瑜伽女、
大种之大天以及,
栖于家舍与山中,
树木喜苑圣地等,
居于尸林城邑者,
名与标记及抑或,
诸等明点亦应绘。

所述诸世间(神)是按萨迦巴、咱迦巴、增巴仁协等的正确主张配列之普明根本坛城天众,绘画按照遍知布顿大师依觉沃钦波

〔1〕 即南面。

〔2〕 根据布顿,蛇(sbrul)是缠绕着龙的王妃(btsun mo),部类(rigs)对应于魔类(bgegs)中的十护方神(phyogs skyong)。参见 *kun rig gi dkyil 'khor gyi bkod pa*[普明曼荼罗庄严],第11叶。

杰[1]口诀传承所造之十万尊像传规而布置。

此等系供资施主……

此绘画为一切恶趣清净普明根本坛城之客神十六菩萨、（十六）大声闻、（十）二（缘觉）[2]。

此绘画为根本续[真性集]之勾召恶趣和净罪中所出[一切恶趣清净威光王品]第一品中所述普明根本坛城中之三十七天之根本坛城天众。

此等系供资施主大成就者藏巴嘉热世系仁波切协饶巴阁下一心供养。

第三层、第十二间佛殿

顶礼金刚萨埵！

此为根本续[真性集]之勾召恶趣和净罪中所出[一切恶趣清净威光王品]后分中所述出世间六坛城。

其南壁为坚固一切真言、明、心髓之四转轮坛城天众：中央为金刚萨埵，右为普贤，左为大乐，围绕之天众为四转轮、五部[3]、过去七佛、十六（菩）萨、贤劫十六（尊）、十六声闻、十二缘觉、八大天、八大曜及星宿、四大天王、十护方（神）、四护门及四标识[4]。

东壁是为现世长寿及后世度脱恶趣（绘制的）被四转轮、四供养天女[5]、四护门围绕的无量寿佛。

北壁精美配列之绘画是为诸短寿和折福者所宣说的被四如来[6]、四天女和四护门围绕的摧破死主金刚手。肩侧为龙树、布顿身像及其菩萨。

两铺净土壁画亦系供资施主江卡美莫巴兄弟、恰楚巴兄弟、阔

---

[1] 即阿底峡(Atīśa)。

[2] 译者注：此处括号中的文字据壁面实际内容补充。

[3] 根据布顿，五部也可位于第一排。*kun rig gi dkyil 'khor gyi bkod pa*[普明曼荼罗庄严]，第22叶。

[4] 四标识(mtshan ma bzhi)是：鸟(bya)，象征贪('dod chags)；猪(phag)，象征痴(gti mug)；蛇(sbrul)，象征嗔(zhe sdang)；蜥蜴(rtsangs)，象征慢(nga rgyal)。

[5] 烧香女(bdug pa mo)等。

[6] 关于其名号参见《梵天佛地》第四卷，第一册，第209页。

索瓦、法王近侍恭敬成办。吕杰康画师本莫切格迥协饶贝桑巴师徒精心敬绘。

　　愿以此善恶趣众生之，
　　痛苦及其诸因得净治，
　　一切如其所有现证之，
　　遍知遍照果位得获致！

愿吉祥！清净！

第三层、第十三间佛殿

顶礼金刚萨埵！

此为根本续[真性集]之勾召恶趣和净罪中所出[一切恶趣清净威光王品]后分中所述出世间坛城与世间坛城两部天众。

此南壁为以八曜及星宿利益所化有情之金刚作吽，围绕有八曜、二十八宿、四护门、四标识[1]四十五天众。

正对门之壁画为金刚手，围绕有带明妃[2]之八大龙王[3]天众。

北壁为……（三界）尊胜明王，围绕有带明妃之八大怖畏（金刚）、四护门二十三天众[4]。

主尊左右肩侧为布顿师徒（画像）[5]。

门后为四业之火天及增禄天女。

两铺精美净土壁画亦系供资施主仲达姆贝钦杰姆母子阁下成办。吕杰康善巧画师本格迥协饶贝桑巴师徒敬制。

　　愿以此善无边诸有情，

---

〔1〕 金刚、宝、莲金刚、斑莲(sna tshogs pad ma)。

〔2〕 即龙王的明妃。

〔3〕 即以八大龙王利益所化有情的曼荼罗(maṇḍala)，在布顿的普明(kun rig)后分系列中是第六个。

〔4〕 即以八怖畏(bhairava)利益所化有情的曼荼罗(maṇḍala)，在布顿的普明(kun rig)后分系列中是第七个，第20叶背面。曼荼罗中的二十三天众是：金刚作吽(rdo rje hūṃ mdzad)，八怖畏(bhairava)，八明妃(śakti)，四护门，金刚作吽脚前的大自在天(Maheśvara)和乌摩(Umā)。
译者注：据布顿论书，主尊为三界尊胜明王。

〔5〕 译者注：主尊指塑像。

恶趣及其诸因得净治，
修习殊胜乘之圣道路，
遍知法之国王得获致！
吉祥！

第三层、第十四间佛殿

顶礼金刚萨埵！

此中带宝座靠背之塑像为瑜伽续释续[金刚顶][1]之摄一切仪轨中所出摄部大坛城之羯磨部坛城主尊持法王佛主从三。

朝东之西壁为释续[金刚顶]之摄一切仪轨所出别部坛城中为以忿怒去除忿怒，金刚部品坛城中为随摄欢喜广大之有情、广大坛城中以说法印为主之法坛城圆满诸天众[2]。

东壁为以意誓印为主之陀罗尼坛城中陀罗尼印坛城圆满诸天众。

北壁[3]为……以羯磨印为主之羯磨坛城圆满诸天众。

西壁肩侧左为遍知布顿师徒对视像。

东壁下部左为护法神兄妹宝帐怙主及跋陀罗。

此等亦系供资施主年堆中心地区的堪布协饶札（成办）。拉孜

---

〔1〕 译者注：*Vajraśekharamahāguhyayogatantra* (*gsang ba rnal 'byor chen po'i rgyud rdo rje rtse mo*)［秘密大瑜伽怛特罗金刚顶］，《西藏大藏经总目录》第480号。

〔2〕 参见布顿的 *bshad rgyud rdo rje rtse mo'i dkyil 'khor gyi bkod pa*［释续金刚顶曼荼罗庄严］，第16叶背面。

该曼荼罗(maṇḍala)属于 *rdo rje rtse mo'i rgyud*［金刚顶怛特罗］后分第一部，其利益那些爱乐广大(vistīrṇaruci)讲法的有情，以及那些易于忿怒的有情，其通过净治或转变忿怒，从而调伏忿怒。尽管［金刚顶怛特罗］第一品关注于集摄广宣五部曼荼罗，该品也描述了每一部的曼荼罗，而且根据不同的密印，在该组曼荼罗的四种可能区分中，壁画复制的是以法印(dharmamudrā)为基础的法曼荼罗。

对应于 *de nyid bsdus*［真性集］，该曼荼罗等同于其金刚界曼荼罗(Vajradhātumaṇḍala)。

〔3〕 即门的右边。该曼荼罗的主尊还是施智拳印(byang chub mchog)的四面大日如来(rnam par snang mdzad)。

德庆[1]善巧塑师本南卡桑波师徒敬塑，拉孜善巧画师顿日敦巴师徒敬绘。

愿以此善一切众，
无有变动大乐身，
遍主金刚萨埵之，
果位迅速得获致！

愿吉祥！成就！清净！嘿嘿嘿！

第三层、第十五间佛殿

顶礼金刚作吽明王！

此中带宝座靠背之塑像为瑜伽续释续[金刚顶]摄一切仪轨中所出摄部莲花部坛城主尊诸(种身形)佛主从三。

西壁为释续[金刚顶]摄一切仪轨……别部坛城中为以忿怒去除忿怒，金刚部坛城为随摄欢喜广大之有情、广大坛城……以三界尊胜为主尊之根本坛城圆满诸天众[2]。

北壁为意誓印为主之陀罗尼坛城中陀罗尼天女坛城圆满诸天众。

东壁为释续[金刚顶]摄一切仪轨所出别部之如来部广大坛城中主要为羯磨坛城圆满诸天众。东壁肩侧左右为阿阇梨庆喜藏、阿阇梨佛密两身像，下部为[金刚顶]羯磨坛城圆满男女天众。

此等亦系供资施主仲降赛达姆贝钦杰姆母子阁下成办。拉孜德庆善巧塑师本莫切南卡桑波师徒和拉孜德庆[3]善巧画师本莫切顿日敦巴和夏才(善巧画师)本曲迥扎西二人善为塑绘。

吉祥！嘿！

第三层、第十六间大殿

殿门入口处题记

顶礼上师！

---

[1] 题记中为 sde chen，但根据其他题记应改为 bde chen，拉孜(lha rtse)地区一个非常有名的地方。

[2] 等同于 *de nyid bsdus* [真性集]中相应的曼荼罗(maṇḍala)。

[3] 尽管拼写不同，但可能指的是前述题记中提及的同一个地名。

智之行域无有边际土,
无量功德日月光妙盛,
讲修云鬘遍达于边际,
顶礼虚空具瑞之上师!
如来法身无量如意树枝上,
无数身及舍利花鬘极繁盛,
离垢身及广大普贤光果沉,
现见解脱无死香树瑞坚固!
充盈蜂蜜宝幢顶上能作凉光蜂密布,
诸帝青宝山主大王所饰彩霞轻漂移,
毁除障碍女巫四肢击破有岩智慧之,
百度供施善为执持不动金刚足顶礼!
金刚萨埵金刚喜以及,
金刚王与金刚爱诸等,
执韶华瑞具足悦意饰,
恭礼主尊于此作顶礼!
大殿廊之四面诸壁上,
释续金刚顶之摄部之,
大坛城之天众尽所有,
悉皆圆满顶礼此诸等!
极众军阵雪山突起摧伏敌军力增盛,
众多碧绿鬃毛繁盛辩足坚固面无畏,
具足普贤功勋瓔珞十善教敕狮子吼,
敌方狐众悉皆超胜人主兽王愿作护![1]

复次,等同于以极大精进力势依止大菩提之释迦王转动八万四千烦恼对治法轮处灵鹫山、不断发出经咒所集教敕及密意解释注疏善语之林苑、贝廓德钦祖拉康之法身吉祥多门大见解脱(佛塔有)诸

---

〔1〕 译者注:极(rab)、坚固(brtan)、普贤(kun tu bzang po)、超胜('phags pa)暗指法王(chos rgyal)的名字:饶丹衮桑帕巴(rab brtan kun bzang 'phags pa)。

种莲座、宝座、阶基、瓶座、瓶、八山、法轮、挡雨伞盖、宝珠，(其)上下之中央、各方、一切凸出之无量宫亦次第悬挂众多施设[1]。此等亦饰有宝柱所撑之琉璃、金、银、珍珠、红珍珠、蓝宝石、火晶、水晶、珊瑚、碧玺、琥珀[2]、玉、翡翠、砗磲、帝青宝等众多珠梁；瓶、八山、挡雨飞檐妙美庄严；一切法轮亦由琉璃宝所成；紫磨金之滴水以诸种珠宝之色庄严，翩然下垂；百千日之威光增盛之聚宝瓶、金刚宝珠熠熠生辉；无量配有大颗宝石之红白珍珠等半满瓔珞、天珠宝鬘、诸种花鬘亦飘然悬垂于内外一切；具珠柄之旄纛、金刚宝所饰之半月、五色天衣、金刚镜等善为庄严；具足椒口金铃所发之悦耳音声。总之，圆满一切相性之法身大佛塔上层东面凸出(之)不动神殿(中)带宝座靠背之世尊不动佛主从五系供资施主：

能给一切清凉甘露人主月之君王之，
教导敕言百光花鬘恭敬顶戴执于顶，
智虑广如虚空成为如海百姓之怙主，
大臣绛央尊巴父子依人主语而成办。
百彩大海善来之，
壁画白莲花之鬘，
库藏所出之大臣，
摧伏敌众将军胜，
宗本司库本杰及，
称为宗本本雄之，
二位宗本等成办。
依据仁钦贝朱语，
绘画之王乃宁巴，
班觉仁钦父子及，
提取诸种珠宝石，
相好庄严胜者身，
能生拉益坚赞巴，

[1] 译者注：ming mangs 一词的含义不清楚，权且译为“众多施设”。
[2] pug 一词的含义不清楚，可能指 pu shel。

师徒诸位善绘制。
法之王臣心田雪山善来之,
净善资粮清凉恒河之水流,
众多两种资粮与空大河俱,
诸种一味回向大海意部主。
无二智慧二取分别无分及,
证无我义击破我执之大山,
由战得胜三毒非天三世之,
胜者天主不动金刚祝愿成!
现前一切施主皆,
善趣功德皆圆满,
诸等过失皆弃除,
如法成就一切义!
教法无有过失长久住,
持教士夫功业十方弘,
教法施主法王及眷属,
于此教法成为一切智!
证得三身导师佛陀及,
空性大悲无分正法及,
荷担二利诸佛子圣者,
皈依之处三宝之吉祥!
愿具稀有瑞德上师及,
颁赐无量成就本尊天,
力势功勋大库护法神,
当下于此赐圆满祥瑞!

吉祥!

壁画下面题记

顶礼莲花萨埵!

此(依据)释续[金刚顶]摄部坛城之西面以莲花部坛城三十三天众为主之主殿瓶(龛)中为上师传承次第。上部,南北壁为西北和东北之转轮金刚宝和羯磨萨埵主从五,上部南北精心庄严之绘画为上师传承次第。

此系供资施主宗本本雄瓦兄弟以清净之增上意乐成办。

善哉!

此精心庄严之壁画为羯磨作吽、十六忿怒萨埵伴随之忿怒金刚作吽,肩侧有一身上师像。

东向两壁系供资施主……

此壁画为释续[金刚顶]摄部之北面三十三天所围绕之羯磨部坛城天众。

此壁画为释续[金刚顶]摄部之基位外坛西面和北面方隅神、贤劫八菩萨、五灯女、五链、五涂香女、五入、外金刚部二十五男女天众。

此壁画为释续[金刚顶]摄部之基位外坛东面和南面方隅神、贤劫八菩萨、五烧香女、护门五钩、五花女、护门五索、四四大种天、外金刚部二十一男女天众、持梃怙主。

此壁画为释续[金刚顶]摄部之南方宝部坛城天众,(及)围绕有宝部三十二天之佛日。

顶礼金刚作吽!

此壁画为释续[金刚顶]摄部之东面金刚作吽曼荼罗……法之金刚作吽,围绕有四转轮明王、四忿怒女菩萨、嬉等四忿怒母、欲天、兄妹宝帐怙主、静猛多闻子两身。

顶礼金刚萨埵!

此(依据)瑜伽续释续摄一切仪轨续所出[金刚顶]摄部大坛城之中心坛城以如来部三十三天众为主之主殿瓶(龛)中为上师传承次第。上部,门南面庄严之绘画为转轮金刚萨埵和莲花萨埵主从五。

此系供资施主宗本本杰瓦成办。

第三层、第十七间佛殿

顶礼金刚萨埵!

此中带宝座靠背之塑像为瑜伽续释续[金刚顶]摄一切仪轨所出摄部之宝部坛城主尊佛日主从三。

其右面朝东之壁为释续[金刚顶]摄一切仪轨所出摄部之别部

坛城中为以贪除贪，第一品如来部品中为随摄欢喜广大之有情，广大坛城中以大身印为主之如来部根本大坛城圆满诸天众。

南壁为说法印为主之法坛城圆满诸天众。

东壁为如来……之意誓大印（为主）之陀罗尼天女坛城圆满诸天众。

此等亦系供资施主仲降赛达姆贝（钦杰）姆母子阁下成办。拉孜德庆善巧塑师本南卡桑波师徒及拉孜夏才（善巧画师）本扎西桑波师徒绘制。

愿以此善供施诸眷属，
息除眼前不顺诸违缘，
究竟金刚萨埵胜果位，
此生无碍而得以成就！

吉祥！

第三层、第十九间佛殿

正对殿门壁面（北壁东段）题记〔1〕

唵！吉祥！

悲之空中智慧坛城广，
愍之白光照耀于十方，
消除众生烦恼之冥暗，
具瑞上师甘露宝幢胜！
依于信之珠宝座，
具四无量诸阶基，
八万四千法门启，
三部五部百部天，
父续母续无二续，
了义各圆满次第，
传承上师金刚持，
牟尼迦叶付法藏，
究竟三律仪传承，

〔1〕 译者注：该题记是对第三层所绘壁画的总述。

菩提分之善宝瓶，
总持等至极高之，
八山法轮十三地，
三十二功德金伞，
善逝心髓宝珠炽，
于此法身作顶礼！
凡诸即使一睹亦，
增盛信法出生及，
能闭手之君陀之，
礼见解脱具绿马！[1]
凡诸圆满功德之，
美誉不死鼓音故，
天之路上醒之友，
善说黄鹂顶来至，
欢喜庄严于宝珠，
出生安乐如顶月。
无量功德作者之，
成百土之诸妙善，
归拢聚集一处后，
所谓庄严此法身。
色究竟中美名扬，
三时童子美妇众，[2]
极妙执持诸祥瑞，
所谓是否舍吾等？
一再齐集抛花朵，
具冠药叉帝释敌，[3]
部多持明咒等之，

---

〔1〕 译者注：具绿马是太阳的异名。
〔2〕 译者注：三时此处为天的异名。
〔3〕 译者注：具冠是龙的异名，帝释敌是非天的异名。

殊胜髻冠而顶礼！
释续金刚顶中之，
别别部之天众及，
吉祥最上第一品，
别别部之天众及，
无垢虚空摄部及，
文殊师利幻网及，
功德生处摄部及，
五部菩萨与金刚，
六种休息坛城天，
别别部之诸天众，
金刚心之天众及，
十二净治续坛城，
秘密庄严根本天，
羯磨坛城所有天，
主从男女形相及，
护方护境供养天，
世间以及出世间，
种种如虹显现亦，
趋入五如来本性，
于此等众而顶礼！
千万善行江河无餍及，
极净众善大波涛汹涌，
无退信之坚固大地上，
充盈菩提萨埵之宝贝，
供养幻化法王利乐海，
众生龙王愿祥瑞增盛！

如此礼赞后，进入主题：法身吉祥多门大见解脱（佛塔）之第三层除了四间凸出大殿外，还有十六间瑜伽续之神殿。塑像和壁画系施主：

无垢菩提心之持玉兔,[1]
无倦祥瑞百光之重担,
出生无漏安乐之欢喜,
种姓高贵殊胜之王后。[2]
教法慷慨施主母与子,
悉皆进入金刚乘之门,
为了获得金刚持果位,
及为标显法王之眷属,
以及标显正善法王后,
以大虔信顺缘悉成就。
二善资粮大海积集故,
虚空有情未获菩提时,
十法富足无漏乐增盛,
悲智双运胜者得欢喜!
暂前一切与此金刚乘,
善道悉皆无有分离及,
获得多闻子之瑞施果,
普贤供云大海愿供养!
以四灌顶河水清净垢,
随喜四座瑜伽之良善,
宣说四身生处殊胜乘,
四种功业相续无有断!

复次

经续宽广行道上,
智慧脚步略行之,
仁钦贝朱所吩咐,
善巧塑师南桑师徒及,[3]

---

〔1〕 译者注:持玉兔为月亮的异名。
〔2〕 译者注:菩提心(byang chub sems)、祥瑞(dpal 'byor)、高贵(chen po)、王后(btsun mo)暗含施主的名字降赛贝钦姆(byang sems dpal chen mo)。
〔3〕 译者注:此句为九个音节。

智慧笔之顶端处，
所知影像悉显明，
善巧画师拉孜巴，
塔巴本勒贡却桑，
南沃贝钦桑丹桑，
卓杰桑仁顿日瓦，
本扎协饶贝桑仁钦查布，[1]
诸位智者善敬绘。
依据人主极善之心意，
幻化属民美名称本尊，
喇嘛查布无倦善之担，
敬信宝贝网所庄严此，
（法）…善大海故…，
弃除身心疲劳恒时作。
诸等题记幻字珍珠鬘，
江若智者称为尼玛题，
即使一睹净诸罪恶之，
续部诸众之身愿吉祥！

吉祥！

壁画下面题记

顶礼金刚萨埵！

此中庄严为［吉祥最上本初怛特罗］第二品染污意之对治、平等性智之本性意誓印为主之真言品中［摄一切仪轨根本续］中成就羯磨灌顶所不成……布绘坛城中如火炽燃秘密布绘坛城……

北壁为［吉祥最上］第二品真言品中［摄一切仪轨根本续］所出坛城中为以忿怒去除忿怒，如火炽燃金刚坛城天众。

南壁为［吉祥最上］第一品般若波罗蜜多品中别部之保护羯磨仪轨之自性、金刚药叉坛城圆满诸天众。

---

〔1〕 译者注：此句原文为九个音节，译者将最后一个音节 skyabs 音译为查布。

东面上壁为四世间坛城中自在天所调伏之……坛城圆满诸天众,其下为……之本母为利益所化之本母坛城圆满诸天众。

下部为[吉祥最上]金刚部天众、供物和五妙欲供。

拉孜善巧塑师本南卡桑波师徒和拉孜萨垅善巧画师本勒巴师徒善为绘制。

吉祥!

第三层、第二十间佛殿

顶礼金刚萨埵!

金刚萨埵神殿中所立带宝座饰檐……塑像为[吉祥最上本初摄部]之迅捷获证成就、金刚萨埵秘密坛城主尊金刚萨埵主从三。

南壁为[吉祥最上]第一品阿赖耶识之对治、大圆镜智之本性大印为主之般若波罗蜜多品所述别部和摄部两种坛城中别部嗔恚之对治、三界尊胜坛城天众。

北壁壁中为贪欲之对治、金刚萨埵休息坛城天众。

(有情)自性善及平等行[1]之对治、如来休息坛城……(围绕有)八化身如来、八(位一组之)八方隅菩萨、四门之标识四宝瓶、宝器等四标识。

下部为金刚萨埵和忿怒金刚作吽坛城……

此神殿所立塑像和侧面两铺净土壁画之一切系供资施主法王之大臣、大将军本波觉勒以极净善心成办。拉孜善巧塑师本莫切南卡桑波师徒及善巧画师本莫切塔尔巴瓦师徒善为绘制。

愿一切供施眷属以此善获遍主金刚萨埵地!

吉祥!

第四层

第四层、第一间佛殿

唵,愿如意!

---

〔1〕 想获得涅槃的人也要避免增上生。

为诸众生以其两种殊胜资粮力,[1]
于佛教法得胜如此白净正法之,
无尽喜宴广大增长众生之宝成,
无比上师称为布顿卡切护吾意![2]
从净所知广大业道中,
从善巧悲密布雨云中,
满足具缘徒众愿望之,
心子译师莲足以头礼。[3]
以寂静力成熟心相续,
究竟娴熟能解二次第,[4]
现前而得双运大手印,
古尚曲杰足下吾亦礼。
以无垢白净胜者经教,
睹见真性而授以他人,
三界无有敌手法之尊,
绛央仁杰于其尤为敬。
善为观察此经续大海,
精勤修习得殊胜证悟,
诸方全胜行持顶饰处,
…………………………[5]
凡诸幻化手尖所执取,
于此雪域具瑞乃宁巴,

---

〔1〕 福德和智慧资粮。

〔2〕 暗指布顿的名字,他一般被称为布顿仁波切(bu ston rin po che)或宝成(rin chen grub)。因为他被认做是释迦师利(Śākyaśrī)的转世,所以叫做卡切(Kashmiri)。

〔3〕 仁钦朗杰贝桑波(rin chen rnam rgyal dpal bzang po)。其生平在 *dpal ldan zhva lu pa'i bstan pa la bka' drin chen ba'i skye bu dam pa rnams kyi rnam thar lo rgyus ngo mtshar dad pa'i 'jug ngogs*［于具瑞夏鲁派教法有大恩之诸贤士传·稀有事迹信之津梁］,第 22 叶中有简述。

〔4〕 生起次第(utpattikrama)和圆满次第(sampannakrama)。

〔5〕 译者注:以下磨损 12×45 厘米。

智者之王仁钦班觉及，
其子以及拉益坚赞拉，
设成一切眼之甘露宴。
起意欣喜建造之施主，
舍虽有余无垢正法之，[1]
真性观察眼具拉沃巴，
名为格底以及其眷属。
由善如母虚空众生亦，
渡脱有之痛苦之大海，
超越下劣涅槃之道路，[2]
金刚持之道上学习后，
至尊上师果位得欣喜！
愿吉祥！善哉！

第四层、第二间佛殿

殿门右侧题记

唵！吉祥成就！
愿究竟……吉祥善相俱增盛……
………………庄严身，
六十音声…………语，
所知无余…………意，
具瑞上师身………护！
以幻化舞大地………，
……谛之实语逆恒河，
…………作昼造曙之，
…………具瑞护法胜！
萨迦…………世系之，
以雪庄严讲说……之，

---

〔1〕 四无量(apramāṇa)中的舍无量(upekṣā)。
〔2〕 即超越小乘。

光所开启利他之（莲苑），
雪域之中上师雪山胜！
法（身见即）解脱昔无日，
黑分罗睺………远离，
加持灼光……增盛之，
具信莲苑复又………
牟尼嘱咐使者力势大，
由……大黑天兄妹故，
教及持教见即解脱塔，
以及人主王政善护卫！
坚固信之大地广阔土，
普贤善之树木地……
殊胜净乐果实威光赫，
善趣于此有顶中得胜！[1]

复次，于摩揭陀金刚座之北方、雪域胜境中年堆诸明生处之地域、大法院贝廓德钦中，大见解脱十万佛塔加持威光炽燃之西南旺杰神殿内，至尊瑜伽自在比瓦巴宣说殊胜乘之教法[2]，（围绕有）往昔以称之为菩萨施吉祥（的身份）使导师释迦王欢喜，获得授记之瑜伽士萨钦·衮噶宁波；大成就者难胜月之最后生、现得众多功德祥瑞之至尊索南孜莫；文殊之第二十五世、究竟于妙喜刹土成佛，号无垢吉祥，五明大班智达衮噶坚赞贝桑波；……大萨敦日巴之无量转世之……圣者宝……及……成办。……施主……因果（无）欺……说之谛……愿一切得胜！

殿门左侧题记

愿吉祥！

由神之裔所化人杰萨迦巴，
二十四位有余成就者世系，

---

〔1〕 译者注：坚固(rab brtan)、普贤(kun bzang)、殊胜('phags)暗指法王的名字：饶丹衮桑帕巴(rab brtan kun bzang 'phags)。

〔2〕 译者注：比瓦巴即费卢波。

善巧开启教法莲苑一百光，
决定增上虚空果位恒得胜！
妙善作者世间美妙均集摄，
法身所依大地美饰称伟绩，
于梵天中称扬帝释天欢喜，
降下花雨成就众愿之吉祥！

复次，神殿此面帝释青宝和红宝石之地面[1]上有八功德水池、悦意树木及形体优美、歌音婉转之嬉戏鸣禽之净土壁画中央覆有珠鬘之宝座上有七身一组金刚持之相续化身。

此为成就瑜伽士、获得“究竟于金色世界中现证果”之授记的伟大至尊札巴坚赞[2]和究竟教理大海、三转大法轮、将不可思议之所化徒众置于成熟解脱道上之具瑞师尊索南坚赞贝桑波[3]二人对视身像，以及汉地大明皇帝等众多徒众之殊胜导师、具不可思议断证功德之大乘法王[4]衮噶扎西坚赞贝桑波[5]，围绕有天神基仁所出之具瑞萨迦巴世系[6]无有间断之成就者传承次第，以及喜金刚[7]道果传承、胜乐洛黑巴[8]传承、（执掌）佛塔传承之诸位上师。（皆）以上品纯金等颜料成办。

卡喀巴依仁钦贝朱语，
顿珠查布娴所知技艺，
具足媲美帝释弓颜料，
配列此如意幻之壁画。
文殊化现无垢世系中，[9]
发自内心虔信力震撼，

---

[1] 暗指壁画的主色为红色和蓝色。
[2] 萨迦世系表，第 5 位。
[3] 萨迦世系表，第 15 位。
[4] 从明廷得到的封号。
[5] 萨迦世系表，第 33 位。
[6] 萨迦氏族之祖先。
[7] 萨迦派的本尊(yi dam)。
[8] 鲁益巴(lū i pa)。
[9] 萨迦派。

配列往昔正士之身像，
如同真实显现此神殿，
百种圆满川流汇聚地，
无余利乐宝贝出生处，
具蛇冠群众贤摄持之，[1]
人主信之满海所成办。
多当喇嘛查布所监管，
稀有题记玉垅巴所撰，
抄写之人为智慧尼玛，
以此全善众生获遍知！

愿以伟大人主之清净增上意乐力使吉祥安乐遍满一切时、方、际于此世成真！

如此伟大施主及眷属，
修造者及诸位善巧师，
善为成办此等之佛塔，
由善无上菩提速获致！
凡诸成办伟大佛塔之，
身语意之供奉承事及，
为此捐弃生命与资具，
为此迈出一步以上皆，[2]
究竟圆满佛陀速成就！
眼前具足七种功德之，
暇满得后恒常修习法，[3]
战胜障碍魔之诸怨敌，
凭借因果无欺谛实力，
成就如是宣说真实语！

愿吉祥！一切得胜！

---

〔1〕 译者注：具蛇冠是龙的异名。
〔2〕 即捐资贡献。
〔3〕 暇满(dal 'byor)参见S.C. Das, *A Tibetan-English Dictionary with Sanskrit Synonyms*, Calcutta, The Bengal Secretariat Book Depôt, 1902, p. 623。

第四层、第四间佛殿

西面凸出之北面帕当巴神殿中所立带宝座靠背之主从三身塑像中央为至尊当巴仁波切，施缘起印；右为当巴衮噶，左为玛吉拉准。

右壁为班智达多吉丹巴尼思伽楞伽德瓦，围绕有节（译师）传规和萨迦派传规之红阎摩敌传承。

左壁为节译师曲吉桑波，围绕有节（译师）传规之亥母和大轮传承。

上部左右为希解派后期传承和断派传承。

门左侧为八大如来[1]，五佛、三怙主等，围绕有诸欲天。

此等之供资施主为具足虔信、精进、智慧、戒律之格西洛本楚臣桑波以清净增上意乐成办。善巧画师持咒……

顶礼圣度母！

此铺净土为由二十一天女围绕顶礼（之）至尊担木度母，系司库格西……[2]

第四层、第五间佛殿

啊！嚯！安乐！嚯！[3]

愿瑜伽士聚地为稀有欢宴之瑞！
噶举喇嘛具千双慧眼，
有缘徒众以遍主而依，
受用禅定甘露之祥瑞，
利他满愿之舞游戏胜。
瑜伽自在底洛智慧贤，
怒发怙主佩戴花髑髅，
嶔鼓声声饮颅内甘露，
游戏幻化舞蹈胜一切。

〔1〕 译者注：实际绘于门右侧壁面上部。
〔2〕 译者注：度母壁画位于殿门右侧，该段题记亦题于度母壁画下方。
〔3〕 即 Aho sukha（啊！ 安乐！），*Dohākoṣa*［多哈藏］中一个很常见的句子。

十难损挠仍寻觅胜道，[1]
具暖乐衣仍旧披人皮，[2]
住离戏论中观仍修持，[3]
那若班钦众生顶髻胜。[4]
如同梦幻乾达婆城云，
光影水月阳焰之形相，
虽证诸法无实为利他，
译嘉言师玛尔巴得胜。
究竟咒术降金刚雷雹，[5]
难………………游戏，
断……………获成就，
……………………胜。
善…………………龙，
闻…………………饰，
……………………之，
……………………
法……………………
相……………所庄严，
…莲苑花蕊喜笑处…[6]
萃取嘉言精华蜂欢喜，
信等七支庄严美妙身，

---

〔1〕上师为了试炼其信心和遵从而给予。

〔2〕此处暗指苦修(tapas)产生的火，藏地修行者称其为拙火(gtum mo'i me)。

〔3〕尽管诸法皆空无自性，然而修持——它们也无有实存——是为了净治和调伏心识的虚妄分别。

〔4〕关于其传记，格伦威德尔有一个不尽完善的翻译。A. Grünwedel (übers. und hrsg.), *Die Legenden des Nā·ro·pa des Hauptvertreters des Nekromanten- und Hexentums. Nach einer altentibetischen Handschrift als Beweis für die Beeinflussung des nördlichen Buddhismus durch die Geheimlehre der Manichäer*, Leipzig, Otto Harrassowitz, 1933.

〔5〕米拉日巴(mi la ras pa)年轻时曾学咒术报仇。

〔6〕残缺的颂文指的是米拉日巴(mi la ras pa)的弟子冈波巴(sgam po pa)。

能胜军阵战斗中敌手，
荷担教法重任无劳倦，
人主大象眼前遍得胜！[1]

复次，念及一切增上生和决定胜之生处遍知能仁的教法，以及如母有情之利益，帝释天主饶丹衮桑帕巴以其殊胜事业神力建成此大地之庄严祥瑞、见即解脱之大佛塔，极为稀有。此为：

“通往善趣之阶梯，
导向解脱洲之友，
枯竭有海之太阳，
解除热恼之月亮。”

如是云云。第四层西北旺杰神殿中带宝座靠背之塑像为大成就者底洛巴、那若巴、玛尔巴译师、米拉日巴和塔波仁波切，由具殊胜塑艺功德智慧之拉孜（塑师）南卡桑波师徒敬塑。壁画为善逝帕木竹巴、林热巴、藏巴嘉热[2]，围绕以大手印俱生[3]和合传承三部、大手印符号传承、旧密成就上师传承次第，由天赋亮如明镜之智慧绘画所严饰之拉孜画师本莫切塔尔巴（瓦）师徒敬绘。祖拉康殊胜主从塑像系噶尔施主索南达虔信成办。壁画施主亦：

坚固信之海水中，
普贤神殿花朵生，
圣者加持光辉妙，[4]
此亦具足福德缘。
于此精勤善恒河，
有寂两善资粮海，
一起发动遍知之，
如意宝树得增盛！
清净法性加持及，

---

〔1〕 此颂是赞扬江孜(rgyal rtse)法王。
〔2〕 噶举派(bka’ brgyud pa)有名的上师，热龙寺(rva lung)的主要创立者。
〔3〕 Sahaja.
〔4〕 坚固(rab brtan)、普贤(kun bzang)、圣者(’phags pa)暗指法王(chos rgyal)的名字：饶丹衮桑帕巴(rab brtan kun bzang ’phags pa)。

以无欺之缘起法，
伟大人主之心意，
以及祈愿俱成就！
能仁尊前立誓之，
护世四大天王等，
护法玛哈噶拉专心护！
吉祥！

第四层、第六间佛殿

诸从瑞善资粮所获身，
胜身语意三身聚之瑞，
与金刚持无别而殊胜，
具三殊胜根本传承师，〔1〕
不变大乐吉祥时轮处，
以一切物恒常作顶礼。
伟大佛塔吉祥多门之，
第四阶基北之凸出之，
西面大乐上师神殿之，
中为殊胜具瑞上师之，
殊胜不动大乐之身像，〔2〕
伟大遍知身像加持之，
炽燃威赫荣光严饰及，
于其右方为教证双全，
却勒朗巴杰瓦之身像，〔3〕

〔1〕 即获得时轮怛特罗(kālacakratantra)灌顶之人。时轮是第一义谛的另一本质，因此与金刚持(rdo rje 'chang)同体。

〔2〕 译者注：觉囊派(jo nang pa)著名上师夺波瓦·协饶坚赞(dol po ba shes rab rgyal mtshan)。

〔3〕 译者注：夺波瓦之弟子铂东·却勒朗杰(bo dong phyogs las rnam rgyal)。

左方是为贤哲聂温之,[1]
身像以及眷属主从三,
带靠背座悉以诸严饰。
较他至为殊胜此(殿)之,
置办所需顺缘胜施主,
种姓圆满众多功德主,
于二次第道得坚固定,[2]
究竟密咒宗义大海之,
具瑞上师贝丹勒巴为,
佛陀教法长久得以住,
及为圆满诸师之心意,
诸持教者身命得坚固,
法王及与供施诸眷属,
身体安乐王政得坚固,
无量众生得利益安乐,
以其白净善心妙成办。
………………………
……精湛……之贤哲,
…………具瑞………
南卡桑波师徒所敬塑。
此之右之方向壁画为,
热巴传规之时轮(金刚),[3]
以及灌顶教授口诀之,
远近具瑞上师之传承,
善为配列庄严而布置。
此之左之方向壁画为,

[1] 萨迦派上师的名字,参见 *myang chung* [后藏志],第141叶。
译者注:应为夺波瓦之弟子聂温·衮噶贝(nya dbon kun dga' dpal)。
[2] 生起次第(utpattikrama)和圆满次第(sampannakrama)。
[3] 译者注:即热译师多吉札(rva lo tsā ba rdo rje grags pa)。

卓与匈之传规之时轮，[1]
以及灌顶教授口诀之，
远近上师传承之次第，
善为配列庄严而布置。
此之壁画供资之施主，
具瑞时轮（金刚）瑜伽士，
具瑞上师贝丹勒巴为，
圆满具瑞上师之心意，
及为佛陀教法之广弘，
以其白净善心而成办。
善巧画师拉孜德庆巴，
聪颖敏锐智者本格瓦，
兄弟二人善为敬绘制。
愿以此善供施诸眷属，
无量无边一切众生悉，
为诸具瑞上师所随摄，
金刚持之果位速获致！
无比殊胜上师之大悲，
及与无欺三宝谛实力，
清净法界真实之加持，
由此吾之祈愿得成就！

吉祥！

第四层、第八间佛殿

唵！吉祥！
向上师和三宝恭敬顶礼！
由文殊之智慧中，

---

[1] 种敦巴('brom ston pa)和匈·多吉坚赞(shong rdo rje rgyal mtshan)。
译者注：应为卓·协饶札('bro shes rab grags)和匈·多吉坚赞(shong rdo rje rgyal mtshan)。

所引著述胜智具，
胜哲菩提萨埵彼，[1]
为大地众而得胜。
以神通力摧外道，
以悲悯力弃死亡，
以誓愿力行功业，
具大悲力莲生胜。[2]
印尼泊尔汉于阗，
何域均为无等之，
胜哲噶玛拉希拉，
众生之导彼得胜。
藏域黑暗稠冥中，
点燃正法之火炬，
出于天性具大悲，
洛钦仁钦桑波胜。
栖于教法雪山中，
以教理之狮子吼，
摧伏邪说之狐群，
翱洛具绿鬃毛胜。[3]
塔如星宿虽众多，
与见解脱夜怙主，[4]
无能相比为此故，
降大花雨而得胜。
法王白昼之自在，[5]
夺去小邦星宿瑞，

〔1〕 藏地通常用以指寂护(zhi ba 'tsho)。
〔2〕 译者注：即莲花生。
〔3〕 译者注：翱洛指翱译师洛丹协饶(rngog blo ldan shes rab)。此处以"具绿鬃毛"(雪狮)比喻译师，因为其族名 rngog 有鬃毛(rngog ma)之意。
〔4〕 译者注："见解脱"指见即解脱，"夜怙主"指月亮。
〔5〕 译者注：指太阳。

催生教法之莲苑，
折服敌手君陀胜。[1]

如此礼赞后，进入主题。于雪域之境、诸明生处之年堆、众敬王俄达贝考赞之居地、江喀孜山下、贝廓德钦大法院中，座落着具有众多吉祥妙善之相、雄伟高大之见即解脱善逝之大法身塔。第四层东北旺杰神殿中带宝座靠背之塑像为大堪布菩提萨埵、阿阇梨莲花生、胜哲噶玛拉希拉、大译师仁钦桑波、翱译师洛丹协饶。壁画为二胜六严[2]、持咒法称、无垢友等莅临藏地之大班智达所围绕的大班智达寂藏和阿阇梨佛密对视像，以及藏族译师吞米·桑布扎和法藏等具大恩者所围绕的译师噶瓦·贝则。此等之供资施主：

悦耳雷声大震及，
施之雨流所飘摇，
善之稼穑娴于育，
伟大人主敕令及，
囊索钦莫善为成。
娴于塑艺本莫切，
南卡桑波师徒及，
于绘画处殊异之，
智者本顿珠查布，
师徒善为敬绘制。
从此精勤善火晶，
遍知作昼善成就，[3]
愿由利他千光网，
驱除众生无知暗！[4]
愿所述之誓愿亦，

[1] 译者注：君陀指睡莲，于夜间开放，白昼闭合。
[2] 此处“六严”指龙树(Nāgārjuna)、提婆(Āryadeva)等其他佛教大师。
译者注：“二胜六严”之“六严”指龙树、提婆、无著、世亲、陈那、法称；“二胜”指释迦光和德光。
[3] 译者注：“作昼”指太阳。
[4] 因此这项业行是为了自利(ātmārtha)利他(parārtha)。

何等净增上意乐，
以及三宝真实及，
所尝之法得现前！
白昼安详夜安详，
白昼之中亦安详，
昼夜一切均安详，
三宝今日颁赐此。
护法使者具威猛势力，
玛哈噶拉具誓大海众，
于此佛塔以及祖拉康，
防护四大损挠无懈怠！

第四层、第十间佛殿

顶礼上师、佛陀、菩提萨埵！
圆满二种资粮众生怙主圆满佛，
由此怙主嘉言教敕经与证悟法，[1]
为证甚深法性不退转之殊胜僧，
极信三种殊胜心怀虔信而顶礼！
功德祥瑞炽燃众生眼之甘露身，
施设三身体性法之喜宴梵天语，
教言大海诸义如此无余知晓意，
诸位洛班大悲主之脚尘以头礼！[2]

复次，于此大地之中心，(依)护地大王之心意圆满成就之大佛塔第四层东面凸出之南面中带宝座靠背之三身塑像为大班智达释迦师利、大堪布降秋贝、绛央仁钦坚赞。系恰鲁施主本旺钦达成办，拉孜善巧塑师本南卡桑波师徒敬塑。

壁画布局为付法藏传承诸师围绕的无比释迦王，中间右部为戒律解说传承诸师围绕的近圆律仪传承大堪布多吉贝、僧团戒师传承

〔1〕 即经(sūtra)和教(pravacana)。
〔2〕 译者注："洛班"指译师和班智达。

诸师围绕的阿罗汉德慧[1]。

此系缚意之大象之羂索的壁画系卡喀（画师）本尊顿珠查布师徒敬绘，系供资施主宗本札巴奔成办。

由此精勤所出善水流，
湿润人主心意之园圃，
开放教法水生之莲蕊，
有缘蜜蜂生计得增盛！
以此清净法性加持及，
无有欺诳诸等善因缘，
人主清净增上意乐力，
究竟誓愿吉祥而圆满！
如此稀有显示之指南，
为懈怠者于广大法性，
具观察眼玉垅巴所撰，
愿以此善国王善增盛！
护法使者具威猛势力，
玛哈噶拉具誓大海众，
于此佛塔以及祖拉康，
防护四大损挠无懈怠！

吉祥！一切得胜！

第四层、第十二间佛殿

唵！吉祥！此曰
孰之智慧油之内心中，
发出善说大火而驱除，
众生无明焚烧业惑木，
不共本尊随摄彼得胜。[2]

---

[1] Guṇamati.

[2] 不共本尊指佛陀。阿底峡（Atīśa）的本名为燃灯吉祥智（Dīpaṅkaraśrī-jñāna），藏译为 dpal mar me mdzad ye shes，偈颂中暗示了他的名字：油（mar）、火（me）、驱除（sel mdzad）中的 mdzad。

于此大地承胜者宗裔，
自在四有妙善出生瑞，
善巧导众生至解脱处，
种敦杰威迥乃彼得胜。[1]
远离诡诈等等世间法，
执持善戒梵行宝幢顶，
承担胜者教法之重担，
无有倦怠大智彼得胜。[2]
复次以佛子行之巨浪，
执持无沉教法宝幢之，
无比密咒传承诸上师，
一切有情顶髻愿得胜！
法身见即解脱稀有法，
“啊啦啦”赞帝释展笑颜，
青年天子普降花雨及，
众生乐舞陶醉而供养！
人中自在转轮之圣王，
于此胜者教法持教者，
一切供养虔诚作侍奉，
事业殊胜具“圣”名号赞！

复次，见即解脱吉祥多门大塔第四层南面凸出之东面神殿中（塑像）为觉沃钦波杰阿底峡，其右为种敦巴·杰威迥乃，左为那措译师。系卡喀究竟塑艺者文殊师利以珠宝和众多矿物颜料为原料，辅以助缘而敬塑。

---

〔1〕 译者注：此偈颂暗示了种敦巴·杰威迥乃('brom ston pa rgyal ba'i 'byung gnas)的名字：第一句中的 rgyal ba'i（胜者），第二句中的 'byung（出生），第三句中的 gnas（处）。

〔2〕 此处前三句话暗示了所礼赞的喇嘛的名字：楚臣坚赞(tshul khrims rgyal mtshan)，即那措(nag tsho)译师。
译者注：即 tshul 'chos（诡诈）中的 tshul，khrims（戒），rgyal mtshan（宝幢）。题记中的 tshul chos 应读作 tshul 'chos。

壁画为噶当派经典传承上师围绕的善知识博多瓦·仁钦赛、噶当派教授传承上师围绕的京俄巴·楚臣拔。复次，还围绕有修心传承上师、欲界天无量寿、狮吼观音、度母、多闻子、黄色瞻巴拉。系供资施主宁若勒垅诸官员仆从成办。拉孜善巧画师本格年兄弟依据大贤哲仁钦贝朱所述配置而圆满绘制。

以此精勤善河流，
涤除众生污垢及，
增广妙善之稼穑，
喜乐富足得繁盛！
牟尼教言之使者，
大力玛哈噶拉及，
诸等具誓大海众，
于佛教及见解脱，
施主无有懈怠护！
吉祥以及安乐善，
遍满一切时方隅，
以人主之胜意之，
力量迅速得成就！
以此稀有三宝加持及，
因果无有欺逛之真实，
极其清净法界之加持，
誓愿如其所发得成就！

吉祥！嘿嘿！

塔　瓶

塔瓶、第一间佛殿（东殿）

殿门入口处题记

唵，愿安乐！

向诸师尊和三宝虔诚顶礼！

于此世界如许莲花之亲眷,[1]
无余尔许聚于一处威光中,
具有尤为殊胜大悲智慧光,
具瑞大悲上师于彼作顶礼![2]
解脱洲中由诸圣众蛇冠王,
恒常不断虔诚而作侍奉之,
遍除怖畏圆满成办一切意,
于此导师佛陀如意宝顶礼!
轮回海中具种士夫解脱筏,
二谛大舟教以三学之缆绳,
成就之帆精进之风所吹动,
于此导向解脱洲之正法礼!
登解脱筏善能取舍与改造,
由随顺道牵引抵达菩提洲,
使具缘者获得众多如意宝,
于此圣僧殊胜商主作顶礼!
胜者驾前承许护持教法及,
呈献别别自之心髓坛城中,[3]
由金刚持现前灌顶金刚姓,
愿诸护法善为护持佛教法!
由昔所集善之大势力,
具足种姓色身裔中生,
于三宝具无分之信心,
披惭愧衣于施具勇猛,
王之法规与法随顺护,

---

〔1〕 译者注：莲花之亲眷指太阳。

〔2〕 上师通常置于佛前顶礼,因为其是佛法现世的代表。我无法说出此处的上师是谁。

〔3〕 此处的心髓(hṛdaya, snying po)是种子(bīja, sa bon)的同义词,指本尊的种子字。

一切持教施主知善巧，[1]
饶丹衮桑帕巴法之王，
为弘利乐生处之教法，
及为圆满上师之心意，
诸位持教身命坚固及，
圆满诸位先祖之心意，
无量有情获致佛果位，
于此贝廓德钦大法院，
建立赡部洲中至圣之，
本尊吉祥多门大(佛塔)。
此之塔瓶内部四方之，
无量宫之中央所立之，
胜者向外凸出之身像，
壁为瑜伽续之根本续，
以及释续随顺续等等，
所述诸大坛城之数目，
善为绘制布局是为此。

如是，转轮大法王、人主饶丹衮桑帕巴之本尊见即解脱十万大佛塔塔瓶东面无量宫中带宝座靠背之塑像为世尊大日如来，以黄金珠宝材料制成，身量等于(法王)本人二十一肘，饰以种种宝饰，施禅定印，殊胜庄严。内装藏有能降妙善之以三十如来舍利和四具加持(力)之印藏教证大德舍利为首的具加持(力)之如来身、语、意所依[2]，成为众生顶礼供养之所依、积集福德之瑞怙。

壁画布局为：北壁中央为瑜伽续之根本续[真性集]第一品以金刚界大身印为主之根本大坛城。进入、睹见此根本大坛城可使诸有罪者远离恶趣之因，具有获证佛果等不可思议之功德。

于此(坛城)有阿阇梨佛密、释迦友、庆喜藏、无畏作护四种不同

[1] 善巧方便是佛的一个主要功德，因为如果不随顺听法者的根器，契理契机地宣讲佛法，佛法不会生出任何结果。

[2] 身所依为佛像，语所依为佛经，意所依为佛塔(mchod rten)。

的承许,此处主要依据阿阇梨庆喜藏的见解。庆喜藏的著作中除了提到牌楼是门的第三部分外,对牌楼的台阶等则无有定论。信(作铠)的主张与释迦友一致,金刚界唯有门,彼派虽言及安立牌楼等等,然与阿阇梨无畏作护承许之三牌楼[1]、庆喜藏之著作无有违越。各个坛城随其所宜而庄严。无畏(作护)虽言及宝台阶之基为红色,以及黑色边基有白边;然往昔诸古旧坛城宝台阶之基为红色,边基为红色,而且师尊亦言"如此造作合宜",(因此)与庆喜藏之明晰著作无有显示违越(而)如此造作。

关于过失:曲(吉)迥乃等一些人认为内金刚环围绕于内坛城之外,而且无有交杵金刚、金刚墙、火山,然依据[金刚生起]经典,内金刚环[2]围绕于坛城之内;以及依据[金刚顶]所言"于金刚墙之外"及[金刚生起]所言"光明坛城外"(而有)金刚墙和火山;依据注疏所言"于交杵金刚自性上加持"(而)有交杵金刚;先代上师咱迦巴和金巴亦如是承许。庆喜藏所言"于光明坛城外有大轮围",虽未对此绘制作出特殊说明,然据信(作铠)所言"应绘湖泊、树木、花朵及飘带[3]等"而绘制。

内部之天:舞女、涂香女及金刚入等,[金刚生起]虽言其为绿色,然此处据注疏传规,绘为杂色。金刚法等(虽)言及为红中带白色,依诸师尊所许,绘为白中带红色。诸护门[金刚生起]有时称其为天女,然注疏中清楚说其为男身,(因此)如是绘制。

大坛城外之东南院为无量光佛四印坛城,西南院为不动佛四印坛城,西北院为宝生佛四印坛城,东北院为不空成就佛四印坛城。

东门北侧下部为以金刚界说法印为主之大法坛城,其上为以金刚界意誓印为主之大陀罗尼坛城,门上为以金刚界羯磨印为主之大羯磨坛城。

---

〔1〕 根据布顿翻译:shraddha'i bzhed pas / shākya bshes gnyen gyi bzhed pa dang bstun nas rdo rje dbyings sgo rkyang du byas nas / de'i lugs kyi rta babs la sogs pa'i rnam gzhag gsungs mod kyi / 'dir slob dpon 'jigs med 'byung gnas sbas pa'i bzhed lugs kyi rta babs gsum po kun dga' 等等。

〔2〕 即围绕曼荼罗(maṇḍala)所绘的前后相绕的一系列金刚杵。

〔3〕 依据布顿,此处的鸟(bya)应为飘带(dar dpyangs)。

西壁中央左侧上部为大日如来四印坛城。

此等大坛城顶部诸间隙为金刚界灌顶上师传承次第；中部诸间隙为金刚界四秘密佛母、嬉等八（天女）、十六明妃。根本大坛城下方坛城中央和四院安置之金刚橛[1]、忿怒明王、无边、尊胜、雷音、大肚之身色、标识（依）［吉祥最上］注释，转轮明王等似为推诿（而）与［幻网怛特罗］相同。

东壁下部为无量宫秘密明王、供品和大施主画像[2]。

西壁中央南（侧）上部为金刚萨埵一印坛城。

南门门上中部为根本续第二品以三界尊胜大身印为主之根本大坛城。此金刚部诸天之布局方式有两种：从神之台阶（开始）神与骑乘二者之身半出半不出，以及座位和身体二者完全（显出），此处依据后一种方式。

大坛城上部肩侧右为三界尊胜大日如来（四）印坛城，左为金刚作吽四印坛城。

东门南侧下部为以三界尊胜说法印为主之大法坛城，其上为以三界尊胜意誓印为主之陀罗尼大坛城。

中央北侧下部为三界尊胜金刚部根本坛城，其上[3]为金刚部陀罗尼坛城；中央南侧下部为金刚部法坛城，其上为金刚部羯磨坛城。

上述大坛城顶部中间诸间隙为三界尊胜灌顶上师传承次第；中间院之间隙为十六忿怒明妃和嬉等八（天女）；下部院之（间隙）为如火炽燃忿怒金刚、护轮明王、金刚怖畏、金刚药叉、金刚顶髻、金刚索、金刚幢、金刚迦利、金刚顶、金刚业、金刚作吽，身色、标识依据往昔古旧壁画配列。

南门右下为护法神静猛多闻子大王两身，左为梃杖怙主。

此所依之主尊世尊大日如来之身系人主达波囊钦饶觉桑波帕巴之内所依，由囊索钦莫敬立。无量宫诸壁画供资施主名录如各个

---

〔1〕 金刚橛(phur pa, phur bu)是定界圣化面以及将魔障钉入并固定于地中时所使用的一种法器。

〔2〕 译者注：法王饶丹衮桑帕巴(chos rgyal rab brtan kun bzang 'phags pa)。

〔3〕 译者注：根据壁画，此处应为“上”。

坛城下部所记。

从瑜伽续正理大海之，
真性集之本续殊胜洲，
获取二十坛城之宝贝，
于画宝幢顶而配置此，
依金刚持布顿卡切之，
十万尊像（仪轨）善安置。
依此配列善巧塑师之，
壁画布局造作之监督，
是为仁钦贝朱善知识，
清净监管而善为成办。
愿以如此所成广大善，
伟大施主及其诸眷属，
及诸虔敬成办供奉者，
迅速获致无上之菩提！
为此伟大佛塔之成办，
凡诸捐弃生命资财者，
以及为此迈出一步者，
悉皆迅速成就佛果位！
凡诸睹见此大佛塔者，
由闻或忆而虔信欢喜，
此等悉亦获致胜菩提！
于一切际教法之大宝，
弘扬繁盛一切之方隅，
诸等无量无边有情众，
亦具暂时久远之安乐！
由瑞福德圆满富足之，
供施法王身命得坚固，
境域安康人病畜病及，
灾年敌之损挠得平息！
天龙降雨稼穑圆满及，

王政大弘及一切心意,
与法随顺平稳得成就!
王治之下一切百姓亦,
身语意三顺法而安乐,
无厌精勤于三宝供养,
此生定得获致佛果位!
以此稀有三宝加持及,
因果无有欺逛之真实,
极其清净法界之加持,
誓愿如其所发得成就!
于一切之方隅及时际,
吉祥安乐妙善得遍满!

吉祥!善哉!清净!

壁画下面题记

中央左侧上部是为随摄欢喜中等之有情而宣说之大日如来四印坛城,其下为第二品金刚部之陀罗尼坛城,其下为金刚部大身印为主之根本坛城。

北壁中部为瑜伽续之根本续[真性集]第一品金刚界大身印为主之大坛城。东南院为无量光佛四印坛城,西南院为不动佛四印坛城,西北院为宝生佛四印坛城,东北院为以说法印为主之大坛城〔1〕。此等大坛城顶部之间隙为金刚界灌顶上师传承次第,中间间隙为金刚界四秘密佛母、嬉等八(天女)……以及固定四院之五(金刚)橛。

如此得以成就广大善,
愿大施主及其诸眷属,
诸等恭敬成办承侍者,
迅速获致无上之菩提!

一切吉祥!

此大坛城上部肩侧右为不动佛四印坛城,左为宝生佛四印坛

〔1〕 译者注:题记此处抄错,应为不空成就佛四印坛城。

城,下部右为无量光佛四(印坛城),左为不空成就佛四印坛城。[1]

门北面上部为意誓印为主之陀罗尼坛城,其下为说法印为主之大法坛城。门上为以羯磨印为主之大羯磨坛城。

此大小十八铺坛城中,六铺半大型净土、七铺半小坛城及其壁面系供资施主、贝廓德钦大寺“戒律金之中心固,闻思修之外环丽,清净了知千辐盛”[2]之僧团首座成办。

于所知处智慧极其广大之祥瑞乃宁善巧画师本莫切格西索南班觉师徒敬绘。

愿以此善获证遍主遍照之果位!吉祥!

东门南侧上部为第二品三界尊胜陀罗尼大坛城,其下为三界尊胜大法坛城。

南壁门上为以忿怒去除忿怒而宣说之大金刚部第二品之广大坛城、以三界尊胜大身印为主之根本大坛城。此等大坛城肩侧右为大金刚部之大日如来四印坛城,肩侧左为金刚作吽四印坛城。

……中央右侧上部为第一品金刚萨埵一印坛城,其下为第二品金刚部羯磨坛城,其下为金刚部法坛城。

愿以此善众生悉获金刚作吽(之果位)!

吉祥!

塔瓶、第二间佛殿(南殿)

殿门入口处题记

向一切上师、佛陀和菩提萨埵顶礼!

由圣道而善灭二障云之离除戏论法性空界中,
福德智慧宝所成就智之圆轮虚空之宝极妙严,[3]
大悲光芒遍照七马所驱无量誓愿一切众生之,[4]
无明暗除开示正义成熟解脱稼穑上师而顶礼!

---

[1] 译者注:题记此处再次描述了北壁壁画内容,应为衍文。

[2] 根据密教,从变易无常的世界转变至超越变易无常的世界的精神活动中心位于头顶,被想象为千瓣莲花。

[3] “宝所成就”暗示布顿仁钦朱(bu ston rin chen grub)的名字。

[4] 七马是太阳的骑具,这里指喇嘛。

四发心及四行持之意乐加行所成四身之佛陀，[1]
开示四谛矫正四漏远离四魔依道与灭之妙法，[2]
获致四果四相具足六地四种瑜伽佛弟子二众，[3]
以四摄业度脱轮回四水之四怖畏顶礼此三宝！[4]
生灭无处法性自性恒常亦，
悲智无二由力成办利他事，[5]
胜牟尼王十方胜者圣之上座佛子等，
眷属环绕大牟尼王愿得胜！
大坛城中金刚持所灌顶及，
执持誓言允诺护持教法之，
正善护法金刚部之一切众，
善为护持一切众生及教宝！
为胜者教长久住以及，
供施法王身命坚固及，
无量有情安置于安乐，
及为圆满佛果速获致，
由善业湖暇满花朵诞，[6]
种姓色身圆满枝叶盛，

---

[1] “四发心”参见无著(Asaṅga)的 *Sūtrālaṅkāra*［经庄严］：信行发心（=初地），净依发心（=前七地），报得发心（=八地及以后），无障发心（=如来地）。S. Lévi (edited and translated by), *Mahāyāna-Sūtrālaṃkāra, Exposé de la doctrine du Grand véhicule selon le système Yogācāra*, Paris, Librairie Honoré Champion Éditeur, 1907, tome I, p. 14.

[2] “四漏”指欲、有、无明、见。

[3] “四果”指预流、一来、不还、阿罗汉。

[4] “轮回四水”指生、老、病、死。

[5] 金刚乘(Vajrayāna)的术语：般若和方便，prajñā + upāya。无二，即无分别智慧，真实现证，也就是主客体的融合，无二智慧(jñānam advayam)。

[6] “暇满”(dal 'byor)指人——理论上能成佛的唯一有情——生来具有的八种有暇。
译者注：藏传佛教认为在修习佛法的外加行阶段，要思惟“暇满难得”，以生起修习佛法的强烈动机。即免除八无暇，具足十圆满。人若具此因缘，即应发心修行。

以信以及空之香滋味，
持教具六足者生欢喜，
人主饶丹衮桑帕巴之，
本尊大见解脱之南面，
中为伟大牟尼主从等，
往外凸出而塑众身像，
壁为瑜伽续中所出之，
般若波罗蜜多诸坛城，
善为绘制配列为如此。

如此，大人主之赡部洲殊胜装饰、本尊法身佛塔南面无量宫中，有如天竺金刚座[1]摩诃菩提身像之大牟尼身像主从三[2]，立于有六种庄严的宝座靠背中，加持之光炽燃。

东壁及西壁上部为住于虹光中、带宝座靠背之十方佛，以及住于石山中之十六大圣阿罗汉、和尚、达摩多罗居士[3]，围绕有汉式声闻弟子、居士等无数眷属，种种殊胜庄严，使一切众生皆生虔信。

南门上中部为与瑜伽续同分之[吉祥最上]般若波罗蜜多品同分[4]，(从中)所出之[一切如来身语意秘密庄严怛特罗][5]及[般

---

〔1〕 菩提伽耶(Bodhgayā)。

〔2〕 舍利弗(Śāriputra)和目犍连(Maudgalyāyana)。

〔3〕 十六罗汉加上赤松德赞(khri srong lde btsan)时期在藏地传播禅宗的和尚，以及 *Udānavarga* [出曜经]的编撰者达摩多罗(Dharmatrāta)。这是所知最古的藏地所提及的十八罗汉，而不是更为常见的十六罗汉。关于后者，参见 S. Lévi et É. Chavannes, "Les seize Arhat protecteurs de la loi", *Journal Asiatique*, 8 [11e série], 1916, p. 290。

〔4〕 译者注，可能为*Śrīparamādyanāmamahāyānakalparāja* (*dpal mchog dang po zhes bya ba theg pa chen po'i rtog pa'i rgyal po*) [吉祥最上本初大乘仪轨王]中之第十三品"般若波罗蜜多理趣(shes rab kyi pha rol tu phyin pa'i tshul)"，《西藏大藏经总目录》第 487 号，汉译为《佛说最上根本大乐金刚不空三昧大教王经》第十三分"般若波罗蜜多教称赞分"，《大正藏》第 8 册，经号 244。

〔5〕 译者注：*Sarvatathāgatakāyavākcittaguhyālaṅkāravyūhatantrarāja* (*de bzhin gshegs pa thams cad kyi sku gsung thugs kyi gsang ba rgyan gyi bkod pa zhes bya ba'i rgyud kyi rgyal po*) [一切如来身语意秘密庄严怛特罗王]，《西藏大藏经总目录》第 492 号。

若波罗蜜多理趣一百五十］[1]中所出身语意秘密庄严大坛城。

门东侧上部为［般若波罗蜜多理趣一百五十］中所出诸如来之大佛母智慧大坛城，其下为［一切如来身语意秘密庄严怛特罗］及［般若波罗蜜多理趣一百五十］中所出欲自在大坛城。

门西侧上部为［一切如来身语意秘密庄严怛特罗］及［般若波罗蜜多理趣一百五十］中所出大佛母广大成就法大坛城，其下为［般若波罗蜜多理趣一百五十］及［秘密庄严怛特罗］中所出般若波罗蜜多大佛母广大坛城。

此等大坛城上部中间间隙为（金刚）顶摄部灌顶上师传承次第及五妙供天女。

门下之东、西为四大天王、宝帐怙主主从三。

立塑此带宝座靠背之大牟尼主从三身像之供资施主有：幻化善巧塑师本莫切拉益坚赞敬塑。带宝座靠背之主从（塑像所需）之颜料以及东、西（壁）之有眷属、山岩之十方佛、十六大阿罗汉、和尚、达摩多罗之身像及颜料的捐献系供资施主囊索钦莫本人成办。大牟尼之金身系施主大菩萨尼玛切镇以虔信心念成办。

由瑜伽续之大海，
所生般若波罗蜜，
大续中出诸坛城，
依据金刚持布顿，
十万尊像中所出，
坛城教授而配列。
娴熟善巧塑艺诸师傅，
庄严配列凸塑身像及，
庄严配列壁画监督者，
称为仁钦贝朱善知识。

---

［1］ *Prajñāpāramitānayaśatapañcaśatikā* (*'phags pa shes rab kyi pha rol tu phyin pa'i tshul brgya lnga bcu pa*)，《西藏大藏经总目录》第 17 号（等于第 489 号）。
译者注：汉译为《大般若波罗蜜多经》第十会“般若理趣分”，《大正藏》第 8 册，经号 220。

其以恭敬心意所成办，
如此具足虔敬施主及，
恭敬承侍幻化塑师者，
此等善为成办大佛塔。
以此广大无垢前行善，
利乐生处妙善之基础，
人天世界宝髻之顶饰，
牟尼教法弘扬而增盛，
持教格西贵体得安康，
教法施主福德瑞炽燃，
法王父子身命得坚固，
一切有情具安乐幸福！
王臣如法而行及天龙，
降下适时之雨稼穑盛，
众生增长心意得妙善！
王治之下一切百姓亦，
悉皆具足安乐与幸福，
恒常远离不善之心意，
增上意乐纯善而清净！
简说自他一切有情悉，
灭除罪敌圆满诸功德，
事业天成相续无有断，
定能成办佛陀之果位！
无上殊胜上师加持及，
无有欺诳三宝之真实，
清净法界真实之加持，
誓愿如其所发得成就！

愿大妙善与吉祥遍满一切时方际！

壁画下面题记

顶礼圣般若波罗蜜多佛母！

出生三世佛之母，

般若天女胜坛城，
秘密灌顶庄严出，
坛城天众作顶礼！

此十万本尊吉祥多门见即解脱大佛塔塔瓶南面无量宫之南门上部中央为与瑜伽续同分之[吉祥最上]般若波罗蜜多品同分及(从中)所出之[一切如来身语意秘密庄严怛特罗]及[般若波罗蜜多理趣一百五十]中所出身语意秘密庄严大坛城。

此及门下左右之四大天王、护法神兄妹宝帐怙主主从三系供资施主“于虔信之地基上具福德茎干、精进枝桠(之树)以祥瑞圆满叶瓣、布施果实善为严饰”之卡喀[1]囊索以极其白净之心意善为成办。

愿以如此所出广大善，
虚空无边如母诸众生，
有寂无边衰败中救度，
迅速获致无上胜菩提！
造作壁画具瑞卡喀巴，
心灵手巧意淳具精进，
本莫切瓦顿珠查布其，
叔侄师徒善为成办之，
愿以此善众生获菩提！

门东侧上部为[般若波罗蜜多理趣一百五十]中所出诸如来之大佛母智慧大坛城，其下为[一切如来身语意秘密庄严怛特罗]及[般若波罗蜜多理趣一百五十]中所出欲自在之大坛城。此二坛城(中)一铺大型净土之三分之二系供资施主第巴大聂钦格西以清净增上意乐成办；三分之一系供资施主本益熏奴顿珠、柴薪管家本仓帖木儿、格西贝丹贡、噶聂巴虔信成办。

愿以此善无边诸众生，
获致无上圆满之菩提！

吉祥！

门西侧上部为[一切如来身语意秘密庄严怛特罗]及[般若波罗

[1] 达孜(stag rtse)东边的宽广河谷。

蜜多理趣一百五十]中所出大佛母广大成就法大坛城。此系供资施主昌仁巴本波曼达热、孜玛宗本、本扎西巴、宁若瓦本结桂培以极其白净之心意成办。

其下为[般若波罗蜜多理趣一百五十]及[秘密庄严怛特罗]中所出般若波罗蜜多大佛母广大坛城。此系供资施主司茶官本桑、宁若瓦本恰白近侍贡仁、切莽巴本伦珠、石匠本杰波达、果塘巴本次塔、乌尼巴扎西玛觉以增上意乐虔敬成办。

愿以如此所出广大善，
一切无量无边众生悉，
获致无上圆满之佛果！
善巧画师年堆达蔡巴，
本莫切顿珠查布……
……(师)徒善为成办，
以善众生速获遍知位！

吉祥！

塔瓶、第三间佛殿(西殿)

壁画下面题记

中央南侧上部为第三品调伏众生大日如来四印坛城，其下为调伏众生一印坛城，其下为[三界尊胜仪轨][1]所述称之为“莲花”之一切如来大坛城。此等系供资施主乃钦巴、伍日温波、代本白玛杰、本诺布杰、拉莫瓦本曲、扎普庄园管家恭敬成办。

顶礼金刚法！

南壁中央(壁画)出自根本续愚痴之对治、以般若波罗蜜多法印为主之第三品中莲花部为随摄所化有情、调伏众生品之三种坛城，此为广大坛城之调伏众生大身印为主之根本大坛城。此大坛城东

---

〔1〕 *Trailokyavijayamahākalparāja* (*'jig rten gsum las rnam par rgyal ba rtog pa'i rgyal po chen po*)[三界尊胜仪轨大王],《西藏大藏经总目录》第482号。
译者注：汉译为《金刚顶经瑜伽文殊师利菩萨法》及《金刚顶超胜三界经说文殊五字真言胜相》,《大正藏》第20册,经号1171、1172。

南院为调伏众生四印坛城，西南院为顶髻佛四印坛城，西北院为莲花三昧四印坛城，东北院为莲花决定自在四印坛城。此等系供资施主囊索钦莫成办。

吉祥！

门南侧上部为以调伏众生意誓印为主的陀罗尼大坛城。其下为以调伏众生说法印为主的大法坛城。此等系供资施主迦本阿绰瓦、本益聂钦、苏本协敖、域堆米本、宗本桑结、翁布琼瓦本格年（成办）一铺坛城。意希奔、本索南贡、索康巴、本曲扎、熏奴赞达、札玛瓦、德钦巴、札嘎本桑、恰嘎觉奔、江林巴阿达、达孜弓匠（成办）一铺坛城。乃宁善巧画师本莫切本尊贝培瓦师徒善为敬绘。

吉祥！

门上为以调伏众生羯磨印为主的羯磨大坛城。此系供资施主营帐官、康马卦师、骑兵官塔瓦阿、本贝桑、果松庄园管家、日桑巴、纳浑宗巴、亚隆贡桑、都囊瓦洛卓札成办。

门北侧上部为［三界尊胜仪轨］所出金刚手大坛城。其下为［三界尊胜仪轨］所出称之为“三界轮”之一切如来大坛城。……上部坛城施主为本伦波、札那巴、强莫巴本桑结、色康巴贝贡、曲波松玛、贝莫、噶瓦嘉巴、章隆巴……

（中央）北侧上部为［秘密摩尼明点怛特罗］[1]所出三界尊胜大坛城，其下为［三界尊胜仪轨］所出虚空藏坛城，其下为释续［一切秘密怛特罗］[2]密意注释、（阿阇梨商）底巴所注释[3]之金刚界大坛城。此等系供资施主日卧札巴曲迥、贝贝迥、席聂瓦结波、宁若巴多吉坚赞、洛扎西成办。

---

〔1〕译者注：*Guhyamaṇitilakanāmasūtra* (*'phags pa gsang ba nor bu thig le zhes bya ba'i mdo*)［圣秘密摩尼明点经］，《西藏大藏经总目录》第493 号。

〔2〕译者注：*Sarvarahasyanāmatantrarāja* (*thams cad gsang ba zhes bya ba rgyud kyi rgyal po*)［一切秘密怛特罗王］，《西藏大藏经总目录》第 481 号。汉译为《一切秘密最上名义大教王仪轨》，《大正藏》第 18 册，经号 888。

〔3〕译者注：此应指的是 *Sarvarahasyanibandharahasyapradīpa* (*dpal thams cad gsang ba'i bshad sbyar gsang ba'i sgron ma*)［吉祥一切秘密合说秘密灯］，《西藏大藏经总目录》第 2623 号。

塔瓶、第四间佛殿(北殿)

殿门入口处题记

唵,愿成就般若![1]

向诸师尊、佛及一切菩提萨埵顶礼!
凡诸所知境域执持无余观察千眼者,
安置无边人天众等于利乐处具大悲,
救度有寂非天怖畏无量事业成办者,
具瑞上师文殊师利三门恭敬而顶礼!
二种资粮所成二身究竟二利佛陀及,
灭除二障具二清净离贪二谛之正法,
睹二谛义勤灭二障无有退转二部众,[2]
除二边怖成就二利二部生处三依胜![3]
离垢绚烂莲月上之甚深广大甘露藏及啊字中,
般若佛母金色一面四臂主臂说法余执金刚函,
二利乳凸萨埵祥瑞炽燃珠宝严饰身披天之衣,
十方佛子围绕出生一切胜者般若波罗蜜多胜!
显示胜者心意无二智慧极大忿怒身,
金刚手除恶心意后于大坛城而灌顶,
获证八地于三界中护持教法立誓之,
金刚部之天与天女护法神皆善护持!
福德地基撒播誓愿种,
暇满胜如意树枝桠繁,[4]
暇满花朵果实具妙美,
教法施主饶丹衮桑帕,
伟大法之国王其自身,

---

〔1〕 题记中的 prajabhya 没有意义。
〔2〕 真谛与俗谛。
〔3〕 “二边”指有与无,“二利”指自利利他。
〔4〕 题记中的 dpag bsam 等于更通常的 dpag bsam shing。此处如意树代表江孜法王。

为使牟尼教法长久住，
持教士夫身命坚固及，
陷入轮回大海之有情，
解脱得至遍知之宝洲，
大佛塔之塔瓶北面之，
无量宫之中央所立之，
胜者向外凸出之身像，
壁为瑜伽续之诸坛城，
绘像安立配列为如此。

如此，大人主之本尊、赡部洲殊胜装饰之塔瓶北面无量宫中为出生三世诸佛之一面四臂般若波罗蜜多大佛母，围绕有十方诸佛，宝座靠背殊胜庄严，加持之光炽燃。

诸壁瑜伽续之大坛城为：

西壁中央为根本续［真性集］之第四品一切义成大身印为主的根本大坛城，其四院为金刚义成四印坛城、宝见四印坛城、宝莲四印坛城和宝雨四印坛城。

北门西侧下部为一切义成说法印为主的大法坛城，其上为以一切义成三昧耶印为主的陀罗尼大坛城。

门上为一切义成羯磨印为主的羯磨大坛城。

中央西侧上部为（一切）义成品所述大日如来四印坛城，其下为（一切）义成品所述义成一印坛城。

此等大坛城上部中间间隙为第三、四品之讲说上师传承次第；西壁和南壁中间（间隙）为宝部嬉等八（天女）和十六明妃；北壁中间（间隙）为第四品陀罗尼坛城所述陀罗尼天女之身像。

东壁中央为与金刚界品同分、主要为［吉祥最上］之释续、［金刚心庄严怛特罗］所出法界大金刚心庄严一切如来秘密坛城。

此大坛城上部肩侧右为该续所出大灌顶坛城，左侧为一切如来平等性现前灌顶坛城。下方右侧为该续所出调伏众生坛城，左侧为该续之金刚宝坛城。

门东侧上部为［金刚心庄严怛特罗］所出大乘现证坛城，其下为该续所出金刚心大坛城。

中央东侧上部为该续所出三界尊胜坛城，其下为该续之嘿噜嘎坛城，此下为该续之阎摩敌坛城。

中央西侧下部为该续所出金刚业坛城。

此等大坛城之中间间隙为该续所出马头明王、微细明王、不动明王、阎摩敌明王、顶髻转轮、顶髻光蕴、顶髻白伞盖、顶髻尊胜、顶髻光明、顶髻上趣、顶髻大上趣、忙莽计、度母、颦眉（度母）、佛眼母，五妙欲供、四供养天女。依据该续所述而善为配列。

……中央出生诸佛之母、一面四臂般若（波罗蜜多）大佛母为十方诸佛佛子围绕，身像向外凸出，带有宝座靠背，一见……此系供资施主、众多父母血统……极为高贵之达姆降赛贝钦杰姆恭敬成办。诸壁画之供资施主于各自的题记中可见。

瑜伽续之大海水，
衮宁诸行作搅棍，〔1〕
以搅所出之珠宝，
降下需欲之大雨。
根本续中所出之，
第四品之十坛城，
金刚心庄严续中，
所出十一种坛城，
依据布顿一切智，
十万尊像坛城绘。
众多幻化艺师之，
配列壁画之监督，
仁钦贝朱善知识，
勤信恭敬而成办。
成就如此伟大佛塔之，
伟大施主及其诸眷属，
以及成办酬劳供养者，
为此捐出身命资具者，

〔1〕 衮噶宁波。

以此之善劫尽之火堆，
善为干涸轮回之苦海，
财物山等无余悉烧灭，
迅速获致无住之涅槃！
一切众生利乐之生处，
护持无二之教法宝贝，
天龙非天紧那罗为助，
恭敬顶礼长久而住世！
无边有情诸等众生亦，
一切时际安乐与幸福，
具足相互慈爱之心意，
恒时唯有行持诸福德！
供养教法如法护赡洲，
以福德瑞现前高贵之，
法王施主身命得坚固，
一切王臣如法而行持！
诸善知识身命得长久，
天龙适时降雨稼穑盛，
无有人病畜病敌损挠，
境域安乐世界得繁盛！
王政广大思维教法皆，
随顺于法顺利得成就！
王治之下一切百姓亦，
具足暂久安乐与幸福，
三门一切与法而随顺，
无厌精勤于佛塔供养！
皈依殊胜三宝之真实，
清净纯洁法界加持及，
无有欺诳因果之真实，
誓愿如其所发得成就！

愿大妙善与吉祥遍满一切时方际！

愿吉祥！

壁画下面题记

顶礼金刚萨埵！

此为根本续第四品为随摄悭吝者、宝部一切义成坛城中为随摄欢喜广大之有情，四广大坛城之中央，大身印为主之一切义成根本大坛城。此东南院为义成四印坛城；西南院为宝见四印坛城；西北院为宝莲四印坛城；东北院为宝……

门西侧上部为一切义成意誓印为主之陀罗尼大坛城，其下为语法印为主之义成大法坛城。此系供资施主仁钦孜大管家多吉赛巴、大管家帕热瓦、翁则绛沃巴成办。

门上为羯磨印为主的义成羯磨大坛城。此铺净土之三分之二系供资施主帕孜巴本波曲结瓦兄弟成办，三分之一之一半系施主嘉巴本格迥瓦父子成办，三分之一之（另）一半系施主帕孜仁钦林巴本格迥瓦父子成办。拉孜善巧画师本格年兄弟敬绘。

愿以此善宝雨普降一切众！

吉祥！

门东侧上部为与金刚界品同分、主要为［吉祥最上］之释续、［金刚心庄严怛特罗］所出大乘现证大坛城，其下为该续所出金刚心大坛城。此等系供资施主强玛本尊、阿阇梨嘉莫、星算家次旺杰、贡萨瓦、米颇拉松成办。觉囊善巧画师本尊贡却桑波敬绘。

东壁中央为与金刚界品同分、主要为［吉祥最上］之释续、［金刚心庄严怛特罗］所出法界大金刚心庄严一切如来秘密大坛城，肩侧右侧为虚空藏坛城，左侧为调伏众生坛城；下部右侧为金刚作吽坛城，左侧为金刚拳坛城[1]。中间空隙围绕有与此续相关之七位上师、胜者师徒三、人主衮桑帕和无量寿佛等三十天众。

此等依据威猛七马主，

〔1〕 译者注：此处壁面四角的四个坛城名字与殿门入口处题记不一致，当以后者为是。参见布顿 *rdo rje snying po rgyan gyi rgyud kyi dkyil 'khor gyi rnam gzhag*［金刚心庄严怛特罗之曼荼罗安立］。

如帝释弓现前绚烂业，
期间稀有稀奇之修缮，
广弘教法殊胜变化身，
洛桑绛央班觉顿珠其，
执胜者教以及诸众生，
为使欢喜宫殿于赡洲，
高顶坚固无动而安立。[1]

（中央）东侧上部为该续所出三界尊胜坛城，其下为嘿噜嘎坛城，其下为阎摩敌坛城。

此等系供资施主囊索钦莫成办。

（中央西侧）上部为大日如来宝部四印大坛城，其下为一切义成……

八 山 底 层[2]

（1）……九中所出大日（如来）部忿怒世尊红阎摩敌主（从）五天众、宝瓶、灌顶上师传承次第[3]。下部为护法神兄妹宝帐怙主、多闻子。此作为人主大法王饶丹衮桑帕之本尊而敬立。觉囊善巧画师本尊贡却桑波师徒善为敬绘。

愿以此善众生速获阎摩敌果位！

（3）此为主要宣说大瑜伽方便分之父续[4]不动（佛）部之[吉祥密集根本大怛特罗][5]中所出世尊密集不动金刚（主从）三十七天……师徒善为敬绘。

---

〔1〕 译者注：此偈颂为东壁绿色边框内的题记。

〔2〕 括号中的阿拉伯数字对应于《梵天佛地》第四卷，第一册，第 237 页，插图 57 中的各壁面编号。

〔3〕 上师传承(brgyud)次第总是分成两支：灌顶传承(dbang bka')和讲说传承(bshad bka')。参见布顿，夏鲁寺(zha lu)目录，第 15 叶背面。

〔4〕 无上瑜伽部怛特罗分为两类：父续和母续。区分的原因有很多，我将在即将出版的研究中以大量的篇幅讨论。

〔5〕 译者注：*Sarvatathāgatakāyavākcittarahasyaguhyasamājanāmamahākalparāja* (*de bzhin gshegs pa thams cad kyi sku gsung thugs kyi gsang chen gsang ba 'dus pa zhes bya ba brtag pa'i rgyal po chen po*)[一切如来身语意大秘密之密集仪轨大王]，《西藏大藏经总目录》第 442 号。汉译为《佛说一切如来金刚三业最上秘密大教王经》，《大正藏》第 18 册，经号 885。

愿以此善等虚空有情，

诸等获致遍知法王位！

圆满！

（4）……此壁画为主要宣说大瑜伽方便分之父续……大怛特罗中所出……大坛城之主（从）十七天众，以及灌顶（上师）传承次第。此亦作为人主大法王饶丹衮桑帕之本尊而敬立。拉孜善巧画师本莫切塔尔巴瓦师徒善为敬绘。

愿以此善作昼之光芒，

遍及虚空一切有情之，

冥暗二障众皆灭除后，

文殊金刚果位速获致！

圆满！

（5）顶礼……

此为［金刚手调伏三猛厉怛特罗］〔1〕中所出大轮天众，以及……传承次第，依据大成就者萨日巴、咱（瓦）日巴之密意，以及玛·曲吉杰波之著作配列。此作为人主大法王之本尊而敬立。卡喀善巧画师本尊桑（杰）仁（钦）师徒敬绘。

愿以此善众生获致金刚持（果位）！

（6）顶礼……

此为瑜伽续吉祥密集世自在主（从）十七天众……本尊而敬立。觉囊善巧画师本尊贡却桑波（敬绘）……

（7）……

此配列为主要宣说大瑜伽方便分之大日（如来）部［忿怒黑阎摩敌怛特罗］〔2〕中所出称之为“阎摩敌文殊金刚”之主从五天众。此亦作为人主大法王饶丹衮桑帕巴之本尊而敬立。觉囊善巧画师本

---

〔1〕译者注：*Nīlāmbaradharavajrapāṇirudratrivinayatantra* (*'phags pa lag na rdo rje gos sngon po can drag po gsum 'dul ba zhes bya ba'i rgyud*)［圣青衣金刚手调伏三猛厉怛特罗］，《西藏大藏经总目录》第454号。

〔2〕译者注：*Sarvatathāgatakāyavākcittakṛṣṇayamārināmatantra* (*de bzhin gshegs pa thams cad kyi sku gsung thugs gshin rje gshed nag po zhes bya ba'i rgyud*)［一切如来身语意黑阎摩敌怛特罗］，《西藏大藏经总目录》第467号。

尊贡却桑波敬绘。

圆满！

（8）顶礼吉祥阎摩敌！

此壁画为主要宣说大瑜伽方便分之父续大日如来部［忿怒黑阎摩敌之一切轮业成就怛特罗］[1]中所出带八信使之嗔阎摩敌。此亦作为人主大法王饶丹衮桑帕之本尊而敬立。拉孜善巧画师本伦珠师徒敬绘。

（9）顶礼吉祥红阎摩敌！

此壁画为大瑜伽父续［红阎摩敌怛特罗］第二十二品中所出世尊红色文殊阎摩敌主（从）十三天众，以及灌顶（上师）传承次第。此亦作为人主法王饶丹衮桑帕之本尊而敬立。拉孜善巧画师本伦珠师徒敬绘。

（10）顶礼吉祥黑阎摩敌！

此配列为瑜伽父续［一切如来身语意黑阎摩敌怛特罗］[2]中所出世尊黑色文殊阎摩敌主（从）十三天众，以及灌顶上师传承次第。此作为人主大法王饶丹衮桑帕巴之本尊而敬立。拉孜善巧画师本莫切塔尔巴瓦师徒善为敬绘。

（11）此壁此处为红色和黑色阎摩敌护法神……十五以及业阎（摩敌）。

愿以此善一切众生获致阎摩敌（果位）！

吉祥！

八 山 顶 层[3]

（1）顶礼吉祥时轮（金刚）！

---

〔1〕译者注：*Yamārikṛṣṇakarmasarvacakrasiddhikaranāmatantrarāja* (*gshin rje'i gshed dgra nag po'i 'khor lo las thams cad grub par byed pa zhes bya ba'i rgyud kyi rgyal po*)［黑阎摩敌之一切轮业成就怛特罗王］，《西藏大藏经总目录》第 473 号。

〔2〕译者注：*Sarvatathāgatakāyavākcittakṛṣṇayamārināmatantra* (*de bzhin gshegs pa thams cad kyi sku gsung thugs gshin rje gshed nag po zhes bya ba'i rgyud*)，《西藏大藏经总目录》第 467 号。

〔3〕括号中的阿拉伯数字对应于《梵天佛地》第四卷，第一册，第 241 页，插图 59 中的各壁面编号。

凡诸汝身完全超越极其纤细之微尘，
凡诸言语无法言诠无坏具足一切相，
凡诸心意恒常不变充满不变之安乐，
具足祥瑞时轮由彼造作一切得护持！
具瑞汝之严土尤为圣，
庄严绚烂犹如帝释弓，
意之坛城极为圆满天，[1]
显示绘画配列此净土。[2]
极善安住宽广之宝座，
具生种姓月之增上意，
是为母亲尼玛切镇巴，
随顺资具一切悉安排，
善为成就于此增妙善。
安立此等绘画造作者，
年堆乃宁智者贝培瓦，
兄弟手之造作中所出，
愿以此善获遍知果位！

吉祥！

（2）顶礼金刚轮！

具足祥瑞俱生不变之大乐，
般若无我母及具相母所拥，
二身双运法及受用变化身，
至胜乘道作英雄舞而大喜。
庄严绚烂净土犹如帝释弓，
圣域殊胜成就大车种毗等，[3]
依其见解续部典籍无有违，
善为安立与此随顺圆满众，

---

〔1〕 因为在以艺术形式表现曼荼罗(maṇḍala)之前，主持仪式者或绘制者必须将自身观想为本尊。

〔2〕 即此绘画精确重现了其净土。

〔3〕 中世纪怛特罗学派中最伟大的成就者之一。

具足善趣七财种姓太阳母，
具白净意菩萨尼玛切镇巴。
安立此等绘画造作智者瑞，
究竟明处所知处之智者王，
律仪精进贝培兄弟及徒弟，
此等手之造作所出愿妙善！

吉祥！

（3）顶礼胜乐轮！

光音空界天路来至之大乐，
双运无有坏灭虹身金刚身，
任何法与受用圆满嘿噜嘎，
般若金刚亥母具相之佛母。[1]
六十有二天众（如同）帝释弓，
妙善庄严绚烂绘画此净土，
依据圣域黑行大成就见解，
续部典籍以及印藏智者规。
安住宽广宝座种姓月之母，
具白净意菩萨尼玛切镇巴，
安立此等绘画造作智者瑞，
究竟明处所知处之智者王，
律仪精进贝培兄弟及徒弟，
此等手之造作所出愿妙善！

（4）顶礼胜乐轮！

光音空界胜意来至之大乐，
双运无有坏灭虹身金刚身，
任何法与受用圆满嘿噜嘎，
般若金刚亥母具相之佛母。
六十有二天众（如同）帝释弓，
妙善庄严绚烂绘画此净土，

---

〔1〕 般若(prajñā) = 明妃。

依大成就圣域鲁益巴见解，
续部典籍以及印藏智者规。
安住宽广宝座种姓月之母，
具白净意菩萨尼玛切镇巴，
安立此等绘画造作智者瑞，
究竟明处所知处之智者胜，
律仪精进贝培兄弟及徒弟，
此等手之造作所出愿妙善！
愿吉祥！
（5）顶礼吉祥胜乐轮！
凡诸汝身无二大乐齐俱生，
凡诸语言无坏具足一切相，
凡诸心意如所尽所眼广大，
于此具能所依嘿噜嘎顶礼！
庄严绚烂汝土帝释弓，
昔无稀有绚烂绘画此，
安住宽广宝座种姓母，
摇动白净心意大飞幡，
具信菩萨尼玛切镇以，
随顺资具成就善安立。
绘画造作具瑞乃宁巴，
于此所知善巧极殊胜，
律仪精进贝培兄弟徒，
手之造作中而出妙善！
（6）……
…………虹身帝释弓，
双运大乐…………[1]身，
……现前祥瑞嘿噜嘎，
非仅一次礼拜庄严土，

〔1〕 译者注：此处的藏文意义不清楚。

如帝释弓昔无嘿噜嘎，
男女英雄眷属由续部，[1]
金刚持所善为开示之。
具白净意尼玛切镇巴，
虔敬心愿而善为安立。
绘画造作年堆乃宁巴，
绘画之王智者贝培瓦，
兄弟手之造作中所出，
以此善获瑜伽虚空位！
愿吉祥！
（7）唵，愿妙善！
凡诸汝身（如同）帝释弓，
汝意如所尽所了知此，
于此能依所依坛城中，
此等清净意念………
……具瑞瑜伽虚空…
（8）顶礼佛顶盖！
极净天路而至及，
双运无二之智慧，
二十又有五之众，
具瑞佛陀嘎巴拉。
成办众生无量善，
汝土庄严帝释弓，
昔无善严绚烂画，
殊异极为殊胜此。[2]
（9）顶礼补噶艾噶怙主！[3]
凡诸宽广般若天路中，

---

[1] 参见《梵天佛地》第三卷，第二册，插表一。
[2] 译者注：壁面于此结束，但题记似乎没有写完。
[3] 我无法比定此明显讹误名字所指的本尊。

空性大悲七马所牵引,[1]
殊胜乘之莲苑使盛之,
怙主汝身眷属围绕之,
庄严稀有两土之施主,
种姓圆满祥瑞增上生,
精勤成就信施等众善,
菩萨尼玛切镇虔信立。

吉祥!

(10) 顶礼五空行怙主![2]

由光音天路而至,
双运犹如帝释弓,
具瑞五空行之众,
愿汝成办众生善!
汝之庄严稀有土,
安排安立之顺缘,
菩萨尼玛切镇巴,
白净意……安立。

(11) 顶礼观音菩萨!

善巧方便大悲河,
菩提心之大海中,
具有无边功德宝,
事业商主观世音,
愿汝成办众生善,
汝身眷属围绕之,
……………………
善巧画师乃宁巴,
本尊贝培瓦兄弟,
善为敬绘(愿得)善。

---

〔1〕“七马所牵引”指太阳。

〔2〕即五部空行母(ḍākinī)。

附 录

（一）题记中的一些现象

本卷中转录和翻译的题记能使我们准确比定壁画所表现的怛特罗部组，其重要性毋庸讳言。若没有它们指引，我们对那些激发画师创作灵感的法本，以及甚深仪轨所确立的殿内天众间的有机联系的认知将变得困难异常。

从历史角度而言这些题记也相当重要，我已经述及，它们给我们提供了关于佛殿画师、其所属画派，以及十五世纪最为活跃繁荣的艺术中心的准确资料；而且，它们也使我们对元亡后仍然得以传续的蒙元时期西藏地方封建政权的封号职官有了较为清楚的了解。如我在前卷所述，十万佛塔虽为法王饶丹衮桑帕巴(chos rgyal rab brtan kun bzang 'phags pa)发心所建，但建塔的大部分费用是由其治下的贵族官员承担。法王的意愿即为敕令，对此甚难抗拒，因此贵族和文武官员们竞相捐资供施，为圆满此项宗教和艺术的伟业而尽其所能。由于我们对当时西藏的行政体系知之甚少，此处列出题记记载的封号职官并非无益。

文　职

blon chen dmag dpon chen po（第三层第二十间佛殿）可能负责两方面的事务：既是大臣(blon chen)，同时也是大将军(dmag dpon chen po)。

nang blon（第一层第五间佛殿，第二层第二间佛殿），内相。

nang chen（塔瓶第一间佛殿）[1]，囊钦，萨迦教廷给予江孜法王

〔1〕 译者注：还出现在原书未录的第三层第十一间大殿殿门入口处题记中。

的封号。

nang so（塔瓶第二间佛殿）[1]，囊索。

nang so chen mo（第二层第三间佛殿，第二层第四间佛殿，第四层第八间佛殿）[2]，囊索钦莫，大总管。

dpon yig（第二层第十三间佛殿，塔瓶第二、第三间佛殿），本益，书记官。

sde pa（第一层第五间佛殿），第巴，首脑。

rdzong dpon（第一层第十八间佛殿[3]，第三层第十六间大殿，第四层第十间佛殿，塔瓶第二、第三间佛殿），宗本，县长。

gnyer chen（第一层第五间佛殿，第二层第二间佛殿）[4]，聂钦，大总管。

武　职

dmag dpon chen po（第三层第二十间佛殿），大将军。

rgya dpon（第一层第六间大殿），百夫长。

bcu dpon（第一层第六间大殿），十夫长。

mi dpon（塔瓶第三间佛殿）[5]，米本，军官。

mda' dpon（塔瓶第三间佛殿），代本，弓箭官。

rta dpon（塔瓶第三间佛殿）[6]，骑兵官。

---

〔1〕 译者注：原书认为还出现于塔瓶第一间佛殿，误。

〔2〕 译者注：还出现在塔瓶第一、第二间佛殿殿门入口处题记，塔瓶第三、第四间佛殿壁画下面题记，以及原书未录的第一层第十九间佛殿。

〔3〕 译者注：原书写作第一层第九间佛殿。

〔4〕 译者注：还出现在第一层第十九间佛殿，第三层第六间佛殿，塔瓶第二、第四间佛殿。

〔5〕 译者注：还出现在原书未录的第二层第十四间佛殿。

〔6〕 译者注：还出现在原书未录的第二层第十四间佛殿，第三层第十一间大殿殿门入口处题记中。

僧　职

spyi pa（塔瓶第一间佛殿），首座。

bdu mdzad（塔瓶第四间佛殿），翁则，司库[1]。

nye gnas chen po（第二层第十五间佛殿），大近侍。

nye gnas（第一层第五间佛殿）[2]，近侍。

thab dpon（第三层第十间佛殿），膳食官。

dus mchod nye gnas（第三层第一间大殿），期供近侍。

shing gnyer（塔瓶第二间佛殿），柴薪管家。

gsol[3] ja ba（塔瓶第二间佛殿），司茶官。

gsol dpon（塔瓶第三间佛殿），苏本，司仪官。

gzhis gnyer（第一层第五间佛殿）[4]，庄园管家。

技　师

gzhu mkhan（塔瓶第三间佛殿），弓匠。

rdo bzo ba（塔瓶第二间佛殿），石匠。

mo ston（塔瓶第三间佛殿），卦师。

rtsis mkhan（塔瓶第四间佛殿），星算家。

---

〔1〕 译者注：原文如此，翁则一般指寺院中的领经师。
〔2〕 译者注：还出现在塔瓶第二间佛殿。
〔3〕 译者注：题记写作 bsol。
〔4〕 译者注：还出现在塔瓶第三间佛殿。

（二）《梵天佛地》之修正及补遗[1]

第一卷

第 3 页，第 15 行：布顿文集中有 *byang chub chen po'i mchod rten gyi tshad byin slabs dpal 'bar*［大菩提塔量度·加持祥焰］，*bu ston thams cad mkhyen pa'i bka' 'bum*［遍知布顿文集］，pha 函。

第 12 页，注释 2 及他处：bka' dam pa 应改为 bka' gdams pa。

第 40 页，第 4 行：rnam par snang mzad 应改为°mdzad。

第 40 页，第 31 行：nye 'khor 应改为 gnas skor[2]。

第 51 页，第 46 件：tshe pa med 应改为 tshe dpag med。

我混淆了无量光佛(Amitābha)和无量寿佛(Amitāyus)，对此我在《梵天佛地》第三卷，第一册，第 58－59 页作了详细区分。

第 57 页，第 87 件：此种样式的文殊应是五字文殊。参见 S. Lévi, "Ysa", in *Mémorial Sylvain Lévi*, Paris, P. Hartmann Éditeur, 1937, pp. 355－363。

第 59 页，第 110 件：phyag dor 应改为 phyag rdor。

第 61 页，第 114 件：Saṃvara应改为Śaṃvara，关于该本尊，参见《梵天佛地》第三卷，第二册，第 7 页以下的相关论述。

第 63 页，第 117、118、119、120 件：我称为金刚空行(Vajraḍāka)的该图像样式实际表现的是藏传佛教，尤其是格鲁派(dge lugs pa)最常见的密集金刚(Guhyasamāja, gsang ba 'dus pa)，密集是一部非常著名的怛特罗的标题，同时也是该怛特罗的主尊名

[1] 译者注：图齐的这些修正补遗均已在汉译中得到改正和体现，参见各卷相关部分。

[2] 译者注：原书写作 gnas bskor。

号,他是不动佛(Akṣobhya)的化现,也是格鲁派的本尊(yi dam)。其图像表现参见《梵天佛地》第三卷,第二册,第103页。

第70页,第145、146、147件:该成就者可以比定为费卢波(Virūpā),他被视为萨迦派的世间本师(ādiguru)。

第91页,第27颂:gyou 应改为g.yon〔1〕。

第101页,第4行:"伞高"应译为"撑伞莲高"。

第101页,第18行:"加上三分"应译为"加上三分之一"。

第101页,第26行:gab 应译为"佛塔之凹处"〔2〕。

第102页,第8行:"角"不确,rtse 的字面义为"顶",此处指相轮周边之任何一点。

第二卷

第10页,第13行:隆多喇嘛(klong rdol bal ma)于此处同于布顿和[青史],将赞德(btsan lde)代之以孜德(rtse lde)。

引用的历史文献还应加上 *lhar bcas 'gro ba'i mchod sdong chen po jo bo dngul sku mched gsum sngon byung gi gtam rabs brjod pa rin chen vai ḍū rya sngon po'i pi wang* [天人之大灵塔觉沃银身三尊稀有事迹叙说·青琉璃宝之琵琶]。这是玛旁雍措(ma pham g.yu mtsho)东南处科加寺('khor chags dgon)寺志,其中说赞德(btsan lde)是沃德('od lde)之子,与[王统世系明鉴]一致;这并不奇怪,因为科加寺和[王统世系明鉴]的作者均为萨迦派。

第18页,第4行:托林寺(tho ling)应改为塔波寺(ta pho)。

第23页,第17行:rgyan 应读作 rgyang,即 rkyang,参见《梵天佛地》第四卷,第一册,第73页,第21行。

第60页,第5行:科加寺(kha char)肯定应比定为 'khor chags,今称之为 Khojarnath,是玛旁雍措(ma pham g.yu mtsho)东南处一座非常有名的寺院,参见 G. Tucci, *Santi e briganti nel Tibet ignoto.*

〔1〕 译者注:原书写作 gyon。

〔2〕 译者注:汉译未遵从图齐的解释。

(*Diario della spedizione nel Tibet occidentale 1935*), Milano, U. Hoepli, 1937, p. 38。

第 127 页,注释 1：第 2 册应读作 'a 册。

[青史]之纪年体系以及《梵天佛地》所采用的纪年（伯戴克注）

ded ther sngon po［青史］的纪年尽管本身非常准确,但因大部分依据一个错误的基点而常常出现可商榷之处。熏奴贝(gzhon nu dpal)遵循的准确纪年体系基于以下程式：采用通常的饶迥纪年;以基本纪年后流逝的年数加以明确,该纪年因书中前几叶已将其谨慎确定,以通常的饶迥纪年法表达,并且提及了该年发生的大事而众所周知。一个典型的例子是：阿底峡(Atīśa)于水马年,即松赞干布(srong btsan sgam po)诞生的土牛年后 413 年抵藏。

书中的基本纪年有三或四个：松赞干布的生年、朗达玛(glang dar ma)的灭法之年、阿底峡抵藏之年,最后还有[青史]成书之年（相当少见）。但因第二、第三个纪年是由第一个纪年确定,因此第一个纪年使用最频。可以说这是采用印度方式纪年——如超日王纪年(Vikramasaṃvat)——的最初尝试,但此种初步尝试在藏地没有任何后续发展。

饶迥纪年有严重不便,即相同的纪年会以六十年为单位不断反复出现,熏奴贝为了尽力避免此种不便而不得不采用一套繁复的体系。尽管如此,他也未能避免饶迥纪年的陷阱,在其整个构建的关键部分存有严重失误：这就是作为[青史]整套编年基石的松赞干布的生年。这位吐蕃王朝的创建者诞生于土牛年,为阐明这一纪年,我们所遇到的抵牾使我们不得不承认[青史]并存有两套差异明显的纪年体系："唐高祖于水虎年(618 年)取得江山之际,松赞干布年届五十岁。"

从以上引文而言,松赞干布似应诞生于 569 年,还有其他要素确证此年。我们确知松赞干布逝于 650 年,新旧《唐书》、*rgyal rabs gsal ba'i me long*［王统世系明鉴］、布顿(bu ston)对这一纪年记载一致。另一方面,藏地史家如布顿、白玛噶波(padma dkar po)记其世寿为八十二岁（其子先逝,王位由其孙继承）,因此 650 − 82 = 569。此外,朗达玛灭法发生于铁鸡年(841 年,据《唐书》和各种藏文史料),即松赞干布诞生后 273 年:841 - 273 = 569。

因此,赞普的生年无疑是 569 年,熏奴贝以此基础计算的吐蕃赞普的年代与《唐书》中的记载几乎完全对应:

[青史]		《唐书》	
srong btsan sgam po	-650	弃宗弄赞	-650
gung srong gung btsan	650 - 679	乞黎拔布	650 - 679
'dus srong mang po rje	679 - 704	器弩悉弄	679 - 704
khri lde gtsug btsan	704 - 755	弃隶蹜赞	704 - 755
khri srong lde btsan	755 - 780	挲悉笼腊赞	755 - 797
mu ne btsan po[1]	780 - 797		
dzu ce btsan po[2]	797 - 804	足之煎	797 - 804
khri lde sad na legs	804 - 814	(失名)	804 - 816
kha li kha tsu[3]	814 - 836	可黎可足	816 - 838
glang dar ma	836 - 842	达磨	838 - 842

I. 第一个体系只用在[青史]ka 册的最后几叶。熏奴贝是萨迦派(sa skya pa)僧人[4],因此隶属于与汉地有密切政治文化联系的教派,甚至不能排除他懂汉文。无论如何,他对伟大的邻居民族汉族的纪年倾注了特别的关心,这在藏地并不常见。正是与汉地历史年表的对照赋予了其精确纪年以极大价值。

ka 册最后几叶有中原王朝准确的历史年表,似乎直接译自汉文史料。始自传说,他述及了周、秦,对汉朝施以众多笔墨(应注意对王莽篡权给予了相当重要的位置),简述了分治时代和隋朝,然后详述唐朝,给出了唐皇和吐蕃赞普的对照年表,二者均完全基于新旧《唐书》。唐以后列出了宋、元,最后提及的帝王是明朝的前九位皇

---

〔1〕 实际上这是 797 - 804 年在位的赞普名号,关于此一失误的原因,参见 L. Petech, *A Study on the Chronicles of Ladakh* (*Indian Tibet*), Calcutta, J.C. Sarkhel at the Calcutta Oriental Press, 1939, pp. 70ff。

〔2〕 汉文音译。

〔3〕 汉文音译。

〔4〕 译者注:熏奴贝为噶举派僧人。

帝。书完成于火猴年，即明朝建立后 108 年、成化十一年[1]。由于汉族和藏族都将始年和末年计算在内，成化（始于 1465 年）十一年应为 1475 年，但火猴年应对应于 1476 年，而且实际上基于此纪年的算法均将其视为 1476 年，该错误或有其宗教因缘：作者无意弃除萨迦派的护持者明廷建立后 108 年这一圣数。

II. 书的其他各处使用了一个虚假的松赞干布的生年，即 629 年。尽管该纪年有误，但作为[青史]整个纪年体系的基础，其所导出的结果却相当准确，可以和其他史料相互印证（汉地对照年表；中亚史上的重要纪年，如蒙古汗王的年代）。相反，若使用 569 年的纪年将会导致可怕的混淆和明显荒谬的结果。一些例子可以确证其准确性。

书完成（肯定是 1476 年，见上）于松赞干布诞生后 848 年[2]：1476 − 848 = 629。

刻版之际，阿底峡抵藏已逾 435 年[3]：1476 − 435 = 1042，此一纪年由*vaiḍūrya dkar po*［白琉璃］和 *re'u mig*［年表］证实，绝不可能是 982 年，因为此事发生于第一个饶迥（饶迥纪年始于 1027 年）；另一方面，此事发生于松赞干布逝世后 414 年[4]：1042 − 414 = 629。

总结：熏奴贝的纪年总体而言相当准确，但其大部分基于一个虚构的纪年，该纪年仅仅是一个起始点，与松赞干布的生年没有任何关系。

因此，《梵天佛地》第二卷关于仁钦桑波(rin chen bzang po)的生卒年代（958 − 1055）是正确的，相反，朗达玛灭法的 901 年（第 12 页，第 29 行）是错误的，应修正为 841 年。

第三卷、第一册

第 40 页以下：关于大日如来(Vairocana)曼荼罗的所有叙述在

---

[1] kha 册，第 27 叶正面。
[2] kha 册，第 3 叶背面。
[3] kha 册，第 5 叶正面。
[4] ca 册，第 20 叶正面。

整体和细节上都应根据我在《梵天佛地》第四卷,第一册,第 76 页以后的说明加以完善和修正。

第 41 页,插图 4: 在金刚界曼荼罗(Vajradhātumaṇḍala)图解中,必须将大日如来四方的四佛视作面朝主尊,即朝内而视。田岛隆纯正确指出,四佛四周的菩萨也应作相应变动。Ryujun Tajima, "The Seating Positions of Buddhas and Bodhisattvas in the Vajradhātumaṇḍala", *The Young East*, 8, 1939, 3 (*The Italo-Japanese Number*), pp. 61 – 84.

第三卷、第二册

第 64 页,第 5 行: 我未能比定的图版 73 中的尊像正如我当时的判断,是大日如来的化现,参见《梵天佛地》第四卷,第一册,第 184 页。

第 89 页,第 6 行: Bhūtavināyaka 应改为Bhūtaḍāmara。

第四卷、第一册

十万佛塔的年代记载于乔玛(Csoma de Körös) 根据 *vaiḍūrya dkar po* [白琉璃]而发表的列表,以及达斯(Das) 校勘的松巴堪布(sum pa mkhan po) 的 *re'u mig* [年表]中[1]。二者都将十万佛塔的建造年代系属于 1438 年,但乔玛和[年表]中的年代均应修正为 1440 年。据我掌握的史料,建塔年代无疑应是 1427 年。桑结嘉措(sangs rgyas rgya mtsho) 和松巴堪布的记载或来源于别的史料,或指

[1] A. Csoma de Körös, "Chronological Table", in A. Csoma de Körös, *A Grammar of the Tibetan Language in English*, Calcutta, The Baptist Mission Press, 1834, p. 188; S. C. Das, "Life of Sum-pa Khan-po, also Styled Yeśes-Dpal-hbyor, the Author of the Reḫumig (Chronological Table)", *Journal of the Asiatic Society of Bengal*, 58, 1889, p. 66; P. Pelliot, "Le cycle sexagénaire dans la chronologie tibétaine", *Journal Asiatique*, 1 [11e série], 1913, pp. 642 – 645, 648 – 652.

的是佛塔的竣工时间。第一种情况更有可能，因为我们引用的十万佛塔志中说旧塔志将佛塔建造年代系属于土羊年(1439 年)是错的(yi ge nor pa)。

第 11 页，第 16 行：blos gros 应改为 blo gros。

第 16 页，注释 1：mkyen 应改为 mkhyen。

第 35 页，第 26 行：地图上将 Treding 拼作 Traring。

第 36 页，注释 2：sde nga 应改为 sde lnga。

第 39 页，第 14 行：rgyas ras pa 应改为 rgya ras pa，即嘉氏(rgya)家族的瑜伽士。

第 42 页，第 26 行：kun dga' 应改为 kun bzang。

第 45 页，第 16 行：'brong tse 应改为 'brong rtse。

第 47 页，第 2 行：Kosalāṅkāra应改为Kosalālaṅkāra。

第 53 页，注释 6：tsari 应改为 tsang[1]。

第 54 页，注释 8：chos rje bo 应改为 chos rje, rje bo . . . pa, ba。

第 62 页，第 6 行：mnya' ris 应改为 mnga' ris，注释 2 中的 rgya mishor 应改为 rgya mtshor。

第 72 – 74 页：chos blos 是 chos blo gros 的简写，第 70 页的 chos kyi blos gros 应改为 chos kyi blo gros。

第 86 页，第 16 行：Rudabhrātā 应改为 Rudrabhrātā。

第 97 页，第 14 行：gtsari 应改为 gtsang。

第 102 页，注释 1：'phags pha 应改为 'phags pa。

第 103 页，第 12 行：gtsan khang 应改为 gtsang khang。

第 109 页，第 1 行：bdus pa 应改为 'dus pa。

第 111 页，注释 2：thod po 应改为 thod pa。

第 121 页，注释 2：'gar mkhan 应改为 gar mkhan。

第 125 页，第 21 行：gser cod 应改为 gser 'od。

第 133 页，第 21 行：gzhan gyis ni thub ma 应改为 gzhan gyis mi thub ma。

第 137 页，注释 2：'dug can ma 应改为 gdugs can ma。

---

[1] 译者注：原文如此。

第 152 页,第 7 行: lha mo grags 应改为 lha mo sgrags。
第 152 页,第 15 行: nam mtha' 应改为 nam mkha'。
第 162 页,第 4 行: 'dug pa 'dul 应改为 dug pa 'dul。
第 165 页,第 1 行: rdzu 'prul 应改为 rdzu 'phrul。
第 180 页,第 9 行: gzag lhag 应改为 gza' lhag。
第 183 页,第 23 行: rin tu 应改为 ring tu。
第 186 页,第 24 行: las skyi 应改为 las kyi。
第 186 页,注释 4: Mahāuy°应改为 Mahāvyu°。
第 188 页: 将注释 1 移至第 9 行所提布顿引文之后。
第 196 页,第 2 行: sgrag can 应改为 sgra gcan。
第 202 页,第 21 行: sgrag can 应改为 sgra gcan。
第 212 页,第 14 行: dkyl 应改为 dkyil。
第 219 页,第 3 行: rdo rje dpa' 应改为 rdo rje sems dpa'。

第四卷、第二册[1]

第 136 页,注 3: kun dga' 应改为 kun bzang。
第 140 页,第 6 行: sthobs chen 应改为 stobs chen。
第 140 页,注 2: yan dag shes 应改为 yang dag shes。
第 142 页,第 1 行: 'dugs 应改为 gdugs。
第 143 页,第 3 行: gdug 应改为 gdugs。
第 169 页,第 10 行: mgur mgon 应改为 gur mgon。
第 239 页,第 3 行: rnam par gyal 应改为 rnam par rgyal。
第 240 页,第 8 行: mgon po ben 应改为 mgon po beng。
第 245 页,第 7 行: shes ran ... bnga 应改为 shes rab ... lnga。

[1] 译者注: 该册的修正主要涉及的是原著对题记的翻译。因为汉译直接从藏文翻译,无法体现这些修正,因此保留意大利文页码不变。

参考文献

Bhattacharyya, Benoytosh, *The Indian Buddhist Iconography Mainly Based on the* Sādhanamālā *and Other Cognate Tāntric Texts of Rituals*, Calcutta, Oxford University Press, 1924.

Bhattacharyya, Benoytosh (edited by), *Sādhanamālā*, Baroda, Oriental Institute, 1925 – 1928, 2 vols.

Sādhanamālā I = Bhattacharyya, Benoytosh (edited by), *Sādhanamālā*, Baroda, Oriental Institute, 1925, vol. I.

Sādhanamālā II = Bhattacharyya, Benoytosh (edited by), *Sādhanamālā*, Baroda, Oriental Institute, 1928, vol. II.

Cordier, Palmyr, *Catalogue du Fonds Tibétain de la Bibliothèque Nationale. Index du Bstan-ḥgyur*, Paris, Imprimerie Nationale E. Leroux, 1909 – 1915, 2 parties.

Cordier II = Cordier, Palmyr, *Catalogue du Fonds Tibétain de la Bibliothèque Nationale. Index du Bstan-ḥgyur (Tibétain 108 – 179)*, Paris, Imprimerie Nationale E. Leroux, 1909, deuxième partie.

Cordier III = Cordier, Palmyr, *Catalogue du Fonds Tibétain de la Bibliothèque Nationale. Index du Bstan-ḥgyur (Tibétain 180 – 332)*, Paris, Imprimerie Nationale E. Leroux, 1915, troisième partie.

Csoma de Körös, Alexander [Körösi Csoma, Sándor], *A Grammar of the Tibetan Language in English*, Calcutta, The Baptist Mission Press, 1834.

Das, Sarat C., "Life of Sum-pa Khan-po, also Styled Yeśes-Dpal-hbyor, the Author of the Reẖumig (Chronological Table)", *Journal of the Asiatic Society of Bengal*, 58, 1889, pp. 37 – 84.

Das, Sarat C., *A Tibetan-English Dictionary with Sanskrit Synonyms*, Calcutta, The Bengal Secretariat Book Depôt., 1902.

Grünwedel, Albert (übers. und hrsg.), *Die Legenden des Nā·ro·pa des Hauptvertreters des Nekromanten- und Hexentums. Nach einer altentibetischen Handschrift als Beweis für die Beeinflussung des nördlichen Buddhismus durch die Geheimlehre der Manichäer*, Leipzig, Otto Harrassowitz, 1933.

Hōbōgirin. Dictionnaire encyclopédique du bouddhisme d'après les sources chinoises et japonaises, Tokyo, Maison Franco-Japonaise, 1929, premier fascicule.

Hoffmann, Helmut (hrsg.), *Bruchstücke des Āṭānāṭikasūtra aus dem zentralasiatischen Sanskritkanon der Buddhisten*, Leipzig, Deutsche Morgenländische Gesellschaft, 1939.

Lalou, Marcelle, *Répertoire du Tanǰur d'après le catalogue de P. Cordier*, Paris, Bibliothèque Nationale, 1933.

Laufer, Berthold, "Loan-words in Tibetan", *T'oung Pao*, 17, 1916, pp. 403 – 552.

Lévi, Sylvain (edited and translated by), *Mahāyāna-Sūtrālaṃkāra, Exposé de la doctrine du Grand véhicule selon le système Yogācāra*, Paris, Librairie Honoré Champion Éditeur, 1907 - 1911, 2 tomes.
Lévi, Sylvain "Ysa", in *Mémorial Sylvain Lévi*, Paris, P. Hartmann Éditeur, 1937, pp. 355 - 363.
Lévi, Sylvain et Édouard Chavannes, "Les seize Arhat protecteurs de la loi", *Journal Asiatique*, 8 [11e série], 1916, pp. 5 - 50, 189 - 304.
Mochizuki Shinkō (望月信亨),《佛教大辭典》(七卷),东京：佛教大辞典发行所, 1931 - 1937 年。
Pelliot, Paul, "Le cycle sexagénaire dans la chronologie tibétaine", *Journal Asiatique*, 1 [11e série], 1913, pp. 633 - 667.
Petech, Luciano, *A Study on the Chronicles of Ladakh* (*Indian Tibet*), Calcutta, J.C. Sarkhel at the Calcutta Oriental Press, 1939.
Tajima Ryujun (田岛隆纯), "The Seating Positions of Buddhas and Bodhisattvas in the Vajradhātu-maṇḍala", *The Young East*, 8, 1939, 3 (*The Italo-Japanese Number*), pp. 61 - 84.
Thomas, Frederick W., "Tibetan Documents Concerning Chinese Turkestan. II: The Sa-cu Region", *The Journal of the Royal Asiatic Society of Great Britain and Ireland*, 1928, pp. 63 - 98.
Tucci, Giuseppe, *Santi e briganti nel Tibet ignoto.* (*Diario della spedizione nel Tibet occidentale 1935*), Milano, U. Hoepli, 1937.
Van Gulik, Robert H., *Hayagrīva. The Mantrayānic Aspect of Horse-cult in China and Japan*, Leiden, E. J. Brill, 1935.